DATABASE DESIGN AND RELATIONAL THEORY

데이터베이스 설계와 관계형 이론 2/e

데이터베이스 설계와 관계형 이론 2/e

정규화와 탈정규화를 중심으로

C.J. 데이트 지음
이기홍·곽승주 옮김

에이콘

에이콘출판의 기틀을 마련하신 故 정완재 선생님 (1935-2004)

컴퓨팅에서 우아함은 불필요한 사치가 아니라 성공과 실패를 가르는 본질이다.

– 에츠허르 데이크스트라(Edsger W. Dijkstra)

나쁜 디자인은 디자이너에게 대부분 좋지 않다.

– 헤시오도스(Hesiod)

유의할 점은 이 책의 어떤 부분이 무미건조할 때 그 안에 디자인이 들어있다는 것이다.

– 리처드 스틸 경(Sir Richard Steele)

형식적인 디자인을 규율하는 아이디어는 종종 '신뢰성 강화'와 같은
모호한 문화적/철학적 이유로 인해 거부된다.
'인문학'에 대한 낭만적인 시선은 기술적 무능을 미화하는 경우 두드러진다.
(우리는) 신뢰성과 지적 통제를 위해 디자인을 단순하면서 혼란이 없도록 해야 한다는 것을 알고 있다.

– 에츠허르 데이크스트라(Edsger W. Dijkstra)

내 디자인은 엄밀히 말하면 명예롭다.

– 아논(Anon)

♦♦♦♦♦

진심으로 사랑하는 아내 린디(Lindy)와
딸 사라(Sarah), 제니(Jennie)에게

지은이 소개

C. J. 데이트C. J. Date

관계형 데이터베이스를 전문으로 하는 저술가, 강사, 연구자, 컨설턴트다. 대표적인 저서인 『An Introduction to Database Systems, 8th Edition』(Pearson, 2004)은 약 90만 부가 팔렸으며 전 세계의 수백 개 대학에서 수업 교재로 사용되고 있다. 또한 최근까지 데이터베이스 관리에 관한 다수의 책을 저술했다.

- 『Go Faster! The TransRelationalTM Approach to DBMS Implementation』(Ventus, 2002, 2011)
- 『Databases, Types And the Relational Model, 3rd Edition』(Hugh Darwen 공저, Addison-Wesley, 2006)
- 『Logic and Databases: The Roots of Relational Theory』(Trafford, 2007)
- 『Database Explorations: Essays on The Third Manifesto and Related Topics』(Hugh Darwen 공저, Trafford, 2010)
- 『Date on Database: Writings 2000–2006』(Apress, 2006)
- 『Time and Relational Theory, 2nd Edition』(Hugh Darwen & Nikos A. Lorentzos 공저, Morgan Kaufmann, 2014)
- 『Relational Theory for Computer Professionals: What Relational Databases Are Really All About』(O'Reilly, 2013)
- 『View Updating and Relational Theory: Solving the View Update Problem』(O'Reilly, 2013)

- 『SQL and Relational Theory, 3rd Edition』(O'Reilly, 2015)
- 『The New Relational Database Dictionary』(O'Reilly, 2016)
- 『Type Inheritance and Relational Theory: Subtypes, Supertypes, and Substitutability』(O'Reilly, 2016)
- 『E. F. Codd and Relational Theory: A Detailed Review and Analysis of Codd's Major Database Writings』(Lulu, 2019)

2004년 '컴퓨터 산업 명예의 전당Computing Industry Hall of Fame'에 헌액됐으며, 복잡한 기술적 주제를 명확하면서 이해하기 쉽게 설명하는 능력으로 최고의 명성을 누리고 있다.

감사의 글

이 책의 초고를 꼼꼼하게 읽어준 휴 다웬Hugh Darwen, 론 파긴Ron Fagin, 데이비드 맥거번David McGoveran, 앤디 오람Andy Oram에게 감사한다. 이 검토자들은 내용상의 여러 오류를 바로잡는 데 도움을 줬다. 물론 아직까지도 남아있는 오류가 내 책임이라는 점은 두말할 나위도 없다. 또한 기술적인 질문에 대해 도움을 준 크리스 애덤슨Chris Adamson에게 감사하고, 이 책을 작업하는 내내 도움을 준 아내 린디Lindy와 앞서 언급한 모든 분에게도 감사한다.

이기홍(keerhee@gmail.com)

카네기멜론 대학교에서 석사 학위를 받았고, 피츠버그 대학교 Finance Ph.D, CFA, FRM이며 금융, 투자, 경제분석 전문가다. 삼성생명, HSBC, 새마을금고 중앙회, 한국투자공사 등과 같은 국내 유수의 금융 기관, 금융 공기업에서 자산운용 포트폴리오 매니저로 근무했으며, 현재 딥러닝과 강화학습을 금융에 접목시켜 이를 전파하고 저변을 확대하는 것을 보람으로 삼고 있다. 저서(공저)로는 『금융공학 프로그래밍』(한빛미디어, 2009)이 있으며, 번역서로는 『포트폴리오 성공 운용』(미래에셋투자교육연구소, 2010), 『딥러닝 부트캠프 with 케라스』(길벗, 2017), 『프로그래머를 위한 기초 해석학』(길벗, 2018), 『핸즈온 머신러닝 · 딥러닝 알고리즘 트레이딩』(에이콘, 2019), 『실용 최적화 알고리즘』(에이콘, 2020), 『실전 알고리즘 트레이딩 배우기』(에이콘, 2021) 등이 있다. 누구나 자유롭게 머신러닝과 딥러닝을 자신의 연구나 업무에 적용해 활용하는 그날이 오기를 바라며 매진하고 있다.

곽승주(sjoo.kwag@gmail.com)

한양대학교에서 경제학 석사 학위를 받았으며 은행과 자산운용사의 리스크, 컴플라이언스, 헤지펀드 관련 부서에서 리스크 및 펀드 성과 리포팅, 주식 및 선물 운용, 계량 분석, ELS 평가 및 백테스팅, 백오피스 업무 자동화 등을 위한 업무와 소프트웨어 개발을 수행했다. 현재는 모 IT 회사의 데이터베이스 관련 프로젝트에 참여 중이다.

옮긴이의 말

IT 분야에서는 항상 새로운 기술이 나오고, 소프트웨어는 버전을 갱신하면서 새로운 기능을 선보이고 있다. 그래서 IT 관련 서적은 몇 년 만에 낡은 것이 되고, 새로운 책을 필요로 한다. 그러나 모든 것이 그렇지는 않다. 새로운 기술의 배경과 근본이 되는 기본적인 기술이나 지식은 광범위하고 중요하며, 밀물과 썰물처럼 급격히 변화하는 대신 생물의 진화처럼 서서히 변한다.

실무에서 SQL 또는 파이썬, R, 엑셀 등을 실행할 때마다 항상 SQL이나 프로그래밍 언어 자체보다 이를 수행하는 데이터베이스의 구조가 중요하다는 것을 느낀다. 모든 연산은 주어진 데이터베이스 구조를 기반으로 이뤄지므로, 이 구조가 잘 디자인돼 있지 않으면 문제가 매우 복잡해지는 상황에 직면하게 된다. 다시 말해 데이터베이스 디자인의 중요성이 더할 나위 없이 크게 다가온다.

또한 그 사전 작업으로 실무자들은 데이터를 수집할 때 도대체 어떻게 데이터베이스를 구성해야 편리하게 데이터베이스를 사용할 수 있을지 고민한 적이 있을 것이다. 이에 대한 가이드라인을 주고자 하는 것이 바로 데이터베이스 디자인 이론이다. 데이터베이스 디자인은 여러 구성 요소로 이뤄져 있으나, 핵심은 이 책에서 다루는 정규화다.

이 책은 보이스/코드 정규형을 포함한 1차에서 5차까지의 전통적인 정규형을 다루고 있을 뿐 아니라 튜플 정규형, 중복성 없는 정규형, 상위 키 정규형, 도메인 키 정규형과 같은 이색적인 정규형에 대해서도 일관성 있는 이론적 토대를 바탕으로 설명을 확장하고 있다. 또한 탈정규화와 중복성 등도 설명함으로써 내용을 크게 보강한다.

이 책은 단순한 데이터베이스 실무를 다루는 서적과 확실히 다르며 일반적인 데이터베이스 디자인 이론을 다루는 서적과도 차별화된다. 코딩에 사용하는 SQL을 다루지 않지만, 간단한 SQL 속에 묻어있는 데이터에 대한 철학과 과학을 느끼게 해준다. 우주가 시간조차 존재하지 않던 상황에서 '빅뱅Big Bang'을 통해 탄생한 것과 달리, 우리가 매일 사용하는 모든 것은 한순간의 빅뱅이 아니라 한 시대를 살다 간 많은 과학자와 철학자의 사상과 연구에서 비롯됐다. 이 책의 역자들은 전문적인 데이터베이스 이론과 실무에 관심이 있는 사람들이라면 그 핵심인 정규화를 중심으로 하는 이 책을 통해 커다란 도약을 하리라 믿는다.

차례

초판 서문

이 책은 『Database in Depth: Relational Theory for Practitioners』(O'Reilly, 2005)라는 책에서 비교적 짧은 장으로 처음 시작했다. 이후 『SQL and Relational Theory: How to Write Accurate SQL Code』(O'Reilly, 2009)라는 책으로 내용을 보강해 다시 출간됐다. 책의 주요 주제에서 다소 벗어나고 너무 길어지므로, 디자인 자료는 부록으로 옮겼다. 이후 이 책의 2판에 대한 작업을 시작했다.[1] 개정 작업을 하는 동안 일반적으로 데이터베이스 디자인이라는 주제에 대해 이야기할 내용이 너무 많다는 것을 알게 됐고, 부록은 책의 나머지 부분과 전혀 어울리지 않게 많았다. 부록이 책의 주제와 다소 맞지 않는 것이므로 그 내용을 과감하게 잘라내서 독자적인 책, 즉 지금 보고 있는 책으로 나누기로 결정했다.

요점은 다음과 같이 세 가지다.

- 첫째, 이 책은 독자들이 『SQL and Relational Theory』에 수록된 내용에 익숙하다고 가정한다(특히 관계, 속성, 튜플이 무엇인지 정확히 알고 있다고 가정함). 그러나 이 책은 데이터베이스 전문가들을 위한 것이므로 이전 책에 있는 대부분의 내용을 정말로 잘 알고 있어야 한다.
- 둘째, 이 책과 이전 책 사이에는 불가피하게 약간의 중복이 있다. 그러나 되도록 중복을 피하고자 최선을 다했다.
- 셋째, 이 책에는 불가피하게 앞에서 언급한 책을 참조하는 부분이 많다. 다른

---

1 2판은 2012년에 오라일리(O'Reilly)에서 출간됐고, 2015년에 3판이 출간됐다. 따라서 이어지는 내용에서 그 책을 언급한다면 3판을 가리키는 것으로 이해하면 된다.

출판물에 대한 참조는 상세히 제공한다. 가령 다음과 같다.

> 로널드 파긴Ronald Fagin: 'Normal Forms and Relational Database Operators', ACM SIGMOD 국제 데이터 관리 콘퍼런스(1979년 5월 & 6월 매사추세츠주 보스턴에서 개최)

그러나 『SQL and Relational Theory』를 언급하는 경우에는 그 약칭만 사용하겠다.

사실 디자인 이론의 다양한 측면에 대해 여러 해에 걸쳐 여러 편의 짧은 글을 발표했는데, 이 책은 의도적으로 그 이전 글의 좋은 부분을 살리기 위한 것이다. 하지만 이전에 출판된 자료들을 한데 모은 단순한 것이 아니며, 그렇게 보여지지 않길 바란다. 우선 이 책은 많은 새로운 주제를 포함하고 있다. 또 다른 예로, 이 책은 더 논리적이고 그 주제에 대한 전체 관점을 훨씬 더 잘 제공한다고 생각한다(수년 동안 나는 스스로 많은 것을 배웠다!). 사실 본문의 일부를 이전의 어떤 출판물을 바탕으로 썼지만, 완전히 다시 쓰여져 개선됐다고 생각한다.

지금은 데이터베이스 디자인에 관한 책이 부족하지 않은데, 이 책이 다른 책들과 차별화되는 점은 무엇일까? 디자인 실습에 관한 책(내 의견으로는 편견이 없고 상당히 다양한 책)은 많지만, 대체로 기초 이론을 이해하는 데 그다지 도움이 되지 않는다. 그리고 디자인 이론에 관한 책도 몇 권 있지만, 실무자가 아닌 이론가를 대상으로 하는 경향이 있고 학문적으로 접근하는 특성을 나타낸다. 나는 그 간극을 메우고 싶어 이 책을 쓰게 됐다. 이론을 실무자가 이해할 수 있는 방식으로 설명하고 그 이론의 실제적인 중요성을 보여주고 싶었다. 모든 내용을 다루려는 것은 아니다. 그 모든 이론을 마지막 세부 사항까지 논하고 싶지는 않다. 나는 어디까지나 정확하고 정밀하게 설명하고, 이론을 부드럽게 소개하고자 한다.

a. 중요한 이론적 결과를 사용해 실제 디자인을 수행할 수 있으며

b. 한 걸음 더 나아가서 더욱 학술적인 자료를 이해할 수 있을 것이다.

가독성을 위해 일부러 짧은 책을 썼고, 각 장도 짧게 만들었다[2](나는 작고 소화가 잘되는 덩어리로 지식을 전달하는 것을 좋아한다). 또한 모든 장에는 일련의 연습 문제가 포함돼 있다(부록 D에서 제시된 대부분의 것을 설명함).[3] 전부는 아닐지라도 연습 문제의 일부를 풀어볼 것을 권한다. 그중 일부는 이론적 사상을 실제에 적용하는 방법을 보여주기 위한 것이다. 또 다른 일부는 주제 관련 문제에 대한 추가 정보를 책의 본문에 수록된 내용보다 더 많이 제공하고, 다른 것은 예를 들어 간단한 이론적 결과를 증명해보라고 한다. 여러분이 '이론가처럼 생각하는 것'을 이해했으면 한다. 전반적으로는 디자인 이론이 무엇이고, 왜 그것이 그 방식인지에 대한 통찰을 얻을 수 있게 하고자 노력했다.

2 아쉽게도 2판은 초판에 비해 다소 분량이 많다. 물론 항상 새 판이 나오면 분량이 늘어나기는 한다. 지금의 경우 책의 글꼴 크기를 키워서 더욱 그렇지만, 어느 정도는 독자들의 요청을 반영한 결과이기도 하다. 여하튼 대부분의 장이 아직도 짧은 분량이라고 생각한다.

3 다시 한 번 독자들의 요청에 부응해 이번 2판에서는 주어진 장에 특화된 답변을 해당 장의 끝에 두기로 했고, 이전의 부록 D는 삭제했다.

전제 조건

이 책은 데이터베이스 전문가들을 주요 대상으로 한다. 좀 더 구체적으로는 데이터베이스 디자인에 관심이 많고 일정 수준 이상의 실력을 갖춘 데이터베이스 전문가에게 가장 알맞다. 특히 관계형 모델을, 또는 적어도 그 모델의 특정 측면을 잘 알고 있다는 가정하에 설명한다(2장에서 이러한 문제를 자세히 설명함). 이미 언급한 바와 같이 책 『SQL and Relational Theory』에 익숙해지면 도움이 될 것이다.

논리적 디자인과 물리적 디자인

이 책은 디자인 이론에 관한 것이다. 정의에 따르면, 물리적 디자인이 아니라 논리적 디자인에 관한 것이다. 물론 물리적 디자인이 중요하지 않다고 말하는 것은 아니다(물론 그렇지 않다). 그러나 내가 말하려는 것은 물리적 디자인은 논리적 디자인에서 분리돼 확실히 다르다는 점이다. 핵심인 '올바른' 데이터베이스 디자인 방법은 다음과 같다.

1. 논리적 디자인을 먼저 깔끔하게 한다. 그런 다음 별도의 후속 단계를 수행한다.
2. 그러한 논리적 디자인을 대상 DBMS가 지원하는 물리적 구조에 매핑한다.[4]

따라서 물리적 디자인은 논리적 디자인에서 도출돼야 하며 그 반대는 없다(사실상 시스

4 DBMS = 데이터베이스 관리 시스템(Database Management System). DBMS와 데이터베이스 사이에는 논리적인 차이가 있다는 점을 주목하라. 안타깝게도 업계에서는 데이터베이스라는 용어를 오라클(Oracle)과 같은 DBMS 제품이나 컴퓨터에 설치되는 실물 제품을 의미하는 것으로 사용한다. 이 책에서는 그런 관행을 따르지 않는다. 그런 관행은 DBMS를 데이터베이스라고 부른다면 데이터베이스를 뭐라고 불러야 하는지라는 문제에 당면한다.

템은 프로세스에서 인간이 전혀 개입할 필요 없이 논리적 디자인에서 '자동적으로' 물리적 디자인을 도출할 수 있어야 한다).[5]

반복하자면 이 책은 디자인 이론에 관한 것이다. 그리고 이 책이 다루지 않는 것은 수년 동안 제안되고 있는 개체/관계 모델링 같은 다양하고 임기응변식인 디자인 방법론이다. 물론 그러한 방법론 중 어떤 것은 실제로 상당히 널리 사용되고 있다는 사실을 알고 있지만, 그 방법론은 확고한 이론적 근거가 부족하다. 결과적으로 그 방법론은 대부분 이와 같은 책의 범위를 벗어난다. 그러나 나는 그러한 '비이론적' 문제에 대해 여기저기서 몇 가지 의견을 갖고 있다(특히 8장과 17장, 부록 C에서도).

C. J. 데이트

캘리포니아주 힐즈버그California Healdsburg

2012년(2019년 작은 개정)

---

5 이 아이디어는 보기보다 억지스럽지 않다. 서둘러 내가 쓴 다른 책인 『Go Faster! The TransRelationalTM Approach to DBMS Implementation』을 보길 바란다. http://bookboon.com에서 그 책을 무료로 다운로드할 수 있다.

2판 서문

이번 판은 여러 면에서 이전 판과 다르다. 물론 전체적인 목표는 동일하다. 여전히 디자인 이론을 부드럽게 소개하고자 노력하고 있지만, 본문은 무엇보다도 초판을 바탕으로 현장 수업을 하면서 얻은 경험을 반영하기 위해 전반적으로 수정됐다. 상당히 많은 새로운 자료가 추가됐다(6차 정규형과 4~5차 사이의 다양한 정규형에 대한 새로운 장, 그리고 데이터베이스 디자인에 대한 몇 개의 새로운 부록 포함). 예시, 연습 문제, 해답은 다양한 측면에서 확대되고 개선됐으며, 본문은 전체적으로 철저한 재검토를 거쳤다. 수많은 개선과 다양한 기술적 수정(당황스러울 정도로 많은 개선과 수정을 말해야 하는 것이 유감스럽다.) 또한 이뤄졌다. 그래서 본문을 전작보다 좀 더 포괄적으로 만들 수 있었다(그러나 안타깝게도 분량이 대략 50% 늘어났다).

이번 2판을 다른 출판사에서 출간할 수 있도록 허락해준 오라일리 미디어O'Reilly Media(초판 발행인)에 감사한다.

C. J. 데이트

캘리포니아주 힐즈버그

2019년

정오표

정오표는 에이콘출판사의 도서정보 페이지 http://www.acornpub.co.kr/book/database-design-theory에서 확인할 수 있다.

질문

이 책과 관련해 질문이 있다면 이 책의 옮긴이나 에이콘출판사 편집 팀(editor@acornpub.co.kr)으로 문의해주길 바란다.

1부

배경지식

1부는 '예비 지식', '전제 조건'이라는 이름에서 알 수 있듯이, 서론을 담당하는 두 개의 장으로 구성된다.

1장

예비 지식

(재즈가 무엇인지 물어보면)

이보게, 물어봐도, 전혀 모를 거야.

– 루이 암스트롱(공헌)

이 책의 부제(원서 『Database Design and Relational Theory』의 부제)는 '정규형과 관련된 모든 것Normal Forms and All That Jazz'이다. 이에 대한 몇 가지 설명이 필요하다! 우선 나는 디자인 이론, 즉 데이터베이스 디자인 이론을 이야기하고 있으며, 모든 사람은 '정규형normal form'이 이 이론의 주요 구성 요소라는 것을 알고 있다. 이것이 부제의 첫 번째 부분('Normal Forms')이다. 그러나 이 이론에는 정규형보다 더 많은 것이 있는데, 부제의 두 번째 부분인 '관련된 모든 것All That Jazz'은 이를 설명한다. 안타깝게도, 실무자의 관점에서 볼 때 디자인 이론은 이해하기 어렵고 실제로 실무상 디자인과 관련 없는 용어와 개념으로 가득 차 있는 것처럼 보인다. 그래서 부제의 후자를 구어체(속어, 'All That Jazz')로 사용했다. 때때로 '어려운' 자료를 다뤄야 하지만, 그 자료를 취급하는 것은 내가 할 수 있는 만큼 어렵거나 두렵지 않을 것이라는 생각을 전하고 싶었다. 그러나 내가 그 목표를 달성했는지 여부는 물론 독자들이 판단할 것이다.

또한 디자인 이론이 실무와 연관돼 있는지 묻는 질문과 관련해 좀 더 이야기하고 싶다. 데이터베이스 디자인이 쉽다고 주장할 수 있는 사람은 아무도 없다. 그러나 이론에 대한 올바른 지식은 도움이 될 수 있다. 사실 제대로 디자인하고 싶다면, 즉 강력하고 유연하며 정확한 데이터베이스를 제대로 구축하고 싶다면, 이론을 잘 이해해야 한다. 적어도 자신이 디자인 전문가라고 주장하고 싶다면 대안은 없다. 관계형 모델이 일반적인 데이터베이스 기술의 과학적 토대인 것처럼 디자인 이론은 데이터베이스 디자인의 과학적 토대다. 또한 데이터베이스 기술에 전문적으로 관련된 사람이 관계형 모델에 익숙해야 하는 것처럼 데이터베이스 디자인에 관련된 사람은 모두 디자인 이론에 익숙해야 한다. 올바른 디자인이 중요하다! 결국 데이터베이스는 컴퓨팅 세계에서 우리가 하는 일의 중심에 있다. 따라서 잘못 디자인되면 부정적인 영향이 엄청나게 퍼져 나갈 수 있다.

기존 문헌으로부터의 일부 인용문

정규형을 많이 이야기할 예정이므로, 유용하진 않아도 재미(?)있어 보이기 때문에 기존 문헌 인용으로 시작한다. 정규형의 전체적 개념에 대한 출발점은 물론 1차 정규형(1NF)이다. 뻔한 질문은 다음과 같다. '1NF가 무엇인가?' 다음은 인용문이다(출처는 밝히지 않음).

- 1차 정규형에서 테이블의 각 필드가 고유한 정보를 전달해야 한다.
- 모든 속성이 단일 값일 때 엔터티는 1차 정규형(1NF)이라고 한다.
- 모든 기본 도메인에 원자값atomic value(더 이상 나눌 수 없는 값)만 있는 경우 관계가 1NF에 있다.
- 반복되는 속성 그룹이 없으면 [테이블]은 1NF이다.

이제 인용문 중 일부는 약간 정확하지 않다고 주장할 수 있다. 제대로 정의하고 있기는 하지만 대충대충이다. **참고**: 궁금한 점이 있다면 4장에서 1NF를 정확하게 정의한다.

여기서 인용문을 자세히 살펴본다. 다음은 전술한 첫 번째 인용문이다.

- 1차 정규형을 얻으려면 테이블의 각 필드가 고유한 정보를 전달해야 한다. 예를 들어 전화번호와 관련된 두 개의 컬럼이 있는 Customer 테이블이 있는 경우, 디자인은 1차 정규형을 위반하게 된다. 테이블에 중복 정보가 필요한 사람은 거의 없기 때문에 1차 정규형은 달성하기가 매우 쉽다.

  자, 분명히 다음과 같은 디자인에 대해 이야기하고 있다.

CUSTNO	PHONENO1	PHONENO2	...

이제 이것이 좋은 디자인인지 아닌지는 말할 수 없지만, 확실히 1NF를 위반하지는 않는다('전화번호의 두 개 컬럼'이 무엇을 의미하는지 정확히 알지 못하기 때문에 디자인이 좋은지 말할 수 없다. '테이블의 중복 정보'라는 문구는 동일한 전화번호를 두 번 기록하고 있음을 나타낸다. 이러한 해석은 표면적으로 말이 안 된다. 그 해석이 정확하더라도, 두 개의 컬럼이 1NF를 위반하는 것이 아니다).

여기에 또 다른 인용문이 있다.

- 1NF는 테이블에 필드의 '반복 그룹'이 없어야 함을 의미한다. 반복 그룹은 동일한 기본 속성(필드)을 계속 반복할 때다. 이것의 좋은 예는 식료품점에서 구입한 품목을 기록하고 싶을 때다 ... [*그리고 인용문 저자는 아마도 반복 그룹의 개념을 설명하기 위해 Customer, Item1, Item2, Item3, Item4라는 열이 있는 'Item Table'이라는 테이블을 보여준다.*]

CUSTOMER	ITEM1	ITEM2	ITEM3	ITEM4

이 디자인은 확실히 안 좋다. 고객이 정확히 네 개의 품목을 구매하지 않으면 어떻게 될 것인가? (이것이 나쁜 이유는 1NF를 위반하지 않기 때문이다.) 이전 예제와 마찬가지로 실

제로 이것은 1NF 디자인이다. 따라서 1NF는 느슨하게 '반복 그룹 없음'을 의미한다고 주장할 수도 있지만, 반복 그룹은 '동일한 기본 속성을 계속해서 반복할 때'가 아니다.[1]

이것은 어떠한가(인터넷에서 찾은 도움에 대한 외침)? 굵은 글꼴로 표시한 것 외에는 그대로 인용한 것이다.

- 나는 테이블을 정규화normalization하는 올바른 방법을 찾으려고 노력했다. 내가 이해한 바에 따르면, 정규화는 1차 정규형에서 2차, 3차 정규형으로 진행된다. 보통 거기까지만 가지만, 때로는 5차, 6차 정규형까지 간다. 이 모든 것이 내게 의미가 있다. **나는 다음 주에 이 수업을 가르칠 예정이며 이제 막 교과서를 받았다.** 교과서는 완전히 다른 것을 말하고 있다. 2차 정규형은 다중 필드 기본 키가 있는 테이블에만 해당되고 3차 정규형은 단일 필드 키가 있는 테이블에만 해당된다고 한다. 4차 정규형은 첫 번째에서 네 번째로 갈 수 있으며, 기본 키 필드와 키가 아닌 필드 사이에는 독립적인 일대다 관계가 없다. 누군가 나를 위해 이것을 해결할 수 있을까?

  그리고 하나 더 살펴보자(이번에는 '도움이 되는' 답변이 있다).
- *'정규화'의 의미가 명확하지 않다. 어떤 정규화 규칙을 말하는지 구체적으로 설명할 수 있는가? 어느 부분에서 내 스키마schema가 정규화되지 않는가?*

  정규화는 중복된 것을 원래의 것에 대한 참조로 대체하는 프로세스다.

  예를 들어, 'john is-a person'과 'john obeys army'가 주어지면 두 번째 문장의 'john'이 첫 번째 문장의 'john'과 중복된다. 두 번째 문장은 '-> john obeys army'로 저장해야 한다.

1 동시에 그것이 무엇인지 정확하게 말하는 것은 생각만큼 쉽지 않다! 4장의 추가 논의를 참조하라.

용어에 대한 참고 사항

이미 알고 있듯이 이전 절의 인용문은 대부분 테이블, 행, 열(또는 필드) 등 익숙한 '사용자 친화적' 용어로 표현됐다. 이 책에서는 대조적으로 더 공식적인 용어 관계relation, 튜플tuple(일반적으로 '커플couple'과 같은 운율로 발음됨), 속성attribute을 선호한다. 그래서 내용을 이해하기 다소 어려워진 점은 미안하지만, 다 그만한 이유가 있다. 『SQL and Relational Theory』[2]에서 말한 바와 같이 다음과 같다.

> 사용자 친화적인 용어를 사용하는 것이 입맛에 맞다면 사용자 친화적인 용어를 사용하는 것에 동감한다. 그러나 현재로서 이것은 그 이상을 넘어 만족시키지 못한다. 대신에 이것이 용어를 왜곡하고, 실제로는 심각한 문제를 끼치는 원인을 제공한다.
>
> 사실은 관계가 테이블이 아니고, 튜플은 행이 아니고, 속성은 컬럼이 아니다. 비공식적인 맥락에서 그럴 수 있고(실제로 종종 그렇긴 하다.) 사용자 친화적인 용어가 거의 같은 의미이지만, 일의 핵심 전반을 이해하기 어렵다는 것을 관계자들끼리 알고 있다면 허용 가능하다. 다시 말해 실제 상황을 이해하면, 사용자 친화적 용어를 신중하게 사용하는 것이 좋다. 그러나 처음부터 실제 상황을 배우고 인식하려면 공식적인 용어를 이해해야 한다.

앞서 말한 것처럼, (서문에서 말했듯이) 독자들이 관계, 속성, 튜플이 무엇인지 정확히 알고 있다고 가정한다(실제로 이러한 구성 요소에 대한 공식적인 정의는 5장에서 찾을 수 있지만).

피해야 하는 다른 용어도 있다. 관계형 모델은 물론 데이터 모델이다. 그러나 불행하게도 이 후자의 용어는 데이터베이스 세계에서 두 가지 뚜렷한 의미를 갖는다.[3] 첫 번째로 가장 기본적인 것은 다음과 같다.

---

2 이 책 전반에 걸쳐 『SQL and Relational Theory』를 내 책 『SQL and Relational Theory, 3rd Edition』(O'Reilly, 2015)의 약칭으로 사용한다는 것을 이 책의 서문에서 밝혀둔 바 있다.

3 이러한 관찰은 부인할 수 없이 정확하다. 그러나 한 검토자는 두 가지 의미가 다른 추상화 수준에서 본질적으로 동일한 개념으로 생각될 수 있다고 덧붙이길 원했다. 그게 도움이 됐으면 한다.

> **정의(데이터 모델, 첫 번째 의미)**: 사용자가 상호 작용하는 추상적인 기제machine를 구성하는 데이터 구조, 데이터 연산자 등에 대한 추상적이고 독립적이고 논리적인 정의

이것은 특히 관계형 모델을 이야기할 때 염두에 두어야 할 의미다. 관계형 모델의 데이터 구조는 물론 관계이며, 데이터 연산자는 관계 연산자 투영, 결합과 그 밖의 모든 나머지 것들이다(정의의 '등'은 키, 외래 키, 다양한 관련 개념 같은 문제를 포함한다).

데이터 모델의 두 번째 의미는 다음과 같다.

> **정의(데이터 모델, 두 번째 의미)**: 특정 기업의 데이터 모델(특히 영구 데이터)

다시 말해, 두 번째 의미의 데이터 모델은 단지 (논리적이며 다소 추상적인) 데이터베이스 디자인일 뿐이다. 예를 들어 일부 은행, 병원 또는 정부 부서의 데이터 모델을 이야기할 수 있다.

이 두 가지 다른 의미를 설명하는데, 그들 사이의 관계를 잘 조명하는 비유에 독자들이 주목하게 만들고 싶다.

- 첫 번째 의미의 데이터 모델은 프로그래밍 언어와 유사하며, 그 구조는 많은 특정 문제를 해결하는 데 사용될 수 있지만 그 자체로는 그러한 특정 문제와 직접적인 관련이 없다.
- 두 번째 의미의 데이터 모델은 해당 프로그래밍 언어로 작성된 특정 프로그램과 같은 것이다. 즉, 해당 용어의 첫 번째 의미에서 모델이 제공한 기능을 사용해 특정 문제를 해결한다.

두 번째 의미로서 데이터 모델에 관해 이야기한다면, 아마도 통칭적인 관계형 모델이라고 말할 수 있을 것이다. 첫 번째 의미로서 데이터 모델을 이야기하는 경우에는 단지 하나의 관계형 모델만이 있으며, 그것은 특정 관계형 모델이다.

알다시피, 데이터베이스 디자인에 대한 대부분의 글은 특히 기본 이론이 아닌 실용주의에 초점을 둔 경우 '모델' 또는 '데이터 모델'이라는 용어를 두 번째 의미로만 사용하고 있다. 그러나 현재 이 책에서는 이 관행을 따르지 않으므로 매우 주의해야 한다! 사실, 때때로 관계형 모델을 언급하는 것을 제외하고는 '모델'이라는 용어를 전혀 사용하지 않는다.

실행 예제

이제 앞으로 대부분의 논의에서 사용할 예제를 소개한다. 익숙한(진부하다는 의미는 아니다.) 공급자-부품suppliers-and-parts 데이터베이스('노병老兵'을 한 번 더 불러낸 것에 대해 사과하지만, 다양한 책과 출판물에서 본질적으로 동일한 예를 사용하면 학습 과정을 방해하지 않고 도움이 될 수 있다고 생각한다.) 샘플 값은 아래의 그림 1-1에 나와 있다.[4] 다시 자세히 설명하면 다음과 같다.

- 공급자: 관계 변수relation variable, relvar S는 공급자를 나타낸다.[5] 각 공급자는 해당 공급자에 고유한 하나의 공급자 번호(SNO)를 갖는다. 하나의 이름(SNAME)은 반드시 고유하지는 않지만(그림 1-1의 SNAME 값은 고유하게 발생하지만), 하나의 상태 값(STATUS), 공급자 간 일종의 순위 또는 선호도 수준 그리고 하나의 위치(CITY)를 나타낸다.
- 부품: 관계 변수 P는 부품(좀 더 정확하게는 부품 종류)을 나타낸다. 각 종류의 부품에는 고유 부품 번호(PNO)가 있다. 그리고 반드시 고유하지는 않은 부품명(PNAME), 색깔(COLOR), 무게(WEIGHT)와 그 종류의 부품이 보관된 위치(CITY)

4 나중에 분명해질 수도 있고 분명하지 않을 수도 있는 이유로, 그림 1.1에 표시된 값들은 나의 다른 책에 있는 값들과 두 가지 작은 측면에서 다르다. 첫째, 공급자 S2의 상태는 10 대신 30으로 나타난다. 둘째, 부품 P3의 도시는 오슬로 대신 파리로 나타난다.

5 관계 변수가 무엇인지 모른다면, 지금은 그냥 일반적인 데이터베이스의 의미에서 테이블로 간주하면 된다. 자세한 설명은 2장을 참조하라.

가 있다.

- 선적: 관계 변수 SP는 선적을 나타낸다. 어떤 공급자가 어떤 부품을 공급했거나 선적했는지 나타낸다. 각 선적물에는 하나의 공급업체 번호(SNO), 하나의 부품 번호(PNO), 하나의 수량(QTY)이 있다. 또한 예제를 위해 주어진 공급자와 특정 부품에 대해 주어진 시간에 최대 하나의 선적물이 있다고 가정하므로 각 선적물에는 고유 공급업체 번호/부품 번호 조합이 있다.

S

SNO	SNAME	STATUS	CITY
S1	Smith	20	London
S2	Jones	30	Paris
S3	Blake	30	Paris
S4	Clark	20	London
S5	Adams	30	Athens

P

PNO	PNAME	COLOR	WEIGHT	CITY
P1	Nut	Red	12.0	London
P2	Bolt	Green	17.0	Paris
P3	Screw	Blue	17.0	Paris
P4	Screw	Red	14.0	London
P5	Cam	Blue	12.0	Paris
P6	Cog	Red	19.0	London

SP

SNO	PNO	QTY
S1	P1	300
S1	P2	200
S1	P3	400
S1	P4	200
S1	P5	100
S1	P6	100
S2	P1	300
S2	P2	400
S3	P2	200
S4	P2	200
S4	P4	300
S4	P5	400

▲ 그림 1-1 공급업체 및 부품 데이터베이스 – 샘플 값

키

사전에 용어의 관계적 의미에서 키[key]라는 친숙한 개념을 검토해야 한다. 알다시피 모든 관계 변수에는 하나 이상의 후보 키[candidate key]가 있다. 후보 키는 기본적으로 고유식별자다. 다시 말해 이것은 속성의 조합(항상 그렇지는 않지만, 흔히 하나의 속성으로 구성될 수 있는 '조합')이며, 해당 관계 변수의 모든 튜플은 해당 조합에 대해 고유한 값을

갖는다. 그림 1-1의 데이터베이스에 대한 예를 들면 다음과 같다.

- 모든 공급자에는 고유 공급자 번호가 있고 모든 부품에는 고유 부품 번호가 있으므로 {SNO}는 S의 후보 키이고 {PNO}는 P의 후보 키다.
- 선적에 대해서는 특정 공급자와 특정 부품에 대해 주어진 시간에 최대 하나의 선적이 있다고 가정하면 {SNO, PNO}는 SP의 후보 키다.

중괄호({})를 주목해야 한다. 반복을 위해 후보 키는 항상 속성의 집합 또는 속성의 조합이다(해당 집합에 속성이 하나만 포함된 경우에도 해당). 일반적인 집합 표현은 중괄호로 묶여 쉼표로 구분된 목록이다.

이번에 처음으로 쉼표 목록(commalist)이라는 용어를 사용했다. 다음과 같이 정의할 수 있다. *xyz*를 어떤 구문 구조(예: '속성 이름')라 하자. 그러면 용어 *xyz* 쉼표 목록은 인접한 xyz의 각 쌍이 쉼표로 구분되는 (쉼표 바로 앞뒤의 공백은 무시함) 0 이상의 순서열(sequence)을 나타낸다. 예를 들어 *A*, *B*, *C*가 속성 이름인 경우 다음은 모두 속성 이름 쉼표 목록이다.

A, *B*, *C*

C, *A*, *B*

B

A, *C*

역시 속성 이름의 빈 순서열도 마찬가지다. 또한 일부 쉼표가 괄호로 묶여 집합을 나타내는 경우 (a) 여는 중괄호 바로 다음 또는 닫는 중괄호 바로 앞에 나타나는 빈 공간은 무시된다. (b) 쉼표 내에 요소가 출현하는 순서는 중요하지 않다(집합은 원소에 대해 순서를 갖지 않기 때문에). (c) 만약 요소가 두 번 이상 나타나면, 한 번만 나타나는 것처럼 처리한다(집합은 중복 원소를 포함하지 않기 때문에).

알다시피 기본 키는 일종의 특수 처리를 위해 어떤 방식으로든 선정된 후보 키다. 이제 해당 관계 변수에 후보 키가 하나만 있으면 해당 키를 1차 키라고 해도 아무런 차이가 없다. 그러나 관계 변수가 둘 이상의 후보 키를 가진 경우 이들 중 하나를 기본 키로 선택하는 것이 일반적이다. 이런 선택이 다른 방법보다 평등하다는 의미다. 예

를 들어, 공급자가 항상 고유 공급자 번호와 고유 공급자 이름을 모두 갖고 있으므로 {SNO}와 {SNAME}이 모두 후보 키라고 가정하자. 그리고 {SNO}를 기본 키로 선택할 수 있을 것이다.

기본 키를 선택하는 것이 일반적이라는 점에 유의하자. 실제로 일반적이지만, 100% 필요한 것은 아니다. 후보 키가 하나만 있으면 선택의 여지도 없고 문제도 없다. 그러나 둘 이상인 경우 하나를 선택하고 그것을 1차적으로 만들어야 한다(실제로 그러한 선택을 하는 데는 정당한 이유가 없는 것 같다. 오히려 그렇게 하지 않는 좋은 이유가 있을 수도 있다. 부록 C에서는 그러한 문제를 자세히 설명한다). 일반적으로 이 책에서는 기본 키 원칙을 따른다(그림 1-1과 같은 그림에서 이중 밑줄로 기본 키 속성을 표시한다). 그러나 관계적인 관점에서, 그리고 실제로 디자인 이론 관점에서도 기본 키가 아닌 후보 키라는 사실을 강조하고 싶다. 부분적으로 그러한 이유로 이 시점부터 '키key'라는 용어를 조건 없이 사용해, 문제의 후보 키 추가 지정 여부와 상관없이 모든 후보 키를 의미한다(혹시 몰라서 말하지만, 다른 후보 키에 대한 기본 키가 갖는 특혜는 기본적으로 구문적인 것이다. 어쨌든 이는 중요하지 않다).

추가 용어: 첫째, 두 개 이상의 속성을 갖는 키는 '복합적composite'이라고 한다(비복합 키는 '단순하다simple'고도 한다.). 둘째, 주어진 관계 변수에 둘 이상의 키가 있고 하나가 기본 키로 선택된다면, 다른 키는 대체alternate 키라고 한다(부록 C 참조). 셋째, 외래foreign 키는 관계 변수 *R2*의 *FK* 속성의 조합 또는 집합이며, 각 *FK* 값은 어떤 관계 변수 *R1*에서의 어떤 키 K의 값과 같아야 한다(R1및 R2는 반드시 구별되는 것은 아니다).[6] 예를 들어, 그림 1-1을 참조하면 {SNO}와 {PNO}는 각각 상대 SP의 외래 키이며 각각 S와 P의 {SNO}와 {PNO}에 해당한다.

---

6 이 정의는 의도적으로 약간 단순화됐다(현재의 목적에 적합하기는 하지만). 더 좋은 것은 3장이나 『SQL and Relational Theory』에서 찾아볼 수 있다.

디자인 이론의 위치

서문에서 밝혔듯이, 디자인은 물리적 디자인이 아니라 논리적 디자인을 의미한다. 논리적 디자인은 데이터베이스가 사용자에게 어떻게 보이는지와 관련이 있다(간단히 말하면, 어떤 관계 변수가 존재하고 그 관계 변수에 어떤 제약이 적용되는지). 반대로 물리적 디자인은 주어진 논리적 디자인이 물리적 스토리지에 매핑되는 방식과 관련이 있다.[7] '디자인 이론design theory'이라는 용어는 물리적 디자인이 아닌 논리적 디자인을 구체적으로 지칭한다. 물리적 디자인은 반드시 대상 DBMS의 측면(특히 성능 측면)에 의존하지만, 논리적 디자인은 독립적인 DBMS이거나 이와 같아야 한다. 따라서 이 책에서 사용하는 '디자인design'이라는 용어는 문맥상 필요하지 않으면 논리적 디자인을 의미하는 것으로 이해돼야 한다.

이제 디자인 이론은 관계형 모델의 일부가 아니다. 오히려 그 모델 위에 세워진 별도 이론이다(일반적으로 관계 이론의 일부로 보는 것이 적절하지만 관계 모델 자체의 일부를 반복하는 것은 아니다). 따라서 추가적인 정규화와 같은 디자인 개념은 관계형 모델의 일부인 기본 개념(예를 들어 관계형 대수학relational algebra의 투영과 결합 연산)에 기반을 둔다(이렇게 이야기하면, 디자인 이론은 어떤 의미에서 관계형 모델의 논리적 결과logical consequence로 볼 수 있다. 다시 말해, 일반적으로 관계형 모델에 동의하는 것은 일관성이 없지만 관계형 모델을 기반으로 하는 디자인 이론에 동의하는 것은 일관성이 있다고 생각한다).

논리적 디자인의 전반적인 목표는 다음과 같은 디자인을 달성하는 것이다. 즉, (a) 몇 가지 분명한 이유로 하드웨어 독립적이고, (b) 명백한 이유로 운영체제와 DBMS 독립적이며, (c) 마지막으로 (그리고 아마도 약간 논란의 여지가 있지만) 응용 독립적인 디자인이다(즉, 데이터가 어떻게 사용되는지가 아니라 데이터가 무엇인지에 주로 관심이 있다). 디자인 시점에서 모든 데이터 용도를 알 수 없는 것이 일반적이므로 이런 점에서 응용 독립성

7 그러나 (a) 다른 저자들은 논리적 디자인과 물리적 디자인이라는 용어를 다른 의미로 사용하고 있으며, (b) 그 용어들에 의해 내가 의미하는 바를 의미하고자 다른 용어를 사용한다는 것을 명심해야 한다. 이는 독자에게 위험 부담을 줄 수 있을 것이다.

application independence은 바람직하다. 따라서 예상하지 못한 응용프로그램 요구 사항에도 디자인 당시 잘못됐다고 말할 수 없을 정도의 견실한 디자인을 원한다. 이 상황으로부터 얻는 중요한 결론 중 하나는 물리적 성능상의 이유로 디자인을 타협하지 말아야 한다는 것이다. 일반적으로 디자인 이론, 특히 개별 데이터베이스 디자인은 단순한 성능만 고려해서 몰고 가면 안 된다.

디자인 이론으로 돌아가서 살펴보면, 이론에는 디자이너가 따를 실질적인 지침을 제공하는 많은 공식이 포함돼 있다. 따라서 디자이너라면 이러한 이론에 익숙해야 한다. 문제의 이론을 증명하는 방법을 알아야 한다는 것은 아니다(실제 증명은 종종 매우 간단하지만). 이론이 무엇을 말하려고 하는지, 즉 결과를 알아야 하고 그 결과를 적용할 준비가 돼 있어야 한다는 것이다. 그것이 정리theorem의 좋은 점이다. 누군가가 증명한 후에는 필요할 때마다 누구나 사용할 수 있게 된다.

완전히 비합리적인 것은 아니지만, 모든 디자인 이론은 직관을 강화시킨다고 한다. 이 말의 의미는 무엇일까? 공급자–부품 데이터베이스를 고려해보라. 해당 데이터베이스의 확실한 디자인은 그림 1–1에 설명된 것이다. 세 개의 관계 변수가 필요하고 STATUS 속성이 관계 변수 S에 속하고 COLOR 속성이 관계 변수 P에 속하고 QTY가 관계 변수 SP에 속한다는 등의 의미는 '명백하다.' 그러나 왜 이런 것들이 분명한 것일까? 다른 디자인을 시도한다고 가정해보자. 예를 들어, STATUS 속성을 관계 변수 S에서 관계 변수 SP로 옮긴다고 가정해보자(물론 상태는 선적이 아니라 공급자의 자산이므로 직관적으로 잘못된 위치다). 그림 1–2는 이 수정된 선적 관계 변수의 샘플 값을 보여준다. 혼란을 피하기 위해 STP를 호출한다.[8]

8 분명한 이유로 이 책 전반에 걸쳐 S가 아닌 T를 STATUS의 약자로 사용한다.

STP

SNO	STATUS	PNO	QTY
S1	20	P1	300
S1	20	P2	200
S1	20	P3	400
S1	20	P4	200
S1	20	P5	100
S1	20	P6	100
S2	30	P1	300
S2	30	P2	400
S3	30	P2	200
S4	20	P2	200
S4	20	P4	300
S4	20	P5	400

▲ 그림 1-2 관계 변수 STP – 샘플 값

그림을 한 번만 봐도, 이 디자인에서 무엇이 잘못됐는지 충분히 알 수 있다. 공급자 S1에 대한 모든 튜플이 상태 20을 갖고, 공급자 S2에 대한 모든 튜플이 상태 30을 갖는 등[9] 중복적이다. 그리고 디자인 이론은 데이터베이스를 명백한 방식으로 디자인하지 않으면 이러한 중복성을 초래할 것이며, 그러한 중복의 결과가 어떻게 될 것인지도 내포적으로 알려준다. 다시 말해, 디자인 이론은 중복성을 줄이는 것에 관한 것이다(논외로, 그런 이유로 디자인 이론은 좀 불편하게 들리겠지만 나쁜 사례를 얻을 수 있는 좋은 원천으로 묘사되어 왔다).

이제 만약 디자인 이론이 직관을 강화한다고 말하면 아마도(그리고 실제로) 어쨌든 그건 정말 당연한 것이라는 이유로 비판을 받을 것이다. 예를 들어 관계 변수 STP를 다시 생각해보자. 앞서 말했듯이 관계 변수는 분명히 잘못 디자인됐다. 중복성이 명백하고 결과도 분명하며, 유능한 디자이너는 디자인 이론에 대한 분명한 지식을 전혀 갖고 있지 않더라도 그러한 디자인을 '자연스럽게' 피할 수 있다. 그러나 여기서 '자연

9 또 다른 문제도 발견할 수 있다. 그 디자인은 현재 전혀 부품을 공급하지 않는 공급자 S5와 같은 공급자들을 적절하게 대표할 수 없다. 이 문제와 그것과 같은 다른 문제들은 3장에서 논의한다.

스럽게'는 무엇을 의미할까? 디자이너가 더 '자연스러운' (그리고 더 나은) 디자인을 선택하기 위해 어떤 원리를 적용하고 있을까?

답은 바로 디자인 이론이 말하는 원리다(예를 들어 정규화의 원리들). 다시 말해, 유능한 디자이너들은 공식적으로 학습한 적이 없고 자신의 이름을 밝히거나 정확하게 밝힐 수 없어도 이미 그러한 원리를 갖고 있다. 그렇다. 원리는 상식적이지만 공식적인 상식이다(상식은 일반적일 수 있지만, 그것이 무엇인지 정확하게 말하기는 항상 쉽지는 않다!) 디자인 이론이라 함은 상식의 특정한 면을 구성하는 것을 정확하게 말하는 것이다. 내 생각에는 이것이 이론의 실제 성과 전부 또는 실제 성과 중 하나다. 특정 상식 원리를 공식화해 이러한 원리를 기계화할 수 있는 가능성을 열어준다(즉, 전산화된 디자인 도구에 통합). 비평가들은 종종 이 점을 놓친다. 그들은 아이디어가 대부분 상식이라고 주장하지만, 상식이 의미하는 것을 정확하고 공식적인 방식으로 설명하는 것이 의미 있다는 사실을 깨닫지 못하는 것 같다.

추가로 상식이 항상 그리 상식적이지 않을 수 있다. 다음은 로버트 브라운Robert R. Brown의 논문에서 가볍게 따온 내용이며[10] 그 요점을 보여준다. 브라운은 '간단한 실제 예'(즉, 실제 예)를 갖고 이야기를 꺼낸다. 여기에는 직원 파일(직원번호, 직원 이름, 전화번호, 부서번호, 관리자 이름에 대한 필드 포함)과 부서 파일(부서번호, 부서에 대한 필드 포함)이 있는데, 여기서 모든 것이 직관적으로 명백한 의미를 갖는다.

이 예제의 기반이 되는 실제 데이터베이스에는 더 많은 파일과 필드가 있으며 훨씬 더 많은 중복성이 있었다. 디자이너에게 중복의 이유를 물었을 때 성능과 결합(join) 수행의 어려움을 언급했다. 나의 예에서 중복성이 분명해야 하지만 디자인 문서에서는 분명하지 않았다. 더 많은 파일과 필드가 있는 대규모 데이터베이스에서는 광범위한 정보 분석을 수행하지 않고 사용자 조직의 전문가와의 긴밀한 논의 없이 중복을 찾을 수 없다.

10 로버트 R. 브라운: 호주 시드니에서 개최된 데이터베이스 심포지엄(1984년 11월 15일-17일)에서 발표한 '공학에서의 데이터베이스 시스템: 핵심 문제와 잠재적 해결책(Database Systems in Engineering: Key Problems, and Potential Solutions)'

또 다른 인용문이 있다. 실제로 『SQL and Relational Theory』에서 인용됐으며, 실무자가 실제로 해당 분야의 이론적 기초를 알아야 한다는 내 주장을 뒷받침한다. 그 인용문은 약 500년 전에 레오나르도 다빈치가 한 말인데, 옮기자면 다음과 같다(추가한 부분은 굵은 글꼴로 표시했다).

> 이론 없는 연습에 매혹된 사람들은 방향타나 나침반이 없는 배에 타는 항해사와 같으며, 어디로 가고 있는지 확실하지 않다. **실천은 항상 이론에 대한 건전한 지식을 바탕으로 해야 한다.**

이 책의 목표

여러분이 나와 같다면, 문헌과 실시간 프레젠테이션 등에서 많은 디자인 이론 용어 및 투영–결합 정규형, 추적chase, 결합 종속성, FD 보존FD preservation과 여타 많은 용어를 접할 것이다. 그리고 때때로 그것들이 의미하는 바가 궁금할 것이다. 따라서 이 책에서 이러한 용어를 설명하는 것이 나의 목표 중 하나다. 용어를 정의하고, 관련성과 적용성을 설명하고, 모호함을 제거하는 것이다. 그리고 그 목표를 달성하면 디자인 이론이 무엇이고 왜 중요한지 설명하는 데 도움이 될 것이다(실제로 이 책의 다른 제목은 '데이터베이스 디자인 이론: 이것은 무엇이고 왜 관심을 가져야 하는가?'일 수 있다). 전체적으로 데이터베이스 전문가를 위한 디자인 이론을 간단히 소개하는 것이 목표다. 좀 더 구체적으로, 말하고 싶은 것은 다음과 같다.

- 어쩌면 생소할 수 있지만 당연히 익숙한 관점에서 검토review할 것
- 익숙하지 않은 측면에서 심도 있게 탐색할 것
- 모든 관련된 개념에 대해 분명하고 정확한 설명과 정의(풍부한 예제)를 제공할 것
- 2차, 3차 정규형(2NF와 3NF)처럼 널리 알려진 자료에 시간을 낭비하지 말 것[11]

11 그러나 적어도 완성도를 이유로 그러한 친숙한 개념에 대한 정확한 정의를 내리겠다. 하지만 그들이 정말 친숙하다고 확신하기 때문에 우리가 그러한 정의에 도달하기 전에라도 때때로 그들에게 호소할 자유를 가질 것이다.

솔직히 개인적으로 데이터베이스 디자인은 가장 좋아하는 주제가 아니다. 그 주제의 많은 부분이 여전히 다소 주관적이기 때문이다. 앞서 말했듯이 디자인 이론은 데이터베이스 디자인의 과학적 기반이다. 그러나 안타깝게도 이론이 단순히 (적어도 아직은) 다루지 않는 수많은 디자인 문제가 있다. 이 책에서 설명할 공식적인 원리들은 디자인의 과학적인 부분을 나타내지만, 다른 곳에서 말했듯이 여전히 본질적으로 예술적인 부분도 있다.

문제를 좀 더 긍정적으로 해결하고자 다음 사항에 주목하라고 말하고 싶다. 디자인 이론은 적어도 부분적으로 데이터의 의미를 포착하는 것을 다루며, 코드Codd 박사 자신이 그 개념과 관련해 다음과 같이 언급한 바 있다.[12]

> 데이터의 의미를 포착하는 일은 결코 결말이 있는 일이 아니다. ... 그럼에도 목표는 매우 중요하다. *작은 성공이라도 데이터베이스 디자인 분야에 대한 이해와 질서를 가져올 수 있기 때문이다.*

사실 더 나아가서 과학적인 이론을 무시하고 디자인한다면, 다른 곳에서 (약간 다른 맥락으로) 말한 것처럼 확실한 한 가지는 일이 잘못될 것이라는 점이다. 정확하게 무엇이 잘못되고 잘못의 경중이 어느 정도인지 말하기도 어려울 수 있지만, 확실히 일이 잘못되리라는 것을 알게 된다. 이론은 중요하다.

끝맺는 말

이 책은 써놓은 글을 모아가면서 만들어졌다. 이전 절에서 언급한 일부의 약간 부정적인 목소리에도 앞으로 다룰 훌륭한 자료가 많다. 더 좋은 것은 자료가 스스로 성장

12 이 인용문(내가 여기서 다소 편집한 내용(기울임 글꼴 처리 부분)이다.)은 코드 박사의 논문 '더 많은 의미를 포착하기 위한 데이터베이스 관계 모델 확장'에서 인용한 것이다. E.F. ('테드') 코드는 물론 관계형 모델의 발명가였다. 더욱이 그는 특히 처음 세 개의 정규형(1NF, 2NF, 3NF)은 물론, 일반적인 정규화의 개념을 최초로 정의한 인물이기도 했다.

한다는 점이다. 따라서 처음 몇 장이 다소 느리지만 이후에는 진행 속도가 빨라질 것이다. 여기서 중요한 사실 중 하나는 소개할 용어와 개념이 많다는 점이다. 아이디어는 실제로 어렵지 않지만, 적어도 용어에 익숙해지기 전까지는 다소 벅차 보일 수 있다. 이런 이유로 적어도 이 책의 핵심 부분에서는 먼저 비공식적인 관점에서, 그리고 다시 공식적인 관점에서 두 번 제시할 것이다(버트런드 러셀Bertrand Russell의 유명한 말처럼, '글은 이해하기 쉽게 쓰거나 정확하지만 어렵게 쓸 수 있다. 그러나 이해하기 쉬우면서 정확하기는 어렵다.' 나는 두 마리 토끼를 잡을 생각이다).

그의 또 다른 훌륭한 인용문은 다음과 같다.[13]

> 나는 습관적으로 의견을 바꾼다는 비난을 받아왔다... 나는 어느 정도 그 습관을 부끄러워하지 않는다. 1900년에 이미 활동한 물리학자는 지난 반세기 동안 자신의 의견이 변하지 않았다고 자랑하기를 꿈꿀까? ... 내가 가치를 두고 추구하기 위해 노력한 철학은 습득할 수 있는 어떤 지식이 있고, 새로운 발견으로 인해 과거의 실수를 솔직한 마음으로 받아들여야만 한다는 점에서 과학적인 것이다. 재빠르게 또는 나중에 실수를 인정하든, 내가 말하려는 것은 나는 신학자들이 자신들의 신앙을 위해 주장하는 어떤 진리도 주장하지 않는다는 점이다. 기껏해야 그 의견이 그 당시로서는 납득할 만한 것이라고 주장할 뿐이다. 만약 후속 연구가 그것이 수정될 필요가 있다는 것을 보여주지 않았다면 많이 놀랐을 것이다. [그런 의견은] 몽상적인 선언으로 의도된 것이 아니라, 그 당시 내가 할 수 있는 최선의 것으로서만 명료하고 정확한 사고를 촉진할 수 있었다. 무엇보다도 명확성(clarity)은 나의 목표였다.

이 발췌문을 나의 책 『An Introduction to Database Systems, 8th Edition』(Pearson, 2004)의 서문에서 인용했다. 이전 책을 언급하는 이유는 무엇보다도 현재의 책에서 좀 더 깊이 있게 다루는 일부 자료에 대한 자습이 이전 책에 있기 때문이다. 하지만 세상은 나아졌고, 이전 책을 쓸 당시보다 내가 그 이론을 훨씬 더 잘 이해하고 있었으

13 이 인용문은 『The Bertrand Russell Dictionary of Mind, Matter and Morals』(레스터 E. 데논 편집, 시타델 프레스, 1993) 서문에서 인용한 것이다. 여기서는 내가 살짝 편집했다.

면 좋겠다. 그 책의 내용 중에는 지금 솔직히 수정하고 싶은 측면들이 있다. 이전 책의 한 가지 문제점은 모든 관계 변수가 하나의 키(기본 키로 간주되는)만 있다는 가정을 만드는 등 입맛에 맞추려는 시도를 했다는 것이다. 그러나 그런 단순화 가정 때문에 몇 가지 정의(예: 2NF와 3NF)가 완전히 정확하지 않게 됐다. 이런 상황은 커뮤니티에 어느 정도 혼란을 초래했다. 한편으로는 잘못을 인정하지만, 다른 한편으로는 문맥에 맞지 않게 정의한 사람들의 몫이기도 하다.

연습 문제

이러한 연습 문제들의 목적은 다가올 장들의 범위에 대해 어느 정도 아이디어를 주고, 또한 아마도 여러분의 기존 지식이 어느 정도인지 시험하기 위한 것이다. 그것들은 이번 장에 있는 자료로만 답할 수는 없을 것이다.

1.1 관계형 모델은 관계 변수가 어떤 특정한 정규형임을 요구하지 않는다는 것이 사실인가?

1.2 데이터 중복성은 항상 제거돼야 하는가? 할 수 있는가?

1.3 3NF와 BCNF 사이의 차이는 무엇인가?

1.4 '모든 키' 관계 변수는 BCNF인 것이 사실인가?

1.5 모든 이진 관계 변수는 4NF인 것이 사실인가?

1.6 '모든 키' 관계 변수 모두가 5NF인 것이 사실인가?

1.7 모든 이진 관계 변수가 5NF인 것이 사실인가?

1.8 관계 변수가 BCNF이고 5NF가 아니면, 이것은 모든 키여야만 하는 것이 사실인가?

1.9 관계 변수가 하나의 키만을 갖고 있고 단지 다른 하나의 속성만을 가지면,

이는 5NF인가?

1.10 5NF의 정확한 정의를 내릴 수 있는가?

1.11 관계 변수가 5NF이면 중복성이 없는가?

1.12 탈정규화denormalization가 정확하게 무엇인가?

1.13 히스의 정리Heath's Theorem가 무엇이고 왜 중요한가?

1.14 직교 디자인의 원리The Principle of Orthogonal Design란 무엇인가?

1.15 무엇이 어떤 JD는 축소 불가능irreducible하게 하고 다른 JD는 축소 가능reducible하게 하는가?

1.16 종속성 보존dependency preservation은 무엇이고 왜 중요한가?

1.17 추적 알고리즘은 무엇인가?

1.18 얼마나 많은 정규형의 이름을 붙일 수 있는가?

해답

참고: 이 책의 이 장과 다른 장에서 '해답' 절의 모든 실수는 의도적인 것이다(농담!).

1.1 맞다. 좋은 디자인은 사용자에게 이익이 되고 어느 정도는 DBMS도 도움이 된다. 하지만 데이터베이스가 다뤄야 하는 개체는 실제로 관계일 뿐이지 그 밖의 다른 것이 아닌 한, 이와 같은 관계 모델은 데이터베이스가 어떻게 디자인되는지에 대해서는 상관하지 않는다(즉, 슬프게도 흔히 SQL에서 그러하다[14]).

1.2 17장을 참조하라.

14 실제로 'DBMS가 다뤄야 할 객체'는 SQL의 관계가 결코 아니다. 단, 문제의 객체가 (a) 하나의 열이고(그리고 그 열은 적절히 명명됨), (b) 중복 행이 없으며, (c) 널(null)이 없는 SQL 테이블인 매우 특별한 경우를 제외하고는 말이다. 또한 관계형 모델의 규정을 준수하려면 (d) 포인터가 없어야 한다(2장 연습 문제 2.2h의 해답을 참조하라).

1.3 4장과 5장을 참조하라.

1.4 그렇다(4장 및 5장 참조).

1.5 아니다(실제로 모든 이진 관계 변수가 2NF라는 것은 사실이 아니다. 연습 문제 4.6 참조).

1.6 아니다(9장 및 10장 참조).

1.7 더욱 강력하게 아니다(연습 문제 1.5에 대한 해답을 고려할 때).

1.8 아니다(13장 참조).

1.9 아니다(13장 참조).

1.10 10장을 참조하라.

1.11 아니다(9장 및 17장 참조).

1.12 8장을 참조하라.

1.13 5장을 참조하라.

1.14 16장을 참조하라.

1.15 11장을 참조하라.

1.16 7장을 참조하라.

1.17 11장을 참조하라.

1.18 15장을 참조하라.

2장

전제 조건

세계는 사실인 모든 것이다.

– 루드비히 비트겐슈타인: 논리철학논고(1921년)

이 책은 데이터베이스 전문가를 위한 것이다. 여기서 전문가란 (a) 데이터베이스 실무자와 (b) 관계형 이론에 익숙한 사람을 말한다. 미안한 말이지만 사실인데, SQL에 대한 지식도 (b) 부분을 충족시키지 않는다. 나의 책『SQL and Relational Theory』에서는 이에 대해 다음과 같이 말했다.

> 여러분이 SQL 지식을 갖춘 것은 나도 알고 있다. 하지만 다소 기분 상할 말일 것 같아 미리 사과하는데, 관계형 모델을 SQL 지식만 갖고 유추해 알고 있다면 필요한 만큼 관계형 모델에 대해 아는 것이 아니며, *SQL과 관계형 모델은 같은 것이 아니라는 점을 강조한다.*

이 장의 목적은 여러분이 이미 알 만한 내용을 다루는 것이다. 이미 알고 있다면, 이 장은 기억을 환기시키는 계기로 삼으면 될 것이다. 그렇지 않다면 좋은 지침서가 될 것이다. 구체적으로 내가 하려는 것은 관계형 이론의 기본적인 측면을 말하려는 것이다. 물론 관계형 이론의 다른 측면도 있는데, 이런 내용이 필요할 때 자세히 다룰 것이다.

개요

나중에 참고하기 위해 앞서 말한 관계형 이론의 기본을 간단히 정리하는 것으로 시작해보자.

- 데이터베이스는 관계 변수의 집합이다.
- 어느 시점의 관계 변수 값은 관계값relation value이다.
- 모든 관계 변수는 특정 술어predicate를 나타낸다(관계 변수 술어relvar predicate).
- 관계 변수의 모든 튜플은 특정 명제proposition를 나타낸다.
- *T* 시점의 관계 변수 *R*은 *T* 시점에서 TRUE인 관계 변수 *R*에 해당하는 술어의 인스턴스 튜플만을 가진다.

다음 두 절의 대부분은 『SQL and Relational Theory』에서 다룬 내용이며, 위에 정리한 내용을 상세히 설명할 것이다.

관계와 관계 변수

1장의 그림 1-1(공급자-부품 데이터베이스)을 다시 살펴보자. 그림은 세 개의 관계를 보여준다. 즉, 어떤 특정 시간에 데이터베이스 내에 존재할 수 있는 관계들을 나타낸다. 그러나 만약 동일한 데이터베이스를 다른 시간에 본다면, 그들 대신 다른 세 개의 관계가 나타난 것을 볼 수 있다. 다른 말로 하면 S, P, SP는 실제로 변수, 더 정확하게 말하면 관계 변수이며, 일반적인 변수와 똑같이 이들은 다른 시점에 다른 값을 갖는다. 그리고 이들이 구체적으로 관계 변수이므로, 어떤 주어진 시점에서 이들 값은 물론 관계값이다.

이런 개념을 더 조사하기 위한 기초로서 그림 2-1을 고려하자. 이 그림은 (a) 왼쪽에 매우 축약된 버전의 그림 1-1에서 나타낸 선적 관계를 보여주고, (b) 오른쪽에 어떤 업데이트 이후의 최종 관계를 보여준다. 이전 문장의 용어를 사용해 (a) 그림의 왼쪽에서는 어떤 특정 시점에서 관계 변수 SP의 값인 관계값을 보고, (b) 오른쪽에서는 튜플 추가 후 아마도 이후인 *T2* 시점에서 동일한 관계 변수의 값인 관계값을 본다고 말할 수 있을 것이다.

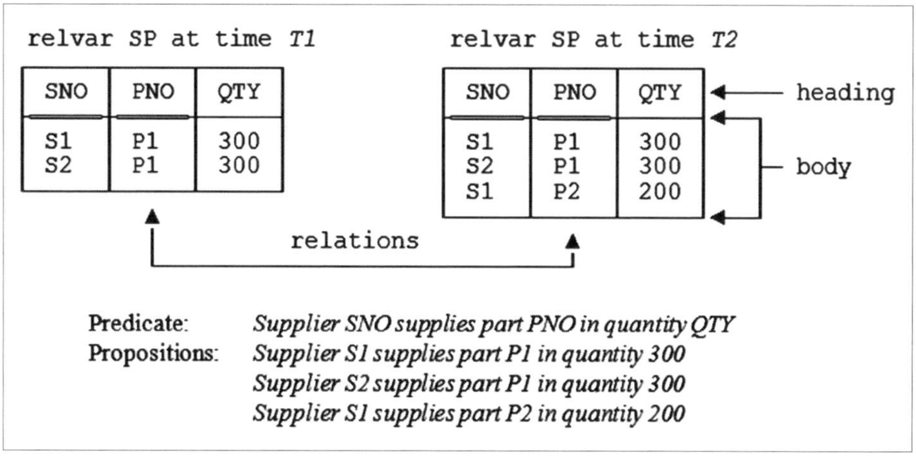

▲ 그림 2-1 관계값과 변수 - 예

따라서 관계값과 관계 변수 간에는 차이가 있다. 문제는 데이터베이스 커뮤니티가 역사적으로 동일한 용어로 두 개념을 모두 나타내는 관계를 사용했다는 것이며, 이런 관행이 혼동을 초래했다(특히 정규화와 같은 이 책이 대상으로 하는 주제 맥락에서). 따라서 이 책에서는 지금부터 이 둘을 매우 주의 깊게 구분할 것이다. 관계값을 의미할 때는 '관계값'이란 용어로 이야기할 것이며, 관계 변수를 의미할 때는 '관계 변수'라는 용어로 이야기한다. 또한 대부분의 경우 관계값을 '관계[relation]'라고 약칭한다('정숫값'을 대부분의 경우 '정수'라고 약칭하는 것처럼). 그리고 '관계 변수[relation variable]'를 대부분의 경우 '관계 변수[relvar]'로 약칭한다. 예를 들어, 공급자-부품 데이터베이스는 세 개의 관계 변수를 포함한다고 이야기할 것이다(더 정확하게는 세 개의 기본 관계 변수[base relvar]다. 뷰[view1]도 역시 관계 변수이지만, 이 책에서는 뷰를 언급하지 않을 것이다).

뷰에 대해 한 가지 언급할 것이 있다. (뷰와 기본 관계 변수의) 상호 교환 원리(The Principle of Interchangibility)에서 언급되기를 (적어도 사용자에 관한 한) 뷰는 기본 관계 변수처럼 보이고 느껴지는 것이 당연하다(단지 약칭으로 정의된 뷰를 의미하는 것이 아니고, 어떤 점에서 '실제' 데이터베이스로부터 사용자를 격리시키고자 하는 뷰를 의미한다. 이 점에 대한 상세한 설명은 17장을 참조하라). 일반적으로 실제로 사용자는 기본 관계 변수만을 포함하는 데이터베이스가 아니라, 기본 관계 변수와 뷰가 혼합된 것을 포함하는 사용자 데이터베이스라 부르는 것과 상호 작용을 한다. 그러나 이러한 사용자 데이터베이스는 사용자에 관한 한 실제 데이터베이스와 똑같이 보이고 느껴지는 것으로 예상되므로, 이 책에서 논의하는 모든 디자인 원리(design principle), 예를 들면 정규화의 원리 같은 것들이 '실제' 데이터베이스뿐만 아니라 그와 같은 사용자 데이터베이스에도 똑같이 잘 적용된다. 이러한 이유로, 이 용어가 기본 관계 변수와 뷰를 동일하게 지칭하거나 기본 관계 변수만을(또는 뷰만을) 지칭하는지에 따라 이 책에서 충분하지 못한 용어인 관계 변수(relvar)를 자유로이 사용할 것이다.

그림 2-1에서 관계는 제목[heading]과 본체[body]라는 두 부분으로 구성된다. 기본적으로 제목은 속성들의 집합이고, 본체는 제목에 부합하는 튜플 집합이다. 예를 들면, 그림 2-1의 두 개 관계는 모두 세 개 속성으로 이뤄진 제목을 갖고 있다. 또한 그림 왼쪽의 관계는 튜플 두 개로 구성된 본체를 갖고, 오른쪽 관계는 튜플 세 개로 구성된 본체를 갖고 있다. 따라서 관계는 직접 튜플을 포함하고 있지 않으며, 소속된 본체가 튜플을 갖고 있다는 점을 유의해야 한다. 하지만 실제로는 단순화를 위해 보통 관계가 튜플을 직접 갖고 있는 것처럼 말한다. 다음과 같은 점들을 주지하자.

- 제목과 본체 용어는 관계 변수로도 명백히 확대된다. 물론 (관계처럼) 관계 변수의 제목은 결코 변하지 않으며, 이는 문제의 관계 변수에 할당될 수 있는 모든

---

1 다른 테이블을 기반으로 만들어진 가상의 테이블을 의미한다. 뷰는 데이터를 저장하고 있지 않으면 논리적으로만 존재한다. - 옮긴이

가능한 관계의 제목과 동일하다. 반면에 본체는 변한다. 구체적으로 문제의 관계 변수가 업데이트되면서 변한다.

- 제목은 속성 집합이다. 그러나 이 책에 한해서 제목은 단지 속성 이름의 집합으로 보는 것이 간단하다. 확실히 지나친 단순화일 수 있지만, 나중에 다룰 논의에서 심각한 부정적 영향을 미치지는 않을 것이다.
- 실제 제목을 속성 이름/타입 이름 한 쌍으로 보는 것이 더 올바른 것이다(물론 문제의 속성 이름은 모두 달라야 한다는 조건을 유지하면서). 예를 들면 이 책의 예제에서 속성 SNO와 PNO는 각각 CHAR(임의의 길이를 가진 문자열) 타입이고, 속성 QTY는 INTEGER(정수) 타입이다.[2] 그리고 어떤 제목에 일치하는 튜플을 이야기할 때, 문제의 튜플 내에 있는 각 속성값은 반드시 관련 타입의 값이어야 한다는 것을 의미한다. 예를 들면 튜플이 관계 변수 SP의 제목에 일치하기 위해 반드시 SNO, PNO, QTY(그리고 다른 것은 없어야 한다.)를 가지며, 이들 속성값들은 반드시 각각 CHAR, CHAR, INTEGER 타입이어야 한다.

  이렇게 모두 이야기하고 나니, 관계형 디자인 이론에서 타입은 가장 중요한 것이 아니라는 점도 이야기해야겠다. 그래서 자유롭게 정의를 단순화하는 것이다. 그리고 이것이 대부분의 샘플 관계와 관계 변수(그리고 관계 변수 정의)에서 속성 이름만을 보이고 해당 타입을 언급하지 않는 이유이기도 하다.
- 주어진 제목의 속성 개수는 해당 제목의 차수degree(종종 인수의 개수arity라고도 부름)다. 이는 또한 해당 제목을 갖는 관계 또는 관계 변수의 차수이기도 하다.

  참고: 차수라는 용어는 튜플과 키(그리고 외래 키)의 연결에서도 사용된다. 예를 들면, 관계 변수처럼 관계 변수 SP의 튜플은 모두 차수 3을 가진다. 이 관계 변수의 유일한 키 {SNO, PNO}는 차수 2를 가진다. 이 관계 변수의 두 개 외래 키 {SNO}와 {PNO}는 각각 차수가 1이다.

2 QTY를 NONECTION_INTEGER 유형(명확한 의미론 포함)으로 정의하는 것이 더 적절할 수 있지만, 현재 그러한 유형을 지원하는 DBMS는 거의 없다. 물론 사용자 정의 유형으로 소개할 수도 있겠지만, 이 책에서는 사용자 정의 유형의 복잡성에 빠져들고 싶지 않다.

- 주어진 본체 내 튜플 개수는 그 본체의 고유차수cardinality다. 이는 그 본체를 갖는 어떠한 관계 또는 관계 변수의 고유차수이기도 하다.[3]
- 차수는 음수가 아닌 어떤 정수도 될 수 있다. 차수 1은 1진unary라고 부르며, 차수 2는 2진binary, 차수 3은 3진ternary이다. 더 일반적으로 차수 *n*은 *n*진n-ary이라고 부른다.

술어와 명제

다시 한 번 선적 관계 변수 SP를 고려하자. 모든 관계 변수와 같이 이 관계 변수도 실제 세계의 어떤 부분을 나타내고자 한다. 실제로 더 정확할 수 있다. 이 관계 변수의 제목은 특정 술어를 표현한다. 즉, 실제 세계의 어떤 부분에 대한 어떤 일반적 문장generic statement이다(곧 설명하지만, 이는 파라미터화되므로 일반적이다). 문제의 술어(즉, 관계 변수 SP에 대한 술어)는 매우 간단하다.

공급자 SNO가 부품 PNO를 QTY개 수량으로 공급한다.

이 술어는 관계 변수 SP에 대한 의도된 해석intended interpretation 또는 의미meaning다.

이 책에서 서술하는 용어를 사용하는 방법에 대해 좀 더 말해본다. 우선 SQL은 불린(boolean)이나 참값을 가진 표현을 지칭하기 위해 광범위하게 사용하므로(비교 술어, IN 술어, EXIST 술어 등을 말한다.) 이미 이 용어에 익숙할 것이다. 그러나 SQL에 대한 이 사용법이 정확하지는 않지만 매우 일반적인 용어를 차용하게 된다(데이터베이스 관점에서 매우 중요한 용어다). 그리고 그것에 다소 전문적인 의미를 부여한다. 그래서 그 사용법을 직접 따르지 않는 것을 선호한다.

둘째로, 정확성을 위해 술어가 실제 진술이 아니라 그 진술에 의해 만들어진 주장이라는 것을 설명해야 한다. 예를 들어 관계 변수 SP에 대한 술어는 그것이 영어로 표현되든 스페인어로 표현되든 상관없이 그대

---

3 그 본체를 가진 '어떤' 관계라고 말하지만, 실제로 두 개의 뚜렷한 관계는 문제의 본체가 비어있는 경우에만 같은 본체를 가질 수 있다. 그렇지 않다면, 문제의 본체를 갖는 관계는 정확히 한 가지 있다(5장에서 '관계'의 공식적 정의를 참조하라).

로다. 그러나 단순성을 위해 그 뒤에 나온 것으로 추측할 것이다. 술어는 사실 그 자체일 뿐 전형적으로 영어와 같은 자연어로 반드시 표현되는 것은 아니다.

마지막으로, 앞서 언급한 용어의 뜻을 설명했지만 논리학자들 사이에서도 정확히 어떤 술어인가에 대한 합의가 거의 없는 것 같다는 사실을 알아야 한다. 특히 어떤 저술가들은 술어를 그 자체로는 아무런 의미도 없는 순수한 형식적 구성으로 간주하고, 앞서 말한 것을 의도된 해석으로 여긴다. 이는 예시한 술어와 구분되는 것이다. 여기서는 그러한 문제를 갖고 논쟁하고 싶지 않다. C. J. 데이트(C. J. Date)와 휴 다웬(Hugh Darwen)이 쓴 『"What's a predicate?" in Database Explorations: Essays on The Third Manifesto and Related Topics』(Trafford, 2010)를 참조하길 바란다.

술어를 참값 함수true valued function로 생각할 수 있다. 모든 함수처럼 이는 일련의 파라미터를 갖고, 이것이 호출되면 결과를 반환한다. (참값 함수이므로) 이 결과는 TRUE 또는 FALSE이다. 예를 들면 관계 변수 SP에 대한 술어의 경우, 파라미터는 SNO, PNO와 QTY(물론 관계 변수의 속성에 해당하는)이며 적용 가능 타입의 값(이 예에서는 CHAR, CHAR, INTEGER)을 나타낸다. 이 함수를 호출할 때(논리학자의 용어로 '술어를 인스턴스화instantiate할' 때) 파라미터를 인수argument로 대체한다. 인수로 S1, P1, 300을 각각 사용한다.

공급자 S1이 부품 P1을 300개 수량으로 공급한다.

이 문장은 사실 명제proposition이며 참 또는 거짓으로 평가되는 논리 문장이다. 여기에 두 개의 예가 있다.

1. 에드워드 애비는 『The Wrench Gang』을 저술했다.
2. 윌리엄 셰익스피어는 『The Monkey Wrench Gan』을 저술했다.

이들 중 1번은 사실이고 2번은 거짓이다. 명제가 항상 사실이라는 일반적 함정에 빠지지 말라. 다만 지금 말하는 것은 참일 것이다. 이제 설명한다.

- 우선 이미 이야기한 바와 같이, 모든 관계 변수는 문제의 관계 변수에 대한 관계 변수 술어라 불리는 연관된 술어를 가진다(따라서 '공급자 SNO가 부품 PNO를 QTY개 수량으로 공급한다'는 관계 변수 SP에 대한 관계 변수 술어다).

- 관계 변수 *R*이 술어 *P*를 가진다고 하자. 그러면 어떤 시점 *T*에 *R*의 각 튜플 *t*는 그 시점 *T*에서 *P*를 호출(또는 인스턴스화)해 도출한 특정 명제 *p*를 표현하는 것으로 볼 수 있다.
- 그리고 (매우 중요하게) 관행적으로 위와 같은 방식으로 얻어진 모든 명제 *p*는 TRUE로 평가된다.

예를 들면 그림 2-1의 왼쪽처럼 관계 변수 SP에 대한 샘플 값이 주어졌을 때, 다음 명제는 모두 시점 *T1*에서 TRUE로 평가된다고 가정한다.

공급자 S1이 부품 P1을 300개 수량으로 공급한다.

공급자 S2가 부품 P2를 300개 수량으로 공급한다.

좀 더 살펴보면, 어떤 주어진 시점 *T*에서 특정 튜플이 아마도 어떤 관계 변수에 나타날 수 있으나 그렇지 않은 경우에는 해당 명제가 그 시점 *T*에서 거짓이라 가정할 수 있다.

```
( 'S1', 'P2', 200)
```

예를 들면 위 튜플은 분명 가능한 SP 튜플이지만, 시점 *T1*에 관계 변수 SP에 나타나지 않는다(그림 2-1을 다시 참조). 그래서 시점 *T1*에서 다음 명제가 참이라는 것은 사실이 아니라고 가정할 수 있다.

공급자 S1이 부품 P1을 200개 수량으로 공급한다.

(한편 이 명제는 시점 *T2*에서는 참이다.)

요약하면, 어떤 시점에서 어떤 관계 변수 *R*은 전부이자 유일한 참인 명제를 나타내는 튜플을 가진다(*R*에 대한 관계 변수 술어의 참 인스턴스화). 적어도 실무에서는 항상 이렇게 가정한다. 다른 말로 하면, 실제에서 '폐쇄 세계 가정The Closed World Assumption(CWA)'이란 것을 채택한다(명시적으로 인정하지 않더라도, 데이터베이스를 사용할 때 수행하는 모든 것에 대해 이 가정이 깔려 있다). 이 가정은 매우 중요하므로 기록을 위해 여기서 정의를 남긴다.

정의(폐쇄 세계 가정): 관계 변수 *R*이 술어 *P*를 가진다고 하자. 폐쇄 세계 가정(CWA)은 (a) 튜플 *t*는 시점 *T*에 *R*에 나타난다. 그리고 *t*에 상응하는 *P*의 인스턴스 *p*는 시점 *T*에 참이라 가정한다. 반대로 (b) 만약 튜플 *t*가 시점 *T*에 *R*에 있어야 하는데 없는 경우, *t*에 상응하는 *P*의 인스턴스 *p*는 시점 *T*에서 거짓이라 가정한다. 다시 말해, 만약 튜플 *t*가 시점 *T*에서 *R*에 대한 '술어를 만족한다.'고 한다면 또 이런 경우에만(**if and only if**) 시점 *T*에서 튜플 *t*가 관계 변수 *R*에 나타난다.

공급자와 부품에 대한 추가 논의

이제 다시 그림 1-1에 보인 샘플 값을 가진 공급자-부품 데이터베이스로 돌아가자. 여기서 그 데이터베이스 내에는 **Tutorial D**라는 언어로 표현된 세 개의 관계 변수 정의가 있다(정의에 따르는 설명을 더 보라).

```
VAR S BASE RELATION
  { SNO CHAR , SNAME CHAR , STATUS INTEGER , CITY CHAR }
    KEY { SNO } ;

VAR P BASE RELATION
  { PNO CHAR , PNAME CHAR , COLOR CHAR , WEIGHT RATIONAL , CITY CHAR }
    KEY { PNO } ;

VAR SP BASE RELATION
  { SNO CHAR , PNO CHAR , QTY INTEGER }
    KEY { SNO , PNO }
    FOREIGN KEY { SNO } REFERENCES S
    FOREIGN KEY { PNO } REFERENCES P ;
```

이야기한 대로 이들 정의는 **Tutorial D**라고 하는 언어로 표현돼 있다. 이제 이 언어는 매우 자명하다고 믿는다. 만약 전체적인 설명이 필요하면 C. J. 데이트C. J. Date와 휴 다웬Hugh Darwen이 저술한 『Databases, Types And the Relational Model, 3rd Edition』(Addison-Wesley, 2006)에서 찾을 수 있다.[4] **참고**: 이 책은 제목에서 나타나듯이 'The Third Manifesto'를 소개하고 설명하며 관계형 모델에 대한 정확하고 약간은 공식적인 정의를 지원하는 타입 이론서다.[5] 특히 이 책은 **D**라는 이름을 불특정 언어를 위한 일반적 이름으로 사용하는데, 이는 The Third Manifesto에 나온 원리에 부합한다. 그러나 아쉽게도 SQL은 이들 부류가 아니라서 이 책의 예제는 대부분 SQL이 아니라 **Tutorial D**로 표현하고 있다(물론 **Tutorial D**는 유효한 **D**이다. 실제로 The Third Manifesto의 아이디어를 예시하고 가르치기 위한 수단으로 적합하도록 디자인됐다).

이 책의 용어가 'The Third Manifesto'(약칭으로 'Manifesto')에 기초하고 있다는 것을 언급하지 않을 수 없다. 용어는 다른 디자인 이론서와 종종 다를 수 있다. 예를 들어, 다른 문헌들은 일반적으로 관계 제목(relation heading) 대신에 관계 스키마(relation schema)라는 용어를 사용한다.[6] 관계 변수(relvar) 대신에 이 책에서는 어떤 관계 변수에 할당된 (관계) 값을 해당 스키마의 인스턴스(instance)라고 부른다.

관계 변수 정의로 돌아가자. 각각의 정의는 KEY 사양specification을 포함하는데, KEY 사양은 관계 변수에 할당된 모든 관계가 해당 키 제약 조건key constraint을 만족해야 한다(1장에서 '모든 관계 변수는 적어도 하나의 키를 갖는다.'라고 말한 점을 상기하라). 예를 들면, 관계 변수 S에 할당된 모든 관계는 그 관계 내에 있는 어떠한 두 개의 다른 튜플도 동일한 SNO 값을 가지면 안 되는 제약을 만족시켜야 한다. 더 나아가, 책을 통틀어 반

4 실제 『Tutorial D』(굵은 글꼴에 주목하라.)는 출간된 이후로 다소 수정되고 확장됐다. 이 책 전반에 걸쳐 사용할 버전인 개정판의 설명은 C. J. 데이트와 휴 다웬이 저술한 『Database Explorations: Essays on The Third Manifesto and Related Topics』(Trafford, 2010)와 웹 사이트(www.thethirdmanifesto.com)에서 찾을 수 있다.

5 자세한 내용은 앞의 각주에서 언급한 웹 사이트(www.thethirdmanifesto.com)를 참조하라.

6 제목(heading)과 (관계) 스키마가 정확히 같다는 인상을 줘서는 안 된다. 오히려 스키마는 이 책의 뒷부분에서 자세히 설명한 기능적 및 결합적 종속성을 포함하는 어떤 종속성(다음 각주 참조)과 제목의 결합이다.

대로 명시적 문장을 삼가하고 다음 함수 종속성Functional Dependency(FD)[7]이 관계 변수 S에도 성립한다고 가정한다.

```
{ CITY } → { STATUS }
```

FD에 대해 풀어서 말하자면, 'STATUS는 CITY에 함수 종속이다.' 또는 'CITY는 STATUS를 함수적으로 결정한다.' 또는 더 간단하게 'CITY → STATUS'로 표시한다. 이는 관계 변수 S에 할당된 모든 관계는 만약 그 관계 내의 튜플 두 개가 같은 CITY 값을 가진다면 튜플은 또한 동일한 STATUS 값을 가져야만 하는 제약을 충족해야만 하는 것을 의미한다.[8] 그림 1-1에 주어진 관계 변수 S의 샘플 값은 실제로 이 제약을 만족한다는 것을 알 수 있다. **참고**: 나중에 2부와 3부에서 FD에 대해 이야기할 것이 매우 많지만, 독자들은 기본 아이디어에 이미 익숙하리라 확신한다.

KEY 사양이 키 제약을 선언한 것처럼 이제 FD 제약을 선언할 수 있도록 어떤 구문을 필요로 한다. 그러나 **Tutorial D**는 이러한 목적을 위한 특수한 구문을 제공하지 않는다[9](SQL도 제공하지 않는데, 이 점은 곧 살펴볼 것이다). 우회 방법으로 이를 표현하는 것을 허용한다. 예를 들면 다음과 같다.

```
CONSTRAINT XCT
   COUNT ( S { CITY } ) = COUNT ( S { CITY , STATUS } ) ;
```

7 '함수적 의존성(functional dependence)'이라고도 한다. 의존성(dependence)과 종속성(dependency)이라는 용어는 문헌에서 다소 상호 교환적으로 사용된다. 그러나 의존성은 일반적인 개념으로 좀 더 나은 것 같고, 종속성은 개념의 특정 예에 대해 좀 더 적합한 것 같다(그리고 복수형이 필요한 경우, 개념의 예와 관련되지만 개념과는 관련이 없는 경우, 종속성은 의존성보다 언어적으로 좀 더 잘 맞아떨어지는 것 같다).

8 FD의 의미에 대한 이 예는 그러한 종속성이 함수적이라 불리는 이유를 보여주는 역할을 한다. 자세히 설명하면, 수학에서 함수는 *A*의 각 요소가 *B*의 한 요소에만 매핑되는 속성(그러나 *A*의 각 원소는 *B*의 동일한 원소에 매핑할 수 있다.)과 함께 *A* 집합에서 *A*와 반드시 구별되는 것은 아닌 다른 집합 *B*로 매핑하는 것이다. 따라서 이 예에서는 S의 CITY 값 집합에서 S의 상태 값 집합에 이르는 매핑이 있다고 말할 수 있으며, 그 매핑은 실제로 수학적 함수라고 할 수 있다.

9 그렇지 않은 이유 중 하나는 이 책에서 논의한 디자인 권고안을 따른다면 어쨌든 FD를 명시적으로 선언할 필요가 거의 없기 때문이다.

설명: **Tutorial D**에서 *rx*{*A1*,…,*An*} 형태의 표현은 관계형 표현 *rx*의 평가로부터 초래되는 관계 *r*의 속성 *A1*, .., *An*에 대한 투영projection을 나타낸다. 만약 관계 변수 S의 현재 값이 관계 *s*라면, (a) 표현 S{CITY}가 *s*의 CITY에 대한 투영을 표기하고, (b) 표현 S{CITY,STATUS}가 *s*의 CITY와 STATUS에 대한 투영을 표시하고, (c) 제약 XCT(임의로 명명하는 것임)는 이들 두 개 투영의 두 COUNT 발동COUNT invocation에 의해 표기되는 고유차수가 같을 것을 요구한다(만약 두 고유차수가 동일해야 하는 것과 원하는 FD 제약이 성립해야 하는 것이 명백히 동일하지 않으면, 제약 XCT를 그림 1-1의 샘플 데이터의 관점에서 묘사하는 것으로 해석해봐야 한다).

제약식 XCT에서 COUNT는 다소 적절하지 않은 것으로 보일 수 있다. 이를 피할 수 있는 식은 다음과 같다.

```
CONSTRAINT XCT
    WITH ( CT := S { CITY , STATUS } ) :
    AND ( ( CT JOIN ( CT RENAME { STATUS AS X } ) , STATUS = X ) ;
```

설명: 첫째, WITH 사양('WITH (...)')은 단지 전체 표현식의 후반부에 사용할 수 있는 이름인 CT를 소개하기 위한 것으로서, 그것이 나타내는 표현을 몇 번이고 쓸 필요가 없다. 둘째, **Tutorial D** RENAME 연산자는 자명해서 설명이 필요 없다(그러나 어쨌든 연습 문제 2.15의 해답에서 정의된다). 셋째, **Tutorial D** 표현식 AND(*rx*, *bx*)는 *rx*가 관계식이고 *bx*가 불린 표현(boolean expression)인 경우 *bx*가 나타내는 조건이 *rx*로 표시된 관계에서의 모든 튜플에 대해 TRUE로 평가되는 경우에만 TRUE를 반환한다.

전술한 상황에도 불구하고, 책을 통틀어 FD는 이전에 예시한 화살표 표기법을 사용해 묘사(또는 선언)하는 것으로 가정한다. 다른 종류의 종속성(특히, 9장과 12장에서 각각 소개할 결합 종속성과 다중 값 종속성)에 대해서도 유사한 이야기가 적용된다.

조금 요약하고 이 장을 마치고자 한다. 공급자-부품 데이터베이스에 적용되는 유일한 제약은 전술한 FD 제약과 특수 키(그리고 외래 키) 제약이라고 가정하면, 관계 변수 S, P, SP는 각각 2차, 5차, 6차 정규형을 가진다. 이러한 관찰의 중요성을 이해하려면 계속 책을 읽어나가자.

연습 문제

이 연습 문제의 목적은 관계 이론에 대한 여러분의 지식을 시험하는 것이다. 대부분은 이번 장의 자료만으로는 대답할 수 없다. 그러나 연습 문제에서, 그리고 다음 절의 연습 문제 해답에서 언급된 모든 것은『SQL and Relational Theory』에서 자세히 논의된다.

2.1 정보 원리Information Principle란?

2.2 다음 중 옳은 것은?

- **a.** 관계(따라서 관계 변수)는 그들의 튜플에 대해 순서가 없다.
- **b.** 관계(따라서 관계 변수)는 그 속성에 순서가 없다.
- **c.** 관계(따라서 관계 변수)는 절대 이름 없는 속성을 갖지 않는다.
- **d.** 관계(따라서 관계 변수)는 절대 같은 이름을 가진 두 개 이상의 속성을 갖지 않는다.
- **e.** 관계(따라서 관계 변수)는 절대 중복된 튜플을 포함하지 않는다.
- **f.** 관계(따라서 관계 변수)는 절대 널null을 포함하지 않는다.
- **g.** 관계는 항상 1차 정규형(1NF)이다.
- **h.** 관계 속성이 정의되는 유형은 임의로 복잡할 수 있다.
- **i.** 관계(따라서 관계 변수) 자체에는 유형이 있다.

2.3 다음 중 옳은 것은?

- **j.** 제목의 모든 부분집합subset은 제목이다.
- **k.** 본체의 모든 부분집합체는 본체다.
- **l.** 튜플의 모든 부분집합은 튜플이다.

2.4 도메인이라는 용어는 보통 관계 이론에 관한 문헌에서 발견되지만, 이번 장의 본문에서는 언급되지 않았다. 이 사실에 대해 어떻게 생각하는가?

2.5 명제와 술어를 정의한다. 예를 들어보라.

2.6 공급자–부품 데이터베이스로부터 관계 변수 S, P, SP에 대한 술어를 명시하라.

2.7 *DB*를 여러분이 알고 있는 어떤 데이터베이스라 하고, *R*을 *DB*의 모든 관계 변수라 한다. *R*의 술어는 무엇인가? **참고**: 이 연습의 요점은 이 장의 본문에서 논의된 아이디어 중 일부를 자신의 데이터에 적용하도록 하는 것이며, 이는 이러한 관점에서 데이터에 대한 일반적인 생각을 갖게 하기 위한 시도다. 분명히 이 연습 문제에는 유일한 정답이 없다.

2.8 폐쇄 세계 가정을 여러분 자신의 용어로 설명하라. '개방 세계 가정' 같은 것이 있을 수 있을까?

2.9 튜플과 관계라는 용어를 최대한 정확하게 정의하라.

2.10 (a) 두 개의 튜플이 같도록, (b) 두 개의 관계가 같도록 하는 것이 무엇을 의미하는지를 가능한 한 정확하게 기술하라.

2.11 튜플은 집합(구성 원소 집합)이다. 따라서 튜플에 적용되는 통상적인 집합 연산자(합집합, 교집합 등)의 버전을 정의하는 것이 타당하다고 생각하는가?

2.12 반복하자면, 튜플은 구성 원소 집합이다. 그러나 빈 튜플은 합법적인 집합이므로, 관련 구성 원소 집합이 비어있는 튜플로 정의할 수 있다. 그 의미는 무엇인가? 그런 튜플이 사용 가치가 있다고 생각하는가?

2.13 키는 속성 집합이고 빈 집합은 합법적인 집합이므로, 해당 속성 집합이 비어있는 경우 빈 키를 키로 정의할 수 있다. 그 의미는 무엇인가? 그런 키가 사용 가치가 있다고 생각하는가?

2.14 술어는 파라미터 집합을 갖고 있고 빈 집합은 합법적인 집합이므로 술어는 빈 파라미터 집합을 가질 수 있다. 그 의미는 무엇인가?

2.15 정규화 규칙은 관계 연산자의 투영projection과 결합join을 많이 이용한다. 이 두 연산자를 최대한 정확하게 정의하라. 또한 속성 이름 변경 연산자(**Tutorial D**의 RENAME)를 정의하라.

2.16 관계대수의 연산자는 폐쇄 시스템closed system을 형성한다. 이 문장으로 무엇을 이해하는가?

해답

2.1 정보 원리는 전체 관계 모델을 뒷받침하는 기본 원리다. 다음과 같이 기술할 수 있다.

정의(정보 원리): 관계형 데이터베이스에서 허용되는 유일한 종류의 변수는 관계 변수다. 이와 동등하게, 어떤 주어진 시점에 데이터베이스의 전체 정보 콘텐츠는 오직 한 가지 방법, 즉 관계 안에서 튜플로 표시된 속성 위치의 값으로 표현된다.

왼쪽에서 오른쪽으로 열을 정렬하거나 중복된 행 또는 널을 포함하는 SQL 테이블(적어도 데이터베이스의 SQL 테이블)은 모두 정보 원리(다음 연습 문제의 해답 참조)를 위반한다는 점에 유의하라. 그러나 흥미롭게도 익명 칼럼이나 고유하지 않은 이름의 칼럼을 가진 SQL 테이블은 이 원리를 위반하지 않는 것으로 보인다. 언급된 원리가 데이터베이스의 관계나 관계 변수에 명시적으로 적용되기 때문이다. 그리고 일반적으로 SQL 테이블은 익명 열이나 고유하지 않은 이름을 가진 열을 가질 수 있지만, 그러한 테이블은 데이터베이스의 일부가 될 수 없다. 이러한 상황은 정보 원리를 좀 더 엄격하게 할 수 있음을 다소 강하게 시사한다.

2.2 a. 맞다. b. 맞다. c. 맞다. d. 맞다. e. 맞다. f. 맞다. g. 맞다. h. 틀리다. 하지만 그것은 '거의' 맞고 두 가지 작은 예외가 있는데, 두 가지 모두 현재 목적을 위해 간단히 설명하겠다. 첫 번째는 관계 *r*이 *T*형이라면 *r*의 속성 자체가 *T*형이 될 수 없다는 것이다. 두 번째는 데이터베이스의 어떤 관계도 포인터 유형의 속성을 가질 수 없다는 것이다.[10] i. 맞다.

보조 연습 문제: 만약 원래의 명제가 관계나 관계 변수 대신 SQL 테이블의 관점에서 주어진다면 전술한 해답들 중 어느 것이 변경될 것인가?

해답: a.와 h.를 제외하고 모두 바뀔 것이다. 더욱이 h.의 경우, 정답은 '틀리다.'에서 '더욱더 틀리다.'로 바뀌어야만 할 것이다. 이러한 상황의 한 가지 이유는 SQL은 테이블 유형에 대한 적절한 개념이 없기 때문이며, SQL 열은 더욱더 강하게 이와 같은 유형이 될 수 없기 때문이다.

2.3 a. 맞다. b. 맞다. c. 맞다. **참고**: 이 책에서는 표준 수학 관행에 따라 *B*와 *A*가 같을 가능성을 포함하기 위해 '*B*는 *A*의 부분집합'(기호 표시로 '$B \subseteq A$')이라는 표현을 사용한다는 것을 여기서 기술한다. 따라서 예를 들어, 모든 제목은 그 자체의 부분집합이고 모든 본체body에 대해서도 해당하며 모든 튜플도 마찬가지다. 그런 가능성을 배제하고 싶을 때는 진부분집합(기호로 '$B \subset A$')의 관점에서 명시적으로 이야기하겠다. 예를 들어 우리의 통상적인 공급자 관계의 본체는 확실히 그 자체의 부분집합이지만, 그 자체의 적절한 부분집합proper subset은 아니다(어떤 집합도 그 자체의 적절한 부분집합은 아니다). 더욱이, 앞서 언급한 말은 위의 법칙을 준용할 때 상위집합superset에도 동일하게 적용된다. 예를 들어 우리의 통상적인 공급자 관계의 본체는 그 자체의 상위집합이지만, 그 자체의 적절한 상위집합proper superset은 아니다.

추가 용어: 집합은 그 부분집합을 포함한다고 한다. 그나저나 집합으로 포함

10 여기서 첫 번째 예외는 논리적 필요성이다. 두 번째는 관계형 모델에 의해 부과된 고의적인 제한이다.

하는 것을 원소로 포함하는 것과 혼동하지 말라. 집합은 그 부분집합을 (집합으로) 포함하지만 그 원소들은 (원소로) 포함한다.[11]

2.4 이 용어가 이 장의 본문에서 언급되지 않은 이유는 단지 형식에 대한 동의어일 뿐이기 때문이다(최소한 컴퓨터 세계에서는 더 짧고 더 광범위한 유래를 갖기 때문에 나 자신을 포함한 초기 관계형 저술은 대신 유형을 사용하는 경향이 있다). 따라서 도메인은 이름을 가진 유한한 값 집합이다. 예를 들어 가능한 모든 정수, 가능한 모든 문자열, 가능한 모든 삼각형, 또는 가능한 모든 XML 문서나 특정 제목(등등)과의 모든 가능한 관계를 들 수 있다. 그런데 관계 세계에서 이해되는 도메인을 SQL에서 같은 이름을 가진 것과 혼동하지 말아야 한다. 이는 (『SQL and Relational Theory』에서 설명하듯이) 기껏해야 매우 약한 종류의 유형으로 간주될 수 있다.

2.5 이 장의 본문을 참조하라.

2.6 관계 변수 S: 공급자 SNO는 SNAME으로 명명되고 도시 CITY에 위치하며, 도시는 상태 STATUS를 갖고 있다. 관계 P: 부품 PNO는 PNAME이라는 이름으로 색상 COLOR와 무게 WEIGHT를 갖고 있으며 도시 CITY에 저장돼 있다. R 관계 변수 SP: 공급자 SNO는 부품 PNO를 수량 QTY로 공급한다.

2.7 해답이 제공되지 않는다.

11 저자는 include와 contain을 구별하고 있지만, 우리말로는 동일하다. - 옮긴이

2.8 폐쇄 세계 가정은 데이터베이스에 의해 명시되거나 내포된 모든 것이 사실이며 그 밖의 모든 것은 거짓이라고 느슨하게 말한다.[12] 그리고 개방 세계 가정(맞다. 이와 같은 것이 있다.)은 데이터베이스에 의해 명시되거나 내포된 모든 것이 사실이며 그 밖의 모든 것은 알 수 없다고 말한다. 그 의미는 무엇인가? 우선 폐쇄 세계 가정과 개방 세계 가정은 각각 CWA와 OWA로 약칭하는 것에 동의하자. 이제 '공급자 S6가 로마에 있는가?'(더 정확히 말하면, '로마와 동일한 CITY 값을 가진 공급자 S6에 대한 튜플이 관계 변수 S에 있는가?')라는 질문을 고려한다. **Tutorial D** 공식은 다음과 같다.

```
( S WHERE SNO = 'S6' AND CITY = 'Rome' ) { }
```

『SQL and Relational Theory』에서 설명한 바와 같이, 이 표현은 TABLE_DEE 또는 TABLE_DUM으로 평가된다. TABLE_DEE와 TABLE_DUM은 0도의 유일한 관계인데, TABLE_DEE는 단지 한 개의 튜플(사실 빈 튜플)만 포함하고 TABLE_DUM은 튜플을 전혀 포함하지 않는다. 게다가 CWA하에서 결과가 TABLE_DEE라면 대답은 '예[yes]'라는 것을 의미하며, 실제로 S6 공급자가 존재하고 로마에 있는 경우다. 만약 결과가 TABLE_DUM이라면 대답이 '아니오[no]'라는 의미이며, S6 공급자가 존재하고 로마에 있다는 것은 사실이 아니다. OWA에서는 대조적으로 TABLE_DEE가 여전히 '예'를 의미하지만, TABLE_DUM은 공급자 S6가 존재하고 로마에 있는지 여부를 알 수 없다는 것을 의미한다.

---

12 여기서 '기술한(stated) 또는 내포한(implied)'의 의미를 설명하기 위해 그림 1-1에 표시된 선적 튜플 (S1,P1,300)을 고려한다(여기서 S1과 P1에 대한 견적이 부족하기 때문이며, 이 장 뒷부분의 각주 14를 참조하라). 이 튜플에는 '공급자 S1이 부품 P1을 300개의 수량으로 공급한다.'라는 명제가 명시돼 있다. 그러나 그것은 또한 '공급자 S1이 어떤 부품을 300개의 수량으로 공급한다.', '공급자 S1이 어떤 부품을 어떤 수량으로 공급한다.', '어떤 공급자가 어떤 부품을 수량 300개 공급한다.'와 심지어 '어떤 공급자가 어떤 부품을 어떤 수량으로 공급한다.'와 같은 몇 가지 추가 명제를 내포하고 있다(이 점을 좀 더 오래 추구하기 위해 사실 튜플 (S1,P1,300)은 정확히 일곱 개의 이와 같은 '추가 명제'를 내포하고 있다. 왜 정확히 7이라고 생각하는가?).

이제 '공급자 S6가 존재한다면, 그 공급자가 로마에 있는가?'라는 쿼리를 고려해보라(이 질문과 위에서 논의한 쿼리가 논리적으로 다른 점에 유의하라). CWA를 말하는지 OWA를 말하는지에 관계없이 관계 변수 S가 공급자 S6를 로마 이외의 다른 도시에 있는 것으로 보여주는 경우, 이 쿼리에 대한 답은 '아니오'가 돼야 한다.[13] 이제 **Tutorial D** 공식은 다음과 같다.

```
TABLE_DEE MINUS ( ( S WHERE SNO = 'S6' AND CITY ≠ 'Rome' ) { } )
```

따라서 이 식이 TABLE_DUM으로 평가될 경우, 이 TABLE_DUM은 OWA 하에서도 '아니오'를 의미해야 한다는 점을 주의 깊게 주목하라. 따라서 OWA는 본질적인 모호성을 갖고 있다. 즉, TABLE_DUM은 때로는 '알지 못한다.'는 것을 의미하고, 때로는 '아니오'라는 것을 의미해야 한다. 물론 (일반적으로는) 어떤 해석이 언제 적용되는지 말할 수 없다.

완전히 정확하게 하기 위해: TABLE_DEE와 TABLE_DUM은 관계형 세계에서 단지 '예'와 '아니오'를 각각 의미하며, OWA가 본질적으로 요구하는 '제3의 참값'을 나타내는 0차의 '제3의 관계'가 존재하지 않는다. 따라서 OWA와 관계형 모델이 본질적으로 서로 불일치한다.

2.9 정확한 정의는 5장에 제시돼 있다.

2.10 어떤 종류의 두 값은 단지 이들이 동일한 값(더 강하게 동일한 유형이어야 함을 의미)인 경우에만 동일하다. 그러니까 두 개의 튜플은 같은 튜플일 경우에만 같은 것이고, 만약 그들이 같은 관계라면 두 관계는 동일하다. 그러나 좀 더 구체적이고 세부적인 내용을 기술할 수 있으며, 이는 다음과 같다.

13 대조적으로, 관계 변수 S가 공급자 S6에 대한 튜플을 갖고 있지 않은 경우(논리상 *p*가 거짓일 경우 '*p* then *q*'는 참이며, CWA 또는 OWA에 대해 말하는 것인지에 상관없이) 대답은 '맞다.'여야 한다.

a. 두 개의 튜플 *t*와 *t'*는 같은 속성 *A1*, ..., *An*을 갖고, 모든 *i*(*i* = 1, ..., *n*)에 대해 *t*에서 *Ai*의 값이 *t'*에서 *Ai*의 값과 같은 경우에만 동일하다.

b. 두 관계 *r*과 *r'*는 동일한 제목과 동일한 본체(즉, 제목이 동일하고 본체가 동일한 경우)를 갖는 경우에만 동일하다. 따라서 특히 두 개의 '빈 관계'(즉, 튜플이 없는 관계, 또는 동일하게 빈 본체를 갖는 관계)는 그 제목이 동일한 경우에만 동일하다는 점에 유의한다.

2.11 그렇다. 그러나 물론 그러한 연산자들이 항상 결과로서 유효한 튜플을 생성하길 원할 것이다(즉, 관계 연산을 위한 폐포closure(닫힌 집합)가 있는 것처럼, 그러한 연산을 위한 폐포를 원할 것이다. 아래 연습 문제 2.16의 해답 참조). 예를 들어 튜플 합집합의 경우, 입력 튜플이 동일한 이름을 가진 속성이 동일한 값(따라서 더 강하게 같은 유형)을 갖도록 할 것이다. 예를 들어, *t1*과 *t2*를 각각 공급자 튜플과 선적 튜플로 하고 *t1*과 *t2*가 동일한 SNO 값을 갖도록 한다.

그런 다음 *t1*, *t2*의 합집합인 UNION{*t1*,*t2*}는 **Tutorial D**를 사용하면 *t1*이나 *t2* 또는 양자 모두(적용 가능한 경우)에서의 TUPLE {SNO CHAR, SNAME CHAR, STATUS INTER, CITY CHAR, PNO CHAR, QTY INTER} 유형의 튜플이다. 예를 들어 *t1*이 (S1,Smith,20,London)이고 *t2*가 (S1,P1,300)인 경우, 이 장 본문의 '술어와 명제' 절에 소개된 튜플에 대한 속기[14]를 사용한다면 이들의 합집합은 튜플 (S1,Smith,20,London,P1,300)이다. **참고**: 이 연산은 튜플 합집합이라기보다는 튜플 결합이라고 하는 것이 좋을 수 있다.

그런데 튜플에 적용하도록 적응될 수 있는 것은 일반적인 집합 연산자들뿐만이 아니다. 잘 알려진 관계형 연산자들 역시 마찬가지다(사실 특별히 결합에 대해 방금 제시했듯이). 한 가지 중요한 예는 관계형 투영 연산자의 직접적인

14 사실 그것은 단순한 형태의 속기인데, 나는 'S1'과 '런던' 같은 문자열을 실제로 묶어야 하는 작은 인용 부호조차 보여주지 않았기 때문이다. 이 간단한 속기는 앞의 페이지, 적어도 일반 텍스트에서 많이 사용하고 있다는 점에 유의하라.

적응인 튜플 투영 연산자다. 예를 들어 *t*를 공급자의 튜플이라 하자. 그러면 {SNO,CITY} 속성에 대한 *t*의 투영 *t*{SNO,CITY}는 *t*의 SNO 및 CITY 구성 원소만 포함하는 *t*의 부분 튜플이다(물론 부분 튜플 자체는 그 자체로 튜플이다). 마찬가지로 *t*{CITY}는 *t*의 CITY 구성 원소만 포함하는 *t*의 부분 튜플이며, *t*{}는 전혀 구성 요소가 없는 *t*의 부분 튜플이다(즉, 0-튜플이다. 아래 연습 문제 2.12의 해답을 참조하라). 사실, 모든 튜플은 정확히 0-튜플의 값을 갖는 빈 속성 집합에 투영된다는 것을 명시적으로 주목할 필요가 있다.

2.12 빈 튜플(정확히 그러한 튜플이 하나 있다는 점에 유의한다. 동등하게, 모든 빈 튜플은 서로 동일하다.)은 이전 연습 문제의 해답에 언급된 0-튜플과 같은 것이다. 그러한 튜플의 사용에 대해서는 적어도 개념적으로 그러한 튜플이 존재한다는 사실이 여러 가지 면에서 결정적으로 중요하다고 말할 것이다. 특히 빈 튜플은 연습 문제 2.8의 해답에서 이미 언급된 특수한 관계 TABLE_DEE의 유일한 튜플이다.

2.13 관계 변수 *R*에게 빈 키가 있다고 말하는 것은 R이 두 개 이상의 튜플을 절대 포함할 수 없다고 말하는 것이다. 그 이유는 다음과 같다. 모든 튜플은 빈 속성 집합, 즉 빈 튜플(앞의 두 연습 문제에 대한 해답 참조)에 대한 값이 같기 때문에 *R*이 빈 키를 갖고 있다면, 그리고 *R*이 두 개 이상의 튜플을 포함한다면 바로 키 유일성 위반을 갖게 될 것이다. 그리고, 그렇다. *R*을 두 개 이상의 튜플을 절대 포함하지 않도록 제약하는 것은 확실히 유용할 수 있다. 그런 상황의 예를 찾는 것은 추가적인 연습 문제로 남기겠다.

2.14 빈 파라미터 집합을 가진 술어는 명제다. 다시 말해, 명제는 축약적인 술어다. 모든 명제는 술어지만, '대부분' 술어는 명제가 아니다.

2.15 투영과 결합의 정의는 5장에 제시돼 있지만, 여기에 RENAME의 정의를 제시한다.

정의(속성 이름 변경): *r*을 관계라 하고, *A*를 *r*의 속성이라 하고, *r*이 *B*라는 이름의 속성을 갖지 않게 한다. 그러고 나면 *r* RENAME {*A* AS *B*}는 다음과 같은 관계 *r'*이다. (a) *r*의 제목과 동일한 제목을 가진다. 단, 해당 제목의 속성 A는 B로 이름을 바꾼다. (b) *r*의 본체와 동일한 본체를 가진다. 단 그 본체(더 정확히 말하면, 해당 본체 내 튜플) 내에서 *A*에 대한 모든 참조는 *B*의 참조로 대체되는 것을 제외한다.

참고: **Tutorial D**는 두 개 이상의 다른 속성 이름 변경을 병렬로 수행할 수 있는 RENAME의 형식('다중 RENAME')을 추가로 지원한다. 예시는 16장에 제시돼 있다.

2.16 관계대수학은 (매우 느슨하게 정의하면) '옛' 관계로부터 '새로운' 관계를 도출할 수 있도록 허용하는 연산자로 구성된다. 그러한 각 연산자는 하나 이상의 관계를 입력으로 삼고 또 다른 관계를 산출한다(예를 들어, 차이 연산자는 두 개의 관계를 입력으로 취하고, 또 하나의 다른 관계를 도출하기 위해 한 관계로부터 다른 하나를 '차감'한다). 그리고 대수학이 폐쇄 시스템이라고 하는 것은 출력이 입력(또는 입력들)과 같은 종류의 것이기 때문이다. 특히 모든 연산의 출력이 입력과 같은 종류이므로 한 연산의 출력이 다른 연산의 입력이 될 수 있기 때문에 (무엇보다도) 중첩된 관계 표현을 쓸 수 있도록 하는 것이 바로 이 폐포 속성closure property이다. 예를 들어 관계 *r1*과 *r2*의 차이를 취할 수 있고(그 순서에 따라), 그 결과를 어떤 관계 *r3*와의 합집합에 대한 입력으로 공급할 수 있으며, 그 결과를 투영이나 제약에 입력으로 제공하는 등의 작업을 할 수 있다.

2부

기능성 종속성, 보이스/코드 정규형과 관련 문제들

정규형이 디자인 이론의 전부는 아니지만 이론의 매우 큰 부분이라는 사실은 부인할 수 없으며, 이 책의 2부부터 5부까지에서 다루는 주요 주제다. 이제 2부는 함수 종속성(FD)에 관한 '정규형'인 보이스/코드 정규형(BCNF)까지의 이야기를 다룬다.

3장

정규화: 일부 보편성

정상(normal): 비정상(abnormal)을 참조하라.

– 초기 IBM PL/I 참조 매뉴얼로부터(1960년대)

이 장에서 구체적인 내용(다음 장에서 다루겠다.)을 다루기 전에 추가적인 정규화의 어떤 일반적인 측면을 명확히 하고 싶다. 먼저 그림 1–1의 관계 변수 S의 샘플 값을 자세히 살펴본다(그림 3–1과 같이 편의를 위해 반복한다).

S

SNO	SNAME	STATUS	CITY
S1	Smith	20	London
S2	Jones	30	Paris
S3	Blake	30	Paris
S4	Clark	20	London
S5	Adams	30	Athens

▲ 그림 3–1 공급자 관계 변수 – 샘플 값

함수 종속성(FD)을 다시 기억해보자.

{CITY} → {STATUS}가 그 관계 변수 S(이 관계를 제시하기 위해 그림에서 화살표로 연결했다.)에서 성립한다.[1] FD는 관계 변수에서 유효하기 때문에 관계 변수는 3차 정규형(3NF)이 아닌 2차 정규형(2NF)에 속한다. 그래서 중복성 문제를 겪는다. 구체적으로 말하자면, 전체적으로 어느 도시가 여러 차례 어떤 상태를 가진다. 그리고 추가적인 정규화 규칙은 앞으로부터 단지 정규화, 특히 정상적인 정규화에 대한 시간을 단축하기 위한 것이다. 추가적인 정규화 규칙은 (그림 3-1의 관계 변수 S에 대한 표본값에 해당하는 관계 변수 값을 보여주는) 그림 3-2에서처럼 관계 변수를 더 낮은 차수의 SNC와 CT, 두 개의 관계 변수로 분해하는 것을 의미한다.

SNC

SNO	SNAME	CITY
S1	Smith	London
S2	Jones	Paris
S3	Blake	Paris
S4	Clark	London
S5	Adams	Athens

CT

CITY	STATUS
Athens	30
London	20
Paris	30

▲ 그림 3-2 관계 변수 SNC와 CT - 샘플 값

이 예제에서 얻은 사항은 다음과 같다.

- 첫째, 분해 또는 정규화는 확실히 중복성을 제거한다. 즉, 특정 도시가 어떤 상태를 갖는다는 점이 이제 정확히 한 번 나타난다.
- 둘째, 분해 과정은 기본적으로 예측을 수행하는 과정이다. 그림 3-2에 표시된 관계는 각각 그림 3-1에 표시된 관계의 예측이다. 사실 두 가지 방정식을 쓸 수 있다.[2]

---

1 그리고 유일 키 {SNO}에 의해 내포되는 것을 떠나서, 아무도 하지 않기 때문이다. 4장을 참조하라.

2 2장에서 *rx*{*A1*,...,*An*} 형태의 **Tutorial D** 구문은 관계식 *rx*를 평가한 결과로 발생하는 관계 *r*의 속성 *A1*, ..., *An*에 대한 투영을 표기한다는 것을 상기하라. 참고: **Tutorial D**는 또한 *rx*{ALL BUT *B1*,...,*Bm*} 형태의 구문을 지원하는데, 이 구문은 *B1*, ..., *Bm*을 제외한 모든 속성에 대한 관계식 *rx*의 평가에서 비롯되는 관계 *r*의 투영을 나타낸다. 예를 들어, 예제에서 SNC에 해당하는 투영은 다음과 같이 다른 방식으로 표현할 수 있다. S {ALL BUT STATUS}

```
SNC = S { SNO , SNAME , City }
CT = S { CITY , Status }
```

참고: 다른 종류의 분해도 가능하지만, 추후 언급할 때까지 정상 분해decomposition라는 용어가 구체적으로 투영을 통한 분해를 의미한다고 가정할 것이다.

- 셋째, 분해 과정은 무손실no-loss, lossless이다. 그림 3-1에 표시된 관계가 그림 3-2에 표시된 관계 결합으로 재구성될 수 있기 때문에 그 과정에서 정보가 손실되지 않는다.

```
S = SNC JOIN CT
```

(**Tutorial D** 문법을 다시 한 번 살펴보자.) 따라서 그림 3-1과 그림 3-2의 관계 쌍은 정보 동치information equivalent라고 할 수 있다. 또는 그림 3-1의 관계에 대해 수행할 모든 쿼리에 상응하는 그림 3-2(그리고 그 반대)의 관계에 대한 쿼리가 있으며, 이는 동일한 결과를 생성한다. 분명 분해의 '손실 없음'은 중요한 속성이다. 어느 정규화 방법을 사용하든, 어떤 정보를 잃어버려서는 안 된다.

- 앞서 설명한 바와 같이 투영projection이 분해 연산자(전통적으로 이해되는 정규화에 관한 것)인 것처럼 결합join은 해당 재구성 연산자를 의미한다.

두 가지 목적을 수행하는 정규화

지금까지는 모두 매우 친숙한 것이어서 좋았다. 그러나 여러분이 주의 깊다면 내가 작은(?) 속임수를 썼다고 당연하게 비판할지도 모른다. 구체적으로는 관계의 분해가 무손실이라는 말이 무슨 의미인지 줄곧 생각해왔다. 그러나 정규화는 관계의 분해 문제가 아니라 관계 변수를 분해하는 것이다(결국 정의하자면 데이터베이스 디자인은 데이터베이스에서 어떤 관계가 존재해야 하는지가 아니라 어떤 관계 변수를 선택하는지의 문제다).

관계 변수 S를 관계 변수 SNC와 CT로 분해하기로 결정했다고 가정해보자. 지금 틀림없이 관계가 아닌 관계 변수를 말하고 있다. 그러나 분명히 문제의 관계 변수는 각각 그림 3-1과 3-2에 표시된 표본값을 갖고 있다고 가정하자. 다시 분명히 하자면, 특별히 관계 변수 CT에 초점을 맞추자. 그 관계 변수는 정말 관계 변수다. 즉, 이것은 변수니까 업데이트할 수 있다. 예를 들어 (2장에 소개된 튜플의 속기 표기법을 사용해) 튜플을 삽입할 수 있다.

```
( 'Rome' , 10 )
```

그러나 그 업데이트 후, 관계 변수 CT는 관계 변수 S에 해당되는 것이 없는 튜플을 포함한다(관계 변수 SNC에도 해당되는 것이 없다). 현재 그러한 가능성은 종종 사용되고 있다. 코드 박사는 정규화에 관한 자신의 첫 번째 논문에서 코드를 사용했다(부록 D 참조). 최종 2-관계 변수 디자인은 원래 1-관계 변수 디자인이 아닌 특정 정보를 나타낼 수 있다(즉, 현재 이 디자인에 공급자가 없는 도시의 상태 정보를 나타낼 수 있다). 그러나 이 같은 사실은 또한 이 두 가지 디자인이 결국 실제로 동등한 정보가 아니라는 것을 의미하며, 더욱이 관계 변수 CT는 결국 관계 변수 S의 투영이 아니다.[3] 그것은 관계 변수 S의 어떤 튜플의 투영이나 달리 파생된 것도 포함하지 않는다.[4] 또는 오히려(그리고 더 나아가서) CT 역시 SNC와 CT의 결합의 투영이 아니다. 그래서 어떤 의미에서 이 결합은 정보가 손실된다. 구체적으로는 로마의 상태가 10이라는 정보를 잃어버린다.[5]

관계 변수 SNC에서 다음 튜플을 삭제하면 유사한 상황이 발생한다.

3 이 절의 뒷부분에서 '투영'이라는 용어를 인용 부호로 표시한 이유를 참조하라.

4 튜플의 투영을 말하는 것이 타당할 수 있다는 생각에 대해서는 2장 연습 문제 2.11절의 해답을 참조한다.

5 SNC와 CT의 결합 같은 것을 바로 이러한 이유에서 손실 결합이라고 부르기도 한다. 그러나 이 용어는 또 다른 이유로 정보가 손실되는 S의 {SNO,SNAME,STATUS}와 {CITY,STATUS}에 대한 투영의 결합 같은 결합을 참조하는 데 사용될 수 있으므로 아마도 피하는 편이 더 좋을 것이다. 5장의 '히스의 정리' 절에서 이 후자의 예에 대한 논의를 참조하라. 연습 문제 3.2도 참조하라.

```
( 'S5' , 'Adams' , 'Athens' )
```

그 업데이트 후에는 약간 완곡하게[6] 관계 변수 S가 관계 변수 SNC에 해당되는 것이 없는 튜플을 포함하고 있다고 말할 수 있다(관계 변수 CT에는 있지만). 다시 말해 이 두 가지 디자인은 실제로 정보 동치가 아니며, 또한 관계 변수 S가 관계 변수 SNC와 CT의 '결합^join'이 아니다. 그것은 관계 변수 SNC의 어떤 튜플에도 해당되지 않는 튜플을 포함하고 있기 때문이다.

따라서 이 두 가지 디자인은 결국 정보 동치가 아니다. 그러나 조금 전에 분해의 '무손실' 이 중요한 속성이라고 말하지 않았는가? 일반적으로 디자인 *B*가 디자인 *A*를 정규화해 생성된다면 디자인 *B*와 디자인 *A*는 정보 동치로 가정하지 않는가? 여기서 정확히 무슨 일이 벌어지고 있는 것인가?

이 질문들에 답하기 위해 관계 변수 술어를 보는 것이 도움이 된다. SNC의 술어는 다음과 같다.

> 공급자 SNO는 SNAME으로 명명됐으며, 도시 CITY에 위치해 있다.

그리고 CT의 술어는 다음과 같다.

> 도시 CITY는 STATUS라는 상태를 가진다.

이제 그 도시에 공급자가 없더라도 도시가 상태를 가질 수 있다고 가정한다. 다시 말해, 관계 변수 CT가 관계 변수 SNC에 상대가 없는 (Rome,10)과 같은 튜플을 포함할 수 있다고 가정하자.[7] *그러면 관계 변수 S로 구성된 디자인은 단순히 잘못된 것이다.* 즉, 술어 '도시 CITY는 상태 STATUS를 가진다.'의 진정한 인스턴스화가 술어 '공급자

6 사실상 S, SNC, CT가 있는 그대로 모두 서로 나란히 공존하는 척함으로써

7 여기서는 ('로마',10') 대신 (로마,10)으로 쓴다는 점에 유의하라. 즉, 문자열 값을 실제로 포함해야 할 작은따옴표는 생략한다. 2장의 각주 14를 참조하라.

SNO는 SNAME으로 명명되고 도시 CITY에 위치한다.'의 진정한 인스턴스 없이 존재할 수 있다면(동시에 동일한 CITY 값으로), 관계 변수 S로만 구성된 디자인은 현실 세계의 문제 상태를 충실히 반영하지 못한다(그 디자인은 공급자가 없는 도시의 상태를 나타낼 수 없기 때문이다).

마찬가지로, 도시가 상태가 없더라도 공급자가 도시에 위치할 수 있다고 가정한다. 다시 말해, 관계 변수 SNC가 관계 변수 CT에 해당하는 것이 존재하지 않는 튜플 (S6,Lopez,Madrid)를 포함할 수 있다고 가정한다. 한편, 단지 관계 변수 S로 구성된 디자인은 공급자가 위치한 모든 도시가 어떤 상태를 갖도록 요구하기 때문에 정확하지 않다.

앞서 말한 주장을 살펴보는 또 다른 방법이 있다. 관계 변수 S로만 구성된 디자인이 결국 현실 세계의 상황을 충실히 반영했다고 가정해보자. 그런 다음 SNC와 CT는 다음과 같은 무결성 제약을 받게 된다('SNC 내의 모든 도시는 CT에 나타나며, 반대도 성립한다.').

```
CONSTRAINT ... SNC { CITY } = CT { CITY } ;
```

그러나 나중에 살펴볼 동등 종속성equality dependency(EQD)의 사례인 이 제약 조건은 우리가 논의하는 예에서는 만족스럽지 않다. **참고**: 여러분이 보듯이 이 제약 조건에 이름을 붙이려고 애쓰지 않았다. 사실, 이 책의 모든 예에서 그런 이름을 생략할 것이다. 다만 어떤 납득할 만한 이유가 있는 경우는 예외다.

요약하면, 정규화가 두 가지 다른 문제를 해결하는 데 사용될 수 있다는 것을 알 수 있다.

1. 이 절 앞부분의 예와 같이 논리적으로 잘못된 디자인을 고치는 데 사용할 수 있다. **연습 문제**: 이 예에서 제기되는 것과 유사한 문제가 1장의 '디자인 이론의 위치' 절의 STP 사례에 적용되는가? (해답: 그렇다.)

2. 논리적으로 맞는 디자인에서 중복성을 감소시키기 위해 사용할 수 있다(분명히 중복성을 드러내기 위해 디자인이 논리적으로 부정확할 필요는 없다).

이 두 경우는 종종 확실히 구별되지 않아 실제로 많은 혼란이 발생한다. 실제로 대부분의 문헌은 사례 2에 초점을 맞추고 있으며, 명확히 하기 위해 앞으로 사례 2는 직접 가정할 것이다. 하지만 실무에서 그 이상은 아니더라도 최소한 중요한 사례 1을 잊지 않길 바란다.

또한 엄밀히 말해 투영과 결합의 용어는 사례 2에만 적용된다는 점을 지적한다. 그것은 사례 1에서 봤듯이 '새로운' 관계 변수는 반드시 '오래된' 관계 변수의 투영도 아니며, '오래된' 관계 변수는 반드시 '새로운' 관계 변수의 결합도 아니기 때문이다(내 말을 이해한다면). 사실, 어쨌든 (관계와는 반대로) 관계 변수의 투영과 결합을 말하는 것은 무엇을 의미하는가? 어쨌든 다른 곳에서 쓴 것처럼, 대략 이런 것이다.[8]

> 정의에 따라 연산자 투영, 결합 등은 특별히 관계값에 대해 적용된다. 특히 그들은 관계 변수의 현재 값인 값에 적용된다. 따라서 속성 {CITY,STATUS}에 대한 관계 변수 S의 투영과 같은 것을 말하는 것은 분명 타당하다. 즉, 해당 관계 변수 S의 현재 값인 관계의 속성에 대한 투영에서 초래되는 관계를 의미한다. 그러나 어떤 맥락에서는(예를 들어, 정규화) '속성 {CITY,STATUS}에 대한 관계 변수 S의 투영'과 같은 표현을 약간 다른 의미로 사용하면 편리한 것은 분명하다. 구체적으로 말하자면, (엄밀하지는 않지만 매우 편리하게 말해서) 어떤 관계 변수 CT는 속성 {CITY,STATUS}에 대한 관계 변수 S의 투영이며, 더 정확히 말하면 항상 관계 변수 CT의 값이 해당 시점의 관계 변수 S 값의 특성에 대한 투영과 동일하다는 것을 의미한다. 그러므로 어떤 의미에서는 단지 관계 변수의 현재 값에 대한 투영 측면보다 관계 변수 그 자체의 투영 측면에서도 말할 수 있다. 모든 관계 연산에 비슷한 표현이 적용된다.

다시 말해, 여전히 사례 1에서도 투영/결합 용어를 사용한다. 이런 이야기가 적합하

8 예를 들면 『The New Relational Database Dictionary』(O'Reilly, 2016)

지 않지만(엉성하다는 말은 아니다.) 최소한 간결하다. 그러나 분해가 투영의 과정이 아니라 똑같은 것은 아니지만(또한 투영을 취할 때 우리가 하는 것과 완전히 똑같은 것은 아니지만), 이를 연상시키는 프로세스라고 말하는 것이 더 정확할 것이다(또한 재구성과 결합에 대해 마찬가지로 말할 수 있다).

업데이트 이상

업데이트 이상update anomaly의 개념은 정규화와 관련해 자주 언급된다. 이제 어떤 종류의 중복성도 항상 이상 현상으로 이어질 수 있다는 것은 분명해졌다. 중복성은 일부 정보가 두 번 표현된다는 것을 의미하고, 따라서 두 개의 표현이 일치하지 않을 가능성이 항상 있기 때문이다(즉, 하나가 업데이트되고 다른 하나가 업데이트되지 않은 경우). 구체적으로 다음과 같은 FD가 성립하는 관계 변수 S의 경우를 생각해보자.

```
{ CITY } → { STATUS }
```

이와 같이 주어진 도시가 주어진 상태를 갖고 있다는 사실을 반복하거나 중복해 표현하는 중복성은 이미 논의했다. 이 경우 다음과 같은 이상 현상이 발생한다(이 예는 그림 3-1의 관계 변수 S에 대해 표시된 표본값을 가정한다).

- **삽입 이상**insertion anomaly: 로마에 공급자가 있는 한 로마의 상태가 10이라는 사실을 삽입할 수 없다.
- **삭제 이상**deletion anomaly: 아테네의 유일한 공급자를 삭제하면 아테네의 상태가 30이라는 사실을 잃게 된다.
- **수정 이상**modification anomaly: (일반적으로) 공급자의 상태를 변경하지 않고 특정 공급자의 도시를 변경할 수 없다. 그리고 해당 도시의 모든 공급자를 동일하게 수정하지 않는 한, 주어진 공급자의 상태를 수정할 수 없다.

관계 변수 S를 두 개의 '투영' 관계 변수인 SNC와 CT로 교체하면 이러한 문제가 해결된다(어떻게, 정확히?). 더욱이 관계 변수 S가 2차 정규형이고 3차 정규형은 아니라는 점을 분명히 말해두고 싶다. 반면 관계 변수 SNC와 CT는 3차 정규형이며, 사실 BCNF이기도 하다. 일반적으로 BCNF는 위의 이상[anomaly]으로 인해 발생하는 문제에 대한 해결책이다.

정규형 계층

알다시피 많은 다른 정규형이 있다. 그림 3-3은 '정규형에 대한 계층 구조'를 보여준다(자세히 말하자면, 이후 13-15장에서 그 계층을 확장할 것이다).

1NF
2NF
3NF
BCNF

4NF
5NF

BCNF and 5NF are the important ones
(at least until further notice)

▲ 그림 3-3 정규형 계층(I)

주목할 내용들은 다음과 같다.

- 우선, 계층 구조는 아래쪽에 가장 높은 정규형, 위쪽에 가장 낮은 정규형을 표시하고 있으므로 혹시 거꾸로 뒤집힌 것은 아닌가 하고 생각할 수 있다. 이를 논하자는 것은 아니다. 예를 들어 모든 2NF 관계 변수는 1NF에 있지만, 일부 1NF 관계 변수는 2NF에 있지 않다는 사실을 그림으로 보여주는 것이 더 잘

들어맞는다고 말하고 싶다.

- 1차, 2차, 3차 등 다양한 정규형이 있다. 그림은 여섯 개지만 보다시피 1차, ..., 6차(정확하지 않음)로 표시하지 않았다. 3차와 4차 사이에 BCNF라는 불청객interloper이 있다. 불청객이 끼어든 이유는 4장에서 설명하겠다. BCNF는 보이스/코드Boyce/Codd 정규형을 줄인 말이다. 그러나 BCNF 예외에도, *n*차 정규형이라는 용어를 사용하면 다른 수준의 정규화를 보편적으로 언급하는 것이 편리하므로 가끔 이를 따를 것이다.
- 또한 이 그림은 BCNF와 4NF의 차이를 의도적으로 보여준다. 그러나 그 격차는 그 시점에서 어떤 '결측된' 정규형이 있을 수 있다는 점을 내포하려는 것이 아니다(사실 없다). 오히려 그것은 처음 네 가지 정규형과 마지막 두 가지 형 사이의 계층 구조에서 일종의 개념적 도약 또는 변화가 있다는 것을 반영한다. 자세한 설명은 이 책의 3부를 참조한다.
- 1차(1NF) 외에 모든 정규형은 특정 종속성의 관점에서 정의된다. 이러한 맥락에서 이는 또 다른 무결성 제약에 대한 용어일 뿐이다. 정규화 관점에서 대부분의 종속성은 함수 종속성(FD)과의 결합 종속성Join Dependency(JD)이다.
- 그림에서 BCNF와 5NF를 강조 표시(굵은 글꼴)했는데, 이는 다른 정규형과의 상대적 중요성을 표시한다. BCNF는 함수 종속성의 관점에서 정의되며, 5NF는 결합 종속성의 관점에서 정의된다. 실제로 후속 장에서 보겠지만, BCNF는 함수 종속성(FD)에 관한 한 실제로 유일한 '정규형'이고 5NF는 결합 종속성(JD)에 관한 한 실제로 유일한 '정규형'이다.
- 일반적으로 정규화 수준이 높을수록 디자인 관점에서 더 좋아진다. 정규화 수준이 높을수록 발생할 수 있는 중복이 적어지므로 발생할 수 있는 업데이트 이상도 적기 때문이다.
- 관계 변수가 $(n+1)$차가 아닌 *n*차 정규형일 수 있다.
- 대조적으로, 관계 변수 *R*이 $(n+1)$차 정규형이라면 분명히 *n*차이기도 하다. 즉, 5차 정규형(5NF)은 4차 정규형(4NF) 등을 내포한다. 예를 들어 관계 변수 *R*

이 BCNF에 있다고 말하는 것은 *R*이 5NF에 있을 가능성도 배제하지 않는다. 그러나 실제로, 관계 변수 *R*이 BCNF 안에 있다는 것은 *R*이 BCNF에 있지만 *더 높은 정규형 안에 있는 것은 아니라는* 의미로 받아들이는 것이 일반적이다. 그러므로 이 책에서는 그런 관례를 따르지 않는다는 점에 유의하길 바란다.

- 관계 변수 *R*이 (*n*+1)차가 아닌 *n*차 정규형인 경우, (a) 일반적으로 (*n*+1)차 정규형으로 투영되며 (b) *R*이 해당 투영의 결합과 같도록 투영을 통해 분해될 수 있다.
- 마지막으로, 주어진 어떤 관계 변수 *R*이 항상 특히 5NF 투영으로 분해될 수 있다는 것은 이전 시점부터다. 즉, 5NF는 항상 달성 가능하다.

중복성 개념에 대한 참고 사항: 1장에서 디자인 이론은 중복성을 줄이는 것과 무관하다고 말했고, 이번 장에서는 반복적으로 중복성을 언급했다. 특히 정규화의 수준이 높을수록 중복성은 방지된다고 했다. 하지만 이중화가 진짜 무엇인지 정확히 정의하기란 꽤 어려운 일인 것 같다! 너무나, 사실 이 책의 처음부터, 그것을 정의하려는 시도조차 적절하지 않다고 생각해서 하지 않을 것이다. 다시 말해, 그것을 볼 때 적어도 중복성을 의식할 수 있을 때까지(즉, 중복성) 가정만 할 뿐이다. 하지만 사실, 그조차도 상당히 큰 가정이다. 17장에서는 개념을 심도 있게 검토한다.

정규화와 제약

정규화와 관련해 종종 간과되는 또 다른 문제가 있다. 관계 변수 S를 {SNO,SNAME, CITY}의 투영 SNC와 CT, 즉 {SNO,SNAME,CITY}에 대한 SNC와 {CITY,STATUS}에 대한 CT로 분해하는 경우를 다시 한 번 고려하자. 이때 고려해야 할 세 가지 경우가 있다.

1. 관계 변수 S로만 구성된 원래의 디자인이 적어도 논리적으로 정확했다고 가정하자(즉, 중복성 문제를 겪었다). '두 가지 목적을 수행하는 정규화' 절에서 지적했

듯이, 두 개의 투영 사이에 어떤 제약 조건('동등 종속성')이 있다.

```
CONSTRAINT ... SNC { CITY } = CT { CITY } ;
```

('SNC의 모든 도시는 CT에 나타나며, 그 반대도 마찬가지다.')

2. 또는 SNC와 CT 중 하나가 반대편에 상응하는 것이 없고, 그 반대 상황이 가능하지 않은 튜플을 갖는 것이 가능하다고 가정해보자. 생각을 바꿔, SNC에는 없는 (예를 들어) (Rome,10)과 같은 튜플을 CT에 포함시킬 수 있는 반면 SNC는 결코 CT에 다른 튜플을 포함할 수 없다고 다시 한 번 가정해보자. 그런 다음 두 개의 투영 사이에 외래 키 제약 조건이 유지된다(방금 언급한 특정 예에서 SNC에서 CT로의 투영).[9]

```
FOREIGN KEY { CITY } REFERENCES CT
```

3. 아마도 처음 두 개보다 가능성이 적은 세 번째 가능성은 CT와 SNC 둘 다 다른 하나에 상응하지 않는 튜플을 포함할 수 있다는 것이다. 예를 들어 CT에는 튜플 (Rome,10)이 들어있지만 로마에는 공급자가 없는 반면, SNC에는 튜플 (S6,Lopez,Madrid)가 들어있지만 마드리드는 상태가 없는 것일 수 있다. 이 경우, 두 개의 관계 변수 사이에 있는 도시와 관련된 제약은 전혀 없다(적어도 예를 위해서가 아니라고 가정하자).

어느 정도 단순화해, n차 정규형의 관계 변수 R은 항상 (n+1)차 정규형의 투영으로 무손실 분해될 수 있다고 했다. 그러나 앞의 논의에서 알 수 있듯이, 그러한 분해는 일반적으로 현재 유지돼야 하는 최소한 하나의 새로운 제약 조건이 있음을 의미한다. 더 심각한 것은 문제의 제약 조건이 다변수 제약 조건(즉, 두 개의 관계 변수에 걸쳐 있고, 경우에 따라서는 두 개 이상일 수도 있다.)이라는 점이다. 그래서 그곳에는 상충[trade-off] 관계

9 실제로 사례 1에서도 그러한 외래 키 제약 조건이 성립됐지만, 그 경우에 역시 성립하는 EQD에 의해 포함된다.

가 있다. 분해의 이점을 원하는가, 아니면 다중 관계 변수 제약 조건을 피하고 싶은가?[10]

적어도 SNC와 CT의 예에서 분해는 이제 유지될 필요가 없는 제약 조건이 있음을 의미한다고 주장할 수 있다. 즉, FD {CITY} → {STATUS}다. 그러나 이 주장은 전적으로 유효하지 않다. 이러한 점에서 분해는 모든 제약 조건을 하나에서 다른 하나로 이동시킨다(실제로 관계 변수 S에서 관계 변수 CT로, 여기서 {CITY}가 키라는 제약 조건을 부수 효과로 유지한다).

논의 중인 간단한 예에서 분해로부터 얻는 이득은 거의 확실하게 하지 않는 것보다 더 크다. 그러나 항상 그런 것은 아니다. 실제로, 더 복잡한 상황에서 분해할 것인가 말 것인가는 상당히 성가신 문제가 될 수 있다. 그 후에 많은 반복적인 텍스트를 피하기 위해 일반적으로 항상 분해하길 원한다고 가정하겠지만, 특히 이 책의 3부와 4부에서 논의되는 바와 같이 현재보다 더 복잡한 예를 들지 않는 것이 때때로 더 설득력이 있다는 것을 잊지 말아야 한다.

동등 종속성

다시 관계 변수 S를 {SNO, SNAME, CITY}와 {CITY,STATUS}의 투영 SNC와 CT로 분해하는 예를 고려하자. 다음 제약 조건이 두 투영 사이에 있는 경우를 가정한다.

```
CONSTRAINT ... SNC { CITY } = CT { CITY } ;
```

('SNC의 모든 도시는 CT에 나타나며, 그 반대도 마찬가지다.') 앞 절에서 언급한 바와 같이, 이 제약 조건은 이른바 평등 종속성의 한 예다. 그 개념을 잠시 후에 정확하게 정의할 것

10 물론 그러한 제약 조건을 유지해야 한다면, 그 제약 조건은 사용자가 아니라 시스템에 의해 이뤄져야 한다. 그러나 제약 조건은 최소한 선언돼야 할 것이고, 사용자들은 그것을 인지해야 할 것이다.

이다. 그러나 우선 투영에 대한 표기법을 약간 단순화하고자 이 시점부터 앞으로 사용할 규칙을 소개한다.[11] 관계식 *rx*가 관계 *r*에 대해 평가하도록 하고, 관계식 *rx*가 제목 *H*를 가지도록 하고, *X*를 *H*의 부분집합이 되도록 하고, *A1*, ...을 허용하고, *An*은 *X*의 모든 속성(예: $X = \{A1,...,An\}$)이 되도록 한다. 그런 다음 투영 표현식 $rx\{A1,...,An\}$을 줄여서 쓰자면 $rx\{X\}$에 지나지 않는다.

이제 EQD 개념을 정의할 수 있다.

> **정의(동등 종속성)**: 느슨하게 말해, 두 개의 특정 관계가 같아야 하는 제약 조건. 더 정확히 말하면, *R1*과 *R2*는 각각 *H1*과 *H2* 제목이 있는 관계 변수가 되도록 한다. 또한 *X1*과 *X2*는 각각 *H1*과 *H2*의 하위 집합이 되도록 해서 *X1*의 속성에 대한 투영 *R1*에 그러한 명칭을 다시 적용한 결과 *R*이 제목 *X2*를 갖는다. 그러면 *R1*과 *R2* 사이의 평등 종속성(EQD)은 *R*과 *X2*의 속성에 대한 *R2*의 투영이 같아야 한다는 의미다. 즉, $R = R2\{X2\}$다.

사실, 평등 종속성은 일반적인 현상인 포함 종속성inclusion dependency의 중요하고 특수한 경우다.

> **정의(삽입 종속성)**: 느슨하게 말해, 다른 관계에 포함된 특정 관계가 필요한 제약 조건. 더 정확히 말하면, *R1*과 *R2*가 각각 *H1*과 *H2* 제목이 있는 관계 변수가 되도록 한다. 또한 *X1*과 *X2*는 각각 *H1*과 *H2*의 부분집합이 되도록 한다. $\{X1\}$의 특성에 대한 투영 *R1*에 그러한 명칭을 다시 적용하는 결과 *R*이 제목 *X2*를 가진다. 그러면 *R1*에서 *R2*로의 포함 종속성(IND)은 '*R*이 *X2* 속성에 대한 *R2*의 투영에 포함돼야 한다(또는 *R2*의 투영의 부분집합이어야 한다).'라는 명제와 같은 효과를 가진다. 즉, 기호로 표시하면 $R \subseteq R2\{X2\}$이다.

---

11 즉, 정의와 그와 유사한 것에서 구체적인 **Tutorial D** 구문이 아니다. 참고: 나중에는 일반적인 관계형 투영뿐만 아니라 튜플 투영에도 동일한 종류의 단순화를 사용할 것이다(5장 참조).

다음 정의의 요점은 다음과 같다.

- 외래 키 제약 조건은 IND의 특수한 경우다. 가령 공급자–부품 데이터베이스에서 관계 변수 SP의 {SNO}는 외래 키이며 관계 변수 S의 키 {SNO}를 참조한다. 따라서 SP에서 S로의 IND가 있다. 즉, {SNO}에 대한 SP의 투영이 {SNO}에 대한 S의 투영에 포함돼 있다(기호로는 SP{SNO} ⊆ S{SNO}). 그러나 (앞서 살펴본 정의의 표기법을 사용하기 위해) 특별한 외래 키 제약 조건과 달리 IND는 일반적으로 *R2*에 대한 키[12]가 되도록 *X2*를 요구하지 않는다는 점에 유의하라.
- 이미 언급한 바와 같이 EQD는 IND의 특수한 사례이기도 하다. 좀 더 구체적으로, EQD '*A* = *B*'는 IND의 쌍 '*A*는 *B*에 포함됨'과 '*B*는 *A*에 포함됨'(*A* ⊆ *B*와 *B* ⊆ *A*)에 해당한다. 즉, EQD는 원래와 같이 양방향으로 가는 IND이다.

이제 일반적인 IND와는 다른 EQD의 많은 예를 보게 될 것이다. 사실 이러한 상황은 명백해야 한다. 이미 알고 있는 바와 같이, 관계 변수를 투영으로 무손실 분해하는 것은 보통 최소 IND, 종종 EQD로 이어진다. 그러나 어떻게 보면 흥미 있는 것은 무손실 분해의 결과로서 발생하지 않는 EQD이다. 그 이유는 그러한 EQD의 존재가 종종 중복성의 표시이기 때문이다. 만약 어떤 정보가 두 번 표현된다면, EQD는 두 표현을 일치시키기 위해 필요한 것일 수 있다.

개념적 중요성에도 불구하고, EQD를 들어본 적이 없다면 왜 들어보지 못했는지가 궁금할 것이다. 확실히 EQD가 문헌에서 그다지 많은 관심을 받지 못한 것 같다. 생각해보건대, 이 불행한 상황의 가장 큰 원인은 SQL 언어다. SQL로 연습을 해봤다면 알겠지만, EQD는 SQL로 공식화하기가 매우 어렵다. SQL은 관계 비교를 표현하는 직접적인 방법이 없기 때문이다.[13] 이에 대한 좋은 예가 17장의 예제 12에 있다.

---

12 또는 심지어 상위 키(superkey)까지(4장 참조)

13 여기서 SQL로 말하자면, SQL 표준에 의해 정의된 SQL을 의미한다. 문제가 되는 구현이 제약 조건 구축에서 하위 쿼리를 허용하지 않기 때문에 대부분의 EQD가 전혀 구축될 수 없는 주류 구현에서는 상황이 더욱 심각하다.

끝맺는 말

지금까지 이 책에서 전혀 논의하지 않은 문제를 언급하면서 이 장을 마무리하고 싶다. 그것은 용어의 문제다. 구체적으로 왜 1NF, 2NF, 그리고 나머지를 정규형이라고 부르는가? 그러고 보니 왜 정규화를 정규화라고 하는지도 궁금하다.

이러한 질문에 대한 답은 수학에서 유래한다. 비록 관련된 아이디어들이 특히 컴퓨터 분야를 포함한 몇 가지 관련 분야로 넘치지만 말이다. 수학에서는 종종 어떤 크고, 어쩌면 무한해 보이는 객체 집합을 처리해야 한다. 예를 들어 모든 행렬의 집합, 또는 모든 유리수 집합, 또는 우리 주제에 좀 더 가까운 모든 관계의 집합이다. 이런 상황에서는 해당 객체에 대해 일련의 규범적 형식을 찾는 것이 바람직하다.[14] 정의는 다음과 같다.

> **정의(표준형)**: *s1* 집합이 주어졌을 때 원소 간의 정의된 동등성으로, *s1*의 모든 요소 *x1*이 동등성의 개념에 따라 *s2*의 요소 *x2*와 동등한 경우에만 *s1*의 부분집합 *s2*는 *s1*에 대한 표준형의 집합이다(그리고 원소 *x2*는 원소 *x1*에 대한 표준형이다).[15] *x1*에 적용되는 다양한 '흥미로운' 특성도 *x2*에 적용되므로, 다양하고 '흥미로운' 이론이나 결과를 증명하기 위해 큰 *s1*이 아닌 작은 집합 *s2*만을 연구할 수 있다.

이 개념의 작은 예로서 *s1*은 음수가 아닌 정수 {0,1,2,...}의 (무한) 집합이 되도록 하고, 5로 나눠 나머지가 같은 경우 그러한 정수 두 개가 동등하다고 하자. 그런 다음 *s2*를 집합 {0,1,2,3,4}로 정의할 수 있다. 이 예에서 적용되는 '흥미로운' 정리로, *x1*, *y1*, *z1*을 *s1*의 세 요소(즉, 음이 아닌 세 개의 정수)로 하고 *s2*의 표준형을 각각 *x2* ,*y2*, *z2*로 하면 *y1* × *z1*은 *y2* × *z2*가 *x2*와 같을 때만 *x1*과 같다.

---

14 부동 소수점 수치는 계산에서 분명한 예를 제공한다.

15 또한 *s2*의 모든 원소 *x2*는 적어도 *s1*의 원소 *x1*과 동등하도록 요구하는 것이 합리적이다.

이제 정규형은 표준형의 또 다른 용어일 뿐이다. 그래서 데이터베이스 맥락에서 정규형을 이야기할 때는 데이터에 대한 표준형 표현을 이야기하고 있는 것이다. 요점을 설명하면, 이미 알고 있듯이 주어진 모든 데이터 수집은 많은 다른 방법으로 관계적으로 표현될 수 있다. 물론 이러한 모든 방법은 사실상 정보 동등성이어야 한다. 즉, 정보 동등성은 이 특정한 맥락에서 '동등성의 정의된 개념'이다. 그러나 그러한 방법 중 일부는 여러 이유로 다른 방법보다 선호된다. 그리고 그러한 선호되는 방법은 물론 이 책의 많은 주제인 관계 정규형relational normal form이다.

정규화라는 용어는 단순히 어떤 주어진 객체를 표준적 등가물에 매핑하는 일반적인 과정을 말한다. 따라서 데이터베이스 맥락에서 (a) 함께 고려할 때, (b) 각각 원래의 관계 변수와 정보 동등이지만, (b) 개별적으로 어떤 선호되는 정규형인 관계 변수의 집합에 일부 주어진 관계 변수를 매핑하는 과정을 참조하는 것으로 (알고 있는 바와 같이) 사용된다.

전술한 바와 같이 다음과 같은 내용을 덧붙여야 할 것 같다. 내가 아는 한, 코드 박사 본인은 그 주제에 관한 자신의 초기 글에서 정규형이나 정규화 용어를 도입하는 이유를 전혀 언급하지 않았다. 그러나 그 후 수 년 동안 그는 자신의 장황한 말로 다음과 같이 설명한다.[16]

인터뷰어: '정규화'는 어디에서 온 것입니까?

코드 박사: 데이터베이스 디자인에 어떤 원리가 도입되는 것이 내게 필수적인 것 같았습니다. 당시 닉슨 대통령이 중국과의 관계 정상화에 대해 많은 이야기를 하고 있었기 때문에 나는 그것을 '정상화'라고 불렀습니다. 그가 관계를 정상화할 수 있다면 나도 그럴 수 있다고 생각했습니다.

16 '노변담화: 에드가 코드 박사 인터뷰(A Fireside Chat: Interview with Dr. Edgar F. Codd)'(DBMS 매거진, No. 13, 1993 12월호)

연습 문제

3.1 1장의 '디자인 이론의 위치' 절에서 다룬 STP 예를 참조하라. 해당 디자인에서 발생할 수 있는 업데이트 이상 징후 예제를 제시하라. 또한 적절한 분해를 제공하고, 분해가 이러한 이상을 어떻게 방지하는지 보여라.

3.2 손실이 없는(무손실) 분해는 투영들을 다시 결합해 원래 관계를 회복할 수 있는 방식으로 관계를 투영으로 분해할 수 있다는 생각에 기초한다. 실제로 관계 *r*의 투영 *r1*과 *r2*가 *r1*과 *r2* 중 적어도 하나에 *r*의 모든 속성이 유지되는 경우, *r1*과 *r2*를 결합하면 항상 *r*의 모든 튜플(아마도 다른 것들을 포함해)을 산출할 것이다. 이 주장을 증명하라.

참고: 앞서 언급한 바와 같이, 무손실 분해의 문제는 결합이 튜플을 잃는 것이 아니라 결합이 추가적이거나 '가공적인' 튜플을 생산하는 것이다. 결합에 있는 튜플 중 어느 것이 가짜이고, 어느 것이 진짜인지 일반적으로 알 길이 없으므로 분해는 정보를 잃게 된다.

3.3 '정규화는 두 가지 목적을 가진다.' 이 말을 쉽게 설명하라. 여러분은 그 요점이 다른 사람들에게 이해된다고 생각하는가?

3.4 (a) 동등 종속성, (b) 포함 종속성, (c) 외래 키 제약, (d) 표준형 등을 쉽게 설명하라.

해답

3.1 1장(그림 1-2)의 관계 변수 STP에 대해 보여준 샘플 값을 참조해, 공급자 S5가 어떤 부품을 공급하기 전까지는 공급자 S5가 상태 30을 가진다는 사실을 삽입할 수 없고, 공급자 S3가 상태 30을 가진다는 사실을 잃지 않고서는 공급자 S3에 대한 선적을 삭제할 수 없으며, 특정 공급자(예를 들면 공급자 S1)에

대해 모든 튜플에서의 상태를 수정하지 않고서는 하나의 튜플에서의 상태를 수정할 수 없다. 명백한 분해는 제목 {SNO,STATUS}와 {SNO,PNO, QTY}가 있는 관계 변수로 하는 것이며, 이러한 분해는 이상 징후를 명백히 피한다.

참고: 이 예에서 삽입 및 삭제 이상 징후는 디자인이 논리적으로 부정확하기 때문에 발생하는 반면, 수정 이상 징후는 중복성을 표시하기 때문에 발생한다는 점을 지적할 필요가 있다(연습 문제 3.3 참조).

3.2 *r*의 제목을 속성 *X*, *Y*, *Z*로 분할하고 투영 *r1*과 *r2*를 각각 {*X*,*Y*}, {*Y*,*Z*}에 대한 것으로 한다(*X*, *Y*, *Z*는 정의에 의해 서로소 집합[17]이다). 이제 (*x*,*y*,*z*)를 *r*의 튜플로 하자.[18] 그러면 (*x*,*y*)와 (*y*,*z*)는 각각 *r1*과 *r2*의 튜플이다. 따라서 (*x*,*y*,*z*)는 *r1*과 *r2*가 결합할 때의 튜플이다. **보조 연습 문제**: 만약 집합 *Y*가 공집합이라면 앞의 증명은 어떻게 되는가?

3.3 두 가지 목적(잘못된 디자인을 수정하고 중복성을 감소시키는 것)을 이번 장 본문에서 설명한다. 그 요점이 다른 사람에게도 이해되고 있는 것으로 생각하는지에 대해서는 다음과 같다. 오직 여러분만이 이 질문에 대답할 수 있지만, 나 자신을 위해 말하는 것이 다른 사람에게 이해되는 것은 아닐 수 있다.

3.4 이 장의 본문을 참조한다.

---

17 상호배타적으로 분리된다. - 옮긴이

18 물론 여기서 *x*, *y*, *z*는 각각 *X*, *Y*, *Z*의 값으로 이해해야 한다.

4장

FD와 BCNF (비공식적 논의)

구체적인 것을 가르치기 이전에 추상적인 것을 가르치는 것은 바로 죄악이다.

– Z. A. 멜작(Z. A. Melzak):

구체적 수학의 친구(Companion to Concrete Mathemtics)(1973)

이전 장에서 주지했듯이, 보이스/코드Boyce/Codd 정규형(약칭으로 BCNF)은 함수 종속성Functional Dependency(FD)의 관점에서 정의된다. 실제로 이는 좀 앞선 주제이기는 하지만, 5NF가 결합 종속성Join Dependency(JD)에 대한 정규형인 것처럼 함수 종속성에 대한 정규형이다. 이번 장의 전체적인 목적은 BCNF와 FD를 자세히 설명하는 것이다. 그러나 이번 장의 제목이 가리키듯, 이 단계에서 다양한 설명과 연관 정의가 모두 공식적인 것은 아니다(공식적이지 않다는 것이 정확하지 않다는 의미는 아니며, 고의적인 거짓도 아니다). 다음 장에서 주제를 좀 더 공식적으로 다룰 것이다.

1차 정규형

관계 *r*이 타입 *T1*, ..., *Tn*의 각 속성 *A1*, ..., *An*을 갖고 있다고 하자. 그러면 정의에 의해 만약 튜플 *t*가 관계 *r*에 나타나면, *t*의 *Ai* 속성값은 물론 타입 *Ti*(*i*=1, ..., *n*)이 돼야 한다. 예를 들어 *r*이 선적 관계 변수 SP의 현재 값인 관계이면(1장의 그림 1-1), *r*의 모든 튜플은 CHAR 타입의 SNO 값, 또한 역시 CHAR 타입의 PNO 값과 INTEGER 타입의 QTY를 갖는다.

이전 문단의 처음 두 문장이 의미하는 바를 설명하는 또 하나의 방법은 단순히 관계 *r*이 1차 정규형First Normal Form(1NF)이라고 하는 것이다. 따라서 모든 관계는 1NF이다! 이 두 문장에 대해 성립하지 못하는 '관계' *r*은 단순히 무엇보다도 관계가 아니기 때문이다. 이런 반복에 대해 사과하지만, 이는 정확한 정의다.[1]

> **정의(1차 정규형)**: 관계 *r*이 각각 타입 *T1*, ..., *Tn*의 속성 *A1*, ..., *An*을 갖고 있다고 하자. 그러면 *r* 안에 나타나는 모든 튜플 *t*에 대해 *t* 안의 속성 *Ai*의 값이 타입 *Ti*(*i*=1, ..., *n*)인 경우에만 *r*은 1차 정규형(1NF)이다.

다시 말하면, 1NF는 문제의 관계 속 각 튜플이 각 속성에 대해 해당 타입의 값을 정확히 한 개씩 포함하고 있다는 것을 의미한다. 따라서 1NF는 이러한 속성 타입이 허용되는 것에 어떠한 제한을 두지 않는다는 점을 관찰하라.[2] 이들은 관계 타입일 수 있다! 즉, 관계값 속성을 가진 관계(약칭으로 RVA)는 유효하다(놀랄지도 모르지만 사실이다). 예는 아래의 그림 4-1에 제시돼 있다.

---

1 한 검토자는 내가 이 정의로 역사를 다시 쓴다고 비난했다. 아마도 내게 잘못이 있을지 모르지만, 그럴 만한 이유가 있었다. 즉 구체적으로 말하자면, 그 개념에 대한 초기 '정의'는 너무 모호해서 쓸모가 없거나 완전히 틀렸다. 자세한 내용을 확인하고 싶다면 『SQL and Relational Theory』를 참조하길 바라고, 이 장 끝의 연습 문제 4.16도 살펴보라.

2 이 문장은 명기된 바와 같이 100% 정확하다. 그러나 여러분을 오도하고 싶지 않다. 사실은 관계 속성이 어떤 유형이라도 될 수 있다는 명제에 대한 예외, 즉 어떤 예외가 있을 수 있다. 그러나 그러한 예외는 그와 같은 1NF와 아무런 관계가 없다(문제의 예외는 2장 연습 문제 2.2의 해답에서 제공됐지만, 여기서는 그것을 반복해 말한다. 첫째, 관계 *r*이 유형 *T*인 경우, *r*의 어떠한 속성도 그 자체가 유형 *T*일 수 없다(생각해보라!). 둘째, 데이터베이스의 어떤 관계도 포인터 유형의 속성을 가질 수 없다).

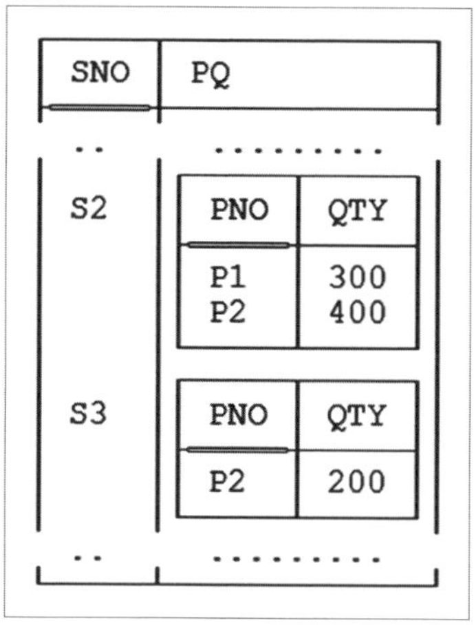

▲ 그림 4-1 관계값 속성을 가진 관계

RVA에 대해 더 할 말이 있지만, 몇 가지 작은 점부터 짚어나갈 것이다. 먼저 관계가 정규화되는 것이 무엇을 의미하는지 정의해야 한다.

정의(정규화): 관계 *r*은 1NF일 경우에만 정규화된다.

다른 말로, 정규화normalized와 1차 정규형은 정확하게 동일한 것을 의미한다. 즉, 모든 정규화된 관계가 1NF 내에 있고 모든 1NF 관계는 정규화된다는 것을 의미한다. 이는 '정규화'가 원래의 (역사적) 용어였기 때문이다. 1NF라는 용어는 2NF 이상의 정상화를 이야기하기 시작할 때까지 쓰지 않았는데, 이때 그러한 더 높은 정규형 중 하나가 아닌 관계를 설명하는 용어가 필요했다.[3] 물론 오늘날에는 정규화라는 용어가 더 높은 정규형을 의미하는 데 사용되는 것이 일반적이다(종종 3NF, 또는 아마도 BCNF). 사실 일반적으로 그런 용법을 엄격하게 말하는 것이 엉성하고 부정확하기 때문에 그러지 않으려고 하지만, 아마도 혼동 가능성이 없지 않다면 피하는 편이 더 나을 것이다.

두 번째 '작은 요점'으로 넘어가서, 지금까지 이 절의 모든 논의(특히 정의)가 관계 변수

3 또는 오히려 관계 변수(잠시 후에 나의 두 번째 '작은 요점'을 보라.)

가 아닌 관계 측면에서 틀이 잡혔다는 점에 주의하라. 그러나 관계 변수에 할당될 수 있는 모든 관계는 정의상 1NF이므로, 관계 변수에 적용할 수 있는 명백한 방법으로 1NF 개념을 확장해도 전혀 지장이 없다. 다른 모든 정규형은 관계가 아닌 관계 변수에 적용되도록 정의되기 때문이다. 사실 1NF가 관계 변수가 아닌 관계 측면에서 정의된 이유는 유감스럽게도 그 구별이 적절히 그려지기 수년 전(관계와 관계 변수의 구별을 의미한다.)에 이미 정의됐다는 사실과 관련이 있다고 할 수 있다.

RVA로 돌아가서, 사실상 RVA를 가진 관계 변수는 합법적이라고 했지만 이제 적어도 디자인 관점에서 그러한 관계 변수가 보통 (항상) 금지돼 있는 것은 아니다. 그렇다고, RVA를 완전히 피해야 한다는 것을 의미하지는 않는다(특히, 어떤 쿼리 결과의 어떤 속성이 관계값을 갖는 경우 문제가 없다). 이는 RVA가 '데이터베이스에 디자인돼 들어가는 것을' 원하지 않는다는 점을 의미한다. 이 책에서는 이 문제에 대해 많은 세부 사항을 언급하고 싶지 않다. 단지 RVA를 가진 관계 변수들은 IMS[4]와 같은 오래된 비관계형 시스템에서 발견되는 계층 구조와 매우 많이 유사한 경향이 있고, 따라서 계층 구조와 함께 발생했던 모든 오래된 문제는 다시 한 번 추한 고개를 든다. 참조를 위해 이러한 몇 가지 문제를 열거한다.

- 기본 요점은 계층 구조가 비대칭적이라는 것이다. 그러므로 계층 구조가 어떤 일을 더 쉽게 할 수 있지만, 확실히 다른 일들은 더 어렵게 만든다.
- 이전 요점에 대한 구체적인 예로서, 특히 쿼리는 비대칭적일 뿐만 아니라 대칭적인 경우보다 더 복잡하다. 예를 들어, 그림 4-1의 관계에 대해 '공급자 S2가 공급하는 부품의 부품 번호 가져오기'와 '부품 P2를 공급하는 공급자의 공급업체 번호 가져오기' 쿼리를 공식화하는 데 어떤 관계가 있는지 생각해보자. 이러한 쿼리의 자연어 버전은 서로에 대해 대칭적이지만 SQL[5], 즉 **Tutorial D**

4 그리고 아마도 더 중요한 것은 XML과 같은 새로운 것들이다(연습 문제 4.12 참조).

5 다음을 주목하라. SQL은 유형이 *RT* MUTISET인 열 형태로 RVA와 약간 비슷한 것을 지원하는데, 여기서 *RT*는 '행 유형'이다.

또는 다른 언어에서 그 공식은 확실히 대칭적이지 않다(연습 문제 4.14 참조).

- 유사한 논의가 보안 및 무결성 제약에도 적용된다.
- 업데이트에도 유사한 논의가 적용되며, 아마도 훨씬 더 강력할 것이다.
- 보통 '최상의' 계층을 선택하는 법에 대한 지침은 없다. 공급자와 부품의 경우, 예를 들어 부품을 공급자에 종속시켜야 하는가? 그것은 사실상 그림 4-1에 나타낸 디자인과 같은 것인가? 또는 공급자가 부품에 종속돼야 하는가?
- 조직도 및 자재 명세서 구조와 같은 '자연적natural' 계층 구조도 대개 비계층적 디자인에 의해 가장 잘 표현된다.

1차 정규형 위반하기

지금쯤 여러분은 모든 관계 변수가 정의상 1NF에 있다면, 1NF에 있지 않은 것은 무엇을 의미하는지 궁금할 것이다. 아마도 놀랍게도, 이 질문은 합리적인 답을 갖고 있다. 요점을 말하면, 오늘날의 상업용 DBMS는 관계 변수(또는 관계)를 전혀 제대로 지원하지 않지만 편의상 테이블이라는 구조체를 지원한다는 것이다. 개인적으로 관계 변수라는 용어를 갖고 SQL 시스템의 테이블 종류에 자신을 제한할 필요는 없다.[6] 그리고 테이블은 관계 변수와 반대로 1NF에 있지 않을 수도 있다. 자세히 설명하면 다음과 같다.

> **정의(정규화된 테이블)**: 테이블이 어떤 관계 변수의 직접적이고 충실한 표현일 경우에만 테이블은 1차 정규형(1NF) 내에 있다. 또는 마찬가지로 그러한 테이블이 정규화된다.

그래서 물론 질문은 다음과 같다. 테이블이 관계 변수의 직접적이고 충실한 표현이

6 이미 살펴본 바와 같이, 일반적으로 관계 세계는 매우 불행하게도 '관계'라는 용어를 때로는 관계값, 때로는 관계 변수를 의미하는 말로 사용한다. 정확히 같은 방식으로 SQL은 특히 '표'라는 용어를 사용해 표 값과 표 변수를 의미하기도 한다. 따라서 이 절에서는 '표'라는 용어를 표 값이 아닌 표 변수를 구체적으로 의미하는 데 사용한다는 점에 유의하라.

된다는 것은 무엇을 의미하는가? 이 질문에 대한 답에는 다섯 가지 기본 요구 조건이 관련돼 있으며, 이 모든 요구 조건은 주어진 시간에 관계 변수 값이 (물론) 항상 관계라는 사실의 직접적인 결과다. 구체적으로 다음과 같다.

1. 테이블에는 중복된 행이 절대 들어있지 않다.
2. 열에는 좌우 순서가 없다.
3. 행에는 상하 순서가 없다.
4. 모든 열은 정규regular 열이다.
5. 모든 행과 열 교차점에는 적용 가능한 타입의 값이 항상 딱 한 개씩 있으며, 그 외의 값은 없다.

요구 조건 1-3은 명확하지만,[7] 다른 두 가지는 좀 더 설명할 가치가 있다. 먼저 요구 조건 4('모든 열은 정규 열이다.')를 설명해보자. 이 요구 조건을 충족하기 위해 해당 테이블은 다음 두 가지가 모두 참이 돼야 한다.

a. 모든 열에는 적절한 이름(즉, SQL 용어로 CREATE TABLE 문에서 열 이름으로 지정할 수 있는 이름)이 있으며, 해당 테이블에 사용할 열 이름은 중복되지 않는다.
b. 어떤 행도 방금 언급한 열의 값을 초과하거나 초과하는 값을 포함할 수 없다. 따라서 일반 열 참조 대신 특수 연산자만 접근할 수 있는 '숨겨진' 열은 없으며('정규열 참조'는 기본적으로 열 이름에 불과하다.), 행에 대한 정규 연산자의 호출이 불규칙한 영향을 미치는 열은 없다. 특히 그에 따라 정규 관계 키 값 이외의 어떤 식별자도 없으며(숨겨진 '행 ID' 또는 '객체 ID'는 불행히도 오늘날 어떠한 SQL 제품에도 발견되지 않는다.), 일부 문헌의 '시간 데이터베이스temporal database' 제안에서 볼 수 있는 것처럼 숨겨진 타임스탬프는 없다.

---

7 비록 내가 특별히 요구 조건 2를 통과했다는 것은 SQL 테이블이 단 하나의 열만 있는 표의 경우를 제외하고 SQL 테이블이 결코 정규화되지 않는다는 것을 의미한다는 점에 주목한다(1장의 각주 14 참조). 그러나 『SQL and Relational Theory』에서 권고한 학문들은 그러한 표들을 마치 결국 정규화된 것처럼 취급할 수 있게 해준다(대부분의 경우, 그러나 슬프게도 '항상'은 아니다).

요구 조건 5: 이 요구 조건은 널null 값을 허용하지 않는다는 것을 의미한다는 점을 먼저 알아야 한다(널 값은 어떤 것이든 분명 값이 아니기 때문에). 그러나 일반적으로 이 요구 사항은 '데이터 가치 원자성data value atomicity'의 문제를 다루기 위한 것이다. 그것은 관계 모델의 관계에 대해 '모든 사람이 알고 있는' 한 가지, 즉 그러한 관계 내의 속성 가치는 원자적이 돼야 한다는 것이다(그렇지 않은가?). 그렇다면 이런 맥락에서 '원자적atomic'이란 정확히 무엇을 의미하는가? 그 유명한 1970년 논문[8]에서 코드 박사는 단지 그것이 '비분해성nondecomposable'을 의미한다고 말했다. 그리고 나중에 쓴 글에서는 계속해서 '비분해성'이란 'DBMS에 의한 비분해성'을 의미한다고 말했는데, 이는 사용자들이 자신을 대신해 명시적으로든 암묵적으로든 DBMS가 그러한 분해를 수행하게 만들 방법이 없다는 것을 의미한다. 좋다. 몇 가지 예를 들어보자.

- 문자열: 앞에서 말한 의미에서 문자열이 비분해성인가? 틀림없이 그렇지 않다. 예를 들어 SQL의 `SUBSTRING`, `LIKE`와 연결 연산자를 보면, 이들 모두는 일반적으로 문자열이 어떤 내부 구조를 가지고 그에 따라 더 작은 조각으로 분해될 수 있다는 사실에 분명히 의존한다. 그러나 확실히 누구도 관계에서 문자열을 허용해서는 안 된다고 주장하지는 않을 것이다.
- 고정 소수점 숫자: 정수 부분과 소수 부분으로 분해할 수 있다.
- 정수: 소인수prime number로 분해될 수 있다(물론 이것은 통상 이런 맥락에서 고려하는 류의 분해 가능성이 아니라는 점을 안다. 단지 분해 가능decomposable이라는 개념 자체에 다양한 해석이 열려 있다는 것을 보여주려고 한다).
- 날짜 및 시간: 각각 연/월/일/시간/분/초 성분으로 분해할 수 있다.
- 관계식: 예를 들어 카탈로그의 뷰view 정의를 고려하자. 그러한 표현은 다시 말해 분해 가능한 것이며, 실제로 DBMS에 의해 확실히 '분해할 수 있다.' 그렇지 않다면, 애초에 그것들을 카탈로그에 보관하는 것은 의미가 없기 때문이다.

8 E. F. Codd: "A Relational Model of Data for Large Shared Data Banks," Communications of the ACM 13, No. 6 (June 1970).

이러한 모든 예에서 나온 결론은 관계 *r*이 속성 *A*를 가진다면 *r* 안에 있는 *A* 값은 그 값이 그 속성 *A*에 대해 정의된 타입인 *T* 값이면 무엇이든지 될 수 있다는 것이다. 그리고 그 타입의 *T*는 어떤 타입이든 될 수 있다![9] 관계 타입일 수도 있다(관계값 속성의 가능성이며, 몇 페이지 뒤에서 논의됨).

1nF '원자성' 요구 조건은 때때로 '반복되는 그룹 없음(no repeating group)' 형식으로 명시된다. 실제로 나는 처음에 수많은 저술에서 그런 형식으로 표현했다. 특히 이 책의 이전 판에서 반복되는 그룹이 무엇인지 정확히 정의하려고 했다(그러나 실패했다고 생각한다). 더 깊이 생각하고 나서, 이러한 맥락에서는 반복되는 그룹에 대해 아예 생각하지 않는 것이 낫다는 결론에 도달했다. 그러나 오히려 (그러고 나서 방금 내가 한 것처럼, 실수에 초점을 맞추는 것!) 대신에 원자성의 개념에 초점을 맞춘다. 다시 말해 이제 반복되는 그룹에 대한 금지가 본질적으로, 그리고 항상 무의미하다고 생각한다. 그리고 이 점과 관련해서 나로 인해 오도됐을지 모르는 누군가에게 사과하는 바다.

결론적으로 다섯 가지 요구 조건 중 어느 하나라도 위반되면 해당 테이블은 '직접적이고 충실하게' 관계 변수를 나타내지 않으며 *모든 추측은 없어진다*. 특히, 결합[join]과 같은 관계 연산자는 더 이상 예상대로 분명히 작동할 수 없다(나의 예상대로 여러분이 SQL에 익숙하다면). 관계형 모델은 관계값과 관계 변수만을 다룬다.

함수 종속성

지금껏 1NF까지를 다뤘다. 이제 더 높은 차수의 정규형 논의를 시작하려고 한다. 이미 보이스/코드 정규형(BCNF)이 함수 종속성(FD)의 관점에서 정의돼 있다고 말한 바 있다. 물론 2차 정규형(2NF)과 3차 정규형(3NF)도 마찬가지다. 여기에 정의가 있다.

9　각주 2에 언급된 것을 제외하고 말이다.

정의(함수 종속성): *X*와 *Y*를 관계 변수 *R*의 제목의 하위 집합이라고 하자. 그러면 다음의 함수 종속성(FD)은

```
X → Y
```

*R*의 두 개 튜플이 *X*와 일치할 때는 언제나 *Y*에도 일치하는 경우에만 *R*에서 성립된다.[10] 여기서 *X*와 *Y*는 각각 결정 요인determinant과 종속 요인dependent으로 불리며, 전체적으로 FD는 '*X*가 기능적으로 *Y*를 결정한다.' 또는 '*Y*는 기능적으로 *X*에 의존한다.'로 읽히거나 좀 더 간단하게 '*X* 화살표 *Y*'로 읽힐 수 있다.

여기에 몇 가지 예가 있다.

- FD {CITY} → {STATUS}는 2장에서 알아본 바에 따르면 관계 변수 S에서 성립한다. 꺾인 괄호에 주의하라. 그런데 정의상 *X*와 *Y*는 *R* 제목의 부분집합이며, 따라서 (속성의) 집합이다. 예를 들어, 단일 원소 집합이 되는 경우에도 그렇다. 동일한 논리로 *X*와 *Y* 값은 튜플이며, 예제와 같이 이들이 1차 튜플일 때도 그렇다.
- FD {SNO} → {SNAME,STATUS}도 관계 변수 S 내에서 성립한다. {SNO}는 그 관계 변수에 대한 사실상 유일한 키이며, 항상 '키로부터의 화살표arrows out of keys'가 존재하기 때문이다(이 바로 뒤에 있는 '키를 다시 논의해보자' 절 참조). **참고**: 명확하지 않은 경우, '*X*로부터 화살표'라는 문구를 사용해 FD *X* → *Y*가 관련된 관계 변수(여기서 *X*와 *Y*는 해당 관계 변수의 제목 부분)에서 성립하는 *Y*가 존재한다는 것을 의미한다.

여기에 기억할 만한 유용한 것이 있다. FD *X* → *Y*가 관계 변수 *R*에서 성립한다면, *X″* → *Y′*도 *X*의 모든 부분집합 *X″*와 *Y*의 모든 부분집합 *Y′*에 대해서도 관계 변수 *R*에

10 '일치한다.'는 '동일한 값을 가진다.'는 의미의 표준 줄임말이다.

서 성립한다(물론 X''가 여전히 제목의 부분집합인 한). 다른 말로 하면, 항상 결정 요인에 속성을 추가하거나 종속 요인으로부터 속성을 뺄 수 있으며 여전히 문제의 관계 변수에서 성립하는 FD를 얻을 것이다. 예를 들면 관계 변수 S에서 성립하는 또 다른 FD가 있다.

```
{ SNO , CITY } → { STATUS }
```

(FD {SNO} → {SNAME,STATUS}에서 시작해 결정 요인에 CITY를 추가하고 종속 요인에서 SNAME을 뺀다.)

또한 FD가 당연하다는 것이 무엇을 의미하는지 설명할 필요가 있다.

정의(자명한 FD): 위배될 여지가 없는 경우에만 FD $X \rightarrow Y$는 자명[trivial]하다.

예를 들어, 다음 FD는 모두 STATUS와 CITY라는 속성을 가진 모든 관계 변수에서 자명하게 성립된다.[11]

```
{ CITY , STATUS } → { CITY }
{ CITY , STATUS } → { STATUS }
{ CITY }          → { CITY }
{ CITY }          → { }
```

간략한 설명(단순성을 위해 다음 예 중 첫 번째만 고려한다.): 만약 두 개의 튜플이 CITY와 STATUS에 대해 같은 값을 가진다면, 그 튜플은 확실히 CITY에 대해 같은 값을 갖고 있다. 실제로 Y가 X의 부분집합(기호에서 $Y \subseteq X$)일 경우에만 FD $X \rightarrow Y$가 당연하다는 것을 쉽게 알 수 있다. 데이터베이스 디자인을 할 때 보통 자명한 FD에는 신경 쓰지 않는다. FD는 아주 당연하기 때문이다. 하지만 이 문제에 대해 형식적이고 정확하게

11 특히 마지막 예제와 관련해 이 장 끝에 있는 연습 문제 4.10을 참조한다.

하려고 할 때, 특히 디자인 이론을 개발하려고 할 때는 모든 FD, 다시 말해 당연하지 않은 것뿐만 아니라 당연한 것들도 고려해야 한다.

키를 다시 논의해보자

1장에서 키의 개념을 일반적인 용어로 논의했지만, 이제는 그 문제와 관련해서 좀 더 정확하게 용어를 소개할 때가 됐다. 우선 여기서는 기록을 위해 1장에서 언급한 바와 같이 아래에 '후보 키candidate key'라는 용어에 대한 정확한 정의를 제공하지만, 이 책의 대부분에서는 '키key'라는 줄임말을 사용한다.

정의(후보 키, 키): *K*를 관계 변수 *R*의 제목 부분집합이 되게 한다. 그러면 다음과 같은 특성을 모두 갖고 있는 경우에만 *K*는 *R*의 후보 키(또는 단지 줄여서 '키')다.

1. 유일성: *R*에 대한 적정 값은 *K*에 대해 동일한 값을 갖는 두 개의 서로 다른 튜플을 갖지는 않는다.
2. 축소 불가능성: *K*의 어떠한 적절한 부분집합도 유일성을 갖고 있지 않다.

이것은 처음 본 정의인데, 어떤 종류의 축소 불가능을 수반하는 것이지만 앞으로 더 많은 페이지에서 볼 것이다. 앞으로 다루겠지만, 디자인 이론 전반에서 (중요하게 고려되는) 특히 키의 축소 불가능성(key irreducibility)과 관련된 중요한 한 가지 이유는 '키'를 지정하면 DBMS가 적절한 유일성 제약 조건(uniqueness constraint)을 적용할 수 없다는 점이다. 예를 들어 DBMS에서 {sno, CITY}가 키라고 가정하자. 사실 관계 변수 S에 대한 유일한 키다. 그러면 DBMS는 공급자 번호가 '전역적으로' 유일하다는 제약을 가할 수 없을 것이다. 대신, 공급자 번호가 관련 도시 내에서 유일하다는 의미에서 '국지적으로' 유일하다는 제약 조건만 강요할 수 있을 것이다.

앞에서 말한 정의를 더 이상 논의하지 않을 것이다. 그 개념은 매우 친숙하기 때문이다.[12] 그러나 다음 몇 가지 정의가 그 개념에 어떻게 의존하는지를 관찰하라.

정의(키 속성): 관계 변수 *R*의 속성 *A*는 *R*의 적어도 하나의 키에 속하는 경우에만 *R*의 키 속성이다.

정의(비키 속성): 관계 변수 *R*의 속성 *A*는 *R*의 어떤 키에도 속하지 않는 경우에만 *R*에 대한 비키nonkey 속성이다.[13]

예를 들어, 관계 변수 SP에서 SNO와 PNO는 키 속성이고 QTY는 비키 속성이다.

정의('모든 키' 관계 변수): 관계 변수는 전체 제목이 키인 경우에만, 또는 전체 제목 중 적절한 부분집합이 키인 경우에만(이 경우 반드시 유일한 키임) '모든 키all key'다.

(**참고**: 관계 변수가 '모든 키'인 경우 관계 변수는 확실히 비키 속성이 없지만, 그 역은 성립하지 않는다. 관계 변수에서 모든 속성이 키 속성이지만 '모든 키'는 아닐 수 있다.)

정의(상위 키): *SK*를 관계 변수 *R*의 부분집합이라 하자. *SK*는 다음 속성을 가질 경우에만 *R*의 상위 키superkey다.

1. 고유성: *R*에 대한 합법적인 값은 *SK*에 대해 동일한 값을 가진 두 개의 구별되는 튜플을 포함하지 않는다.

더욱 간결하게, *R*에 대한 상위 키는 독특하지만 반드시 축소 불가능은 아닌 *R*의 제목의 부분집합이다. 다시 말하면, 상위 키는 키의 상위 집합이라고 말할 수 있다. 물론 문제의 상위 집합은 여전히 관련 제목의 부분집합이어야 하기 때문이다. 따라서 모든 키는 상위 키이지만 '대부분'의 상위 키는 키가 아님을 관찰하라.

---

12 단, 관계 변수가 하나의 키만을 가진다는 제안은 아무것도 없다는 점에 주목하라. 반대로, 실제로는 관계 변수가 문제의 관계 변수 차수의 논리적 결과인 제한에만 제약되는 어떤 수의 구별되는 키를 얼마든지 가질 수 있다(이 장 끝의 연습문제 4.9 참조).

13 역사적 참고 사항으로서, 코드 박사의 최초 정규화 논문에서는 키 속성과 비키 속성을 각각 프라임 속성(prime attribute)과 비프라임 속성(non prime attribute)이라 불렀다고 언급한다(부록 D 참조).

(**참고**: 키가 아닌 상위 키를 때때로 '적절한 상위 키proper superkey'라고 한다.)

또한 하위 키의 개념을 정의하는 것이 편리하다.

정의(하위 키): *SK*를 관계 변수 *R*의 제목의 부분집합이라 하자. 그렇다면 *SK*는 *R*의 하나 이상의 키의 부분집합일 경우에만 *R*의 하위 키다.

(**참고**: 키가 아닌 하위 키는 '적절한 하위 키proper subkey'라고 한다.)

예를 들어, 즉 단지 하나의 키 {SNO,PNO}를 갖는 관계 변수 SP를 고려하자. 이 관계 변수는 다음을 가진다.

a. 두 개의 하위 키

```
{ SNO , PNO }
{ SNO , PNO , QTY }
```

제목은 항상 어떤 관계 변수 *R*에 대한 상위 키다.

b. 네 개의 하위 키

```
{ SNO , PNO }
{ SNO }
{ PNO }
{ }
```

속성의 공집합은 항상 어떤 관계 변수 *R*에 대해서도 하위 키라는 점에 주의하라.

이 절을 마무리 하기 위해, 관계 변수 *R*의 경우 *H*와 *SK*가 각각 제목과 상위 키일 경우 FD $SK \rightarrow H$가 *R*에서 반드시 성립한다는 점에 유의하라(동등하게 FD $SK \rightarrow Y$는 *H*의 모든 부분집합 *Y*에 대해 *R*에서 성립한다). *R*의 두 튜플이 *SK*에 대해 같은 값을 갖게 된다면 두 튜플은 사실 아주 똑같은 튜플이어야 하는데, 이 경우 그들은 분명히 *Y*에 대해 같은 값을 가져야 하기 때문이다. 물론 이러한 모든 이야기는 *SK*가 단순히 상위 키가 아닌 키라는 중요한 특수 사례에 모두 적용된다. 앞서 말했듯이(물론 매우 느슨하게), 키에는 항상 화살표가 달려 있다. 사실 이제는 좀 더 일반적인 명제를 발표할 수 있다. 항상 상위 키에는 이들로부터 나오는 화살표가 있다.

2차 정규형

2NF, 3NF, BCNF의 정의에 앞서 하나 더 소개할 개념, 즉 FD 축소 불가능성FD irreducibility(다른 종류의 축소 불가능성임을 주지하라.)이 있다. 이는 다음과 같다.

> **정의(축소 불가능 FD)**: *R*과 *X'* → *Y*가 *X*의 어떤 적절한 부분집합 *X'*에 대해 *R*에서 성립하지 않는 경우에만 관계 변수 *R*에 대해 FD *X* → *Y*는 축소 불가능하다(또는 *R*을 이해하는 경우 그냥 축소 불가능하다).

예를 들어 FD {SNO,PNO} → {QTY}는 관계 변수 SP와 관련해 축소 불가능하다. **참고**: 이런 종류의 축소 불가능성은 때때로 더 분명하게 왼쪽 축소 불가능성(FD의 왼쪽이기 때문에)이라고 언급되기도 하지만, 단순성을 위해 여기서는 그 '왼쪽'을 생략하기로 한다.

드디어 더 이상 생각할 필요없이, 2NF를 정의할 수 있다.

> **정의(2차 정규형)**: *R*의 모든 키 *K*와 *R*의 모든 비키 속성nonkey attribute *A*에 대해 (*R*에서 반드시 성립되는) FD *K* → {*A*}가 축소 불가능한 경우에만 관계 변수 *R*은 2차 정규형(2NF)이다.

참고: 다음 ('선호되는') 정의는 논리적으로 방금 주어진 정의와 동일하지만(이 장 끝에 있는 연습 문제 4.4 참조) 종종 더 유용할 수 있다.

정의(2차 정규형, 선호되는 정의): *R*에서 성립하는 모든 자명하지 않은[nontrivial] FD $X \rightarrow Y$에 대해 다음 중 하나 이상이 참인 경우에만 관계 변수 *R*은 2차 정규형(2NF)이다.

a. *X*는 상위 키[superkey]다.
b. *Y*는 하위 키[subkey]다.
c. *X*는 하위 키가 아니다.

요점은 다음과 같다.

- 우선, 2NF를 디자인 프로세스의 궁극적인 목표로 보는 것은 매우 이례적이라는 점을 이해하라. 사실 2NF와 3NF는 주로 역사적 관심사들이다. 둘 다 기껏해야 훨씬 더 실용적이고 이론적인 관심사인 BCNF로 향하는 디딤돌로 간주되고 있다.
- 문헌상 2NF 정의는 'R은 1NF 등등에 있는 경우에만 2NF에 있다.'라는 형식을 취하는 경우가 많다. 그러나 그런 정의는 대부분 1NF를 잘못 이해하면서 비롯된다. 모든 관계 변수는 1NF에 있고, 따라서 '이것은 1NF에 있다.'라는 말은 더 이상의 의미를 주지 못한다.

예를 들어보자. 사실, 일반적인 예시보다는 반대 예제를 보는 것이 더 유익하다. 그러므로 적용 가능한 공급자의 도시를 나타내는 CITY라는 추가적인 속성을 가진 관계 변수 SP의 개정된 버전(SCP라고 부르자.)을 고려해보자. 여기에 몇 가지 샘플 튜플이 있다.

SCP

SNO	CITY	PNO	QTY
S1	London	P1	300
S1	London	P2	200
S1	London	P3	400
..	......	..	...
S2	Paris	P1	300
S2	Paris	P2	400
..	......	..	...

이 관계 변수는 분명히 중복성 문제를 안고 있다. 공급자 S1의 모든 튜플은 S1이 런던에 있다고 알려주고, 공급자 S2의 모든 튜플은 S2가 파리에 있다고 알려준다. 그리고 (앞서 설명한 2NF에 대한 첫 번째 정의에 따라) 관계 변수는 2차 정규형이 아니다. 유일한 키는 {SNO,PNO}이며 FD {SNO,PNO} → {CITY}가 확실히 성립하지만 FD는 축소할 수 없다. 구체적으로 결정 인자determinant로부터 PNO를 제거할 수 있고, 남아있는 {SNO} → {CITY}는 여전히 관계 변수에서 성립하는 FD이다. 동등하게, FD {SNO} → {CITY}가 성립하고 자명하지 않다고 말할 수 있다. 더욱이 (a) {SNO}는 상위 키가 아니고, (b) {CITY}는 하위 키가 아니고, (c) {SNO}는 하위 키이며, 따라서 다시 (이제 2NF의 두 번째 '선호되는' 정의에 따라) 관계 변수는 2차형이 아니다.

3차 정규형

이번에는 나의 선호되는 정의로 시작하겠다.

> **정의(3차 정규형, 선호되는 정의)**: *R*에서 유효한 모든 자명하지 않은 FD *X* → *Y*에 대해 다음 중 하나 이상이 참인 경우에만 관계 변수 *R*은 3차 정규형(3NF)이다.
>
> **a.** *X*는 상위 키다.
>
> **b.** *Y*는 하위 키다.

요점은 다음과 같다.

- 이전 절에서 말한 것을 반복하기 위해(아마도 대중의 의견과는 다른) 3NF는 주로 역사적 관심사일 것이다. 기껏해야 BCNF의 디딤돌에 지나지 않는다고 봐야 한다. **참고**: 여기서 일반적인 의견과 달리 말하는 이유는 (적어도 대중 문헌에서) 흔히 보는 3NF의 많은 '정의'가 실제 BCNF 정의이며 이미 지적했듯이 BCNF가 중요하기 때문이다. 여기에 나온 정의를 적용해보고 싶다면, 독자 여러분의 그 어떤 행동도 전적으로 독자 여러분의 책임이라는 점을 미리 밝혀둔다.
- 문헌상 3NF 정의는 종종 'R은 2NF와 ...에 있는 경우에만 3NF에 있다.'라는 형식을 취한다. 나는 2NF를 언급하지 않는 정의를 선호한다. 그러나 조건 *c*('*X*는 하위 키가 아니다.')를 버리는 방법으로 내가 2NF에 대한 선호되는 정의로부터 3NF에 대한 나의 정의를 도출할 수 있다는 점에 주목하길 바란다. 따라서 3NF는 2NF를 내포한다. 즉, 관계 변수가 3NF에 있으면 확실히 2NF에 있다.

이미 2NF에 있지만 3NF에는 있지 않은, 즉 공급자 관계 변수 S의 예를 살펴봤다(3장 그림 3-1 참조). 자세히 설명하면, 자명하지 않은 FD {CITY} → {STATUS}는 알다시피 그 관계 변수에서 성립한다. 더욱이 {CITY}는 상위 키가 아니고 {STATUS}는 하위 키가 아니므로 관계 변수는 3NF에 있지 않다(단, 확실히 2NF에 있다. **연습 문제**: 이 주장을 확인해보라!).

보이스/코드 정규형

앞에서 말했듯이 보이스/코드 정규형(BCNF)은 FD에 대한 정규형이다(지금 이를 정확하게 정의한다).

> **정의(보이스/코드 정규형)**: *R*에서 유효한 모든 자명하지 않은 FD *X* → *Y*에 대해 다음 경우에만 관계 변수 *R*이 보이스/코드 정규형(BCNF)이다.

a. *X*는 상위 키다.

요점은 다음과 같다.

- BCNF 관계 변수에 성립하는 유일한 FD는 자명한trivial 것(이를 확실히 제거할 수 없음) 또는 상위 키에서 나오는 화살표(이것도 제거할 수 없음)라는 정의에 따른다. 또한 어떤 사람들은 다음과 같이 말하길 좋아한다. *모든 사실은 키, 전체 키 그리고 단지 키 외에는 아무것도 없다.* 이는 비록 직관적으로 매력적이지만 이 비공식적인 특성화는 사실 정확하지 않다는 점을 첨언해야 하는데, 그것은 무엇보다도 단지 하나의 키만 있다고 가정하기 때문이다.
- 이 정의는 2NF 또는 3NF를 참조하지 않는다. 단 조건 b('*Y*는 하위 키다.')를 삭제해 3NF 정의에서 정의를 도출할 수 있다는 점에 유의하라. 따라서 BCNF는 3NF를 내포한다. 즉, 관계 변수가 BCNF에 있다면 확실히 3NF에 있다.

BCNF가 아닌 3NF에 있는 관계 변수의 예를 들면, 관련 공급자의 이름을 나타내는 추가적인 속성 SNAME이 있는 선적 관계 변수(SNP라고 부르자.)의 수정된 버전을 생각해보자. 또한 공급자 이름이 반드시 유일하다고 가정하자(즉, 두 공급자가 동시에 동일한 이름을 가진 경우는 없다). 여기에 몇 가지 샘플 튜플이 있다.

SNP

SNO	SNAME	PNO	QTY
S1	Smith	P1	300
S1	Smith	P2	200
S1	Smith	P3	400
..	.....	..	...
S2	Jones	P1	300
S2	Jones	P2	400
..	.....	..	...

다시 한 번 몇몇 중복성을 관찰한다. 공급자 S1의 모든 튜플은 S1의 이름이 Smith이고, 공급자 S2의 모든 튜플은 S2의 이름이 Jones라고 알려준다. 마찬가지로 Smith에 대한 모든 튜플은 Smith의 공급자 번호가 S1이고, Jones에 대한 모든 튜플은 Jones의 공급자 번호가 S2라고 알려주는 식으로 진행된다. 그리고 관계 변수는 BCNF에 있지 않다. 첫째, 두 개의 키 {SNO,PNO}와 {SNAME,PNO}를 가진다.[14] 둘째, 제목의 모든 부분집합, 즉 특히 부분집합 {QTY}는 그 두 가지 키 모두에 (물론) 기능적으로 의존한다. 그러나 셋째, FD {SNO} → {SNAME}과 {SNAME} → {SNO}도 성립한다. 이러한 FD는 분명 자명한 것은 아니며, 상위 키에서 화살표가 나온 것도 아니다. 따라서 관계 변수는 (비록 이는 3NF에 있더라도) BCNF에 있지 않다.

마지막으로, 알다시피 정규화 규칙은 다음과 같다. 관계 변수 *R*이 BCNF에 없는 경우, 이를 다음과 같은 투영으로 분해한다. 관계 변수 SNP의 경우 다음 분해 중 하나가 이 목표를 충족한다.

- {SNO,SNAME}과 {SNO,PNO,QTY}에 투영
- {SNO,SNAME}과 {SNAME,PNO,QTY}에 투영

이제 왜 BCNF가 단순히 *n*차 정규형이라 불리지 않고 별도로 존재하는지 설명할 수 있다. 코드 박사가 이 새로운 정규형을 처음 설명한 논문에서 인용하면[15] 다음과 같다.

> 비교적 최근에 보이스와 코드 박사는 다음과 같은 정의를 만들었다. [관계 변수] R이 1차 정규형일 경우 3차 정규형이며, R의 모든 속성 모음 C에 대해 C에 없는 속성이 기능적으로 C에 의존하는 경우 R의 모든 속성은 기능적으로 C에 의존한다*[즉, C는 상위 키다]*.

---

14 그렇기 때문에 샘플 튜플을 보여줄 때 어떤 이중 밑줄도 보이지 않았다.

15 E. F. Codd: "Recent Investigations into Relational Data Base Systems," Proc. IFIP Congress, Stockholm, Sweden(1974).

그래서 이제 코드 박사는 3차 정규형에 대한 '새롭고 개선된' 정의를 내리고 있었다. 그러나 문제는 새로운 정의가 이전 정의보다 엄밀히 더 강력하다는 것이다. 즉, 새로운 정의에 따른 3NF에 있는 모든 관계 변수는 확실히 예전 정의라면 3NF에 속하지만, 그 반대는 그렇지 않다. 관계 변수가 예전 정의에 의해 3NF에 속할 수 있지만, 새로운 정의에서는 3NF에 속할 수 없다(위에서 논의한 관계 변수 SNP가 이런 경우다). 그래서 그 '새롭고 개선된' 정의가 실제로 정의한 것은 새롭고 강한 정규형이었고, 따라서 그것 자체의 고유한 이름이 필요했다. 그러나 이 점이 충분히 인식될 무렵에 파긴Fagin이 이미 4차 정규형이라 부르는 것을 정의했기 때문에 4차형이란 이름을 붙일 수 없었다.[16] 따라서 변칙적인 이름인 '보이스/코드 정규형'이란 이름을 붙이게 된 것이다.

연습 문제

4.1 관계 변수 SP에 얼마나 많은 FD가 성립하는가? 어떤 것이 자명한가? 어느 것이 축소 불가능한가?

4.2 FD 개념이 튜플 동일성tuple equality이라는 개념에 의존한다는 것이 사실인가?

4.3 (a) 2NF가 아닌 관계 변수, (b) 2NF는 아니지만 3NF인 관계 변수, (c) 3NF인 관계 변수, (c) 3NF는 아니지만 BCNF인 관계 변수의 예를 여러분의 작업 환경에서 들어보자.

4.4 이 장의 본문에 제시된 2NF의 두 가지 정의가 논리적으로 동등하다는 것을 증명하라.

---

16 사실, 레이몬드 보이스(Raymond Boyce)는 BCNF가 되는 것을 처음 생각해냈을 때 그것을 네 번째라고 불렀다! 그가 처음 개념을 설명한 'IBM 기술공시회보(IBM Technical Disclosure Bulletin) 16호'(1973년 6월)는 제목이 '4차 정규형과 관련 분해 알고리즘'이었다. 그 논문이 4NF에 관한 파긴의 논문을 수년 앞섰기 때문에(부록 D 참조) 보이스의 원래 이름은 당시에 완벽하게 잘 사용됐을 수 있다. 새로운 정규형을 '3차', 즉 보이스의 정의를 이미 존재했던 것의 개선된 버전이라 묘사하며, 그로 인해 초래된 혼동(적용할 정도로 사소하지만, 모든 논리적 차이는 매우 크다.)은 오늘날까지 계속된다.

4.5 관계 변수가 2NF가 아니면 복합 키가 있어야 한다는 것이 사실인가?

4.6 모든 이진 관계 변수가 BCNF라는 것이 사실인가?

4.7 (연습 문제 1.4와 동일) 모든 '모든 키' 관계 변수가 BCNF인가?

4.8 **Tutorial D** CONSTRAINT 문을 작성해 FD {SNO} → {SNAME}과 {SNO} → {SNO} 쌍이 관계 변수 SNP에서 성립하는 사실을 표현하라('보이스/코드 정규형' 절 참조).

참고: 이 연습 문제는 **Tutorial D**로 답을 제시하라는 모든 장의 첫 번째 연습이다. 물론 여러분이 그 언어에 완전히 익숙하지 않을 수도 있다는 것을 알고 있다. 그러므로 예를 들어 아래의 연습 문제 4.14와 4.15에서 가능한 한 최선을 다하라. 적어도 문제의 연습은 시도해볼 만하다고 생각한다.

4.9 *R*을 차수 *n*의 관계 변수가 되게 한다. *R*에서 성립할 수 있는 최대 FD 수(자명한 것과 자명하지 않은 것을 모두 포함)는 얼마인가? 최대 몇 개의 키를 가질 수 있는가?

4.10 FD $X \rightarrow Y$의 *X*와 *Y*가 모두 속성 집합임을 감안할 때, 두 집합 중 하나가 공집합이면 어떻게 되는가?

4.11 RVA를 가진 베이스 관계 변수를 갖는 것이 정말로 합리적일 수 있는 상황을 생각할 수 있는가?

4.12 최근 수년간 업계에서는 XML 데이터베이스의 가능성에 대한 많은 논의가 있었다. 그러나 XML 문서는 본질적으로 계층 구조적인 성격을 갖고 있다. 그래서 여러분은 이번 장의 본문에 있는 계층 구조들에 대한 비판이 XML 데이터베이스에 적용된다고 생각하는가? (이 장 앞부분의 각주 4에서 지적한 대로 사실 그렇다. 그래서 여러분은 어떤 결론을 내리는가?)

4.13 1장에서는 관계의 표로 된 그림에 기본 키primary key 속성을 이중 밑줄로 표

시하겠다고 말했다. 그러나 그 시점에서는 관계와 관계 변수의 차이를 제대로 논의하지 못했고, 이제는 일반적으로 키가 관계가 아닌 관계 변수에 적용된다는 것을 알게 됐다. 그러나 그 이후로는 그와 같은 관계를 나타내는 표 형식의 그림 몇 개를 봤다(예를 들어 그림 4-1의 세 가지 예[17] 참조). 그리고 분명히 그 그림에서 이중 밑줄 규칙을 사용하고 있다. 그래서 이제 그 관행에 대해 뭐라고 말할 수 있을까?

4.14 그림 4-1에 나타난 관계에 대한 다음과 같은 쿼리를 **Tutorial D**로 공식화하라.

a. 공급자 S2가 공급하는 부품의 부품 번호를 구하라.

b. 부품 P2를 공급하는 공급자의 공급자 번호를 구하라.

4.15 공급자 S2가 부품 P5를 500개의 수량으로 공급한다는 것을 보여주기 위해 데이터베이스를 업데이트해야 한다고 가정하자. (a) 그림 1-1의 비RVA^non RVA 디자인, (b) 그림 4-1의 RVA 디자인에 대해 필요한 업데이트를 **Tutorial D**의 공식으로 제공하라.

4.16 그림 4-1에 설명된 RVA 디자인에 따라 해당 관계 변수 술어를 가능한 한 정확하게 기술하라.

4.17 기술 문헌에서 1NF에 대한 몇 가지 정의는 다음과 같다. 이번 장의 본문에서 그러한 문제에 대한 논의를 볼 때, 그에 대한 어떤 의견이 있는가?

- **1차 정규형**(1NF) ... 속성의 영역은 원자(단순하고, 분리할 수 없는) 값만 포함해야 하며, 튜플의 속성값은 해당 속성의 도메인에서 단일 값이어야 한다 ... 1NF는 한 튜플의 한 속성값으로 값들의 집합, 값들의 튜플 또는 둘의 조합을 허용하지 않는다 ... 1NF는 '관계 내 관계' 또는 '튜플 내 속

---

17 그렇다. 3을 의미한다.

성값으로서의 관계'를 허용하지 않는다 ... 1NF가 허용하는 유일한 속성값은 **단일 원자**(또는 **분할할 수 없는**) 값이다(Ramez Elmasri, Shamkant B. Navathe, 『Fundamentals of Database Systems』, 4판, Addison-Wesley, 2004).

- 모든 필드가 유일한 원자값, 즉 리스트나 집합이 아닌 경우 관계는 **1차 정규형**이다(Raghu Ramakrishnan, Johannes Gehrke, 『Database Management Systems』, 3판, McGraw-Hill, 2003).
- 1차 정규형은 단순히 모든 튜플의 모든 원소가 원자값이라는 조건이다(Hector Garcia-Molina, Jeffrey D. Ullman, Jennifer Widom, 『Database Systems: The Complete Book』, Prentice Hall, 2002).
- 도메인의 원소가 분리할 수 없는 단위로 간주되는 경우 도메인은 **원자적인** 것이다 ... *R*의 모든 속성의 도메인이 원자인 경우 관계 스키마 *R*이 **1차 정규형**(1NF)이라고 말한다(Abraham Silberschatz, Henry F. Korth, S. Sudarshan, 『Database System Concepts』, 4판, McGraw-Hill, 2002).
- 관계가 스칼라 값만 포함하는 조건을 만족하는 경우에만 **1차 정규형**(약칭 1NF)이라고 한다(C. J. Date, 『An Integration to Database Systems』, 6판, Addison-Wesley, 1995).

해답

4.1 관계대수학의 폐포 속성과는 무관하지만, 공식적으로 폐포로 알려진 전체 FD 집합(7장 참조)은 다음과 같이 관계 변수 SP에 대해 총 31개의 고유 FD를 포함한다.

```
{ SNO , PNO , QTY } → { SNO , PNO , QTY }
{ SNO , PNO , QTY } → { SNO , PNO }
{ SNO , PNO , QTY } → { SNO , QTY }
{ SNO , PNO , QTY } → { PNO , QTY }
```

```
{ SNO , PNO , QTY } → { SNO }
{ SNO , PNO , QTY } → { PNO }
{ SNO , PNO , QTY } → { QTY }
{ SNO , PNO , QTY } →{ }

{ SNO , PNO }       → { SNO , PNO , QTY }
{ SNO , PNO }       → { SNO , PNO }
{ SNO , PNO }       → { SNO , QTY }
{ SNO , PNO }       → { PNO , QTY }
{ SNO , PNO }       → { SNO }
{ SNO , PNO }       → { PNO }
{ SNO , PNO }       → { QTY }
{ SNO , PNO }       → { }

{ SNO , QTY }       → { SNO , QTY }
{ SNO , QTY }       → { SNO }
{ SNO , QTY }       → { QTY }
{ SNO , QTY }       → { }

{ PNO , QTY }       → { PNO , QTY }
{ PNO , QTY }       → { PNO }
{ PNO , QTY }       → { QTY }
{ PNO , QTY }       → { }

{ SNO }             → { SNO }
{ SNO }             → { }

{ PNO }             → { PNO }
{ PNO }             → { }

{ QTY }             → { QTY }
{ QTY }             → { }

{ }                 → { }
```

물론 자명하지 않은 것들만 고르면 다음 네 개다.

```
{ SNO , PNO } → { SNO , PNO , QTY }
{ SNO , PNO } → { SNO , QTY }
{ SNO , PNO } → { PNO , QTY }
{ SNO , PNO } → { QTY }
```

축소 불가능한 것들만 고르면 다음 11개다.

```
{ SNO , PNO } → { SNO , PNO , QTY }
{ SNO , PNO } → { SNO , PNO }
{ SNO , PNO } → { SNO , QTY }
{ SNO , PNO } → { PNO , QTY }
{ SNO , PNO } → { QTY }

{ SNO , QTY } → { SNO , QTY }

{ PNO , QTY } → { PNO , QTY }

{ SNO }       → { SNO }

{ PNO }       → { PNO }

{ QTY }       → { QTY }

{ }           → { }
```

4.2 그렇다('두 개의 튜플이 *X*에 일치할 때마다, 그들은 또한 *Y*에 일치한다.'는 것은 문제의 튜플의 *X*와 *Y* 속성에 대한 각각의 투영과 이번에는 그 자체로 튜플인 두 개의 투영이 동등하다는 것을 의미한다). **참고**: 일반적인 튜플 동등 개념에 대해서는 2장 연습 문제 2.10의 해답을 참조하라.

4.3 해답이 제공되지 않는다.

4.4 우선 여기서는 다시 두 가지 정의가 있으며, 이후 참조 목적을 위해 번호를 매긴다.

1. R의 모든 키 K와 R의 모든 비키 속성 A에 대해 FD $K \rightarrow \{A\}$를 수정할 수 없는 경우에만 관계 변수 R이 2NF이다.
2. R에서 성립하는 모든 자명하지 않은 FD $X \rightarrow Y$에 대해 적어도 다음 중 하나가 참인 경우에만 관계 변수 R은 2NF이다. (a) X는 상위 키이고, (b) Y는 하위 키이며, (c) X는 하위 키가 아니다.

R은 정의 1에 의해 2NF가 아니라고 하자. 그다음 (정의상 자명하지 않은) FD $K \rightarrow \{A\}$가 존재한다. 여기서 K는 R의 키이고 A는 R에서 성립하는 R의 비키 속성이며 축소 가능하다. 축소 가능하므로 (역시 자명하지 않은) FD $X \rightarrow \{A\}$는 적절한 하위 키 X ($X \subset K$)에 대해 R에서 성립한다. 따라서 $\{A\}$를 Y로 표기하면, R에서 성립하는 자명하지 않은 FD $X \rightarrow Y$를 갖게 된다. 여기서 X는 상위 키가 아니고, Y도 하위 키가 아니며, X는 하위 키가 된다. 따라서 R은 정의 2에 의해 2NF가 아니다. 따라서 느슨하게, 정의 2는 정의 1을 의미한다.[18]

이제 R은 정의 2에 의해 2NF가 아니라고 하자. 그러면 FD $X \rightarrow Y$(즉, F)는 R에서 유효하며, 그 R에서 X가 상위 키가 아니고 Y는 하위 키가 아니며 X는 하위 키다. 그러나 X가 상위 키가 아닌 하위 키라면, 그것은 어떤 키 K의 적절한 하위 키임에 틀림없다. 이제 고려해야 할 두 가지 사례가 있다.

a. Y는 비키 속성 A를 포함한다. 이 경우 $K \rightarrow \{A\}$는 R에서 성립하지만 축소 가능하므로, R은 정의 1에 의해 2NF가 아니다. 따라서 정의 1은 정의 2를 의미한다.
b. Y가 비키 속성 A를 포함하는 F는 존재하지 않는다. 그러나 그러면 모든

18 여러분은 이것이 잘못된 방법이라고 생각할지도 모르지만, 그렇지 않다. 내가 보여준 것은 정의 1에 의해 2NF가 아닌 것은 정의 2에 의해 2NF를 의미하지 않는다는 점이다. 따라서 'p가 q를 내포한다.'가 '(not p) or q'와 동등하다는 사실을 감안할 때, 여지껏 내가 보여준 것은 정의 2에 따른 2NF는 정의 1에 따른 2NF를 의미한다는 점이다. 쉽게 말하면 정의 2는 정의 1을 의미한다. 혼란스럽다면 사과한다!

*F*에 대해 *Y*에 포함된 모든 속성 *A*는 {*A*}가 하위 키가 되게 된다. 따라서 *R*은 3NF(그리고 확실히 2NF)이다. 이것은 모순이다.

따라서 정의 1과 정의 2는 동등하다.

4.5 다음과 같은 (잘못된!) 주장을 고려해보자.

관계 변수 *R*이 2NF가 아니라고 하자. 그러면 반드시 FD *K* → {*A*}(*R*에서 반드시 성립함)가 축소 가능한 *R*의 어떤 키 *K*와 비키 속성 *A*가 있어야 한다. 즉, *K*에서 어떤 속성을 제거해 *K'*를 생성하는데, 이때 FD *K'* → {*A*}가 여전히 성립한다는 것을 의미한다. 따라서 *K*는 복합적이어야 한다.

이 주장은 연습 문제에 대한 해답이 '그렇다'여야 한다는 점을 보여주는 것으로 보인다. 즉, 관계 변수가 2NF가 아니면 복합 키가 있어야만 한다. 하지만 그 주장은 틀렸다! 여기에 반례가 있다. USA를 속성 COUNTRY와 STATE의 이진 관계 변수로 하자. 즉, 술어는 'STATE가 COUNTRY의 부분이다.'이지만 COUNTRY는 모든 튜플에서 미국이다. 이제 이 관계 변수의 유일한 키는 {STATE}이며, FD {STATE} → {COUNTRY}가 확실히 성립한다. 그러나 FD { } → {COUNTRY}도 분명히 성립한다(아래 연습 문제 4.10의 해답 참조). 따라서 FD {STATE} → {COUNTRY}는 축소 가능하므로, 관계 변수는 2NF가 아니며 {STATE} 키도 복합이 아니다.

4.6 그렇지 않다! 예를 들어 이전 연습 문제의 해답에서 USA 관계 변수를 고려하자. 그 관계 변수는 FD { } → {COUNTRY}의 적용을 받는데, 이는 자명한 것도 아니고 상위 키에서 나온 화살도 아니므로 관계 변수는 BCNF가 아니다(물론 이전 연습 문제의 해답에서 봤던 바와 같이 2NF에도 해당되지 않는다). 따라서 관계 변수는 각각 {COUNTRY}와 {STATE}라는 두 개의 단일 투영으로 분해될 수 있다(**참고:** 원래 관계 변수를 재구성하는 데 필요한 해당 결합은 사실상 카티시언(직교좌표계) 곱cartesian product으로 축약할 수 있다).

4.7 그렇다. 만약 '모든 키' 관계 변수에 대한 사실이라면, 즉 모든 자명하지 않은 FD가 성립하지 않는다면 결정 요인이 상위 키가 아닌 어떤 자명하지 않은 FD도 존재하지 않으며, 따라서 해당 관계 변수는 BCNF이다.

4.8

```
CONSTRAINT ...
   COUNT ( SNP { SNO , SNAME } ) = COUNT ( SNP { SNO } ) ;
CONSTRAINT ...
   COUNT ( SNP { SNO , SNAME } ) = COUNT ( SNP { SNAME } ) ;
```

참고: FD 성립을 명시하기 위한 이 트릭(즉, 두 투영이 동일한 고유차수(튜플의 개수)를 갖는다고 명시함으로써)은 확실히 효과가 있다. 그러나 2장에서 언급한 바와 같이, 그것은 그다지 우아하지 않다. 따라서 그 장에서는 `AND`, `JOIN`, `RENAME`을 이용해 그러한 제약 조건을 형성하는 대안적인 접근법을 보여줬다. 다음은 그러한 대안적 접근법을 사용하는 두 가지 제약 조건의 수정된 표현이다.

```
CONSTRAINT ...
    WITH ( SS := S { SNO , SNAME } ) :
    AND ( ( SS JOIN ( SS RENAME { SNAME AS X } ) , SNAME = X ) ;

CONSTRAINT
    WITH ( SS := S { SNO , SNAME } ) :
    AND ( ( SS JOIN ( SS RENAME { SNO AS X } ) , SNO = X ) ;
```

또한 휴 다웬과 나는 **Tutorial D**가 보통의 불린 표현식이 하나 이상의 핵심 사양을 수반하는 관계식 표현으로 대체되는 다른 형태의 `CONSTRAINT` 문을 지원해야 한다고 제안했다.[19] 이 제안에 따르면, 전술한 제약 조건은 단일

19 우리의 책 『Database Explorations: Essays on The Third Manifesto and Related Topics』(Trafford, 2010)와 그 밖의 다른 것들

제약 조건으로 표현될 수 있다. 따라서 다음과 같다.

```
CONSTRAINT ... SNP { SNO , SNAME }
                   KEY { SNO }
                   KEY { SNAME } ;
```

설명: 관계 표현식을, 즉 이 예에서 SNP {SNO,SNAME}을 어떤 임시 관계 변수(아마도 뷰)를 정의하는 것으로 생각하라. 그리고 나서 키 사양 예를 들면 KEY {SNO}와 KEY {SNAME}은 지정된 속성이 해당 관계 변수에 대해 키를 구성한다는 것을 나타낸다.[20]

이와 별도로, 다웬과 내가 같은 방식으로 표현식에 대해 외래 키 제약 조건이 명시되는 것이 허용되도록 제안했다는 점에 주목한다.

4.9 FD $X \rightarrow Y$가 R에서 성립한다고 하자. 정의에 의해 X와 Y는 R의 제목의 부분집합이다. n개의 원소 집합이 2^n개의 가능한 부분집합을 가진다는 것을 고려하면, X와 Y의 각 원소는 2^n개의 가능한 값을 가진다. 따라서 R에서 성립할 수 있는 FD 수에 대한 상한은 2^{2n}개다. 예를 들어 R이 5차인 경우, 보유할 수 있는 FD 수에 대한 상한은 1,024개다(그중 243개는 자명한 것이다).

보조 연습 문제:

a. 243이란 숫자는 어디서 나온 것인가?

해답: 스스로 구해보라.

b. 이들 1,024개의 FD가 실제로 모두 성립한다고 가정하자. 이 경우, R에 대해 어떤 결론을 낼 수 있는가?

해답: 고유차수가 두 개 미만이어야 한다. 그 이유는 다음과 같다. 그러한 경우에 성립하는 하나의 FD가 $\{\} \rightarrow H$이며, 여기서 H는 제목이다. 그러

20 실제로 이 예에서는 투영할 필요가 없다. CONSTRAINT SNP KEY {SNO} KEY {SNAME}이면 충분하다.

면 { }가 키이므로, R은 아래에 나오는 다음 연습 문제의 해답에서 설명한 바와 같이 기껏해야 하나의 튜플을 포함하도록 제약을 받기 때문이다.

R이 가질 수 있는 키의 수: m을 $n/2$보다 크거나 같은 가장 작은 정수로 한다. R은 (a) 모든 구별되는 m 속성 집합이 키이거나 (b) m이 홀수이고 $(m - 1)$ 속성의 모든 구별되는 집합이 키인 경우 가능한 최대 수의 키를 가질 것이다. 어느 쪽이든, 최대 키 수는 $n! \ / \ (m! \times (n - m)!)$이라는 것을 따른다.[21] 예를 들어 5차의 관계 변수는 최대 열 개를 가질 수 있으며, 3차의 관계 변수는 최대 세 개의 구별되는 키를 가질 수 있다(이 후자의 사례는 부록 C에서 확인할 수 있다).

4.10 지정된 FD $X \rightarrow Y$가 관계 변수 R에서 성립한다고 하자. 이제 모든 튜플(이것이 R의 튜플인지 여부에 관계없이)은 빈 속성 집합 위에 튜플을 투영하기 위해 동일한 값, 즉 0-튜플을 가진다(2장 연습 문제 2.12의 해답 참조). 따라서 Y가 공집합이면, FD $X \rightarrow Y$는 가능한 모든 R 속성 X 집합에 대해 성립한다. 사실 그것은 자명한 FD(그리고 별로 흥미롭지 않다.)이다. 공집합은 모든 집합의 부분집합이므로 이 경우 Y는 확실히 X의 부분집합이기 때문이다. 한편 X가 공집합인 경우 FD $X \rightarrow Y$는 임의의 시점에 R의 모든 튜플이 Y에 대해 동일한 값을 갖는다는 것을 의미한다(이들이 모두 X에 대해 동일한 값을 갖고 있다는 것은 확실하기 때문이다). 더욱이 Y가 이번에는 R의 전체 제목이면, 즉 X가 상위 키인 경우 R은 최대 하나의 튜플을 포함하도록 제한된다(그렇지 않으면 R은 상위 키 유일성 위반을 겪을 것이다). **참고:** 이 후자의 경우, X는 단순한 상위 키가 아니라 사실상 키가 된다. X는 확실히 축소 불가능이기 때문이다. 더욱이 제목의 모든 다른 부분집합은 이를 적절한 부분집합으로 포함하기 때문에

21 순열 기호 r!은 'r 팩토리얼'(때로는 'r 뱅')이라 읽으며, 곱 r × (r−1) × ... × 2 × 1을 나타낸다.

이는 유일한 열쇠다.

4.11 데이터베이스의 다양한 관계 변수에서 성립하는 FD를 기록하는 것이 목적인 데이터베이스 카탈로그의 관계 변수(말하자면, FDR)를 고려하자. *X*와 *Y*가 속성 이름 집합일 때, FD는 $X \rightarrow Y$ 형식의 표현이기 때문에 해당 관계 변수 FDR에 대한 합리적인 디자인은 속성 R(관계 변수 이름), X(결정 요인), Y(종속변수), 술어(여기서는 다소 느슨하게 명시됨)를 갖는 것이다. FD $X \rightarrow Y$는 관계 변수 R에서 성립한다. 따라서 데이터베이스의 주어진 관계 변수 R에 대해, 관계 변수 FDR의 해당 튜플은 각각 1차의 관계인 X와 Y 값을 갖고 있으며, 이들 관계의 튜플은 관계 변수 R의 속성 이름을 포함한다(따라서 X와 Y는 RVA이다).

다른 예로 카탈로그의 관계 변수 대신 '사용자 관계 변수'가 연관된 다음과 같은 문제를 생각할 수 있다.

나는 파티를 하기로 결심한 후 초대하고 싶은 사람들의 명단을 작성한 후 예비로 참가 의사를 타진해봤다. 반응은 좋았지만, 몇몇 사람은 특정한 다른 초청인의 수용을 조건으로 수락했다. 예를 들어, 밥Bob과 칼Cal은 모두 에이미Amy가 온다면 자신들도 오겠다고 했고, 페이Fay는 돈Don과 이브Eve가 모두 온다면 오겠다고 했으며, 가이Guy도 어쨌든 오겠다고 했고, 할Hal은 밥과 에이미가 모두 온다면 오겠다고 하는 등등이다. 누구를 조건으로 누가 수락하는지에 관한 데이터베이스를 디자인하라(이 예제에 대해 휴 다윈에게 감사한다).

내가 보기에 합리적인 디자인은 모두 값이 있는 관계이며, 술어인 두 가지 속성 X와 Y를 가진 관계 변수를 포함하는 것으로 보인다(의도적으로 다소 느슨하게 표현한다). *X 집합의 사람들은 Y 집합의 사람들이 참석해야 참석한다.*

보조 연습 문제: 이 디자인에 대해 여러분이 더하고 싶은 어떤 정교함을 생각

할 수 있는가? **힌트**: 밥이 참석해야만 밥이 참석한다는 것은 맞는 것인가?

4.12 나는 여러분이 무슨 결론을 낼지 모르지만, 내가 무슨 일을 하는지는 안다. 한 가지 결론은 최신 유행에 현혹되지 않도록 항상 경계해야 한다는 것이다(후자에 대해서는 상당히 더 말할 수 있겠지만, 이 책이 적합한 곳은 아닌 것 같다).

4.13 고려해야 할 두 가지 경우가 있다.

a. 표시된 관계가 어떤 관계 변수 *R*의 표본값이다.

b. 표시된 관계가 어떤 관계식 *rx*에 대한 표본값이며, 여기서 *rx*는 단순한 관계 변수 참조가 아닌 다른 것이다(여기서 관계 변수 참조는 기본적으로 관련된 관계 변수 이름이다).

사례 a의 경우, 이중 밑줄은 단순히 기본 키 *PK*가 *R*에 대해 선언됐고[22] 해당 속성이 *PK*의 일부임을 나타낸다. 사례 b의 경우, *rx*를 어떤 임시의 관계 변수 *R*에 대한 정의 표현식으로 생각할 수 있다(원하는 경우 표현식과 R을 해당 뷰로 정의하는 것으로 생각할 수 있음). 그러면 이중 밑줄은 기본 키 *PK*가 원칙적으로 *R*에 대해 선언될 수 있고 해당 속성이 *PK*의 일부임을 나타낸다.

4.14 이 연습 문제와 다음 연습 문제를 위해 그림 4-1에 표시된 관계가 관계 변수 SPQ의 표본값이라고 가정한다. 다음 두 가지 쿼리에 대한 **Tutorial D** 공식(가능한 유일한 것은 아님)을 참조하라.

a. `( ( SPQ WHERE SNO = 'S2' ) UNGROUP ( PQ ) ) { PNO }`

b. `( ( SPQ UNGROUP ( PQ ) ) WHERE PNO = 'P2' ) { SNO }`

이러한 표현 중 첫 번째 표현은 제한을 따르는 탈그룹화와 연관되며, 두 번째 표현은 탈그룹화에 따른 제한에 연관되는 것을(비대칭성이 있음) 관찰하라.

22 이 책에서는 거의 기본 키를 그렇게 선언하지 않기 때문에 이 책에 관한 한 그것은 사실이 아니다(사실 Tutorial D는 그렇게 할 수 있는 방법을 제공하지 않는다). 하지만 독자들은 내가 무엇을 의미하는지 알 것이다.

참고: UNGROUP 연산자는 이 장 본문에서 논의되지 않았지만, 의미론은 예시를 통해 명백할 것이다. 기본적으로 UNGROUP 연산자는 RVA를 가진 관계를 그러한 속성 없는 관계로 매핑하는 데 사용된다('반대로 가는 것'을 위한 GROUP 연산자도 있다. 즉, RVA가 없는 관계를 일대일로 매핑하는 것이다). 자세한 설명은 『SQL and Relational Theory』를 참조하라.

4.15 여기서는 먼저 **Tutorial D**의 기본적인 관계 업데이트 연산자인 <relation assign>을 위해 **Tutorial D** 문법의 일부를 빌리는 것이 도움이 될 수 있다고 생각한다(그러나 문법은 현재 목적을 위해 약간 단순화됐다는 점에 유의하라. 다양한 구문적 범주의 명칭에 대해서는 직관적으로 자기 설명적self-explanatory일 수 있도록 돼 있다.)

```
<relation assign>
    ::=   <relvar name> := <relation exp>
        | <insert> | <delete> | <update>

<insert>
    ::=   INSERT <relvar name> <relation exp>

<delete>
    ::=   DELETE <relvar name> <relation exp>
        | DELETE <relvar name> [ WHERE <boolean exp> ]

<update>
    ::=   UPDATE <relvar name> [ WHERE <boolean exp> ] :
                               { <attribute assign commalist> }
```

그리고 <attribute assign>은 만일 문제의 속성이 값을 가진 관계라면 기본적으로 <relation assign>에 지나지 않는다(그 <relation assign>에서 관련 <attribute name>이 대상 <relvar name> 대신에 나타나는 것은 제외한다). 그리고 그것이 우리가 들어온 곳이다. 그러면 여기서 필요한 업데이트에 대한

Tutorial D 문장은 다음과 같다.

a. `INSERT SP RELATION { TUPLE { 'S2' , 'P5' , 500 } } ;`

b.
```
UPDATE SPQ WHERE SNO = 'S2' :
  { INSERT PQ RELATION { TUPLE { PNO 'P5' , QTY 500 } } } ;
```

4.16 공급자 SNO는 (PNO, QTY)가 PQ의 튜플인 경우에만 부품 PNO를 수량 QTY로 공급한다.

4.17 한 가지 분명히 말하자면, 1995년에 나는 다른 사람들처럼 혼란스러웠다는 것이다! 비록 내가 무심코(?) 했음에도 불구하고, 다소 의심스러운 용어인 원자 대신에 프로그래밍 언어 세계에서 비교적 존경할 만한 용어인 스칼라를 사용함으로써 나의 혼란을 감췄다. 그러나 스칼라가 실제로 원자보다 더 형식적이거나 정밀하지 않다는 것을 깨닫게 됐다. 사실 두 용어 모두 어떤 절대적인 의미도 갖고 있지 않다. 단순히 데이터를 갖고 무엇을 하고 싶은지에 달려 있다. 예를 들어, 때로는 전체 부품 번호를 하나의 것으로 처리하길 원한다. 어떤 때는 그 집합 내에서 개별 부품 번호를 처리하길 원한다. 그러나 그다음에는 더 낮은 수준의 세부 사항(즉, 더 낮은 수준의 추상화)로 내려간다. 다음의 비유는 이 점을 명확히 하는 데 도움이 될 수 있다. 결국 '원자성atomicity' 용어의 기원이 되는 물리학에서 상황은 정확히 평행하다. 때로는 개별적인 물리적 원자를 분리할 수 없는 물체로 생각하길 원한다. 어떤 때는 그러한 원자들을 구성하는 양성자, 중성자, 전자에 대해 생각하길 원한다. 그리고 물론 이 양성자와 중성자 역시 실제로 분리할 수 없는 것은 아니다. 그들은 '쿼크quark'라고 불리는 다양한 '서브서브 원자subsubatomic' 입자를 포함한다. 아마도(?) 이런 식으로 계속 생각할 수 있다.

마지막으로 한 가지 사항을 더 언급한다. 다음과 같이 절대 원자성의 개념을 구제하려는 시도가 있을 수 있다. 만약 연산자들이 '값을 분리'하기 위해 존재한다면, 그 값을 원자적이 아니라고 말하는 것에 동의하자(코드 박사가 비분해성이 구체적으로 DBMS에 의해 분해될 수 없는 것을 의미한다고 말했을 때, 이러한 생각, 또는 이와 아주 비슷한 생각이 코드 박사의 마음속에 있었던 것이라고 생각한다). 따라서 문자열이 SUBSTRING 연산자에 의해 분리될 수 있으므로 원자적이 아니다. 즉, 집합은 원소 또는 부분집합을 추출하는 연산자에 의해 분해될 수 있기 때문에 집합은 원자적이 아니다. 대조적으로, 고정소수점 실수fixed point number는 정수와 분수 부분을 추출할 연산자가 없는 경우 원자적이다. 하지만 이 주장을 받아들인다고 해도, 내가 보기에는 또한 같은 값이 오늘은 원자적이고 내일은 합성적일 수도 있다는 주장을 받아들여야 할 것 같다! 예를 들어 원래 정수 및 분수 부분을 추출할 연산자가 없었지만, 나중에 그러한 연산자가 도입됐다면 고정소수점 실수의 경우도 그러할 것이다. 그리고 더 나아가서 내게는 원자성의 개념이 이런 식으로 시간 의존적인 것이라면, (앞서 주장했던 바와 같이) 정말로 절대적인 의미는 없는 것처럼 보인다.

5장

FD와 BCNF (정식 설명)

형식적인 것은 정상이다.

형식적이지 않은 것은 그렇지 않다.

그리고 정상이 형식적이라면 비형식적인 것은 무엇이란 말인가?

– 아논(Anon): 벌레는 어디로 가는가(Where Bugs Go)?

이제 한 발 물러나 숨을 크게 쉬고, FD와 BCNF를 다시 한 번 생각해보고 싶다. 하지만 이번에는 (관련해서 조금씩 자꾸 반복한 것을 사과하면서) 제대로 하고 싶다. 곧 알게 되겠지만, 이번 장은 이전 장보다 좀 더 추상적이다. 그 이전 장의 자료에 완전히 만족한다면, 따라가는 것은 그리 어렵지 않겠지만 확실히 더 정식일 것이다. *그래서 앞 장의 모든 것을 이해할 때까지는 이 장을 전혀 보지 않았으면 좋겠다*(물론, 앞 장에 있었던 대부분은 어쨌든 친숙할 테니 그렇게 하기가 어렵지 않을 것이다).

한 가지 일반적인 요점을 앞서 말하면, BCNF는 FD에 관한 정규형이기 때문에 2NF나 3NF(또는 실제로는 1NF)에 대해 이 장에서 별로 할 말이 없을 것이다. 이미 말했듯이, 2NF와 3NF는 그 자체로 더 이상 흥미롭지 않다.

예비 정의

이 절에서는 좀 더 자세히 설명하면서, 익숙하지만 절대적으로 근본적인 개념, 즉 문헌에서 대표적으로 찾을 수 있는 것보다 다소 더 정확한 정의들(어떤 경우에는 이 책에서 앞서 제시된 것보다 더 정확한 정의들)을 간단히 설명한다. 연습 삼아 정의를 설명하는 예제를 만들어보길 바란다.

정의(헤딩): 제목 *H*는 속성 이름의 집합이다.

이전 정의는 의도적으로 2장에서 말한 정의와 완전히 같지 않다는 점을 돌이켜보자. 사실 그것은 이전의 정의보다 간단하며,[1] 따라서 앞으로 나올 정의도 그렇다.

정의(튜플): 제목 *H*를 가진 튜플은 순서 쌍 <*A*,*v*>(*H*에 나타나는 각 속성 이름 *A*에 대해 이런 쌍 하나)의 집합이며, 여기서 *v*는 값이다. *H*가 이해되거나 당면한 목적과 관련이 없는 경우, '제목 *H*에 관한 튜플'이라는 문구는 단지 '튜플'로 줄여서 말할 수 있다.

정의(튜플 투영): *t*를 제목 *H*를 가진 튜플이라 하고, *X*가 *H*의 부분집합이라고 하자. 그러면 *X*의 속성에 대한 *t*의 (튜플) 투영 *t*{*X*}는 제목 *X*를 가진 튜플이다. 즉, *A*가 *X*에 나타나는 것과 같은 <*A*,*v*> 쌍만 포함하는 *t*의 부분집합이다.[2]

전술한 정의는 개별 튜플에 적용되는 일반적인 관계 투영 연산자의 버전을 정의한다(2장 연습 문제 2.11 참조). 앞으로 이 정의를 여러 번 인용할 것이다. 관계의 모든 투영 자체가 관계인 것처럼, 튜플의 모든 투영도 그 자체가 튜플이라는 점에 유의하라.

정의(관계): 관계 *r*은 순서 쌍 <*H*,*h*>로, 여기서 *h*는 모두 제목 *H*가 있는 튜플(*r*의 본

---

1 특히 속성 유형을 무시하기 때문이다. 사실 이 장의 나머지 부분(결합의 정의를 제외하고)과 이 책의 나머지 부분 대부분에 걸쳐서 속성 유형을 무시하려고 한다.

2 여기서 사용하는 속기 표기법에 대한 설명은 3장의 '동등 종속성' 절을 참조하라.

체)의 집합이다. *H*는 *r*의 제목이고, *H*의 속성은 *r*의 속성이다. *h*의 튜플은 *r*의 튜플이다.

정의(투영): *r*을 관계 <*H*,*h*>로 하고 *X*를 *H*의 부분집합으로 한다. 그러면 *X*의 속성에 대한 *r*의 투영 *r*{*X*}는 관계 <*X*,*x*>이며, 여기서 *x*는 *t*가 *h*의 튜플이 되는 것처럼 *x*는 모든 튜플 *t*{*X*}의 집합이다.

정의(결합): 관계 *r1*, ..., *rn*($n \geq 0$)이 결합join 가능하다고 하자. 즉, 속성이 같은 이름을 가지면 같은 타입이 되도록 한다. 그다음 *r1*, ..., *rn*, JOIN {*r1*,...,*rn*}의 결합은 (a) *r1*, ..., *rn*의 제목의 합집합을 제목으로 하고, (b) *t*가 *r1*, ...의 튜플과 *rn*으로부터의 튜플 합집합이 되는 모든 튜플 집합으로 본체를 이루는 관계다.

요점은 다음과 같다.

- 방금 정의한 결합의 종류는 명시적으로 자연 결합natural join이라고 불리는 것이다.
- 여기서 정의한 결합은 단지 이진 연산자가 아니라 *n*진 연산자라는 점에 유의하라. $n = 2$는 단지 공통의 특수 사례일 뿐이다($n < 2$에 대해서는 이 장 끝에 있는 연습 문제 5.1을 참조한다). 정확히 이 사실 때문에 비록 $n = 2$의 특수한 경우에는 다음과 같은 접요사infix 스타일, 즉 *r1* `JOIN` *r2*를 지원할지라도 **Tutorial D**는 정의에서 언급된 접두사prefix 구문형(JOIN {*r1*,...,*rn*})을 사용한다.
  이 책에서 이제부터 접두사 스타일을 우선 사용할 것이다.
- 피연산자 관계 *r1*, ..., *rn* 중 어느 것도 공통된 속성 이름을 갖지 않는 특별한 경우, 결합은 카티시언 곱으로 축약된다는 점에 주의하라.

이 절을 마치기 위한 마지막 정의 하나를 살펴보자.

정의(관계 변수): 제목 *H*를 가진 관계 변수relvar는 값 *r*이 제목 *H*와 관계가 있는 경우에만 값 r을 할당할 수 있는 변수 R이다. H의 속성은 R의 속성이다. 또한 관계 r이 관계 변수 R에 할당되면, r의 본체와 튜플은 각각 해당 할당에 따라 R의 본체와 튜플이 된다.

참고: 전술한 정의대로 R과 동일한 제목을 가진 경우에만 관계 r을 관계 변수 R에 할당할 수 있다. 더 정확히 말하면, 관계 r은 (a) R과 동일한 제목을 갖고 (b) R에 적용되는 모든 제약 조건을 만족하는 경우에만 관계 변수 R에 할당할 수 있다. 여기서 'R에 적용되는 모든 제약 조건'이라는 말은 R에 유효한 함수 종속성을 포함하지만(바로 다음 절 참조), 함수 종속성에만 제한되지는 않는다.

다시 찾아보는 함수 종속성

이제 '함수 종속성' 개념을 제대로 다룰 때가 됐다. 다시 한 번 정확한 정의를 제시하겠다. 하지만 이 절에서는 (이전 절과 비교했을 때) 정의와 그 의미를 좀 더 자세히 말할 것이다.

정의(함수 종속성): H를 제목이라 하자. 그러면 H에 관한 함수 종속성(FD)은 $X \rightarrow Y$ 형식의 표현식이고, 여기서 X(결정변수)와 Y(종속변수)는 모두 H의 부분집합이다. 'H에 관한 FD'라는 문구는 H가 이해된다면 단지 'FD'로 약칭할 수 있다.

여기에 두 개의 예제가 있다.

```
{ CITY } → { STATUS }
{ CITY } → { SNO }
```

대중적 의견과 달리 FD는 어떤 제목과 관련해 공식적으로 정의되며, 어떤 관계나 어떤 관계 변수와 관련해 정의되는 것은 아니라는 점에 주목하라. 예를 들어, 방금 표시된 두 개의 FD는 CITY, STATUS, SNO라는 속성을 포함하는 제목과 관련해 정의된다(그리고 다른 것들도 이러한 정의가 가능하다). 또한 공식적인 관점에서 FD는 단지 표현식일 뿐이라는 점에 유의하라. FD는 특정 관계에 대해 해석될 때 (정의에 따라) TRUE 또는 FALSE로 평가하는 명제가 되는 표현식이다. 예를 들어, 위에 표시된 두 개의 FD가 관계 변수 S의 현재 값인 관계에 대해 해석되는 경우(1장의 그림 1-1 참조), 첫 번째 FD는 TRUE로, 두 번째 FD는 FALSE로 평가된다. 물론 그러한 표현식을 어떤 특정한 맥락에서 TRUE로 평가하는 경우에만 FD로 정의하는 것이 비공식적이고 일반적이지만, 그러한 정의에서 주어진 관계가 어떤 주어진 FD를 충족하지 못한다고, 즉 위반이라고 말할 수 없다. 왜 그럴까? 그 비공식적 정의에 따르면, 충족되지 않는 FD는 애초에 FD가 아니기 때문이다! 예를 들어, 관계 변수 S의 현재 값인 관계가 위에 보여준 두 번째 FD를 위반한다고 말할 수 없을 것이다.

앞에서 말한 것을 더 이상 강조해도 지나침이 없다. 대부분의 사람들에게 그것은 사고의 변화를 나타낸다. 그러나 디자인 이론이 무엇에 관한 것인지 이해하려면 필요한 변화다. 요점은 다음과 같다. 이 개념을 처음 도입한 초기 연구 논문들을 포함해 FD에 관한 대부분의 글은 실제로 FD의 개념을 전혀 정의하지 않고 있다. 대신 그 논문이나 글에서 '*r*의 두 튜플이 *X*에 일치하고, 또한 *Y*에 일치하는 경우에만 관계 *r*에 있어 *Y*는 *X*에 기능적으로 의존한다.'는 식으로 무엇인가를 정의하고 있다. 물론 그것은 완벽하게 사실이다. 하지만 그것은 FD 정의가 아니다. 대신에 그것은 FD가 충족한다는 것이 무엇을 의미하는지에 대한 정의다. 그러나 이와 같이 FD 이론을 발전시키려면 FD를 어떤 특정한 관계나 어떤 특정한 관계 변수의 맥락에서 분리해 FD 자체만으로 객체로 말할 수 있어야 한다. 좀 더 구체적으로, FD의 개념을 어떤 맥락에서 해석이나 의미를 가질 수 있다는 생각에서 분리할 필요가 있다. 사실 디자인 이론은 작은 논리 조각으로 간주될 수 있는데, 논리는 의미에 관한 것이 아니라 형식적인 조작에 관한 것이다.

다시 정의로 돌아가면 다음과 같다.

> **정의(FD 만족 또는 위반)**: 관계 *r*이 제목 *H*를 갖고, $X \rightarrow Y$를 FD, 즉 *F*라 하자. *r*의 튜플 *t1*과 *t2*의 모든 쌍이 *t1*{*X*} = *t2*{*X*}일 때마다 항상 *t1*{*Y*} = *t2*{*Y*}이면, *r*은 *F*를 만족시킨다. 아니면 *r*은 *F*를 위반한다.

주어진 FD를 충족하거나 위반하는 것은 관계 변수가 아니라 관계라는 점을 주목해야 한다. 예를 들어 관계 변수 S의 현재 값인 관계(그림 3-1 참조)는 다음 FD를 모두 충족하지만,

```
{ CITY }  → { STATION }
{ SNAME } → { CITY }
```

다음을 위반한다.

```
{ CITY } → { SNO }
```

> **정의(FD 홀딩)**: FD *F*는 관계 변수 *R*에 할당될 수 있는 모든 관계가 *F*를 만족하는 경우에만 관계 변수 *R*에서 성립된다(동일하게 관계 변수 R은 FD F의 적용을 받는다). 관계 변수 *R*에서 성립되는 FD는 *R*의 FD이다.

중요: 여기서 용어상 구분에 주목하라. FD는 관계에 의해 만족(또는 위반)하지만, 관계 변수에서 성립한다(또는 성립하지 않는다). 이 책 전반에 걸쳐 이 구별을 계속할 것이니 참고하길 바란다. 예를 들어 다음의 FD는 관계 변수 S에서 성립된다.

```
{ CITY } → { STATION }
```

그리고 다음 둘은 성립하지 않는다.

```
{ SNAME } → { CITY }
{ CITY }  → { SNO }
```

(이전 정의에 따른 예제와 대조된다.) 이제 마침내 주어진 관계 변수가 주어진 FD에 제약된다는 것이 어떤 의미인지 정확히 알게 됐다.

보이스/코드 정규형 다시 살펴보기

FD를 잘 이해하게 됐으므로, 이제 BCNF에서 이것이 관계 변수에 대해 무엇을 의미하는지에 관한 문제를 다룰 것이다. 그리고 일련의 정밀한 정의를 통해 진행할 것이다.

> **정의(자명한 FD)**: 제목 H에 대해 $X \rightarrow Y$를 하나의 FD, F라고 하자. 그러면 F는 제목 H와의 모든 관계에 의해 만족되는 경우에만 자명하다.

4장에서 자명한 FD 정의를 위반할 수 없는 것으로 정의했다. 물론 그 정의에 잘못된 것은 없다. 오히려 방금 주어진 정의는 관련 제목을 명시적으로 언급하기 때문에 더 바람직하다. 또한 4장에서 Y가 X의 부분집합인 경우에만 FD $X \rightarrow Y$가 자명한 것임을 쉽게 알 수 있다고 말했다. 그것도 사실이다. 하지만 이제 이 후자의 사실이 실제로 '정의definition'가 아니라 '정리theorem'라고 할 수 있으며, 이는 그 정의로부터 쉽게 증명할 수 있다. (반면, 정리와 달리 이와 같은 정의는 주어진 FD가 자명한 것인지 아닌지를 판단하는 데 별로 도움이 되지 않는다. 그러한 이유로 정리를 조작적 정의로 간주할 수도 있다. 정리가 실무에서 쉽게 적용 가능한 효과적인 테스트를 제공하기 때문이다.) 다음과 같이 정리를 명시적으로 명제화한다.

> **정리**: $X \rightarrow Y$를 하나의 FD, 즉 F라 하자. 그러면 F는 종속적인 Y가 결정 요인 X의 부분집합인 경우에만 자명하다(기호로 $Y \subseteq X$).

여기와 같은 구분은 때때로 '의미론적(semantic)' 대 '구문론적(syntactic)' 구분으로 특징지어진다. 요점을 간단히 설명하자면, 원래의 정의(F는 관련 제목과의 모든 관계에 의해 충족되는 경우에만 자명하다.)는 개념이 무엇을 의미하는지를 정의하기 때문에 의미론적이다. 반면 정리 또는 내가 '운영적' 정의(F는 Y가 X의 부분집합인 경우에만 자명하다.)라고 불렀던 것이, 순수하게 구문적 방식으로 수행될 수 있는 검증을 제공하기 때문에 구문론적이다. 이후에 이 의미론적 개념과 구문론적 개념의 구별을 다시 접하게 될 것이다. 실제로 FD 축소 불가능성 개념과 관련해 한 가지 사례를 즉시 볼 수 있다(아래 참조).

정의를 계속하면 다음과 같다.

정의(상위 키): 관계 변수 *R*의 상위 키는 FD *SK* → *H*가 *R*에서 성립하는('*R*의 FD이다.') 것처럼 *R*의 제목 *H*의 부분집합 *SK*이다. 그 FD는 *R*에 대한 상위 키 제약이다.

예를 들어 {SNO}, {SNO,CITY}, {SNO,CITY,STATUS}는 모두 관계 변수 S의 상위 키다.

정의(축소 불가능 FD): *R*에서 성립하고 *X*의 어떠한 적절한 부분집합 *X'*에 대해 *X'* → *Y*가 *R*에서 성립하지 않는 경우에만 관계 변수 *R*에 대해 FD *X* → *Y*는 축소할 수 없다(또는 *R*이 이해되면, *R*을 축소할 수 없다).

예를 들어, 관계 변수 S에 대해 FD {CITY} → {STATUS}는 축소할 수 없다. 반면에 FD {CITY,SNO} → {STATUS}는 확실히 S의 FD이지만 S에 대해 축소 가능하다. FD는 이와 같이 어떤 제목과 관련해 정의되는 반면, FD 축소 불가능성은 어떤 관계 변수와 관련해 정의된다는 점을 주목하라. 즉, 이와 같이 FD는 구문적 개념일 뿐이다(FD는 특정 구문적 형태를 취하는 표현일 뿐이다). 반면 FD 축소 불가능성은 의미론의 문제다(해당 관계 변수와 관련해 관련 FD가 무엇을 의미하는지와 관련이 있다). **참고**: 비록 실무에서 그렇게 하지만, 우리가 말하는 FD가 축소 불가능한 것만이라고는 가정하지 않는다.

정의(키): 관계 변수 *R*의 키는 FD *K* → *H*가 *R*의 축소 불가능한 FD가 되도록 하는 *R*의 제목 *H*의 부분집합 *K*이다. 이 FD는 *R*에 대한 키 제약이다.

전술한 정의에서 FD의 축소 불가능성에 대한 참조를 주목하라.

> **정의(키에 내재된 FD)**: 관계 변수 *R*은 제목 *H*를 갖고, $X \rightarrow Y$는 *H*에 대한 하나의 FD, 즉 *F*라 하자. 그러면 *R*의 키 제약을 만족하는 모든 관계 *r*이 *F*를 만족하는 경우에만 *R*의 키는 *F*를 의미한다.

이 정의는 좀 더 정교하게 할 필요가 있다. 우선 어떤 관계가 어떤 키 제약 조건을 만족하는 경우, 당연히 관련 유일성 요구 조건을 충족한다. 그리고 그것이 어떤 키를 구성하는 속성 집합에 대한 유일성 요구 조건을 충족한다면, 그것은 또한 해당 속성 집합의 모든 상위 집합에 대한 유일성 요구 조건(물론 해당 상위 집합이 해당 제목들의 하위 집합인 한), 즉 모든 해당 상위 키에 대한 유일성 요구 조건을 확실히 충족한다. 따라서 정의에서 '*R*의 키 제약 조건 만족'이라는 문구는 별다른 차이를 두지 않고 '*R*의 상위 키 제약 조건 만족'으로 대체될 수 있다. 마찬가지로, '키에 내재된다.'는 개념은 별다른 차이 없이 다시 '상위 키에 내재된다.'고 할 수 있다.

둘째, 정의에서 언급된 FD *F*가 자명한 것이라면 어떻게 될까? 그 경우에 있어서 정의상 *F*는 제목 *H*와의 모든 관계 *r*에 의해 만족되고, 따라서 *F*는 *R*의 키 제약 조건을 만족시키는 모든 관계 *r*에 의해 확실히 더 강력하게 만족된다. 그래서 자명한 FD들은 항상 자명하게 '키에 내재된다.'

셋째, 그렇다면 *F*가 자명하지 않다고 가정하자. 그러면 다음과 같은 정리를 증명하기가 쉽다.

> **정리**: *F*를 관계 변수 *R*에 성립하는 하나의 FD라 하자. 그러면 *F*는 *R*에 대한 상위 키 제약 조건인 경우에만 *R*의 키에 내재된다.

즉, 자명한 FD에 대한 작업과 같다. 이와 같은 공식적인 정의는 주어진 FD가 키에 의해 내포되는지 여부를 결정하는 데 큰 도움이 되지 않지만, 정리는 도움이 된다. 그런 이유로 정리가 실제로 쉽게 적용될 수 있는 효과적인 테스트를 제공하기 때문에 그 정리를 조작적 정의로 간주할 수 있다.

그리고 이제 드디어 BCNF를 정의할 수 있다.

> **정의(보이스/코드 정규형)**: *R*의 모든 FD가 *R*의 키에 의해 내포되는 경우에만 관계 변수 *R*은 보이스/코드 정규형(BCNF)이다.

그러나 이 절에서 이미 논의한 다양한 정의와 정리를 고려할 때, 다음과 같은 조작적 또는 '구문적' 정의(또는 정리)도 유효하다는 것을 알 수 있다.

> **정의(보이스/코드 정규형)**: *R*에 성립하는 모든 자명하지 않은 FD $X \rightarrow Y$에 대해서만 *X*가 *R*에 대한 상위 키인 경우, *R*은 보이스/코드 정규형(BCNF)이다.

4장에서 말했듯이, BCNF 관계 변수에서 성립하는 유일한 FD는 자명한 것(분명히 그런 것들은 제거할 수 없다.)이나 상위 키에서 나오는 화살(이것도 제거할 수 없다.)이라는 것이 이 정의에서 나온다. FD를 없애는 것에 대해 말할 때 좀 엉성한 게 두렵기는 하지만, 이런 것들을 첨언하고 싶다. 예를 들어 관계 변수 S를 고려하라. 이 관계 변수는 다른 것들 중에서 FD {CITY} → {STATUS}에 제약된다. 따라서 3장에서 설명한 바와 같이, 권장 사항은 관계 변수를 관계 변수의 {SNO,SNAME,CITY}와 CT에 대한 투영인 SNC와 {CITY,STATUS}에 대한 투영인 CT로 분해하는 것이다. 하지만 이렇게 분해하면, 어떤 의미에서 관계 변수 S에도 성립하는 FD {SNO} → {STATUS}가 '없어진다.' 따라서 실제로 어떤 의미에서 이를 없앤 것이 된다. 그러나 FD가 사라졌다고 하는 것은 무슨 뜻일까? 답은 다음과 같다. 이는 다중 관계 변수 제약(즉, 두 개 이상의 관계 변수에 걸쳐 있는 제약)으로 대체된 것이다. 그래서 제약은 확실히 여전히 존재한다. 단지 그것은 더 이상 FD가 아니다.[3] 이들이 FD이든 그 밖의 것이든, 어떤 종류의 종

---

3 FD는 FD이지만, 두 개의 관계 변수(즉, SNC, CT)가 결합돼 있는 FD다. 그러나 이 두 가지 관계 변수에 핵심 제약 조건을 적용하면 다중 관계 변수 제약 조건이 '자동으로' 강제된다는 점에 유의하라. 즉, 문제의 다중 관계 변수 제약 조건은 명시적으로 선언된 제약 조건(이 경우 실제 핵심 제약 조건) 또는 동등하게 이의 논리적 결과라는 점을 유의하라.

속성을 '제거'한다고 말할 때는 책 전체를 통틀어 언제나 유사한 논의가 적용된다.

히스의 정리

다시 한 번 FD {CITY} → {STATUS}를 사용해 관계 변수 S를 고려해보자. 3장처럼 관계 변수 SNC와 CT로 분해하지 않고, 대신 관계 변수 SNT와 CT로 분해하면 CT는 이전과 동일하지만 SNT는 {SNO,SNAME,CITY} 대신 {SNO,SNAME,STATUS}를 제목으로 가진다. 그림 3-1의 S에 대해 보여준 값에 해당하는 SNT와 CT의 샘플 값이 그림 5-1에 나온다.

SNT

SNO	SNAME	STATUS
S1	Smith	20
S2	Jones	30
S3	Blake	30
S4	Clark	20
S5	Adams	30

CT

CITY	STATUS
Athens	30
London	20
Paris	30

▲ 그림 5-1 관계 변수 SNT와 CT – 샘플 값

이러한 분해를 고려할 때 다음과 같은 사실을 알길 바란다.

- 관계 변수 SNT와 CT는 모두 BCNF이다(키는 각각 {SNO}와 {CITY}이며, 그러한 이들 관계 변수에서 성립하는 유일한 자명하지 않은 FD는 '상위 키에서 나온 화살표'다).
- 그러나 3장의 분해와 달리 이 분해는 '무손실적'이 아니라 '손실적'이다. 예를 들어 그림 5-1에서는 공급자인 S2가 파리에 있는지, 아테네에 있는지 알 수 없다. 만약 두 가지 투영을 결합하면 무슨 일이 일어날지 주목하라.[4] 따라서 정보를 잃는 것이다.

4 3장의 각주 5에서 손실 결합을 언급한 내용('두 가지 목적을 수행하는 정규화' 절)을 참조하라. 또한 같은 장에서 연습 문제 3.2에 대한 해답을 참조하라.

이 예를 좀 더 자세히 살펴보자. 우선 관계 변수 SNT와 CT의 술어는 다음과 같다.

- SNC: 공급업체 SNO는 SNAME으로 명명되고 상태 STATUS를 가진다.
- CT: 도시 CITY는 상태 STATUS를 가진다.

그래서 그 두 관계 변수들의 결합에 대한 술어는 다음과 같다.

> 공급업체 SNO는 SNAME으로 명명돼 있고, 상태 STATUS를 가지며, 도시 CITY는 상태 STATUS를 가진다.

이제 관계 변수 S에 대한 술어를 상기하라(2장 연습 문제 2.6의 해답 참조).

> 공급업체 SNO는 SNAME으로 명명되고, 도시 CITY에 위치하며, 상태 STATUS를 가진다.

이 후자의 술어는 분명히 결합을 위한 술어와 같지 않다. 좀 더 정확히 말해, 만약 어떤 주어진 튜플 *t*가 그것을 만족한다면 그 튜플 *t*는 또한 결합에 대한 술어를 만족시키지만 그 반대는 성립하지 않는다. 그렇기 때문에 결합은 '정보를 잃거나' 또는 '손실적'이다. 즉, 결합에 일부 튜플이 나타난다고 해서 원래의 관계 변수 S에도 나타난다고 가정할 수 없다.

그렇다면, 왜 어떤 분해는 손실되지 않고 어떤 분해는 손실되는 것일까? 이것이 정규화 이론의 핵심에 놓여 있는 질문이다. 다음과 같이 공식적으로 말할 수 있다.

> **r을 관계라 하고 r1, ..., rn을 r의 투영이라 하자. r이 그러한 투영의 결합과 같기 위해서는 어떤 조건이 충족돼야 하는가?**

(그런데 앞서 주시한 바와 같이, 여기서 결합은 *n*진수 연산자라는 암묵적인 가정에 주목하라.)

이 질문에 대한 중요한 답은 부분적이기는 하지만, 이안 히스Ian Heath가 1971년[5]에 다음과 같은 정리를 증명하면서 제공했다.

> **히스의 정리**(관계를 위한): 관계 *r*이 제목 *H*를 갖고 *X*, *Y*, *Z*의 합집합이 *H*와 같도록 한다(따라서 *X*, *Y*, *Z*는 모두 *H*의 부분집합이다). *XY*가 *X*와 *Y*의 결합을 나타내며, *XZ*에 대해서도 유사하게 표시한다. *r*이 FD *X* → *Y*를 만족하는 경우, *r*은 *XY*와 *XZ*에 대한 투영의 결합과 같다.

예를 들어 공급자 관계(즉, 그림 3–1에서 관계 변수 S의 현재 값)를 다시 한 번 고려하라. 그러한 관계는 FD {CITY} → {STATUS}를 만족시킨다. 따라서 *X*를 {CITY}, *Y*를 {STATUS}, *Z*를 {SNO,SNAME}으로 취하면, 히스의 정리를 통해 그 관계를 {CITY, STATUS}와 {CITY,SNO,SNAME}[6] 속성 집합에 대한 투영으로 분해하는 것은 무손실적이라는 것을 알 수 있다.

이제 원문에 대한 히스의 대답은 일부에 불과했다는 사실을 이해하는 것이 중요하다. 앞의 예에서 이것이 무엇을 의미하는지 설명하겠다. 기본적으로 이 정리는 투영 SNC와 CT로의 분해가 손실되지 않는다는 것을 말해준다(3장의 그림 3–2 참조). 하지만 SNT와 CT로의 분해가 손실된다는 것을 알려주지는 않는다(그림 5–1 참조). 즉, 그림 3–2의 예와 같이 FD에 기초해 분해하면 히스의 정리는 분해는 손실이 없을 것이라고 말한다. 그러나 그림 5–1의 예와 같이 다른 기준으로 분해한다면, 히스의 정리는 그렇지 못하다. 따라서 이 정리는 주어진 (이진) 분해가 무손실이 되기 위한 충분조건을 주지만, 필요조건을 제공하지는 않는다. 따라서 FD *X* → *Y*를 충족하지 못하더라도 *XY*와 *XZ*에 대한 예측으로 손실 없이 *r* 관계를 분해할 수 있다. **참고**: 이 책의 뒷부분(12

---

5 '관계형 데이터베이스의 허용되지 않는 파일 운영'("Unacceptable File Operations in a Relational Database," Proc. 1971 ACM SIGFIDET Workshop on Data Description, Access, and Control, San Diego, Calif. (November 11th–12th, 1971))이라는 그의 논문에서 제공했다.

6 또는 {SNO,SNAME,CITY}와 {CITY,STATUS}에서 두 속성 집합을 서로 바꿔 '더 자연적인' 순서로 개별 속성을 지정하고자 한다.

장 참조)에서는 히스의 정리보다 강력한 형태를 설명하는데, 그것은 주어진 분해가 무손실이 되기 위한 필요충분조건을 모두 제공한다.

한편 히스는 자신의 정리를 증명하는 논문에서 그가 '3차' 정규형이라고 부르는 것에 대한 정의를 내렸는데, 그것은 사실상 BCNF의 정의였다. 그 정의가 보이스와 코드의 정의보다 약 3년 앞서기 때문에 내가 보기에 BCNF는 히스 정규형이라고 불러야 한다고 생각하지만, 그런 일은 일어나지 않았다.

3장의 '두 가지 목적을 수행하는 정규화'라는 절에서는 다음과 같이 말했다.

> 세심한 주의를 기울여왔다면, 앞서 말한 논의에서 작은 속임수가 있었다고 비판하는 것이 합리적일 수도 있을 것이다. 구체적으로 말하자면, 관계의 분해가 무손실적이라는 것이 무엇을 의미하는지 생각해봤다. 그러나 우리가 말하고자 하는 정규화는 관계를 분해하는 문제가 아니라 관계 변수를 분해하는 일이다.

자, 이 논의들은 여기에도 적용된다! 그럼 다시 관계 변수로 돌아가자... 관계 변수 S를 다시 한 번 고려하자. '투영'에 대해 권장하는 분해를 수행하기로 결정했다고 가정하고, 또한 확실히 분해가 무손실적이 되길 원한다고 가정하자. 다시 말하면, 우리가 원하는 것은 항상 관계 변수 S의 현재 값이 SNC와 CT의 현재 값의 결합과 같도록 분해하는 것이다.[7] 즉, 관계 변수 S가 다음과 같은 무결성 제약인 YCT(사실상 균등 종속성이다. 3장 참조)에 제약되길 원한다.

```
CONSTRAINT YCT
   S = JOIN { S { SNO , SNAME , CITY } , S { CITY , STATUS } } ;
```

이제 2장을 상기하면, 관계 변수 S는 확실히 XCT라고 부르는 제약하에 있다.

7 여기서 관계 변수 S, SNC, CT가 모두 공존하는 편리한 가정을 다시 한 번 채택하고 있다.

```
CONSTRAINT XCT
   COUNT ( S { CITY } ) = COUNT ( S { CITY , STATUS } ) ;
```

단지 상기하자면, 이 후자의 제약 조건은 FD {CITY} → {STATUS}가 S에서 성립한다고 말할 뿐이다. 따라서 히스의 정리에 따르면, 관계 변수 S의 모든 가능한 값은 제약 조건 XCT를 반드시 충족하므로 제약 조건 YCT도 반드시 충족한다는 것을 알 수 있다. 그리고 제약 조건 XCT는 제약 조건 YCT를 의미한다(요점을 간단히 설명하자면, 만약 관계 변수 S가 XCT(그것과 같음)의 적용을 받는다면, 그것은 반드시 YCT의 영향을 받는다는 것을 의미한다). 따라서 제약 조건 YCT가 성립하고, 관계 변수 S를 관계 변수 SNC와 CT로 분해하는 것은 실제로 손실되지 않는다. 따라서 히스의 정리를 관계에만 적용하는 것이 아니라 결국 관계 변수에 적용하는 것으로 받아들일 수 있다. 이에 따라 다시 정의해 보자.

> **히스의 정리**(관계 변수를 위한): 관계 변수 *R*이 제목 *H*를 갖고 *X*, *Y*, *Z*의 합집합이 *H*와 같도록 한다(따라서 *X*, *Y*, *Z*는 모두 *H*의 하위 집합이다). *XY*가 *X*와 *Y*의 결합을 나타내며, *XZ*에 대해서도 유사하게 표시한다. *R*이 FD *X* → *Y*의 제약하에 있다면, *R*은 손실 없이 *XY*와 *XZ*에 대한 투영으로 분해될 수 있다.

(BCNF 또는 기타로의) 무손실 분해에 대한 통상적인 주제와 관련해서 한 가지 더 짚고 싶은 점이 있다. FD {CITY} → {STATUS}를 사용해 다시 한 번 관계 변수 S를 고려해 보자. 히스의 정리에 의해, 그 관계 변수는 {SNO,SNAME,CITY}와 {CITY,STATUS}에 대한 투영으로 분해될 수 있다. 그러나 그것은 분명히 손실 없이 {SNAME, STATUS}에 대한 투영과 함께 분해될 수 있다. 즉, 그 세 가지 투영을 모두 결합하면 다시 시작점으로 돌아간다(바로 이해되지 않는다면, 관계 변수 S에 대한 일반적인 샘플 값을 사용해 이 주장을 직접 확인해보라). 그러나 원래의 관계 변수를 재구성하는 과정에서 세 번째 투영은 분명히 필요하지 않다. 이제 데이터베이스를 디자인할 때, 분명한 이유로 보통 재구성 과정에서 모든 투영이 필요한 분해만 고려한다. 그러나 이 책에서는 일

반적인 분해를 논의하며, 모든 투영이 재구성에 필요한 분해에 대해 나 자신을 국한하지는 않을 것이다(물론 반대를 명시적으로 언급하지 않는 경우에만).

연습 문제

5.1 이 장 본문에 정의된 결합[join] 버전은 단지 2진 연산자(n = 2)가 아니라 임의 $n \geq 0$에 대한 n진 연산자다. 그렇다면 $n = 1$이면 어떤가? 또는 $n = 0$의 경우에는 어떻게 되는가?

5.2 관계 변수가 함수 종속성에 제약을 받는다는 것이 무엇을 의미하는지 가능한 한 정확하게 정의하라.

5.3 다음 FD들을 고려하라.

a. { CITY } → { STATUS }

b. { SNO , CITY } → { STATUS }

c. { SNO } → { SNO }

d. { SNO , CITY } → { SNO }

e. { SNO } → { SNO , CITY }

f. { SNAME , SNO } → { STATUS , CITY }

g. { SNO } → { STATUS }

h. { SNAME } → { STATUS , SNO }

이 중 어느 FD가 자명한가? 그림 3-1에 주어진 관계 변수 S의 현재 값에 의해 만족되는 것은 어느 것인가? 어느 것이 관계 변수 S에서 성립하는가? 관계 변수 S에 관해 축소 불가능한 것은 어떤 것인가?

5.4 히스의 정리(원래 버전)를 증명하라. 또한 그 정리의 반대가 유효하지 않다는 것을 증명하라. **참고**: 이와 관련해 11장 연습 문제 11.3을 참조하라.

5.5 FD가 상위 키에 의해 내포된다고 말하는 것은 정확히 무엇을 의미하는가? 또는 키에 의해 내포된다고 하면 무엇을 의미하는가?

5.6 다음과 같은 술어가 있다.

D 일에 P 기간 동안 S 학생은 C 교실에서 T 교사가 가르치고 있는 L 수업을 수강하고 있는데, 여기서 D는 요일(월-금)이고 P는 하루 내의 기간(1-8)이다. 수업은 한 기간 동안 진행되며, 일주일 동안 모든 수업과 관련해 고유한 수업 식별자 L이 있다.

이 데이터베이스에 대한 BCNF 관계 변수 집합을 디자인하라. 키는 무엇인가?

5.7 다음을 위한 데이터베이스를 디자인하라. 대표할 주체는 직원과 프로그래머다. 모든 프로그래머가 직원이지만, 모든 직원이 프로그래머가 되는 것은 아니다. 직원은 직원번호, 이름, 급여를 갖고 있다. 프로그래머들은 (하나의) 프로그래밍 언어 기술을 가진다. 프로그래머가 두 가지 이상의 기술을 가질 수 있다면 여러분의 디자인에 어떤 차이가 있을까?

5.8 이 장의 본문에 제시된 키의 정의는 4장에 제시된 정의와 비교해 형식이 다소 다르다. 그 정의들이 논리적으로 동등한가?

해답

5.1 단일 관계의 결합인 JOIN{*r*}은 *r*에 불과하며, 전혀 관계가 없는 결합, 즉 JOIN{}은 TABLE_DEE(0차와 고유차수 1의 유일한 관계)이다. 자세한 설명은 『SQL and Relational Theory』를 참조하라.

5.2 이번 장의 본문을 참조한다.

5.3 (단지) FD c.와 d.가 자명한 것이다. 여덟 개의 FD a. - h.는 모두 관계 변수 S의 현재 값에 의해 만족된다. h.를 제외한 모든 것은 관계 변수 S에서

성립한다. FD a., c., e., g.는 관계 변수 S에 대해 축소 불가능이다. FD b., d., f.는 축소 가능하다(h.에 대해서는 그 FD가 관계 변수에서 성립하지 않기 때문에 축소 불가능성의 문제는 발생하지 않는다. 이 점을 즉시 파악하지 못한다면, FD 축소 불가능성의 정의를 확인하라).

5.4 히스의 정리 원본은 (a) 관계 *r*이 제목 *H*를 갖고 있고, (b) *X*, *Y*, *Z*는 그 합집합이 *H*와 동일한 *H*의 부분집합이고, (c) *r*은 FD $X \rightarrow Y$를 만족하면, (d) *r*은 *XY*와 *XZ*(여기서 *XY*는 *X*와 *Y*의 합집합을 표기하며, *XZ*도 동일하게 표기한다.)에 대한 투영의 결합과 동일하다고 말한다. 다음 내용에서는 이 정리에 대한 증명을 매우 세세하게 보여준다. **참고**: 증명은 '$t \in r$' 형식의 표현을 많이 사용한다. 이 표현은 '튜플 *t*가 관계 *r*에서 나타난다.'로 읽을 수 있다.

먼저 *X*, *Y*, *Z*가 싱글톤singleton 집합인 가장 간단한 가능한 경우를 고려하라(즉, 각각 하나의 속성만 포함). 문제의 속성은 각각 *A*, *B*, *C*로 한다. 이제는 3장 연습 문제 3.2의 해답을 통해 *XY*에 대한(즉, {*A*,*B*}에 대한) *r*의 투영 *r1*과 *XZ*에 대한(즉, {*A*,*C*}에 대한) *r*의 투영 *r2*를 각각 취해, *r1*과 *r2*를 다시 결합할 때 어떠한 *r*의 튜플도 손실되지 않는다는 것을 알게 됐다. 이제 반대로 이 결합의 모든 튜플이 실제로 *r*의 튜플이라는 것을 보여준다(다시 말해, 이 결합이 어떤 '가짜' 튜플도 생성하지 않는다). $(a,b,c) \in$ JOIN{*r1*,*r2*}라 하자. 결합에서 이러한 튜플을 생성하기 위해서는 $(a,b) \in r1$과 $(a,c) \in r2$가 돼야 한다. 따라서 어떤 *b'*와 어떤 *c'*에 대해 반드시 $(a,b,c') \in r$과 $(a,b',c) \in r$이 되는 튜플들이 존재해야 한다. 그러나 *r*은 $\{A\} \rightarrow \{B\}$를 만족하므로 $b = b'$이고, 따라서 $(a,b,c) \in r$이다.

다음으로 간단한 경우는 *X*, *Y*, *Z*가 반드시 싱글톤 집합이 아니라 쌍으로 분리된 경우다. 이 경우 *X*를 구성하는 속성을 하나의 속성(그리고 *Y*와 *Z*에 대해서도 유사하게)으로 간주하는 것이 유효하며, 전 문장의 주장이 따라서 직접적으로 적용된다.

이제 X, Y, Z가 쌍으로 분리되지 않으면 어떻게 되는지 생각해봐야 하며, 이를 위해 고려해야 할 세 가지 경우가 있다. 즉, X와 Y가 분리되지 않거나 X와 Z가 분리되지 않거나 Y와 Z가 분리되지 않는 경우다.

먼저 X와 Y가 분리되지 않지만, X와 Z 그리고 Y와 Z는 분리된다고 하자(따라서 $Z = H - XY$). 만약 $X \rightarrow Y$가 충족되면 Y의 모든 부분집합 Y'에 대해 $X \rightarrow Y'$가 충족된다는 것을 이용한다. 따라서 FD $X \rightarrow Y - X$가 만족된다. 그러나 X와 $Y - X$는 분리된다. 따라서 이전 결과에 따르면, r은 (a) X와 $Y - X$의 합집합과 (b) XZ에 대한 투영의 결합과 같다. 그러나 (다시) X와 $Y - X$는 분리돼 있으므로 그들의 결합은 XY와 같다. 그래서 이 경우에도 정리가 적용되며, X와 Y가 분리돼 있다는 증명의 나머지 부분도 일반성을 잃지 않고 가정할 수 있다.

이제 X와 Z를 분리하지 말고 Y와 Z를 분리하도록 하라. 이전 결과에 의해 r은 (a) XY 및 (b) X와 $Z - X$의 합집합에 대한 투영의 결합과 같다. 그러나 X와 $Z - X$의 결합은 XZ와 같다. 따라서 이 경우에도 정리가 적용되며, X와 Z가 분리돼 있다는 증명의 나머지 부분도 일반성을 잃지 않고 가정할 수 있다.

이제 Y와 Z가 분리돼 있지 않다고 하자. $W = Z - Y$라 하자. r은 FD $X \rightarrow Y$를 만족하므로 FD $X \rightarrow Y - W$ 역시 만족하며, $Y - W$와 Z는 분리된다. 따라서 이전 결과에 의해 r은 (a) X와 $Y - W$의 합집합과 (b) XZ에 대한 투영의 결합과 같다. 이제 쉽게 증명되는 보조 정리Lemma(아래 참조)를 이용해 (a) $r1$과 $r2$가 JOIN{$r1$,$r2$} = r, (b) H'는 H의 부분집합이지만 $r1$의 제목의 상위 집합이고, (c) r'는 H'에 대한 r의 투영이라면, (d) JOIN{r',$r2$} = r'라는 결론을 얻는다. 즉, 결합의 결과를 바꾸지 않고 $r1$은 $r2$의 임의 속성을 사용해 확장될 수 있다. 이 보조 정리에서 r은 XY 및 XZ에 대한 투영의 결합과 동일하다. 따라서 이 경우에도 정리가 적용된다.

결론: 히스의 정리는 가능한 모든 경우에 유효하다.

보조 정리: *r*이 제목 *H*를 갖고, *H*는 *A*, *B*, *C*, *D*로 분할된다고 하자. 단순성을 위해 이 네 개의 하위 집합 중 어느 것도 공집합이 아니라고 가정한다(그 가정이 성립하지 않는 경우를 다루기 위해 증명을 확장하는 것은 보조 연습 문제로 남긴다). 일반성을 잃지 않고 *A*, *B*, *C*, *D*를 개별 속성처럼 취급할 수 있다. 따라서 *r1* = *R*{*A*,*B*} 및 *r2* = *r*{*B*,*C*,*D*}이며, (*a*,*b*) ∈ *r1*이고 (*b*,*c*,*d*) ∈ *r2*라고 하자. *r* = Join{*r1*,*r2*}이므로 (*a*,*b*,*c*,*d*) ∈ *r*이다. 따라서 (*a*,*b*,*c*) ∈ *r*{*A*,*B*,*C*}이고, (*b*,*c*,*d*) ∈ *r*{*B*,*C*,*D*}이다. 따라서 (*a*,*b*,*c*,*d*) ∈ Join{*r*{*A*,*B*,*C*},*r*{*B*,*C*,*D*}}이다. 원하는 결과가 나온다. 즉, *r*{*B*,*C*,*D*}는 *r2*이고, *r*{*A*,*B*,*C*}는 *r'*로서 취할 수 있으며, 여기서 *H'* = {*A*,*B*,*C*}이다.

히스의 정리의 역정리는 관계 *r*이 *XY*와 *XZ*에 대한 투영의 결합과 동일하다면, *r*은 FD *X* → *Y*를 만족한다고 말할 것이다. 이 역정리는 거짓이다. 이를 증명하기 위해서는 반대 예제를 보여주는 것으로 충분하다. 그러므로 속성 CNO(과정), TNO(교사), XNO(교과서)를 가진 관계 변수 CTX를 생각해보라. 그리고 과정 CNO는 교사 TNO가 가르칠 수 있고 교과서 XNO를 사용한다. 다음은 이 관계 변수에 대한 샘플 값을 보여준다.

CNO	TNO	XNO
C1	T1	X1
C1	T1	X2
C1	T2	X1
C1	T2	X2

이 샘플 값은 {CNO,TNO}와 {CNO,XNO}에 대한 그것의 투영의 결합과 동일하다. 그러나 이것이 FD {CNO} → {TNO}(또는 그다음에 오는 FD {CNO → {XNO})를 충족하지 못하는 것은 분명하다. **참고**: 12장에서 이 특별한 예를 좀 더 살펴볼 것이다.

5.5 이 장의 본문을 참조한다.

5.6 명확한 방법으로 술어의 파라미터에 해당하는 속성 D, P, S, L, T와 C를 가진 관계 변수로 시작한다고 가정하자. 그러면 다음과 같은 자명하지 않은 FD가 해당 관계 변수에서 성립한다.

```
{ L }         → { D , P , C , T }
{ D , P , C } → { L , T }
{ D , P , T } → { L , C }
{ D , P , S } → { L , C , T }
```

BCNF 관계 변수의 가능한 집합은 다음과 같다.[8]

```
SCHEDULE { L , D , P , C , T }
        KEY { L }
        KEY { D , P , C }
        KEY { D , P , T }

STUDYING { S , L }
        KEY { S , L }
```

FD {D,P,S} → {L,C,T}는 분해에서 '손실'이 된다는 것(6장 참조)을 주목하라.

5.7 간단한 디자인(요약)은 다음과 같다.

```
EMP  { ENO , ENAME , SALARY }
     KEY { ENO }

PGMR { ENO , LANG }
     KEY { ENO }
     FOREIGN KEY { ENO } REFERENCES EMP
```

8 보조 연습 문제: 이 관계 변수의 술어는 무엇인가?

모든 직원은 EMP에 튜플을 가진다(그리고 EMP는 다른 튜플이 없다). 프로그래머가 되는 직원은 추가로 PGMR에서 튜플을 갖는다(그리고 PGMR에는 다른 튜플이 없다). EMP와 PGMR의 결합은 (단지) 프로그래머를 위한 전체 정보(직원 수, 이름, 급여, 언어 능력)를 제공한다는 점에 유의하라.

프로그래머가 두 개 이상의 언어 기술을 가질 수 있는 경우, 유일한 유의미한 차이는 관계 변수 PGMR이 '모든 키'(즉, 유일한 키는 {ENO,LANG}일 것이다.) 일 수 있다는 것이다. 따라서 다음과 같다.

```
PGMR { ENO , LANG }
     KEY { ENO , LANG }
     FOREIGN KEY { ENO } REFERENCES EMP
```

5.8 그렇다(당연하다).

6장

함수 종속성의 보존

자연은 보존의 시간이 필요하다.

– 윌리엄 셰익스피어: 헨리 8세(1613년)

다시 한 번 공급자를 고려해보라. {SNO}가 키이므로, 해당 관계 변수는 확실히 FD {SNO} → {STATUS}에 제약된다. 따라서 *X*를 {SNO}, *Y*를 {STATUS}, *Z*를 {SNAME,CITY}로 취하면, 히스의 정리Heath's Theorem는 해당 관계 변수를 관계 변수 SNC와 ST로 분해할 수 있다는 것을 알려준다. 그림 3–1의 S에 대해 보여준 값에 해당하는 SNC와 ST의 샘플 값은 그림 6–1에서 볼 수 있다.

SNC

SNO	SNAME	CITY
S1	Smith	London
S2	Jones	Paris
S3	Blake	Paris
S4	Clark	London
S5	Adams	Athens

ST

SNO	STATUS
S1	20
S2	30
S3	30
S4	20
S5	30

▲ 그림 6–1 관계 변수 SNC와 ST – 샘플 값

이 분해에서 다음과 같다.

- 관계 변수 SNC와 ST는 모두 BCNF이다. {SNO}는 양쪽 모두의 키이며, 그러한 관계 변수에서 성립하는 유일한 자명하지 않은 FD는 '상위 키superkey에서 나온 화살'이다.
- 더욱이 이 분해는 확실히 손실이 아니다(사실 히스의 정리에 따라). 즉, SNC와 ST를 함께 결합하면 S로 되돌아간다.
- 그러나 FD {CITY} → {STATUS}는 손실됐으며, 이는 물론 앞 장에서 설명한 바와 같이 특정 다중 관계 변수 제약 조건multirelvar constraint으로 대체됐다는 것을 의미한다.[1] 문제의 다중 관계 변수 제약 조건은 다음과 같이 말할 수 있다.

```
CONSTRAINT ... WITH ( SNCT := JOIN { SNC , ST } ) :
                    COUNT ( SNCT { CITY } ) =
                    COUNT ( SNCT { CITY , STATUS } ) ;
```

설명: 이 제약 조건에서 말하는 것은 SNC와 ST를 결합하면, SNCT라고 부르는 결과를 얻게 된다는 것이다. 이 결과는 별개의 도시 수가 별개의 도시/상태 쌍의 수와 같다는 것이다. 그리고 이 후자의 속성이 성립한다는 사실은 FD {CITY} → {STATUS}가 그 결합에서 성립한다고 말하는 것과 같으며, 따라서 원래의 관계 변수 S에도 성립한다(분해가 무손실이었기 때문에 S와 위의 결합 SNCT는 논리적으로 동일하다는 것을 의미한다).

그래서 FD를 '잃어버렸다'고 했다. 그 의미는 무엇인가? 음, 확실히 방금 본 것처럼, 그것을 대체하는 다중 관계 변수의 제약은 설명하기가 더 어렵다. 더 중요한 사실은 다음과 같이 강제하는 것이 더 어렵다는 점이다. 3장의 그림 3-2에 나타낸 것과 같

1 그러한 상황에서 FD가 '손실됐다'고 말하는 것은 일반적이지만, (앞 장 '보이스/코드 정규형 다시 살펴보기' 절의 끝에서 설명한 바와 같이) 다소 부적절하다. 반복적으로 여기서 실제로 일어나고 있는 일은 문제의 FD가 또 다른 제약 조건으로 대체됐다는 것이다. 그러나 현재 상황은 새로운 제약 조건이 특정 다른 제약 조건을 강제하는 논리적 결과로 자동적으로 강제되지 않는다는 점에서 이전 장에서 설명한 것과 다르다. 그것이 요점이다.

이, 즉 투영 SNC와 CT로의 선호되는 분해보다 더 강제하기 힘들다.[2] 예를 들어, 공급자 S1에 대한 도시를 런던에서 아테네로 변경하기 위해 관계 변수 SNC를 업데이트한다고 가정하자. 그러고 나서 또한 공급자 S1의 상태를 20에서 30으로 변경하기 위해 관계 변수 ST를 업데이트해야 한다. 그렇지 않으면 SNC와 ST를 다시 결합할 때, 관계 변수 S에 대한 정당한 값이 아닌 결과를 산출하기 때문이다(반대로 공급자인 S2의 도시를 파리에서 아테네로 바꾸기 위해 관계 변수 SNC를 업데이트한다면, 관계 변수 ST도 업데이트할 필요가 없다. 하지만 그 사실을 결정하기 위해 관계 변수 ST를 여전히 검사해야 한다).

디자인이 잘된 DBMS라면, 사용자가 해야 하는 대신에 시스템이 관계 변수 ST에 대해 필요한 검사를 '자동'으로 하게 만들 수 있다. 또한 시스템이 필요한 추가 업데이트를 '자동'으로 수행하게 만들 수도 있다. 그러나 그러한 시스템에서도 제약을 시행하는 것이 더 어려운 경우가 여전히 있다(즉, 사용자가 아니라 시스템에 의해 이뤄지더라도 더 많은 작업을 수행해야 한다). 어떤 경우든, 그러한 가능성은 단지 작성 시점의 몽상일 뿐이다. 오늘날의 상용 제품은 일반적으로 시행은커녕 다중 관계 변수 제약 조건을 명시하는 것조차 허용하지 않는다. 전술한 가능성은 오늘날까지 가능하지 않으며, 그러한 제약 조건을 다루는 것(그리고 특히 시행하는 것)은 사용자의 책임이다.

그래서 메시지는 다음과 같다. FD를 손실하는 분해 대신 FD를 보존하는 분해를 선택하도록 하라(지금의 경우 {SNO,STATUS}에 대한 투영을 {CITY,STATUS}에 대한 투영으로 교체하면 문제가 해결됨). 즉, 느슨하게 말하면 FD $X \rightarrow Y$가 원래의 관계 변수에서 성립하는 경우, X가 한 관계 변수에서 성립하고 Y가 다른 관계 변수에서 성립하게 되는 분해는 선택하지 않도록 한다. **참고:** 물론, 여기서 그 FD $X \rightarrow Y$ 자체에 근거해 분해가 행해지고 있지 않다고 가정한다. 만약 그렇다면 효과적으로 두 개의 X를 얻게 될 것이고, 그중 하나는 Y와 같은 관계 변수(필연적으로 그렇게)가 될 것이며, 다른 하나는 그렇지 않을 것이기 때문이다. 또한 묵시적으로 $X \rightarrow Y$가 원래의 관계 변수에서 성립하는 총

2 성과 페널티도 있을 수 있다. 이 사실은 정말로 언급하면 안 된다. 1장에서 말했듯이, 결코 성과를 고려하는 것이 내 논리적 디자인의 원동력이 되길 바라지 않는다. 그러나 당면한 경우, 성과는 단지 나의 주된 주장을 강화하기 위해 일어나는 추가 사항일 뿐이다.

FD 집합의 축소 불가능한 커버irreducible cover의 일부라고 가정하고 있다. 이 장 뒷부분에서는 축소 불가능한 커버를 다룰 것이다.

불행한 충돌

FD 보존에 대한 기본적인 생각은 매우 간단하다. 하지만 아쉽게도 좀 복잡한 면이 있고, 이 주제에 대해 언급해야 할 것이 꽤 많이 있다. 그 복잡성 중 몇몇을 부드럽게 소개함으로써, 고질적인 예로 간주할 수 있는 몇 가지를 제시할 것이다.

S(학생), J(과목), T(교사) 속성과 술어 '학생 S는 T 선생님이 과목 J를 가르친다.'가 있는 관계 변수 SJT가 주어졌다. 다음의 비즈니스 규칙이 적용된다.[3]

- 각 과목에 대해, 해당 과목의 각 학생을 오직 한 명의 선생님이 가르친다.
- 각 선생님은 한 과목만 가르친다.
- 각 학생은 여러 과목을 공부하며, 따라서 여러 선생님이 가르친다(일반적으로).
- 각 과목을 여러 학생이 수강한다(일반적으로).
- 각 과목을 여러 명의 교사가 가르친다(일반적으로).
- 동일한 과목의 구별되는 학생들은 같은 선생님이 그 과목을 가르칠 수도 있고 아닐 수도 있다.

이러한 규칙에 따라 이 관계 변수의 샘플 값이 그림 6-2에 나와 있다.

3 이 책에서 '비즈니스 규칙'이라는 용어를 접하는 것은 이번이 처음이지만, 이후 장에서 그 용어의 많은 예를 볼 수 있을 것이다. 기본적으로 비즈니스 규칙은 일반적으로 자연어로 다소 비공식적으로 표현되는 명제이며, 이는 데이터베이스의 데이터가 무엇을 의미하는지, 그리고(또는) 어떻게 제약을 받는지를 어느 정도 포착해야 한다. 비록 대부분의 저자는 관계 변수 술어가 중요한 특별한 경우라는 것에 동의하지만, 용어의 더 정확한 정의에 대해서는 의견이 일치하지 않는다. 자세한 내용은 부록 A를 참조하라.

S	J	T
Smith	Math	Prof. White
Smith	Physics	Prof. Green
Jones	Math	Prof. White
Jones	Physics	Prof. Brown

▲ 그림 6-2 관계 변수 SJT에 대한 샘플 값

관계 변수 SJT의 FD는 무엇인가? 첫 번째 규칙으로부터는 {S,J} → {T}를 가진다. 두 번째로부터는 {T} → {J}이다. 나머지 규칙을 주의 깊게 분석해보면, 자명한 것 또는 축소 가능한 것(또는 둘 다) 외에 다른 FD는 갖지 않는다는 점을 알 수 있다. 따라서 성립하는 자명하지 않은 축소 불가능한 유일한 FD는 다음 두 가지다.

```
{ S , J } → { T }
{ T }     → { J }
```

그럼 키는 무엇인가? 전체 제목이 함수적으로 {S,J}에 의존하는 것이 분명하고 {S,J}의 적절한 부분집합에 의존하지 않기 때문에 {S,J}가 키다. 또한 다음과 같은 이유로 {S,T}가 키다.

- **a.** FD {T} → {J}가 성립되고 전체 제목이 함수적으로 {S,T}에 종속된 점을 감안할 때 확실히 그렇다.
- **b.** FD {S} → {J}와 {T} → {S}가 성립하지 않는 경우, 전체 제목이 함수적으로 {S,T}의 어떤 적절한 부분집합에 종속되지 않는 것도 사실이다.

그래서 두 개의 키 {S,J}와 {S,T}가 있다.[4] 더 중요한 점은, {T}가 키가 아니므로 관계

4 이는 보는 바와 같이 겹친다. 그런데 4장의 관계 변수 SNP와 마찬가지로, 그 키 중 어느 것도 기본 키로 만들지 않는 쪽을 선택했다. 그래서 그림 6-2에는 이중 밑줄이 없다.

변수 SJT는 '키에서 나오는 화살표'가 아닌 FD의 대상이 된다는 것이다(즉, 키에 의해 내포되지 않고, 그 문제를 훨씬 더 형식적으로 진술한다). 결과적으로 3NF가 되기는 하지만, 관계 변수는 BCNF가 아니다(**연습 문제**: 이 주장을 확인하라). 그리고 중복성을 겪는다. 예를 들어 그림 6-2에 나타난 샘플 값을 고려하면 화이트 교수가 수학을 가르치는 사실이 두 번 나타난다. 따라서 예상하겠지만, 업데이트 이상update anomaly 현상도 겪게 된다. 예를 들어 그림 6-2와 관련해, 브라운 교수가 물리학을 가르친다는 정보를 잃지 않고서는 존스가 물리학을 공부하고 있다는 사실을 삭제할 수 없다.

이제 관계 변수를 적절히 분해함으로써 이러한 문제들을 극복할 수 있다. 히스의 정리를 FD {T} → {J}(*X*, *Y*, *Z*를 각각 {T}, {J}, {S})에 적용하면 다음과 같은 무손실 분해를 얻는다.

```
TJ { T , J }
   KEY { T }

TS { T , S }
   KEY { T , S }
```

(a) 그림 6-2의 SJT의 값에 해당하는 이 두 개의 관계 변수 값을 보여주고, (b) 이들 관계 변수가 BCNF임을 보여주고, (c) 위에서 언급한 중복성과 업데이트 이상 현상을 실제로 피하는지 확인하는 것을 독자들에게 또 하나의 연습 문제로 남겨두겠다. 특히 FD {T} → {J}가 이 분해의 핵심 제약 조건이 되는 것을 관찰하라. 대조적으로 원래 디자인에서는 그렇지 않았으므로 별도로 명시하고 시행해야 했다(즉, 핵심 제약 조건을 넘어서서).

지금까지는 좋다. 하지만 또 다른 문제가 있다. 사실 비록 TJ와 TS로의 분해가 실제로 어떤 문제를 해결하지만, 다른 문제들을 소개한다. 구체적으로 말하면 다음 FD는

```
{ S , J } → { T }
```

손실되며(확실히 FD {T} → {J}가 내포되지 않음) 분해 결과에서 유일하게 성립하는 자명하지 않은 FD이다. 그 결과, 관계 변수 TJ와 TS는 독립적으로 업데이트할 수 없다. 예를 들어 다음 튜플을

```
( Smith , Prof. Brown )
```

TS에 삽입하려는 시도는 브라운 교수가 물리학을 가르치고 스미스는 이미 그런 교수로부터 물리학을 배우고 있기 때문에 거부돼야 한다. 그러나 TJ를 조사하지 않고서는 이를 감지할 수 없다.

요약하면, 이 예가 보여주는 것은 다음과 같다. 무손실 분해에서는 일반적으로 두 가지 목표가 있는데, 바로 BCNF 투영과 FD 보존이다. 그런데 이러한 목표는 서로 상충될 수 있다. 다시 말해, 두 가지를 모두 달성하는 것이 항상 가능하지는 않다.

이번 장의 초고를 작성할 때는 이 부분에서 다음과 같이 썼다.

> 그래서 어떤 목표를 포기할까? 글쎄, 가능하다면 말해두겠지만 그럴 수 없다. SJT의 예가 보여주는 것은 이는 비록 중요한 문제이지만 정규화 이론만으로는 충분하지 않다는 사실이다. 정규화가 답하지 못하는 질문들이 있다는 것이다. 그래서 메시지는 다음과 같다. 더 많은 과학이 필요하다! 정규화 이론은 확실히 과학적이지만 모든 디자인 문제를 해결하지는 못한다.

그러나 이 책의 검토자 한 명이 권유한 바에 따라 앞의 단락이 과장돼 있을 것이라는 결론에 도달했다. 여기서 필요한 것은 과학이 아니라 더 나은 구현이다! 즉, 제대로 정규화되지 않은 디자인을 허용해야 한다는 주된 논거는, 당면한 디자인과 같이 오늘날의 DBMS가 예제에서 '잃어버린' FD와 같은 다중 관계 변수 제약 조건을 다루는 것을 상당히 이상하게 만든다는 사실이다. 그러므로 나로서는 기준을 세우고 기록을 위

해 남기는데, 상충되는 경우 종속성 보존은 아마도 포기해야 할 목표다.[5]

또 다른 예제

이전 절의 서두에서는 SJT 예가 병적pathological으로 보일 수 있다고 했다. 하지만 이제 그것이 완전히 그렇지 않다고 이야기할 것이다. FD 보존 문제가 여러분의 생각보다 더 자주 발생한다는 것을 보여주는 (내 관점에서의) 몇 가지 예를 더 들 것이다.

일반적으로 알고 있는 정규화는 1NF에서 2NF에서 3NF(등등)로 순차적으로 이동하는 과정이다. 그 과정을 일반적으로 인지하는 것, 즉 1NF에서 2NF에서 3NF(등등)로 순차적으로 단계화하는 것을 '통상적인 정규화 절차'로 언급하는 것에 동의하자. 그렇다면 이 절과 다음 두 절에서 전통적 정규화 절차를 너무 맹목적으로 따르는 것이 반드시 좋지는 않다는 사실을 증명하는 일련의 예를 제시하고 싶다. 첫 번째 예는 다음과 같은 관계 변수와 관련 있다.

```
RX1 { SNO , PNO , CITY , STATUS , QTY }
```

이름 RX1은 '관계 변수 예제 1relvar example 1'을 나타내고, 술어는 '공급자 SNO가 상태가 STATUS인 도시 CITY에 있으며 부품 PNO를 수량 QTY만큼 공급한다.'이다(단순히 공급자 이름은 무시한다). 합리적으로 다음과 같은 FD가 이 관계 변수에서 성립한다고 가정해보자.

```
{ SNO }       → { CITY }
{ CITY }      → { STATUS }
{ SNO , PNO } → { QTY }
```

5 물론 당연한 경우, 블랙 교수가 현재 학생이 없음에도 불구하고 (말하자면) 물리학을 가르친다는 사실을 기록할 수 있으려면 지시된 대로 관계 변수를 분해해야 한다.

다음과 같은 FD도 묵시적으로 성립한다는 것은 한눈에도 명백하다.[6]

```
{ SNO }        → { STATUS }
{ SNO , PNO } → { CITY , STATUS }
```

실제 이들 FD 중 마지막은 {SNO,PNO} → H로 확장될 수 있으며, 여기서 H는 전체 제목이다. 즉, {SNO,PNO}는 관계 변수 RX1의 키다.

모든 키 *K*와 키가 아닌 모든 속성 *A*에 대해 FD *K* → {*A*}가 축소될 수 없는 경우에만 관계 변수 *R*이 2NF임을 이제 상기하라. 분명히, 그렇다면 RX1은 2NF가 아니다. FD {SNO,PNO} → {CITY}는 RX1의 '키로부터의 FD'이기 때문이다. 구체적으로는 FD {SNO} → {CITY}가 그 관계 변수에서 성립하기 때문에 축소할 수 없다. 따라서 기존의 정규화 절차는 히스의 정리를 그 FD {SNO} → {CITY}에 적용해 관계 변수를 분해하라고 권고할 것이다. 그렇게 한다면 다음과 같이 얻을 수 있다.

```
RX1A { SNO , CITY }
     KEY { SNO }

RX1B { SNO , PNO , STATUS , QTY }
     KEY { SNO , PNO }
```

이 분해에서 FD {CITY} → {STATUS}가 손실됐는지 확인하라. 따라서 이 예에서 얻는 교훈은 FD 보존의 문제가 3NF에서 BCNF까지의 단계뿐만 아니라 이전 절의 SJT 예에서 예시한 1NF에서 2NF까지의 단계와도 관련될 수 있다는 것이다.

6 다음 장과 11장에서도 암묵적으로 성립하는 FD('암묵적인 FD')의 개념에 대해 훨씬 더 많은 것을 말할 것이다.

여기서 관계 변수 RX1A는 확실히 2nF이다. 대조적으로, 관계 변수 RX1B는 그렇지 않다. FD {snO,pnO} → {STATUS}는 축소할 수 있기 때문이다. 히스의 정리를 다시 적용해 둘 다 2NF인 {SNO,STATUS}와 {SNO,PNO,QTY}에 대한 투영으로 분해할 수 있다. 하지만 피해는 이미 발생했다(이를테면, FD {CITY} → {STATUS}는 이미 손실됐다).

이 예에서 어떻게 FD를 보존할 수 있을까? 한 가지 답은 FD {SNO} → {CITY}가 아닌 FD {SNO} → {CITY,STATUS}를 바탕으로 분해하는 것이다. 그러나 주의 깊게 살펴보자. 이 FD는 원래 명시적으로 열거된 FD 중 하나가 아니며, 분명히 그러한 명시적인 FD에 의해 내포된 것도 아니다. 따라서 이는 통상적인 정규화 절차의 분해를 위한 바탕으로 선택될 가능성이 낮다. 그럼에도 불구하고, 그것을 선택하고 그에 상응하는 분해를 수행한다면 결과는 다음과 같다.

```
RX1A' { SNO , CITY , STATUS }
      KEY { SNO }

RX1B' { SNO , PNO , QTY }
      KEY { SNO , PNO }
```

이 분해에서 STATUS는 키가 {SNO}인 관계 변수에 나타나고 키가 {SNO,PNO}인 관계 변수에는 나타나지 않으며, FD {CITY} → {STATUS}가 보존된다. **참고:** 물론 여기서 관계 변수 RX1A'는 아직 3NF가 아니기 때문에 아마도 그것을 더 분해하고 싶을 것이다. 그러나 좀 더 주의해야 한다. 구체적으로 말하면, {SNO} → {STATUS}가 아닌 FD {CITY} → {STATUS}를 기준으로 분해해야 한다. 그렇지 않으면 다시 FD를 잃어버릴 것이다. 그러나 {CITY} → {STATUS}는 우리가 사용할 통상적인 정규화 방법은 FD이므로 여기에 문제가 있어서는 안 된다.

이제 앞서 말한 것에 대한 대안은 FD {CITY} → {STATUS}에 기초해 원래의 관계 변수 RX1을 분해함으로써 다음을 산출하는 것이다.

```
RX1A'' { CITY , STATUS }
       KEY { CITY }

RX1B'' { SNO , PNO , CITY , QTY }
       KEY { SNO , PNO }
```

이 분해는 또한 FD {CITY} → {STATUS}를 보존한다. 그러나 이 FD는 관계 변수 RX1에서 원래의 2NF를 위반한 것이 아니다('적절한 하위 키로부터의 화살표'가 아니다). 따라서 일반적인 정규화 절차를 따르고 있다면, 실제로 그것을 이 단계에서 분해를 위한 바탕으로 삼았을 가능성은 거의 없다. 또한 여기서 관계 변수 RX1B″는 아직 3NF가 아니므로, 아마도 그것을 더 분해하고 싶을 것이다. 추가 분해에 대한 자세한 내용은 독자들이 생각해볼 과제로 남겨두겠다.

그리고 또 다른 것

다른 예를 보자. 공급자가 클래스(C1, C2 등)로 분할돼 있다고 가정해본다. 따라서 이와 같은 관계 변수 RX2를 가진다고 생각해보자(RX1 예와 같이 단순성을 위해 공급자 이름은 무시함).

```
RX2 { SNO , CLASS , CITY , STATUS }
    KEY { SNO }
```

술어는 '공급자 SNO가 클래스 CLASS이고, 도시 CITY에 위치하며, 상태 STATUS를 가진다.'이다. 또한 (a) 각 클래스는 하나의 상태만을 가지며, (b) 각 도시도 하나의 상태만을 가진다. (c) 그렇지 않으면, 클래스와 도시는 서로 독립적이라고 가정한다. 그러면 다음 FD가 성립한다.

```
{ CLASS } → { STATUS }
{ CITY }  → { STATUS }
```

참고: 또한 어떤 공급자에게도 도시 상태는 클래스 상태와 동등하다는 비즈니스 규칙이 있다고 가정하고 있다(그래서 두 개의 상태가 아닌 하나의 상태 속성만 갖고도 진행할 수 있다).[7]

*R*에 고정된 모든 자명하지 않은 FD *X* → *Y*에 대해 *X*가 상위 키이거나 또는 *Y*가 하위 키(또는 둘 다)인 경우에만 관계 변수 *R*이 3NF임을 상기하라. 분명히, 그렇다면 RX2는 3NF가 아니다. 이는 FD {CITY} → {STATUS}에서 {CITY}는 상위 키가 아니고 {STATUS}도 하위 키가 아니기 때문이다. 따라서 기존 정규화 절차는 히스의 정리를 FD {CITY} → {STATUS}에 적용해 관계 변수를 분해하라고 권고할 것이다. 그러나 만약 그렇게 한다면, 다음을 얻을 것이다(모두 3NF인 투영 관계 변수).

```
RX2A { CITY , STATUS }
     KEY { CITY }

RX2B { SNO , CLASS , CITY }
     KEY { SNO }
```

이제 이번 분해에서 FD {CLASS} → {STATUS}가 손실된 것을 보길 바란다(물론 FD {CITY} → {STATUS} 대신 이 FD를 기반으로 분해했다면 이 후자의 FD가 대신 손실됐을 것이다). 이제 FD 보존 문제는 2NF~ 3NF까지 단계와 관련이 있다는 것을 알 수 있다.

이제 이 예에서 FD {SNO} → {CLASS,CITY}에 기초해 분해함으로써 FD를 보존할 수 있다. 비록 이 FD가 명시되지 않았으므로 분해의 근거로 선택됐을 가능성은 없

7 따라서 술어의 좀 더 정확한 버전은 다음과 같다. '공급자 SNO는 (상태 STATUS를 갖고 있는) 클래스에 있고, (역시 상태 STATUS를 갖고 있는) 도시 CITY에 위치한다.'

다.[8] 그렇더라도 결과는 다음과 같다.

```
RX2A' { CLASS , CITY , STATUS }
      KEY { CLASS , CITY }

RX2B' { SNO , CLASS , CITY }
      KEY { SNO }
```

이 분해에서 {CLASS,CITY}는 RX2B′의 (복합) 외래 키로, RX2A′를 참조한다. 관계 변수 RX2B′는 3NF이다. 그러나 관계 변수 R2XA′는 2NF도 아니다. FD {CLASS,CITY} → {STATUS}는 분명히 축소 가능하기 때문이다. 따라서 만약 그 관계 변수를 유지하기로 결정한다면 FD {CLASS} → {STATUS}, {CITY} → {STATUS}는 별도로 명시되고 시행돼야 할 것이다.[9] 또는 관계 변수를 {CLASS,STATUS}와 {CITY,STATUS}에 대한 투영으로 분해할 수 있으며, 이 경우 적절한 다중 관계 변수 제약 조건은 별도로 명시되고 시행돼야 한다. **연습 문제:** 그 제약 조건은 어떻게 생겼을까?

... 그리고 여전히 또 다른 것

(a) 공급자를 다시 세분화하지만, (b) 각 클래스가 이제 단 하나의 도시(각 도시가 이전과 같이 단 하나의 상태를 갖는)를 갖는 이전 예제를 수정해 생각해보자. 다음과 같은 관계 변수 RX3(단순하게 공급자 이름은 무시)를 갖게 된다.

---

8 또한 {SNO}가 관계 변수 RX2의 키(사실상 유일한 키)이기 때문에 그럴 가능성은 없다. 기껏해야 별도로 기술돼 있는 두 개의 FD, 즉 {SNO} → {CLASS}, {SNO} → {CITY}를 볼 수 있을 것으로 예상할 수 있지만, 그마저도 그럴 가능성은 거의 없다.

9 더욱이 관계 변수 RX2A′는 특정 클래스와 도시가 서로 다른 상태 값을 갖는 튜플을 금지하기 때문에 사실 올바른 디자인도 아니다. 다른 말로 하자면, 관계 변수의 술어는 '단지 클래스 CLASS가 아니고, 도시 CITY가 상태 STATUS를 갖는다.'이다. 즉, 이는 다음과 같다. '모두 상태 STATUS를 갖고 있는 클래스 CLASS와 도시 CITY를 갖는 어떤 공급자 s가 있다.'

```
RX3 { SNO , CLASS , CITY , STATUS }
```

사실 RX3는 RX2와 제목이 같지만 술어는 다르다. '공급자 SNO는 상태 STATUS와 도시 CITY를 가진 클래스 CLASS 안에 있다.' 다음 FD는 여러 술어에서 유효하다.

```
{ SNO }   → { CLASS }
{ CLASS } → { CITY }
{ CITY }  → { STATUS }
```

FD {CLASS} → {CITY}에서 {CLASS}는 상위 키가 아니고 {CITY}는 하위 키가 아니기 때문에 관계 변수 RX3는 3NF가 아니다({CITY} → {STATUS}의 경우도 마찬가지). 따라서 기존의 정규화 절차는 히스의 정리를 그 FD {CLASS} → {CITY}에 적용해 관계 변수를 분해하라고 권고할 것이다. 하지만 만약 그렇게 한다면 다음과 같은 것을 얻을 수 있다.

```
RX3A { CLASS , CITY }
     KEY { CLASS }

RX3B { SNO , CLASS , STATUS }
     KEY { SNO }
```

이번 분해에서 RX3A는 3NF이지만 RX3B는 단지 2NF이며, 보다시피 FD {CITY} → {STATUS}가 손실된다. 사실 FD {CITY} → {STATUS}에 따라 분해하는 것이 더 나았을 것이다.

```
RX3A' { CITY , STATUS }
      KEY { CITY }

RX3B' { SNO , CLASS , CITY }
      KEY { SNO }
```

RX3A′는 3NF이고 RX3B′는 단지 2NF이지만, 적어도 FD {CITY} → {STATUS}는 남아있다. 더욱이 이제 FD {CLASS} → {CITY}에 기초해 RX3B′를 분해함으로써 다음을 얻을 수 있다.

```
RX3BA' { CLASS , CITY }
       KEY { CLASS }

RX3BB' { SNO , CLASS }
       KEY { SNO }
```

이 관계 변수들은 모두 3NF이다.

이제 FD가 손실되거나 손실 가능한 네 가지 다른 분해 예를 봤다. 이 주제에 대해 말할 수 있는 것이 훨씬 더 많지만, 한 가지 분명한 메시지는 다음과 같다. 통상적인 정규화 절차(사실 종종 실무에서 가르쳐주는 것!)는 몇 가지 측면에서 불충분하다. 구체적으로 설명하면 다음과 같다.

- 통념에 따르면 FD 보존은 3NF에서 BCNF 단계에만 관련이 있지만, 우리가 본 것처럼 반드시 그렇지는 않다.
- 분해의 기초로서 통상적인 정규화 절차가 제시한 FD가 반드시 최선인 것은 아니다.
- 또한 이 절차에서는 1NF에서 2NF, 3NF(등등)까지 순차적으로 진행해 최상의 디자인을 찾을 수 있다고 가정하고 있지만, 반드시 그렇지는 않다.

물론 '1차', '2차' 등의 직접적인 명명법은 이러한 마지막 인식을 강화시킨다. 그러나 그 명명법은 어떻게 보면 정말로 역사적 사고(우연)에 불과하다. 즉, 정의될 정규형 중 1차가 BCNF였다면(FD 축소 불가능성, 비키nonkey 속성, 하위 키, 1NF, 2NF 또는 3NF에 대한 언급이 없어 이 정의는 개념적으로 매우 간단했으므로 쉽게 채용됐을 것이다.) 2NF와 3NF를 위

와 같이 부를 필요가 전혀 없었을 것이다.[10]

작동하는 절차

여기에 모든 관계 변수가 3NF(반드시 BCNF는 아니지만)에 있고 모든 FD가 보존되는 분해를 보장하는 절차가 있다.[11] 편의상 이 책은 '3NF 절차' 다음에서 참고하겠다. 입력은 관계 변수 *R*이며, *R*에서 유효한 FD에 대해 축소 불가능한 커버, *C*라고 불리는 것이다. 잠시 후에 축소 불가능한 커버가 무엇인지 설명하겠다. 그런데 '축소 불가능 irreducible'이란 단어가 다시 나오지만, 먼저 절차를 설명하겠다.

1. *S*를 제목 집합이라 하자. *S*를 공집합 { }로 초기화한다.
2. *X*를 *C*의 어떤 FD 왼쪽(결정 요인)으로 한다. 왼쪽 *X*를 가진 *C*의 완전한 FD 집합을 $X \rightarrow Y1$, ..., $X \rightarrow Yn$이라 하고, *Y1*, ..., *Yn* 합집합을 *Y*라 한다. *X*와 *Y*의 합집합을 *S*에 추가한다. 각 개별 *X*에 대해 이 단계를 수행한다.
3. *U*를 *S*의 어떤 요소에도 포함되지 않은 *R*의 속성 집합이라 하자. *U*가 공집합이 아니면, *S*에 *U*를 추가한다.
4. *S*의 어떤 요소도 *R*의 상위 키가 아닌 경우 *R*의 *K* 키를 *S*에 추가한다.

이 절차의 결론에서 *S*의 요소는 3NF 관계 변수 집합의 제목이며, 이것으로 *R*이 어떠한 FD도 잃지 않고 분해될 수 있다. 특히 이 절차는 2NF에 대해 명시적으로 언급하지 않으며, 심지어 디딤돌로조차 언급하지 않는다는 점에 주목하라.

그럼 어떻게 작동하는 것인가? 분명히 축소 불가능한 커버의 개념은 중요하다. 그 개념을 설명하기 위해 이미 몇 번이나 주장했던 것, 즉 어떤 FD는 다른 FD를 내포한다

10 이러한 주장을 뒷받침하기 위해 코드 박사 자신이 2NF와 3NF를 소개한 논문에서 언급했던 말을 인용하고자 한다(부록 D 참조). '[2NF와 3NF]의 기초가 되는 기본 아이디어는 간단하지만, 미묘한 결과를 많이 갖고 있다. 저자는 이들 정규형의 정확한 정의를 설명하고 동기를 부여하기 위해 수많은 예가 필요하다는 것을 발견했다.'

11 단지 역사적 이유만으로 이 절차를 부분적으로 제시한다. 원한다면 건너뛰어도 좋다.

는 사실을 먼저 살펴보자. 간단한 예로, FD $X \rightarrow Y$와 $Y \rightarrow Z$는 모두 FD $X \rightarrow Z$를 의미한다. 즉, 처음 두 개의 FD가 관계 r을 만족한다면 세 번째 FD도 r을 만족해야 한다. 더 중요한 것은 다음과 같다. 처음 두 개가 관계 변수 R에서 성립되는 경우, 세 번째도 R에서 성립돼야 한다. 이전 절에서 RX3와 관련해 FD {CLASS} → {CITY}, {CITY} → {STATUS}가 모두 성립하며, 따라서 FD {CLASS} → {STATUS}도 성립한다.

그래서 어떤 FD는 다른 FD를 내포한다. FD의 집합 F를 고려할 때, F의 커버[cover]에 대해 합리적인 논의를 할 수 있다. 정의는 다음과 같다.

> **정의(커버)**: FD 집합 F의 커버는 FD의 집합 C이며, C의 FD는 F의 모든 FD를 내포한다.

간단한 예로 F를 다음과 같은 집합이라 하자.

```
{ X → Y , Y → Z , X → Z }
```

그러면 다음은 모두 F의 커버다.

```
{ X → Y , Y → Z }
{ X → Y , Y → Z , X → Z }
```

이 예는 두 가지를 직접적으로 보여준다. 첫째, 커버는 일반적으로 유일하지 않다. 둘째, 모든 FD의 집합은 분명히 그 자체를 위한 커버다. 무엇보다도 모든 FD는 자신을 내포하기 때문이다. 세 번째이자 더 중요한 점은 다음과 같다. 주어진 집합 F에 대해 커버 C의 FD를 강제하면, 해당 집합 F에 있는 FD들은 '자동'으로 강제된다. 따라서 강제돼야 할 FD의 어떤 집합 F를 고려할 때, F의 어떤 커버 C를 찾아 대신 C의 FD를 강제하는 것으로 충분하다(사실 F에 대해 축소 불가능한 커버로 FD를 강제하는 것으로 충분하며, 이는 곧 명확해질 것이다).

이제 커버가 축소 불가능하다는 것이 무엇을 의미하는지 정의할 수 있다.

> **정의(축소 불가능한 커버)**: FD 집합 *F*에 대한 커버 *C*는 다음과 같은 속성을 모두 가진 경우에만 축소할 수 없다.
>
> 1. 싱글톤 종속성: *C*의 모든 FD는 오른쪽에 하나의 속성만 갖고 있다.
> 2. 축소 불가능 결정 요인: *C*의 모든 FD는 그 자체로 축소 불가능하다.[12]
> 3. 중복 FD의 부재: *C*가 *F*의 커버라는 속성을 잃지 않고 *C*로부터 어떤 FD도 버려질 수 없다.

물론 다음과 같은 질문이 즉시 떠오른다. 특정한 FD 집합이 주어질 때, 어떻게 그 집합에 대한 축소 불가능한 커버를 찾을 수 있을까? 다음 장에서 이 질문에 제대로 답하겠다. 일단 다음의 FD 집합 예를 들어보자. 즉, 이 집합은 일반적인 공급자 관계 변수 S에서 유효한 FD에 대한 축소 불가능한 커버를 구성한다.

```
{ SNO }  → { SNAME }
{ SNO }  → { CITY }
{ CITY } → { STATUS }
```

간략히 말하자면, S에서 성립하는 모든 FD는 이 세 개의 FD를 함께 취할 때 내포되므로 이 세 가지는 확실히 커버를 구성한다. 또한 각각의 집합은 싱글톤 종속성을 가지고, 어떤 속성도 세 가지 결정 요인 중 어느 하나로부터 제거될 수 없으며, 세 개의 FD 중 어떤 FD도 버릴 수 없다. 따라서 이 커버는 사실 축소 불가능한 커버다. 이와는 대조적으로 다음의 FD 집합은 S에서 성립되는 FD에 대해서도 커버가 되지만, 그

12 여기서는 엉성하다. 4장과 5장으로부터 FD 축소 불가능성은 어떤 관계 변수에 관해서만 정의돼 있다는 것을 상기하라. 하지만 여기서는 어떤 관계 변수에서 성립하는 F의 FD에 대해 어떠한 것도 말한 적이 없다. 따라서 축소 불가능한 FD에 대해 합법적으로 이야기할 수 있는 어떤 맥락도 없다. 그러나 내가 의미하는 바는 C가 F의 커버라는 속성을 잃지 않고서는 C의 어떤 FD의 왼쪽으로부터 어떤 속성도 버릴 수 없다는 것이다.

것들은 축소 불가능하지 않다(각 경우에 왜 안 되는가?).

1. { SNO } → { SNAME , CITY }

   { CITY } → { STATUS }

2. { SNO , SNAME } → { CITY }

   { SNO }   → { SNAME }

   { CITY }   → { STATUS }

3. { SNO } → { SNAME }

   { SNO } → { CITY }

   { CITY } → { STATUS }

   { SNO } → { STATUS }

이제 3NF 절차로 돌아가보자. 특히 SJT의 예에 어떻게 작용하는지 확인해보자.[13] 상기하면, 관계 변수는 속성 S, J, T와 키 {S,J} 및 {S,T}를 갖고, FD {T} → {J}의 적용을 받았다. 이들 FD에서 다음이 성립된다.

```
{ S , J } → { T }
{ S , T } → { J }
{ T }     → { J }
```

그러나 여기서 FD {S,T} → {J}가 중복돼 있음을 쉽게 알 수 있다(사실 이 사례를 이 장 앞부분에서 처음 논했을 때 효과적으로 가정했다). 따라서 다른 두 개의 FD가 함께 축소 불가능한 커버(*C*라고 부를 것이다.)를 형성한다.

```
{ S , J } → { T }
{ T }     → { J }
```

13 물론 SJT는 이미 3NF이지만, 여전히 그 절차를 적용할 수 있다. 그리고 그렇게 하길 원하는 이유를 갖고 있다.

이제는 3NF 절차를 적용할 수 있으며, 공집합의 제목 *S*로 시작한다. 두 번째 단계는 두 가지 작업을 한다. 같은 왼쪽에 있는 *C*의 FD를 모은 (예에서 이미 수행된 것) 다음 그 집합을 *S*에 추가한다(실제로 제목).

```
{ S , J , T }
{ T , J }
```

최초 관계 변수의 모든 속성이 이제 적어도 *S*의 한 요소에 포함되기 때문에 세 번째 단계는 아무런 효과도 없다. 또한 *S*의 요소 {S,J,T}가 원래의 관계 변수를 위한 상위 키이므로 마지막 단계도 아무런 효과가 없다. 따라서 전체적으로 3NF 절차는 관계 변수 S가 {S,J,T}와 {T,J}에 대한 투영으로 FD 보존 방식으로 정보 손실 없이 분해될 수 있음을 알려준다. 다음과 같은 것을 알 수 있다.

- {S,J,T}에 대한 투영은 물론 원래의 관계 변수와 동일하다! 다시 말해 이것은 항등 투영(다음 절 참조)이며, 여기서 일어나는 분해는 그리 많지 않다.
- 예를 들어 블랙 교수는 물리학을 가르치는 동시에 블랙 교수에게 실제로 가르침을 받고 있는 학생도 있다고 말할 수 없다면, 원래의 것과 마찬가지로 두 번째 관계 변수(즉, {T,J}에 대한 투영)를 유지하는 것은 별로 의미가 없어 보인다. 만약 이 능력을 원하지 않는다면 그 관계 변수도 유지하고 싶지 않을 것이다. 따라서 3NF 절차가 만든 분해가 반드시 권장되는 것은 아니다. 반복하자면, 이 분해에서는 모든 관계 변수가 3NF이며 모든 FD가 보존된다.

이는 3NF 절차가 관계 변수 RX1, RX2, RX3에 적용될 때 어떤 일이 일어나는지 보여주기 위한 연습(연습 문제 6.3)으로 남겨두겠다. 한편, BCNF 및 가능한 BCNF 절차와 관련해 몇 마디로 이 절을 마무리하고자 한다.

먼저, 다음과 같이 3NF 절차에 다른 (다섯 번째) 단계를 추가할 수 있다.

5. *Z*의 속성에 대한 관계 변수 *R*의 투영 *P*가 BCNF가 되지 않도록 *Z*를 *S*의 요소

로 하고, $X \rightarrow Y$를 P에서 성립하는 C의 FD로 하고, X를 P의 상위 키가 아니라고 하자. S의 Z를 (a) X와 Y의 합집합과 (b) Z와 Y의 차이 $Z - Y$로 교체한다(그 순서대로). 각 개별 Z와 개별 X에 대해 이 단계를 수행하자.

이제 관계 변수 SJT에 적용된 3NF 절차는 제목 {T,J}와 {S,J,T}로 구성된 집합 S를 생성했다. {T,J}의 SJT 투영은 BCNF이지만, {S,J,T}의 (항등) 투영은 그렇지 않다. FD {T} → {J}는 이 후자의 투영에서 성립하고 {T}는 상위 키가 아니기 때문이다. 따라서 5단계를 적용하면 제목 {S,J,T}를 삭제하고 (a) {T}와 {J}의 합집합을 삽입한다(그러나 이 합집합은 이미 S의 요소이므로 이를 삽입하는 것은 아무 효과가 없다). 그리고 (b) 해당 순서로 {S,J,T}와의 차이를 삽입한다. 따라서 S는 다음과 같은 제목을 요소로 갖게 된다.

```
{ S , T }
{ T , J }
```

그리고 이 두 개의 제목은 SJT가 무손실 분해될 수 있는 BCNF 관계 변수 집합의 제목이다(그 관계 변수에 대한 키는 각각 {S,T}와 {T}이다). 따라서 3NF 절차에 5단계를 추가하면 FD가 보존된다는 보장은 없지만 BCNF 절차로 변환된다(사실 BCNF와 FD 보존이 상충되는 목적이 될 수 있다는 사실을 이미 알고 있으므로 그런 보증을 하는 것은 불가능하다). 그러나 분실된 FD는 BCNF를 위반하지 않고서는 보존할 수 없는 것이다.

실제로는 다음 절차를 사용해 문제를 다소 단순화하고 3NF를 완전히 우회해 BCNF로 바로 갈 수 있다(입력은 3NF 절차에 대한 것이다. 즉, R에서 성립하는 FD에 대한 관계 변수 R과 축소 불가능한 커버 C로 구성된다).

1. R의 제목만 갖도록 S를 초기화한다.
2. (3NF 절차의 2단계와 동일) X를 C의 어떤 FD의 왼쪽(결정 요인)으로 하고, 왼쪽 X를 가진 C의 전체 FD 집합을 $X \rightarrow Y1$, ..., $X \rightarrow Yn$으로 하고, $Y1$, ..., Yn의 합집합을 Y라 하자. X와 Y의 합집합을 S에 추가한다. 각 개별 X에 대해 이 단

계를 수행한다.

3. (위 5단계와 동일) *Z*의 속성에 대한 *R*의 투영 *P*가 BCNF가 되지 않도록 *Z*를 *S*의 요소로 하고, $X \rightarrow Y$를 *P*에 성립하는 *C*의 FD로 하고, *X*가 *P*의 상위 키가 되지 않도록 한다. (a) *X*와 *Y*의 합집합과 (b) *Z*와 *Y*의 차이 $Z - Y$로 *S*의 *Z*를 교체한다(그 순서대로). 각 개별 *Z*와 개별 *X*에 대해 이 단계를 수행하라.

이 절차의 결론에서 *S*의 요소는 BCNF 관계 변수 집합의 제목이다. 여기서 *R*은 반드시 FD를 손실하지 않고 분해될 수는 없지만 무손실 분해 가능하다. 이 절차에서는 2NF 또는 3NF에 대해 언급하지 않는다.

항등 분해

이 장의 주요 주제에서 약간 벗어나지만, 항등 투영identity projection에 대한 개념을 간략하게 살펴본다. 여기서 정의를 해본다(항등 투영을 관계 변수에 대해 정의한다. 그러나 물론 정확히 유사한 정의는 관계에도 적용된다. 그리고 튜플에도 적용할 수 있다).

정의(항등 투영): 주어진 관계 변수의 항등 투영은 그 관계 변수의 모든 속성에 대한 투영이다.

이제 어떤 관계 변수라도 그 항등 투영으로 무손실 분해될 수 있다는 것은 명백해야 한다. 그러나 어떤 사람들은 그런 분해를 전혀 분해라고 생각하고 싶어 하지 않는다(SJT 예와 관련해 말했듯이, 여기서는 별로 분해가 일어나지 않는다). 만약 여러분이 그런 사람들 중 한 명이라면, 그 문제를 다음과 같이 보는 것을 선호할 것이다. 관계 변수 *R*이 제목 *H*를 가진다고 하자. 그렇다면 확실히 FD $\{\} \rightarrow \{\}$가 *R*에 성립하는 것은 사실인데, 여기서 $\{\}$는 속성의 공집합이다(이 FD는 물론 당연한 것이며 모든 관계 변수에서 성립한다). 따라서 히스의 정리(*X*, *Y*, *Z*를 각각 $\{\}$, $\{\}$, *H*로 간주)에 따라 *R*은 무손실 분해할 수 있으며, 여기서 *R1*과 *R2*는 다음과 같다.

1. *R1*의 제목 *XY*는 { }와 { }의 합집합이며 그 합집합은 단지 { }로 감소한다. 즉, *R1*은 속성이 전혀 없는 *R*의 투영이며, *R*이 비어있는 경우 값이 TABLE_DUM 이거나 그렇지 않은 경우 TABLE_DEEE이다.[14]
2. *R2*의 *XZ* 제목은 { }와 *H*의 결합으로, 이는 단순히 *H*로 감소한다. 즉, *R2*는 모든 속성에 대한 *R*의 투영, 즉 *R*의 항등 투영이다.

이제 희망컨대, 명확히 이 분해는 무손실이다. *R*은 확실히 *R1*과 *R2*의 결합과 동등하다(반면 *R1*과 *R2*의 결합은 재구축 과정에서 투영이 모두 필요하다는 일반적인 요구 조건을 충족시키지 못하는 것도 사실이다).

항등 분해를 다루고 있지만, 어떤 관계 변수도 항상(그러나 이번에는 '수직'이 아닌 '수평'으로) 해당 항등 제약identity restriction으로 분해될 수 있다는 것을 언급하고자 한다.[15] 여기에 정의가 있다(다시 말해, 이것을 관계 변수에 대해 정의한다. 물론 유사한 개념을 관계에도 적용할 수 있다. 다만 이번에는 튜플에 적용하지 않는다).

정의(항등 제약): 주어진 관계 변수 *R*의 항등 제약은 제약 조건이 동일한 *R*의 제약이다. 즉, 논리적으로 다음 형식 중 하나와 동등한 *R*의 제약이다.

```
R WHERE TRUE
```

참고: 논리학에서는 불린boolean 식 CITY = CITY와 같이 동일한 것이 참인 것을 항진명제tautology라고 한다. 따라서 관계 변수 R의 항등 제약은 제약 조건이 항진인 어떤 제약이라고 말할 수 있다.

14 TABLE_DUM과 TABLE_DEE는 각각 속성이 없고 튜플이 없는 고유한 관계와 속성이 없고 튜플 하나가 없는 고유한 관계를 위한 애완동물 이름이다(이전에도 2장 연습 문제 2.8의 해답에서 이러한 관계를 본 적이 있다). 자세한 내용은 『SQL and Relational Theory』를 참조하라.

15 제약 조건에 대한 정확한 정의와 제약 조건에 대한 관련 개념은 15장 연습 문제 15.3의 해답을 참조한다.

어떤 주어진 관계 변수 *R*에도 항상 공empty 제약[16]을 가진다고 말하는데, 이는 다음과 같이 나타낼 수 있다.

```
R WHERE FALSE
```

항등 제약과 주어진 관계 변수 *R*의 공제약의 (분리된!) 합집합은 물론 *R*과 동일하다.

참고: 논리학에서 불린 식 CITY ≠ CITY와 같이 동일한 것이 거짓인 것을 모순contradiction이라고 한다. 따라서 관계 변수 *R*의 공제약은 제약 조건이 모순되는 어떤 제약이라고 말할 수 있다.[17]

모순에 대한 보충 설명

주요 주제로 되돌아가서, FD가 손실될 수 있는 몇 가지 예를 살펴봤다. 그러한 대부분 예에서 조심히 FD를 잃는 것을 피할 수 있었다. 그러나 어떤 경우(SJT 사례)에는 FD와 BCNF 분해 보존의 목적이 실제로 서로 충돌했다. 그래서 당연히 의문이 생긴다. 정말로 충돌이 있는 그런 경우들을 특징지어 볼 수 있을까? 대답은 '그렇다'이다. 사실 그렇게 하는 것은 쉽다.

*R*을 다루고 있는 관계 변수가 되게 하고, *C*를 *R*에서 유효한 FD의 축소 불가능한 커버가 되게 한다. 다음과 같이 FD 그래프를 만들어보자.

1. *R*의 각 속성별 노드를 생성한다.
2. *X* → *Y*가 *X*가 둘 이상의 속성을 포함하는 *C*의 FD가 되도록 한다. *X*에서 명명된 속성에 대한 노드만 포함하는 '슈퍼노드supernode'를 만든다(지면에서 하는 경

16 물론 어떤 주어진 관계 *r*도 그렇다.

17 모순이라는 용어는 보통의 강의에서와 같이 논리적으로 상당히 같은 의미를 갖지는 않지만, 현재 목적으로는 그 차이가 중요하지 않다.

우, 개별 속성 노드를 둘러싸는 원을 그릴 수 있다). 슈퍼노드는 노드로 간주된다. 결정 요인이 둘 이상의 속성을 포함하는 *C*의 각 FD에 대해 이 단계를 반복한다.

3. $X \rightarrow Y$를 *C*의 FD로 한다. *X*의 노드에서 *Y*의 노드로 방향성이 있는 호를 그린다. *C*의 각 FD에 대해 이 단계를 반복한다.

4. 완성된 그래프가 어떤 원(원이 노드로부터 그 자체로 들어가는 두 개 이상의 방향성 호의 순서열인 경우)을 포함하는 경우에는 *R*은 FD를 잃지 않고 BCNF 투영으로 무손실 분해될 수 없다.

연습 삼아 앞에서 설명한 다양한 예를 전술한 절차에 응용해보라. (아직 그렇게 하지 않았다면) 그렇게 할 때, 여기서 정말 무슨 일이 벌어지고 있는지 금방 이해할 수 있을 것이다. 요점을 설명하면, 관계 변수가 SJT 예에서 얻은 패턴과 유사한 FD 패턴을 포함하는 경우에만 충돌이 있다.

독립 투영

이번 장을 마무리하기 위해 예시로 돌아가고자 한다. 상기하면 이 예에서는 일반적인 공급자의 관계 변수 S가 {SNO,SNAME,CITY}의 투영 SNC와 {SNO,STATUS}의 ST에 대한 무손실 분해로 인해 FD {CITY} → {STATUS}가 손실됐다. 그 결과, 이 분해는 각 도시가 단지 하나의 상태를 가지도록, 때때로 다른 공급자를 업데이트하기 위해 필요한 투영을 어느 한쪽이라도 업데이트해야 한다. 반면에 투영 SNC({SNO, SNAME,CITY}에 대한)와 CT({CITY,STATUS}에 대한)로 S를 '합리적으로' 분해하는 경우 그러한 문제를 겪지 않는다. 즉, 다른 것을 고려하지 않고 어느 하나의 투영만을 업데이트할 수 있다.[18]

---

18 CT의 {CITY}와 SNC의 {CITY} 사이에 외부 키 제약 조건이나 심지어 동등 종속성이 있을 수 있다는 점을 제외한다(3장 참조).

현재의 논의를 위해 SNC와 ST 같은 분해는 나쁘고, SNC와 CT 같은 분해는 좋다고 하자. 앞서 본 바와 같이, 좋은 분해의 투영은 서로 독립적으로 갱신될 수 있다. 그러한 이유로, 그것들은 명시적으로 독립적인 투영이라고 언급되기도 한다. 반면에 나쁜 분해의 투영은 같은 의미에서는 독립적이지 않다. 그래서 FD를 보존하기 위해 투영이 독립적인 분해를 원한다고 할 수 있다. 그리고 요르마 리사넨Jorma Rissanen 덕에 이런 점에 도움이 될 수 있는 정리도 있다. 그러나 그 정리를 말하기 전에 두 가지 투영이 독립적이라는 것이 무엇을 의미하는지 정확히 정의해보자.

> **정의(독립 투영)**: *R*에서 유효한 모든 FD가 *R1*과 *R2*의 결합에서도 유효한 경우에 관계 변수 *R*의 투영 *R1*과 *R2*는 독립적이다. 반대의 경우도 성립한다.

여기에 정리가 있다.

> **리사넨의 정리**Rissanen's Theorem: 제목 *H*를 가진 관계 변수 *R*이 각각 *H1*과 *H2*의 제목을 가진 *R1*과 *R2*를 가진다고 하자. 또한 *H1*과 *H2*는 모두 *H*의 적절한 부분집합이고, 이들의 합집합은 *H*와 동일하며, 교차점은 비어있지 않게 한다.[19] 그다음, 투영 *R1*과 *R2*는 (a) 공통 속성이 하나 이상에 대한 상위 키를 구성하고 (b) *R*에서 성립하는 모든 FD가 그들 중 적어도 하나 이상에서 성립하는 것들에 의해 내포되는 경우에만 독립적이다. 반대의 경우도 성립한다.

S가 투영 SNC와 CT로 잘 분해된다고 하자. (a) 공통 속성 집합이 단지 {CITY}이고 {CITY}가 CT를 위한 상위 키(실제로 키)이며, (b) S에서 성립하는 모든 FD가 두 가지 투영 중 하나에서 성립하거나 해당 투영(다음 장 참조)에 의해 내포되기 때문에 이 두 투영은 독립적이다. 반면에 투영 SNC와 ST로의 '나쁜' 분해를 고려하자. 여기서는 FD {CITY} → {STATUS}가 이러한 투영에 포함된 것으로부터 추론할 수 없기 때문에 (최소한 공통 속성 집합 {SNO}가 상위 키(사실상 키)인 것은 맞지만) 투영은 독립적이지 않다.

19 *H1*과 *H2*의 교차점이 비어있지 않은 조건은 리사넨의 정리에 대한 원래 명제와 같으나 불필요한 것으로 보인다.

역사적으로 현재 FD 보존이라고 부르는 이론의 기초를 마련한 것은 독립 투영에 대한 리사넨의 연구(1977년 이전에 완성되거나 출판된 것)라고 본다.

연습 문제

6.1 '불행한 충돌' 절의 관계 변수 SJT는 FD {S,J} → {T}의 제약을 받는다. **Tutorial D** CONSTRAINT 명제를 만들어 SJT를 각각 {T,J}와 {T,S}의 투영 TJ와 TS로 분해할 경우, 이 FD를 대체하는 다중 관계 변수 제약 조건을 표시하라.

6.2 (이장 본문에서 반복) '그리고 또 다른 것' 절로부터의 관계 변수 RX2A가 {CLASS,STATUS}와 {CITY,STATUS}에 대한 투영으로 분해된다고 가정하자. 이 절에서 언급한 바와 같이, 이제 적절한 다중 수준 제약 조건을 별도로 명시하고 강제해야 할 것이다. 그 제약 조건은 어떠한 것인가?

6.3 다음의 관계 변수는 미국 거리 주소 집합을 나타내기 위한 것이다.

```
ADDR { STREET , CITY , STATE , ZIP }
```

Tutorial D 구문을 이용함으로써, 이 관계 변수의 전형적인 튜플은 다음과 같다.

```
TUPLE { STREET '1600 Pennsylvania Ave.' ,
              CITY 'Washington' , STATE 'DC' , ZIP '20500' }
```

완전히 현실적이지는 않지만, 다음의 FD는 이 관계 변수에 성립하며 축소 불가능하다고 가정하자.

```
{ STREET , CITY , STATE } → { ZIP }
{ ZIP }                   → { CITY , STATE }
```

여러분은 이 관계 변수를 어떻게 분해할 것인가?

6.4 3NF 절차를 이 장의 본문에서 나오는 관계 변수 RX1, RX3, RX2(여기서 시퀀스sequence를 주목하라.)에 적용하는 효과를 보여라.

6.5 여기에 술어가 있다.

영화배우 S는 감독 D가 감독을 맡았던 Y년에 개봉한 영화 M에서 R 역을 맡았고, 나아가 영화배우 S는 B 날에 태어나 별자리 Z와 중국 별자리 C를 가졌고, Z와 C가 함께 S의 별자리 운세 H를 결정한다.

앞서 말한 상황을 포착하는 FD의 한 집합을 주자. 적용할 비즈니스 규칙에 대해 가정하면 이를 명시하라. 또한 BCNF 절차를 적용해 적절한 BCNF 관계 변수 집합을 구하라. 이 절차는 FD를 잃지 않는가?

해답

6.1

```
CONSTRAINT ... WITH ( SJT := JOIN { TJ , TS } ) :
                      COUNT ( SJT ) =
                      COUNT ( SJT { S , J } ) ;
```

또는 4장 연습 문제 4.8의 해답에 묘사된 제약 조건에 대해 또 다른 스타일을 사용함으로써 다음을 얻는다.

```
CONSTRAINT ... JOIN { TJ , TS } KEY { S , J } ;
```

6.2 LT와 CT를 각각 {CLASS,STATUS}와 {CITY,STATUS}에 대한 RX2A′의 투영으로 한다. 그러면 (a) {CLASS}와 {CITY}는 각각 LT와 CT를 참조하는 RX2B′의 외래 키가 되며, (b) 다음과 같은 다중 관계 변수 제약 조건도 역시 성립한다.

```
CONSTRAINT ... WITH ( LTX := LT RENAME { STATUS AS X } ,
                      CTY := CT RENAME { STATUS AS Y } ) :
               AND ( JOIN { RX2B' , LTX , CTY } , X = Y ) ;
```

6.3 주어진 FD 중 첫 번째는 {Street,CITY,STATE}가 키이고, 두 번째는 관계 변수가 BCNF가 아니라는 것을 의미한다. 단, 히스의 정리를 이용해 분해하는 경우(함수 종속성 {ZIP} → {CITY,STATE}를 기반으로) BCNF 투영으로 다음과 같이 분해된다.

```
ZCT { ZIP , CITY , STATE }
    KEY { ZIP }

ZR  { ZIP , STREET }
    KEY { ZIP , STREET }
```

그러면 FD {Street,CITY,STATE} → {ZIP}을 잃는다. 결과적으로 재방송 ZCT와 ZR은 독립적으로 업데이트될 수 없다(**보조 연습 문제**: 이 점을 설명하기 위해 ZCT와 ZR에 대한 몇 가지 샘플 값을 개발해보라). 물론 만약 이 분해를 수행하지 않는다면 약간의 중복성이 있을 것이다. 즉 구체적으로 말하자면, 주어진 우편번호가 특정 도시와 주에 해당한다는 사실이 여러 번 나타날 것이다. 그러나 그러한 중복이 문제를 야기하는가? 주어진 도시와 주의 우편번호는 자주 바뀌지 않는 것으로 판단할 때, 대답은 '가능하지만 그리 자주 바뀌지는 않는다.'이다(반면 우편번호가 절대 변하지 않는다는 것은 사실이 아니다).

6.4 다음은 RX1에 대한 축소 불가능한 커버다.

```
{ SNO , PNO } → { QTY }
{ SNO }       → { CITY }
{ CITY }      → { STATUS }
```

3NF 절차는 {SNO,PNO,QTY}, {SNO,CITY}, {CITY,STATUS}를 산출한다.

다음은 RX3다. 축소 불가능한 커버는 다음과 같다.

```
{ SNO }   → { CLASS }
{ CLASS } → { CITY }
{ CITY }  → { STATUS }
```

3NF 절차는 {SNO,CLASS}, {CLASS,CITY}, {CITY,STATUS}를 산출한다.

다음은 RX2다. 축소 불가능한 커버는 다음과 같다.

```
{ SNO }   → { CLASS }
{ SNO }   → { CITY }
{ CLASS } → { STATUS }
{ CITY }  → { STATUS }
```

3NF 절차는 {SNO,CLASS,CITY}, {CLASS,STATUS}, {CASSION}, {CASS,CITY}를 산출한다. 이 예에 대한 흥미로운 점은 (이 장 본문에 나타난 바와 같이) FD {SNO} → {CLASS,CITY}에 기초해 분해하면, 3NF 투영 제목으로 {SNO,CLASS,CITY}와 {CLASS,CITY,STATUS}를 얻는다는 것이다. 실제로 3NF 절차의 결과는 다음과 같은 다소 복잡한 다중 수준 제약 조건(동등 종속성)이 유지되는 것을 요구한다.

```
CONSTRAINT ... JOIN { SLC , LT } = JOIN { SLC , CT } ;
```

('특정 공급자에 대해 클래스 상태 = 도시 상태'다. 즉 여기서 SLC, LT, CT는 각각 {SNO, CLASS,CITY}, {CLASS,STATUS}, {CITY,STATUS}에 대한 RX2의 투영을 나타낸다.) 따라서 이 예는 3NF 절차가 3NF 투영을 산출하고 FD를 잃지 않도록 보장돼 있지만, 너무 맹목적으로 따라 해서는 안 된다는 점을 보여준다.

참고: 상태 속성의 이름을 관계 변수 LT와 CT로 다르게 지정한다고 가정하자.

```
LT { CLASS , CLASS_STATUS }
CT { CITY , CITY_STATUS }
```

그러면, 두 개의 상태 값은 어떠한 주어진 공급자에 대해 동일해야 한다는 제약 조건이 다음과 같이 기술될 수 있다.

```
CONSTRAINT ... IS_EMPTY ( ( JOIN { SLC , LT , CT } )
                          WHERE CLASS_STATUS ≠ CITY_STATUS ) ;
```

(**Tutorial D** 표현식 IS_EMPTY (*rx*)는 관계 표현식 *rx*로 표시된 관계 *r*이 비어있으면 TRUE를 반환하고, 그렇지 않으면 FALSE를 반환한다.) 또는 다음과 같다.

```
CONSTRAINT ...
   AND (  JOIN { SLC , LT , CT } ,
          CLASS_STATUS = CITY_STATUS ) ;
```

이 예제의 전반적인 메시지는 다음과 같이 표현될 수 있다. 특히 FD를 잃어버리거나 보존하는 이 모든 비즈니스는 사실 좀 더 일반적인 현상의 특별한 경우일 뿐이다. 즉, 만약 어떤 디자인 *D1*으로 시작해서 논리적으로 동등한 디자인 *D2*로 매핑한다면, 일반적으로 그 과정은 반드시 (사실상 명백하게) 관계 변수뿐만 아니라 제약 조건의 일부 구조 재조정을 수반할 것이다.

6.5 **가정**: 주어진 영화에서 하나 이상의 역할을 하는 스타는 없다. 또한 하나 이상의 감독을 가진 영화는 없다. (이러한 가정들이 타당한가?) FD는 다음과 같다.

```
{ S , M } → { R }
{ M }     → { D , Y }
{ S }     → { B }
{ B }     → { Z , C }
{ Z , C } → { H }
```

아홉 개의 속성을 모두 단일 관계 변수에 결합하면 해당 관계 변수는 1NF({S,M}이 키다.)에 불과하다. BCNF 절차는 {S,M,R}, {M,D,Y}, {S,B}, {B,Z,C}, {Z,C,}, {Z,C,H}를 산출한다. 어떤 FD도 손실되지 않았다.

7장

FD 공리화

참된, 그리고 공고한 살아있는 공리

– 프랜시스 베이컨(Francis Bacon): '새로운 오르가논' (1620년)

이미 몇몇 FD가 다른 FD들을 내포한다는 점을 여러 번 언급했는데, 이제 좀 더 구체적으로 말할 때가 된 것 같다. 그러나 우선 몇 가지 표기법을 소개하고자 한다. 이는 (a) 공식적인 증명에 필요한 키 입력 수를 줄이고, (b) 나무뿐만 아니라 숲을 보는 데도 도움이 될 수 있는 것들이다.

기억하겠지만, 5장에서 말한 히스의 정리에는 다음과 같은 문장이 포함돼 있었다. '*XY*가 *X*와 *Y*의 결합을 나타내며, *XZ*에 대해서도 유사하게 표시한다.' 내가 소개하고 싶은 표기법은 기본적으로 이 단순한 생각의 연장선상에 불과하다(사소하고 비논리적이지만 매우 편리하다). 구체적으로 말하면, 이 표기법은 *XY* 형식의 표현식을 사용해 다음을 의미한다.

- *X*와 *Y*가 개별 속성 이름인 경우 {*X*}와 {*Y*}의 합집합
- *X*와 *Y*가 속성 이름 집합인 경우 *X*와 *Y*의 합집합

- X가 개별 속성 이름이고 Y가 해당 이름 집합을 나타내는 경우 $\{X\}$와 Y의 합집합(또는 X와 Y의 역할이 반대인 경우 X와 $\{Y\}$의 합집합)

또한 X가 개별 속성을 나타내는 경우(예: FD 내에서) $\{X\}$를 단지 X로 축약할 수 있다. **참고**: 편의상 이제부터 이 표기법을 '히스 표기법Heath notation'(히스 자신이 실제로 그의 논문에서는 사용하지 않았다는 사실을 분명히 해야겠지만)이라고 부르겠다.

암스트롱의 공리

FD가 단지 표현이라는 것은 공식적으로 확인했다. 구체적으로 X와 Y가 집합인 $X \rightarrow Y$ 형식의 표현이다(실제 속성 이름의 집합이지만, 형식적인 관점에서 집합이 무엇으로 구성되는지는 중요하지 않다). 이제 몇 개 집합의 FD가 주어졌다고 가정해보자. 그러면 F로부터 더 많은 FD, 즉 F의 FD에 의해 내포되는 추가의 FD를 도출하기 위해 특정한 '공식 추론 규칙rules of inference'을 적용할 수 있으며, 이는 F의 FD가 주어진 관계 변수에서 성립한다면 파생된 FD도 해당 관계 변수에서 성립된다는 것을 의미한다. 이 규칙은 1974년에 암스트롱이 처음 발표했기 때문에 보통 '암스트롱의 추론 규칙Armstrong's inference rules' 또는 '암스트롱의 공리Armstrong's axioms'로 (더 일반적으로) 언급된다. 이들은 다음과 같은 다양한 동등한 방법으로 기술될 수 있으며, 그중에서 아마도 가장 간단할 것이다.

1. 반사성: Y가 X의 부분집합인 경우(즉, $Y \subseteq X$), $X \rightarrow Y$
2. 확장성: $X \rightarrow Y$이면 $XZ \rightarrow YZ$
3. 전이성: $X \rightarrow Y$, $Y \rightarrow Z$이면 $X \rightarrow Z$

FD의 의도적인 해석하에 이러한 규칙이 직관적으로 합리적이라는 것을 관찰하라. 즉, FD가 무엇을 '의미'하는 것을 알기 때문에, 예를 들어 $X \rightarrow Y$와 $Y \rightarrow Z$의 FD 둘 다 관계 변수 R에서 성립한다면 FD $X \rightarrow Z$도 그렇게 돼야 한다는 것을 쉽게 알 수 있다(공급자 관계 변수 S는 이 특정 규칙({SNO} → {CITY}, {CITY} → {STATUS}의 FD)이 모두 이 관계 변수에서 성립하고, 따라서 {SNO} → {STATUS} FD도 그렇다는 것을 보여준다).

그래서 규칙은 합리적이다. 그러나 더 중요한 것은 이 두 가지가 모두 건전하고 완전하다는 점이다. 건전성과 완전성은 일반적으로 공식 시스템과 관련해 자주 접하는 개념이다. 여기서 고려 중인 특정 공식 시스템에서 이들은 다음을 의미한다.

- 완전성: 만약 FD *f*가 주어진 집합 *F*에 의해 내포된다면, 그것은 규칙에 따라 *F*에 있는 것들로부터 파생될 수 있다(반복적으로, 일부 FD *f*가 어떤 집합 *F*의 FD에 의해 내포된다고 말하는 것은 *F*의 FD가 성립하면 *f*도 성립한다고 말하는 것이다).
- 건전성: 만약 FD *f*가 주어진 집합 *F*에 있는 것들에 의해 내포되지 않는다면, 그것은 규칙에 의해 *F*에 있는 것들로부터 파생될 수 없다.[1]

따라서 그 규칙들은 FD에 대한 공리화라고 불리는 것을 형성한다. 결과적으로 그것들은 어떤 주어진 FD 집합의 폐포closure[2] F^+라고 불리는 것을 도출하는 데 사용될 수 있다. 다음은 정의다.

정의(FD 집합의 비공개): *F*를 FD의 집합이라 하자. 그러면 *F*의 폐포 F^+는 *F*에 있는 것들에 의해 내포되는 모든 FD의 집합이다.

더욱이 파생 과정은 기계화될 수 있다. 즉, 암스트롱의 규칙은 (예를 들어) 어떤 관계 변수 *R*에서 성립하는 FD의 집합 *F*가 주어진다면, 그 집합 F의 폐포 F^+, 즉 관계 변수에서 성립하는 모든 FD의 완전 집합을 계산할 수 있는 디자인 도구에 통합될 수 있다. 이 상황의 중요성은 명백해야 한다.

---

1 논리에 대한 배경이 있다면 다음과 같은 특징을 갖는 것이 좋다. 건전성은 모든 정리는 항상 참이라는 것을 의미하고, 완전성은 모든 참인 이론들은 정리라는 것을 의미한다. 또는 더 직관적으로(그리고 휴 다웬에게 보내는 답례와 함께), 건전성은 여러분이 증명할 수 있다면 그것은 참이라는 뜻이고, 완전성은 그것이 사실이라면 증명할 수 있다는 뜻이다.

2 집합을 포함하는 가장 작은 집합 – 옮긴이

추가 규칙

몇 가지 추론 규칙이 원래의 세 가지 규칙에서 추가로 파생될 수 있는데, 그중 다음과 같은 것이 있다. 이러한 추가 규칙은 *F*에서 F^+를 계산하는 실무 작업을 단순화하는 데 사용할 수 있다. 여기에 몇 가지 예가 있다.

4. 자기결정: $X \rightarrow X$
5. 합집합: $X \rightarrow Y$, $X \rightarrow Z$이면 $X \rightarrow YZ$
6. 결합: $X \rightarrow Y$, $Z \rightarrow W$이면 $XZ \rightarrow YW$
7. 분해[3]: $X \rightarrow YZ$이면 $X \rightarrow Y$, $X \rightarrow Z$

다음 절에서는 이 네 가지 규칙이 어떻게 원래의 세 가지 규칙에서 파생될 수 있는지 보여주겠다. 그러나 우선 몇 가지 예를 들어 규칙(원 규칙과 추가 규칙 모두)이 어떻게 실제에서 사용될 수 있는지 살펴볼 것이다. 첫 번째 예로, *A*, *B*, *C*, *D*, *E*, *F* 속성을 가진 관계 변수 *R*이 주어지고, 그 관계 변수에 다음과 같은 FD가 성립한다고 가정해보자.

```
A  → BC
B  → E
CD → EF
```

FD $AD \rightarrow F$가 *R*에서 성립하는 것을 보일 것이다(즉시는 아니지만, 독자들이 동의할 사실이다).[4] 다음은 증명이다.

3 두 가지 요점: 첫째, 이 책의 다른 곳에서 상세히 논한 바와 같이 이러한 종류의 분해와 무손실 분해를 혼동하지 말라. 둘째, 여기서 정의한 것과 같은 구성과 분해는 서로 완전히 뒤바뀌지 않는다는 것을 관찰하라. 구체적으로 말하자면, 분해의 역은 *Z*가 *X*로 대체되고 *W*가 *Z*로 대체되는 특수한 구성의 경우다(즉, 분해의 역은 일반적으로 구성이 아니라 합집합이다. 이 맥락에서의 합집합은 구성의 특별한 경우다).

4 좀 더 구체적인 예를 원하면, *A*를 사원번호로, *B*를 부서번호로, *C*를 관리자의 직원번호로, *D*를 해당 관리자가 감독하는 프로젝트의 프로젝트 번호로, *E*를 부서 이름으로, *F*를 특정 프로젝트에 대해 지정된 관리자가 소비한 시간의 백분율로 취하라. 이때 주어진 FD $A \rightarrow BC$, $B \rightarrow E$, $CD \rightarrow EF$가 모두 성립한다는 사실은 직관적으로 타당하다(그러나 FD $AD \rightarrow F$는 어떠한가? 나 자신도 이것 역시 성립된다는 것이 즉각적으로 명백하다고는 생각하지 않는다).

1. $A \rightarrow BC$ (주어짐)
2. $A \rightarrow C$ (1, 분해성)
3. $AD \rightarrow CD$ (2, 확장성)
4. $CD \rightarrow EF$ (주어짐)
5. $AD \rightarrow EF$ (3과 4, 전이성)
6. $AD \rightarrow F$ (5, 분해성)

두 번째 예로, 6장에서 다룬 축소 불가능한 커버의 개념을 상기하라. 기억을 되살려 보면, (a) FD의 주어진 집합 F에 대한 커버는 F의 모든 FD가 C의 FD에 의해 내포되도록 설정된 FD의 C이며, (b) C를 포함하는 커버는 다음과 같은 모든 속성을 소유하고 있는 경우에만 축소 불가능하다.

1. 싱글톤 종속성: C의 모든 FD는 우변에 하나의 속성만 가진다.
2. 축소 불가능 결정 요인: C가 F의 커버라는 속성을 잃지 않고서는 C의 어떤 FD의 좌변으로부터 어떤 속성도 버릴 수 없다.
3. 중복 FD 부재: C가 F의 커버라는 속성을 잃지 않고서는 C로부터 어떤 FD도 버릴 수 없다.

이제 앞 장에서 (전략적으로) FD의 모든 집합 F가 축소 불가능한 커버를 갖고 있다고 가정했다. 사실 다음과 같이 쉽게 볼 수 있다.

- 분해 규칙 덕분에 F의 모든 FD는 우변이 싱글톤이라는 일반성을 잃지 않고 추정할 수 있다.
- 다음으로 F의 각 FD에 대해 좌변의 각 속성 A를 조사해 좌변에서 A를 삭제해도 F^+에 영향을 미치지 않는 경우 좌변에서 A를 삭제한다.
- F에 남아있는 각 FD에 대해 F에서 해당 FD를 삭제해도 F^+에 영향을 미치지 않는 경우 F에서 해당 FD를 삭제한다.

F의 최종 버전은 축소할 수 없으며, 원본의 커버다.

여기에 축소 불가능한 커버를 실제로 찾는 과정을 보여주는 구체적인 예가 있다. (특성 A, B, C, D가 가진 어떤 관계 변수 R에서 성립하는) 주어진 FD 집합은 다음과 같다.

```
A  → BC
B  → C
A  → B
AB → C
AC → D
```

그러면 다음 절차는 이 주어진 집합에 대해 축소 불가능한 커버를 생성한다.

1. 먼저 FD를 각각 싱글톤 우변이 되도록 다시 표현한다.

   ```
   A  → B
   A  → C
   B  → C
   A  → B
   AB → C
   AC → D
   ```

   FD $A \rightarrow B$가 두 번 일어나고 하나는 버려질 수 있다는 점에 주목하라
2. 속성 C는 FD $AC \rightarrow D$의 좌변에서 제거할 수 있다. $A \rightarrow C$를 갖고 있어 확정성에 의해 $A \rightarrow AC$와 $AC \rightarrow D$가 주어지므로 전이성으로 $A \rightarrow D$를 가지기 때문이다. 그래서 $AC \rightarrow D$의 좌변의 C는 중복된다.
3. FD $AB \rightarrow C$는 제거할 수 있다. 다시 $A \rightarrow C$가 있기 때문에 확장성으로 $AB \rightarrow CB$가 되고, 다시 분해에 의한 $AB \rightarrow C$가 되기 때문이다.
4. FD $A \rightarrow C$는 FD $A \rightarrow B$, $B \rightarrow C$를 함께 축약할 수 있다.

이제 다음과 같이 끝나며, 이 집합은 축소 불가능하다.

$A \rightarrow B$
$B \rightarrow C$
$A \rightarrow D$

추가 규칙 증명

약속한 대로, 이 절에서는 원래의 규칙 1-3에서 규칙 4-7을 도출하는 방법을 살펴본다.

4. 자기결정: $X \rightarrow X$

   증명: 반사성에 의해 즉시 증명

5. 합집합: $X \rightarrow Y$, $X \rightarrow Z$이면 $X \rightarrow YZ$

   증명: $X \rightarrow Y$(제공됨), 따라서 $X \rightarrow XY$는 확장성, $X \rightarrow Z$(제공됨), 따라서 $XY \rightarrow YZ$는 확장성에 의한 것이고, $X \rightarrow YZ$는 전이성에 의한 것이다.

6. 결합: $X \rightarrow Y$, $Z \rightarrow W$이면 $XZ \rightarrow YW$

   증명: $X \rightarrow Y$(제공됨), 따라서 $XZ \rightarrow YZ$(제공됨), 마찬가지로 $Z \rightarrow W$(제공됨), 따라서 확장성에 의해 $YZ \rightarrow YW$, 따라서 $XZ \rightarrow YW$

7. 분해: $X \rightarrow YZ$이면 $X \rightarrow Y$, $X \rightarrow Z$

   증명: 반사성에 의해 $X \rightarrow YZ$(제공됨) 및 $YZ \rightarrow Y$, 따라서 $X \rightarrow Y$(그리고 $X \rightarrow Z$의 경우도 마찬가지)에 의해 $X \rightarrow Y$

또 다른 종류의 폐포

요약하자면, FD 집합 F의 폐포 F^+는 F에 포함된 모든 FD 집합이다. 이제 원칙적으로 암스트롱의 규칙(또는 거기서 파생된 규칙)이 새로운 FD 생성을 멈출 때까지 반복적으로 적용함으로써 F로부터 F^+를 계산할 수 있었다. 그러나 실제로 F^+를 계산할 필요는 거의 없다(이것은 아마도 방금 설명한 절차가 거의 효율적이지 않기 때문이다). 그러나 이제 어떻게 F^+의 어떤 중요한 부분집합, 즉 주어진 결정 요인을 가진 모든 FD로 구성된 부분집합을 계산할 수 있는지 보여주고 싶다. 좀 더 정확히 말하자면, 제목 H, 부분집합 Z, 그리고 H와 관련해 FD의 집합 F를 고려할 때, 어떻게 F 아래의 Z^+라고 불리는 것을 계산할 수 있는지 살펴본다. 정의는 다음과 같다.

> **정의(속성 집합의 폐포)**: H를 제목, Z를 H의 부분집합으로 하고 F를 H에 관한 FD의 집합으로 하자. 그러면 F에 따른 Z의 폐포 Z^+는 H의 최대 부분집합 C로서, $Z \rightarrow C$는 F의 FD에 의해 내포된다.

아무튼 이제 두 종류의 폐포, 즉 FD 집합의 폐포와 FD 집합의 속성 집합의 폐포[5]를 갖고 있다는 점을 주목하라(그들을 혼동하지 말자). 또한 두 가지 모두에 대해 동일한 '+ 첨자' 표기법을 사용한다는 점에 유의하라.

다음은 F에서 Z^+의 폐포를 계산하기 위한 간단한 유사코드pseudocode 알고리즘이다.

```
Z+ := Z ;
do "forever" ;
    for each FD X → Y in F
        do ;
            if X is a subset of Z+
            then replace Z+ by the union of Z+ and Y ;
        end ;
    if Z+ did not change on this iteration
    then quit ; /* computation complete */
end ;
```

예를 들어, 주어진 제목이 $ABCDEG$이고 다음 FD 집합에 따라 특성 AB의 폐쇄 AB^+를 계산한다고 해보자.

5 관계대수 연산자에게 적용되는 폐포의 종류도 포함된다.

$A \rightarrow BC$
$E \rightarrow CG$
$B \rightarrow E$
$CD \rightarrow EG$

이제 알고리즘을 단계별로 살펴보자.

1. 먼저 결과 AB^+를 속성 AB로 초기화한다.
2. 이제 주어진 FD마다 한 번씩, 내부 루프를 네 번 반복한다. 첫 번째 반복(FD $A \rightarrow BC$의 경우)에서 결정인자 A가 지금까지 계산된 AB^+의 부분집합이므로, 여지껏 계산 결과에 속성 (B와) C를 추가한다. AB^+가 이제 집합 ABC이다.
3. 두 번째 반복 시행(FD $E \rightarrow CG$에 대해)에서 결정 요인 E가 지금까지 계산된 결과의 부분집합이 아니므로 변경되지 않는다.
4. 세 번째 반복 시행(FD $B \rightarrow E$에 대해)에서 E를 AB^+에 추가해 $ABCE$ 값을 갖게 된다.
5. 네 번째 반복 시행(FD $CD \rightarrow EG$에 대해)에서 AB^+는 변경되지 않은 상태로 유지된다.
6. 이제 다시 내부 루프를 네 번 반복 시행하자. 첫 번째 반복 시행에서는 결과가 변하지 않고, 두 번째 반복 시행에서는 $ABCEG$로 확장되며, 세 번째와 네 번째 반복에서는 변화가 없다.
7. 이제 다시 내부 루프를 네 번 반복 시행하자. 결과가 변하지 않으므로, $AB^+ = ABCEG$로 전체 과정이 종료된다.

이제 이 예를 통해 H, F, Z가 주어졌을 때, Z^+를 계산하는 것이 본질적으로 간단하다는 것을 이해했으면 한다. 그리고 중요한 점은 이것이다. FD의 어떤 집합 F가 주어졌을 때 (어떤 제목 H와 관련해) 특정 FD $X \rightarrow Y$(동일한 제목 H와 관련해)가 F에 의해 내포되는지 쉽게 알 수 있는데, Y가 F에 의거해 X의 폐포 X^+의 부분집합인 경우에만 그렇게 될 것이기 때문이다. 즉, 이제 실제로 F^+를 계산할 필요 없이 주어진 FD $X \rightarrow Y$가 F의 폐포 F^+에 있는지를 간단히 판단할 수 있게 됐다.

또한 (속성 집합의 폐포의) 정의에 따라, 관계 변수 R의 상위 키는 R의 부분집합 SK이므로, 관련 FD 집합하에서 SK의 폐쇄 SK^+가 R의 전체 제목이 된다.

연습 문제

7.1 암스트롱의 규칙이 건전하다고 말하는 것은 무엇을 의미하는가? 완성도인가?

7.2 FD 집합의 폐포는 무엇인가? F는 관계 변수 SP에서 성립하는 FD {SNO, PNO} → {QTY}만 포함하는 FD 집합이라 하자. 이 집합 F의 폐포를 보여라.

7.3 FD가 만족하는 것이 무엇을 의미하는지에 대한 정의가 주어졌을 때, 반사성, 확장성, 전이성 규칙이 합리적임을 보여라.

7.4 (이 연습 문제는 이 장의 본문을 다시 참고하지 않고 시도하라.) 이전 연습 문제의 세 가지 규칙이 자기결정, 합집합, 구성, 분해 규칙을 내포하고 있음을 증명하라.

7.5 다음 정리는 휴 다웬Hugh Darwen에게서 기인한다.[6]

다웬의 정리: $X \rightarrow Y$이고 $Z \rightarrow W$이면 $XV \rightarrow YW$이고, 여기서 $V = Z - Y$이다.

이 정리를 증명하라. 이전 두 개의 연습 문제로부터 어떤 규칙을 사용하는가? 이들 연습 문제로부터의 어떤 규칙이 정리의 특별한 경우로 도출될 수 있는가?

6 Hugh Darwen: "The Role of Functional Dependence in Query Decomposition," in C. J. Date and Hugh Darwen, Relational Database Writings 1989–1991(Addison-Wesley, 1992).

7.6 다음 FD 집합에 대한 축소 불가능한 커버를 발견하라.

```
AB  → C     BE → C
C   → A     CE → FA
BC  → D     CF → BD
ACD → B     D  → EF
```

7.7 다음 FD 집합을 고려하자.

```
A   → B
BC  → DE
AEF → G
```

이 집합에 의해 FD $ACF \rightarrow DG$가 내포되는가?

7.8 FD의 두 집합은 각각이 다른 FD에 대한 커버인 경우에만 동등하다. 다음 집합은 동등한가?

```
{ A → B , AB → C , D → AC , D → E }
{ A → BC , D → AE }
```

FD의 어떤 주어진 집합 F는 F의 축소 불가능한 커버인 어떤 집합에 대해서도 확실히 동등하고, 더 나아가 두 집합은 동일한 축소 불가능한 커버를 가질 때만 동등하다.

7.9 관계 변수 R은 속성 A, B, C, D, E, F, G, H, I, J를 갖고 있으며, 다음 FD에 제약된다.

```
ABD → E     C  → J
AB  → G     CJ → I
B   → F     G  → H
```

이 집합은 축소 가능한가? R은 어떤 키를 갖는가?

해답

7.1 이 장의 본문을 보라.

7.2 FD 집합 F의 폐포 F^+는 F에 포함된 모든 FD의 집합이다. FD {SNO,PNO} → {QTY}만 포함하는 FD 폐포는 4장 연습 문제 4.1의 해답에서 주어진다.

7.3 FD $X \rightarrow Y$는 두 개의 튜플이 X에 대해 일치할 때마다 만족한다. 또한 Y에 대해 일치한다(의도적으로 이 정의를 상당히 느슨한 형태로 제공하고 있다). 따라서 다음과 같다.

- 두 개의 튜플이 X에 대해 일치하면 X의 모든 부분집합 Y에 대해 확실히 일치하므로 반사성 규칙이 성립한다.
- 두 개의 튜플이 XZ에 대해 일치하면, 그들은 Z에 대해 확실히 일치한다. 그들은 또한 X에 대해 확실히 일치하고, 따라서 $X \rightarrow Y$가 만족되면 Y에 대해서도 일치한다. 따라서 YZ에 대해 일치하고, 그러므로 확장 규칙이 성립한다.
- 두 개의 튜플이 X와 $X \rightarrow Y$에 대해 일치하면 Y에 대해 일치한다. Y와 $Y \rightarrow Z$에 대해 일치하면 Z에 대해 일치한다. 그러므로 이행성 규칙이 성립한다.

7.4 이 장의 본문을 보라.

7.5 U가 Z와 Y의 교집합이고 V를 Z와 Y 간의 차집합 $Z - Y$라 하면 다음과 같다.

1. $X \rightarrow Y$ (주어짐)
2. $Z \rightarrow W$ (주어짐)
3. $X \rightarrow U$ (1, 분해)

4. $XV \rightarrow UV$ (3, 확장)
5. $XV \rightarrow Z$ (4를 단순화)
6. $XV \rightarrow W$ (5, 2, 이행성)
7. $XV \rightarrow YW$ (1, 6, 구성: 이것으로 증명을 마친다.)

이 증명에서 사용된 규칙들은 비고comment에 표시된다. 다음 규칙은 모두 다웬 정리의 특별한 경우다. 즉, 합집합, 이행성, 확장 규칙이다. 따라서 다음 역시 유용한 규칙이다.

$X \rightarrow Y$이고 $XY \rightarrow Z$이면, $X \rightarrow Z$이다.

참고: 후자는 종종 준이행성pseudotransitivity 규칙이라 불리는 것의 특별한 경우다. 이는 일반적으로 다음과 같다.

준이행성: $X \rightarrow Y$이고 $YW \rightarrow Z$이면, $XW \rightarrow Z$이다.

7.6 처음 단계는 모든 FD가 싱글톤 우변을 갖도록 주어진 FD 집합을 다시 기술하는 것이다.

1. $AB \rightarrow C$
2. $C \rightarrow A$
3. $BC \rightarrow D$
4. $ACD \rightarrow B$
5. $BE \rightarrow C$
6. $CE \rightarrow A$
7. $CE \rightarrow F$
8. $CF \rightarrow B$
9. $CF \rightarrow D$
10. $D \rightarrow E$
11. $D \rightarrow F$

이제 다음과 같다.

- 2는 6을 내포하므로, 6을 제거할 수 있다.
- 8은 확장 규칙에 의해 $CF \rightarrow BC$를 의미하고, 이는 3과 함께 이행성에 의해 $CF \rightarrow D$를 의미하므로 9를 제거할 수 있다.
- 8은 확장 규칙으로 $ACF \rightarrow AB$를 의미하고 11은 확장 규칙에 의해 $ACD \rightarrow ACF$를 의미하므로, 이행성에 의해 $ACD \rightarrow AB$이다. 따라서 분해에 의해 $ACD \rightarrow B$가 된다. 그러므로 4를 제거할 수 있다.

더 이상의 축소가 불가능하므로 다음의 축소 불가능한 커버를 갖는다.

```
AB → C
C  → A
BC → D
BE → C
CE → F
CF → B
D  → E
D  → F
```

또는 다음과 같다.

- 2는 6을 내포하므로, 6을 제거할 수 있다(전과 같다).
- 2는 확장 규칙에 의해 $CD \rightarrow AD$를 의미한다. 이는 확장 규칙에 의해 $CD \rightarrow ACD$를 의미하고, 4와 함께 이행성에 의해 $CD \rightarrow B$를 의미하므로 $CD \rightarrow B$로 4를 대체할 수 있다.
- 2와 9는 구성 규칙으로 $CF \rightarrow AD$를 의미한다. 이는 확장 규칙에 의해 $CF \rightarrow ADC$를 의미하고, (원래의) 4와 함께 이행성에 의해 $CF \rightarrow B$를 의미하므로 8을 제거할 수 있다.

더 이상의 축소가 불가능하므로 다음의 축소 불가능한 커버를 갖는다.

$AB \rightarrow C$
$C \rightarrow A$
$BC \rightarrow D$
$CD \rightarrow B$
$BE \rightarrow C$
$CE \rightarrow F$
$CF \rightarrow D$
$D \rightarrow E$
$D \rightarrow F$

따라서 원래의 FD 집합에 대해 (적어도) 두 개의 명확한 축소 불가능한 커버가 있음을 관찰하라. 또한 이 두 커버가 서로 다른 고유차수를 갖고 있다는 점도 유의하라.

7.7 그렇다. 이 결과를 증명하는 가장 쉬운 방법은 설정된 *ACF*의 폐포 ACF^+를 계산하는 것인데, 이것이 전체 집합 *ABCDEFG*로 판명된다. 또는 암스트롱의 공리와 이 장의 본문에서 논의된 다른 규칙들을 다음과 같이 적용할 수 있다.

1. $A \rightarrow B$ (주어짐)
2. $ACF \rightarrow BCF$ (1, 확장성)
3. $BC \rightarrow E$ (주어짐)
4. $BCF \rightarrow EF$ (3, 확장성)
5. $ACF \rightarrow EF$ (2, 4, 이행성)
6. $ACF \rightarrow AEF$ (5, 확장성)
7. $AEF \rightarrow G$ (주어짐)
8. $ACF \rightarrow G$ (6, 7, 이행성)
9. $BC \rightarrow DE$ (주어짐)
10. $BC \rightarrow D$ (9, 분해)
11. $BCF \rightarrow DF$ (10, 확장성)

12. $BCF \rightarrow D$ (11, 분해)

13. $ACF \rightarrow D$ (2, 12, 이행성)

14. $ACF \rightarrow DG$ (7, 13, 구성)

7.8 첫째 집합의 FD를 다음과 같이 순서를 매긴다.

1. $A \rightarrow B$
2. $AB \rightarrow C$
3. $D \rightarrow AC$
4. $D \rightarrow E$

이제 3은 다음으로 대체될 수 있다.

3. $D \rightarrow A$ and $D \rightarrow C$

이어서 1과 2는 모두(연습 문제 7.5의 해답 마지막 부분에서 언급된 '유용한 규칙'을 참조하라.) 2가 다음으로 대체될 수 있음을 의미한다.

2. $A \rightarrow C$

그러나 이제는 $D \rightarrow A$와 $A \rightarrow C$를 갖고, 이에 따라 $D \rightarrow C$는 이행성에 의해 내포되므로 제거할 수 있다.

3. $D \rightarrow A$

따라서 FD의 첫 번째 집합은 다음의 축소 불가능한 커버와 동일하게 된다.

$A \rightarrow B$
$A \rightarrow C$
$D \rightarrow A$
$D \rightarrow E$

두 번째 주어진 FD 집합도 명백하게 역시 이와 같은 축소 불가능한 커버와 동일하다.

A → *BC*
D → *AE*

따라서 두 개의 주어진 집합은 동일하다.

7.9 C → J와 CJ → I가 함께 C → I를 의미하므로 집합은 확실히 축소 가능이다. 키를 살펴보면 다음과 같다. 분명한 상위 키는 ABCDGJ(주어진 FD의 왼쪽에 언급된 모든 속성의 조합이다.)이다. 이 집합에서 C → J이므로 J를 제거할 수 있고, AB → G이므로 G를 제거할 수 있다. 주어진 어떠한 FD의 오른쪽에도 A, B, C, D 중 어느 것도 나타나지 않기 때문에 ABCD는 키가 된다.

8장

탈정규화

도대체, 무엇이 정규인가?

– 아논(Anon): 벌레는 어디로 가는가(Where Bugs Go)?

이제 탈정규화와 관련해 몇 가지를 언급하려 한다. 이 책에서 지금까지는 BCNF보다 더 높은 수준의 정규화를 고려해보지 않았다(적어도 세부적이지는 않았다). 하지만 만약 그것이 어떤 의미라도 있다면, 탈정규화는 단지 BCNF에만 적용될 수 없다. 즉, 그것이 단지 BCNF보다 낮은 어떤 수준의 정규화로 되돌아가는 것을 지칭할 수는 없다. 오히려 그것은 어느 정도의 정규화 수준에서 어느 정도 낮은 수준으로 후퇴하는 것을 의미해야 한다.

탈정규화에 대해 몇 마디 하고 싶다. BCNF이지만 더 높은 정규형이 아닌 관계 변수는 비교적 이례적이라고도 말할 필요가 있다(완전히 알려지지 않았지만, 서둘러 덧붙인다). 따라서 실무에서 탈정규화는 BCNF 이하의 어떤 수준의 정규화로 후퇴하는 것을 구체적으로 가리킨다. 그래서 이 장의 내용을 이 책에 담았다.

'성능을 위한 탈정규화'(?)

SQL 제품이 처음으로 출시된 후, '성능을 위한 탈정규화'가 필요하다는 주장이 널리 알려졌다. 이 (의심스러운!) 주장의 논거는 다음과 같다.

1. 정규화는 많은 관계 변수를 의미한다.
2. 관계 변수가 많다는 것은 저장한 파일이 많다는 것을 의미한다.
3. 저장한 파일이 많다는 것은 I/O가 많다는 것을 의미한다.

예를 들어, 공급자와 부품의 경우 적색 부품 공급자에 대한 세부 사항을 얻기 위한 요청은 이진적 결합two dyadic join과 관련 있다. 즉, 공급자를 먼저 선적에 결합하고, 그 결과를 부품에 결합하는 것이다. 그리고 세 개의 관계 변수가 물리적으로 분리된 저장 파일 세 개와 일치한다면, 그 두 개의 결합에는 많은 I/O가 필요하게 되므로 성능이 저하될 것이다.

이미 언급한 바와 같이, 이 주장은 적어도 원칙적으로는 그럴듯하다. 그 이유는 관계형 모델은 어느 곳에서도 관계 변수가 저장한 파일에 일대일로 매핑해야 한다고 명시돼 있지 않기 때문이다. 예를 들어 공급자와 부품의 경우(아마도 명백한 중복을 배제하고), 세 개의 관계 변수 결합을 물리적으로 디스크상 단일 파일로 저장할 수 없는 논리적인 이유가 없으며,[1] 이는 고려 중인 쿼리에 대한 I/O 양을 크게 줄일 수 있다. 그러나 다음과 같은 이유로 그 핵심은 현재의 목적과 무관하다.

- 첫째, 이것은 대부분의 DBMS 공급자들로부터 매우 실망한 부분이다. 대부분의 SQL 제품은 저장된 파일에 대해 관계 변수를 일대일 매핑한다.[2] 심지어 예

1 물론 여기서는 상당히 느슨하게 말하고 있다. 특히 일부 공급자나 해당 물량이 없는 부품이 있을 가능성을 무시하고 있다.

2 여기서 제안하는 것처럼 관계 변수에서 저장된 파일로의 매핑이 항상 정확히 일대일은 아니라는 점은 알고 있다. 예를 들어, 어떤 제품은 여러 관계 변수에서 동일한 저장 파일을 공유할 수 있도록 하고, 어떤 제품은 단일 관계 변수가 여러 저장된 파일로 확장할 수 있도록 허용한다. 그러나 그런 고려 사항은 더 큰 그림에 대해 물질적으로 영향을 미치지 않으며, 따라서 단순성을 위해 여기서는 그러한 것들을 무시한다.

외도 원하는 만큼 또는 관계형 시스템 이론상 가능한 만큼 데이터 독립성을 우리에게 제공하지 못한다. 따라서 실제적인 문제로서 그 '특정' 주장은 아쉽게도 현대의 대부분 SQL 제품에 유효하다.

- 둘째, 관계 변수가 저장된 파일에 일대일로 매핑하지 않았더라도 저장된 파일 수준에서 탈정규화가 여전히 바람직할 수 있다. 실제로, 일대일이 아닌 매핑이 바람직할 수 있는 주요한 이유는 정확히 탈정규화가 (손상된 논리적 수준까지 보여줄 필요 없이) 그것이 속해 있는 물리적 수준에서 행해지는 것을 허용하기 때문이다.

그러므로 토론을 위해 어떤 수준에서든 때때로 탈정규화가 이뤄져야만 한다고 가정해보자. 그런데 대체 탈정규화란 무엇인가?

탈정규화는 무엇을 의미하는가?

이상하게도 그렇게 널리 주창되고 있는 관행을 둘러싸고, 실제 탈정규화가 무엇으로 구성돼 있는지에 대해 상당한 혼란이 있는 것 같다(교과서textbook도, 심지어 디자인 주제를 전문으로 다루는 교과서도 큰 도움이 되지 않는다. 대부분의 교과서는 주제를 언급조차 하지 않고, 정의도 거의 제시하지 않는다. 그리고 이들은 확실히 문제를 그다지 깊이 논의하지 않는다). 예를 들어, 수년 전에 상업용 SQL 제품의 정규화 문제에 특별히 초점을 맞춘 논문을 읽을 기회가 있었다.[3] 그 논문을 다음과 같이 '탈정규화 논문'이라고 부르겠다. 저자는 탈정규화에 반대하는 주장으로 시작한다. 인용하면 다음과 같다.

> 비용, 하드웨어 확장성, 현재 SQL 기술, 네트워크 최적화, 병렬화 또는 기타 성능 기법이 해결할 수 없는 성능 문제가 없다면 정규화의 원리는 *계명(commandment)*으로 다뤄져야 한다고 생각한다*[약간 고친 부분은 기울임 글꼴을 추가했다]*.

3 Sam Hamdan: "Denormalization and SQL-DBMS," SQL Forum 4, No. 1 (January/February 1995).

이 입장에는 더 이상 동의할 수 없다. 사실 나 자신도 같은 말을 한 것으로 기록돼 있다. 실무에서의 SQL 시스템 사용을 다뤘던 1990년 논문에서는[4] '다른 모든 것이 실패하는 경우에만' 성능을 위한 전술로 탈정규화를 권고했다. 그러나 불행하게도 탈정규화 논문의 나머지에서는 저자가 실제로 탈정규화가 무엇인지 모른다는 것을 시사하는 경향이 있다. 위에서 인용한 탈정규화 반대 입장 이후 이 논문은 계속해서 '성능을 위한 디자인'의 여덟 가지 예를 제시하는데, 그중 한 가지를 제외한 모든 것은 탈정규화와 아무런 관계가 없다!

그러나 저자를 옹호하기 위해 다시 말하지만, 문헌에서 탈정규화에 대한 정확한 정의를 찾기는 어려워 보인다. 물론 (a) 탈정규화는 반드시 어떤 것이든 정규화의 반대가 되고 (b) 결국 정규화는 정확히 정의된다는 가정하에 그러한 정의가 필요하지 않다고 주장할 수 있다. 그러나 기록을 위해 곧 탈정규화의 정확한 정의가 어떻게 보일지에 대해 약간의 아이디어를 줄 것이다. 그러나 그 전에는 탈정규화 논문에 제시된 구체적인 디자인 전술에 대해 말싸움을 할 생각이 없다는 점을 분명히 밝혀둔다. 실제로 1982년에 내가 직접 쓴 논문에서는 그와 같은 몇 가지 전술을 제안했다.[5] 나의 말싸움 대상은 오직 저자가 그것들을 구체적으로 탈정규화 전술로 지칭하고 있다는 사실이다.

그러므로 여기서 내 나름의 정의를 제시한다. 그 가치에 대해 (그리고 좀 길어 보인다면 사과한다.) 조금 느슨하게 말하자면, 어떤 관계 변수 R을 정규화하는 것은 중복성을 감소시킨다는 사실을 관찰하는 것으로 시작한다. 좀 더 구체적으로 다음과 같이 중복성을 감소시킨다.

1. *R*을 투영 *R1*, ..., *Rn*의 집합으로 대체해 *R1*, ..., *Rn* 중 적어도 하나가 *R*보다 높은 수준의 정규화 상태가 되도록 하고,

---

4 "SQL Dos and Don'ts," in Relational Database Writings 1985–1989 (Addison–Wesley, 1990).

5 "A Practical Approach to Database Design," in Relational Database: Selected Writings (AddisonWesley, 1986).

2. *R*의 모든 가능한 값 *r*에 대해, 만약 *R1*, ..., *Rn*(각각)의 해당 값 *r1*, ..., *rn*이 다시 결합되면 그 결합의 결과는 *r*과 같다.

따라서 제안하려는 정의는 다음과 같다.

정의(탈정규화): 관계 변수 집합 *R1*, ..., *Rn*을 탈정규화한다는 것은 다음과 같이 중복성을 증가시킨다는 것을 의미한다.

1. *R1*, ..., *Rn* 중 최소 하나보다 *R*이 낮은 정규화 수준에 있도록 하는 결합 *R*로 *R1*, ..., *Rn*을 대체한다.
2. *R1*, .., *Rn*(각각)의 모든 가능한 값 *r1*, ..., *rn*에서 *Ri*의 속성에 대한 *R*의 해당 값 *r*을 투영한 결과는 *ri*(*i* = 1, ..., *n*)와 같다.

이 정의에서 다음과 같은 점들을 알 수 있다.

- 탈정규화는 분리된 개별 관계 변수가 아닌 일련의 관계 변수에 적용되는 프로세스임을 관찰하라. 예를 들어, 제목이 각각 {SNO,SNAME,CITY}이고 {CITY,STATUS}인 관계 변수 SNC와 CT를 고려해보자(일부 표본값은 3장의 그림 3-2 참조). 이 두 개의 관계 변수는 BCNF이다. 이들을 모두 결합한다면, 공급자 관계 변수 S(2NF에서만이며, 3NF도 아니므로 BCNF에서도 아니다.)를 얻는다. 그래서 관계 변수 S는 관계 변수 SNC와 CT의 탈정규화로 간주될 수 있다. 물론 관계 변수 S는 관계 변수 SNC와 CT보다 더 많은 중복성을 수반한다.
- (a) 우선 *R1*, ..., *Rn*을 투영으로 얻은 경우(즉, 이전 공급자 사례에서와 같이 탈정규화가 이전 정규화를 되돌린 경우), 그리고 또한 (b) 이전의 정규화가 순수히 중복성을 감소시키고 논리적으로 잘못된 디자인을 수정하지 않도록 실행된 경우(이 두 가능성 간의 차이에 대해서는 3장의 '끝맺는 말' 참조), 그러면 (c) *R*의 모든 가능한 값 *r*에 대해 *R*의 속성 위에 *r*을 투영해야 한다는 요구 사항(*i* = 1, ..., *n*)이 자동으로 충족될 것이다.

탈정규화에 찬성하는 일반적인 주장은 기본적으로 관계 변수를 표현하기 쉽게 만들고 더 나은 성과를 내도록 한다는 것이다.[6] 이 주장이 어느 정도 타당한지 여부는 다음 절에서 검토하겠다. 그러나 우선 일단 탈정규화 결정을 내리면, 매우 미끄러운 비탈길을 타기 시작하는 것이란 점을 지적하고 싶다. 문제는 다음과 같다. 어디서 멈춰야 할까? 정규화와 관련된 상황은 다르다. 여기에는 가능한 가장 높은 정규형에 도달할 때까지 이 과정을 계속해야 하는 분명한 논리적 이유가 있다. 그리고 결국 탈정규화와 함께 가능한 가장 낮은 정규형에 도달할 때까지 계속해야 하는가? 확실히 그렇지 않다. 정확히 어디에서 멈춰야 하는지를 결정할 논리적인 기준은 없다. 다시 말해, 탈정규화하는 것을 선택함에 있어서 적어도 그 뒤에 어떤 확고한 과학과 논리적인 이론이 있는 위치에서 물러나 그것을 순전히 실용적인 것으로 대체했다(물론 전체 문제에 대한 다소 좁은 관점에 기초하고 있다. 나중에 자세히 설명하겠다).

탈정규화가 아닌 것 (I)

탈정규화는 중복성을 증가시키는 것을 의미한다고 말해왔다. 그러나 중복성이 증가한다는 것이 탈정규화를 의미하지는 않는다! 이것은 탈정규화 논문이 헤어나오지 못한 함정 중 하나다. 그것이 표현한 디자인 전술은 중복성을 증가시킨다(그러나 앞에서 언급했듯이, 예외가 단 하나 있다). 하지만 그것들은 그 자체가 탈정규화의 적용은 아니다(논리적으로 p가 q가 참임을 의미한다면 q가 p가 참임을 의미한다는 것이 성립하지 않으며, 아니라고 주장하는 것은 잘못된 추론의 예로서 너무나 잘 알려져 있으므로 특별한 이름인 '허위 전환의 오류The Fallacy of False Conversion'로 즐겨 불리운다).

탈정규화 논문에서 몇 가지 예를 살펴보자. 한 가지 예로 다음과 같은 관계 변수 ITEM과 SALES가 주어졌다고 하자.

6 또한 종종 데이터베이스를 이해하기 쉽게 만들어야 한다고 주장한다. 연습 문제 8.2는 이 특정한 문제를 다룬다.

```
ITEM  { INO , INAME }
      KEY { INO }

SALES { SNO , INO , QTY }
      KEY { SNO , INO }
      FOREIGN KEY { INO } REFERENCES ITEM
```

술어는 '품목 INO는 INAME이라는 이름을 갖고, 품목 INO의 수량 QTY가 상점 SNO에서 판매됐다.'이다. 성능상의 이유로, 이 논문은 ITEM 관계 변수에 TOLOT_QTY 속성을 추가할 것을 제안한다. 이 속성값은 모든 상점에 대해 취해진 해당 항목의 총판매량이다. 그러나 최종 디자인이 어느 정도 중복성을 동반하지만, 두 개의 관계 변수가 여전히 BCNF라는 사실은 남게 된다(특히 함수 종속성 {INO} → {TOTAL_QTY}가 관계 변수 ITEM의 수정 버전에서도 성립하고 있다는 점에 주목한다). 즉, 이와 같이 (완전한) 탈정규화란 존재하지 않는다.

두 번째 예는 논문이 '내부 배열internal array'이라고 부르는 것을 포함한다.

```
EMP { ENO , JAN_PAY , FEB_PAY , ..., DEC_PAY }
    KEY { ENO }
```

술어는 '직원 ENO에게 1월에 금액 JAN_PAY, 2월에 금액 FEB_PAY, ..., 그리고 12월에 금액 DEC_PAY가 지급됐다.'이다. 그리고 아마도 논문에 그렇게 명시적으로 언급하지 않았지만, 이 '튜플별tuple wise' 디자인은 다음과 같은 '속성별attribute wise' 그것과 대조를 이루며, 성능상의 이유로 인해 우선될 수 있다.

```
EMP { ENO , MONTH , PAY }
    KEY { ENO , MONTH }
```

그러나 두 디자인 모두 BCNF이다. 다시 말하지만, 여기에는 탈정규화가 없다. 사실,

잠시 미리 나가기 위해(17장 참조) 역시 중복성의 증가가 없다고 말할 것이다(반면, '문제의 달 중 최소한 한 달 급여가 5,000달러 미만인 직원을 구하라'는 쿼리를 고려한다면 알겠지만, 원래의 '튜플별' 디자인은 그다지 좋지 않다).

위의 사례와 관련해, 최근 한 동료가 IBM사의 DBMS 제품인 DB2에 대한 참조 매뉴얼 중 하나를 다음과 같이 발췌해 나의 주목을 끌었다.

> **1차 정규형**: 관계형 개체는 한 개체의 모든 인스턴스가 하나의 값만 포함하고, 결코 복수의 반복 속성은 포함하지 않는 경우 1차 정규형의 요구 사항을 만족한다. 흔히 반복 그룹이라고 불리는 반복 속성은 본질적으로 동일한 서로 다른 속성이다. 1차 정규형의 요구 사항을 만족하는 개체에서 각 속성은 그 의미와 이름에서 독립적이고 유일하다.
>
> **예제**: 한 개체가 다음의 속성을 포함한다고 가정하자.
>
> employee_name
> January_Salary_amount
> February_salary_amount
> March_salary_amount

이 상황은 1차 정규형의 요구 조건을 위배한다. January_Salary_amount, February_salary_amount, March_salary_amount는 본질적으로 동일한 속성 employee_monthly_salary_amount이기 때문이다.

– 『DB2 for z/OS Administration Guide』, IBM Form. SC27-8844-2

글로 쓰는 것은 물론 끔찍하지만, 그것이 전달하는 메시지(어느 정도 이해는 하지만)는 여전히 더 나쁘다(논쟁의 여지가 있지만). 뭐라고 이야기하겠는가.

세 번째 예로는 RESELLER 관계 변수를 ACTIVE_RESELLER와 INACTIVE_RESELLERS라는 두 개의 관계 변수로 '수평적'으로 구분하는 것을 포함한다. 즉, 원래의 관계 변수는 제약(투영이 아님)을 통해 분해되고, 합집합(결합이 아님)을 통해 두 제약으로부터 재구성된다. 그래서 분명히 고전적 의미의 정규화에 대해 전혀 말하고 있지 않다. 따라서 더 강력하게 고전적 탈정규화에 대해서도 말하고 있지 않다.[7]

---

7 투영과 결합 대신 제약과 결합에 기초해 새로운 종류의 정규화를 정의할 수 있을지도 모르는 것이 사실이다(이 가능성에 대해서는 15장에서, 그리고 16장에서 좀 더 말할 것이 있다). 만약 그랬다면, 아마도 새로운 종류의 탈정규화도 가졌을 것이다. 그러나 그러한 고려 사항들은 RESELLERS의 사례로 탈정규화 논문이 언급했던 것과 다르다고 확신한다.

탈정규화 논문에서 한 가지 예를 더 들겠다. 이번에는 STORE와 EMP 관계 변수로 다음과 같이 시작한다.

```
STORE { SNO , REGION , STATE , ... }
      KEY { SNO , REGION , STATE }

EMP   { ENO , SNO , REGION , STATE , ... }
      KEY { ENO }
      FOREIGN KEY { SNO , REGION , STATE } REFERENCES STORE
```

술어는 '상점 SNO는 주 STATE 내의 지역 REGION에 위치하며, 직원 ENO는 주 STATE 내의 지역 REGION 내의 상점 SNO에 고용돼 있다'이다. 중복이 분명하므로, 이 논문은 상점의 대리 식별자 SID를 도입해 다음과 같이 디자인 수정을 제안한다.

```
STORE { SID , SNO , REGION , STATE , ... }
      KEY { SID }
      KEY { SNO , REGION , STATE }

EMP   { ENO , SID , ... }
      KEY { ENO }
      FOREIGN KEY { SID } REFERENCES STORE
```

하지만 이 수정 디자인은 탈정규화를 포함하지 않을 뿐만 아니라, 실제로 중복성을 감소시킨다.[8] 주어진 SNO와 주어진 REGION 및 STATE의 연관이 상점의 모든 직원별로 한 번이 아니라 그냥 한 번만 나타나기 때문이다(다른 것은 양보하더라도, 모든 사람이 확실히 동의하는 바는 탈정규화가 중복성을 증가시킨다는 것이다).

8 아니면 그런가? 다시 17장을 참조하라. 이 장은 특히 대리 키의 사용에 대한 추가 논의를 포함한다.

그런데 이번 예에서 내가 대리 식별자surrogate를 좋게 본다는 인상을 줄 수도 있다는 것을 알고 있다. 물론 그럴 수도 있지만, 이것이 항상 좋은 생각은 아니다. 사실 대리 식별자는 몇몇 문제를 해결할 수도 있지만, 대리 식별자 자체가 더 많은 문제를 야기할 수도 있다. 더 자세히 알고 싶다면 이 장 마지막의 연습 문제 8.3과 17장을 참조하라.

이번 절을 마무리하면서, 앞에서 언급한 논의들이 결코 탈정규화 논문이나 해당 저자에 대한 공격을 의도한 것은 아니라는 점을 분명히 밝히고자 한다. 사실 그 논문의 다음 인용문은 저자와 내가 더 큰 문제에 대해 정말 같은 편이라는 사실을 분명히 해준다.

> [우리는] 관계형 모델을 비판하지 말고 SQL과 관계형 모델을 명확히 구분해야 한다. 그 둘은 완전히 다르다.

나는 이 입장에 완전히 동의하고, '논리적으로 탈정규화 같은 문제를 걱정하는 유일한 이유는 현대의 SQL 제품 일부의 실패 탓'이라는 점에 암묵적으로 동의할 수 있다. 다른 곳에서 기술했듯이,[9] 사실 이상적인 시스템에서는 논리적인 차원에서 전혀 탈정규화할 필요가 없을 것이다. 전형적으로 이상에 훨씬 못 미치는 오늘날의 시스템에서도 최후의 수단으로만 탈정규화를 해야 한다고 믿는다. 즉, 성능 향상을 위한 다른 모든 전략이 어떻게든 요구 사항을 충족하지 못할 경우에만 완전히 정규화된 디자인에서 물러나야 한다(물론 정규화가 성능에 영향을 미친다는 일반적인 가정을 따른다. 일반적으로 현재의 SQL 제품에서 그렇듯이).

9 예를 들어, 『An Introduction to Database Systems, 8th Edition』에서 발견할 수 있다. 또한 『Go Faster! The TransRelationalTM Approach to DBMS Implementation』(http://bookboon.com에서 무료로 다운로드 가능)을 참조하라.

탈정규화가 아닌 것 (II)

이 장에서 지금까지는 탈정규화에 대한 합리적인 정의를 내려왔고, 그렇지 않은 몇 가지 예를 들어봤다. 하지만 어쩌면 그 용어가 치밀하거나 논리적인 의미에서 사용돼야 한다고 생각한 것은 내 입장에서 단순한 실수였을지도 모른다. 확실히 그것은 업계에서 일반적으로 매우 정확하게 사용되지 않는다. 사실, 특히 데이터 웨어하우스 환경에서 단지 나쁜 디자인 관행으로만 묘사될 수 있는 것에 대해 대부분 언급하는 것으로 보인다.

그뿐만 아니라, 그러한 나쁜 관행을 종종 추천한다! 그런 잘못된 관행을 권하는 예는 다음과 같다.

- 반복 그룹 사용[10]
- 중복 행 허용
- 널null 사용, 더 나빠질 수 있음, 키의 널 허용
- 동일한 열에 서로 다른 종류의 정보를 혼합(별도의 '플래그flag' 열을 사용해 해당 열에 있는 각 개별 값이 어떤 종류인지 지정)
- 논리적으로 구별되는 열을 나타내는 단일 텍스트 열 사용

스타 스키마star schema 개념과 '탈정규화'가 함께 언급되는 경우가 많아서 이번에는 스타 스키마를 첨언하고자 한다.[11] 이 개념 뒤에 숨겨진 기본적인 아이디어는 다음과 같다. 분석 목적으로 비즈니스 거래 기록을 수집한다고 가정하자. 예를 들어, 각 발송에 대해 해당 발송이 발생한 특정 시간 구간을 기록할 공급자와 부품의 경우를 가정해보자. 그러면 시간 구간 식별자(TINO)로 시간 구간을 식별하고, 해당 식별자를 그

---

10 반복 집단이 적절하게 정의된 RVA의 형태로 '훌륭하게' 수행된다 하더라도(4장 참조) 이들은 여전히 금지된다.

11 그러나 적어도 한 회사는 스타 스키마를 탈정규화된 것으로 지칭하는 것은 오해라고 주장한다. '스타 [스키마]를 묘사할 때 탈정규화의 사용은 디자인이 처음부터 정규화로 시작한다는 것을 의미한다. 대부분의 디자인은 그런 방식으로 생산되지 않는다. '정규화되지 않은 것(not normalized)'이 더 나은 설명이 될 것이다.'(크리스 애덤슨(Chris Adamson)의 『Star Schema: The Complete Reference』(McGrawHill, 2010)에서 인용)

자체에 상응하는 시간 구간과 연관시키기 위해 또 다른 관계 변수 TI를 도입할 수 있다. 수정된 발송 관계 변수 SP와 새로운 시간 구간 관계 변수 TI는 그림 8-1[12]과 같을 수 있다.

SP

SNO	PNO	TINO	QTY
S1	P1	T13	300
S1	P1	T15	100
S1	P2	T11	200
S1	P3	T12	400
S1	P4	T11	200
S1	P5	T15	100
S1	P6	T14	100
S2	P1	T13	300
S2	P2	T14	400
S3	P2	T11	200
S3	P2	T13	200
S4	P2	T11	200
S4	P4	T13	200
S4	P5	T12	400
S4	P5	T11	400

TI

TINO	FROM	TO
TI1	t0	t1
TI2	t2	t3
TI3	t4	t5
TI4	t6	t7
TI5	t8	t9

▲ 그림 8-1 샘플 사실 테이블(SP)과 차원 테이블(TI)

스타 스키마 용어에서 이번 예의 SP는 사실 테이블fact table이고 TI는 차원 테이블dimension table이다. 공급자 관계 변수 S와 부품 관계 변수 P도 차원 테이블(그림 8-2 참조)이다.[13] 그리고 전체적인 구조를 '스타 스키마'라고 하는데, 이는 해당 개체/관계 다이어그램이 별 모양과 닮았다는 유사성 때문이다. 그림 8-2에서와 같이 사실 테이블은 차원 테이블에 '선ray' 또는 '스포크spoke'로 연결돼 있다(물론 그 선이나 스포크는 다음

12 간단히 말해, 여기서는 그림에서와 같이 FROM-TO 쌍을 통한 것이 아니라 값 그 자체가 구간인 속성을 통해 그러한 시간 구간을 더 잘 나타낼 수 있다는 사실을 무시한다. 그러한 구간값 속성은 14장에 좀 더 자세히 설명돼 있다. 이러한 문제의 확대된 논의를 위해서는 C. J. 데이트(C. J. Date), 휴 다웬(Hugh Darwen), 니코스 로렌초스(Nikos A. Lorentzos)가 저술한 『Time and Relational Theory: Temporal Databases in the Relational Model and SQL』(Morgan Kaufmann, 2014)을 참조하라.

13 단순성을 위해 (단지 현재의 논의를 위해) FD {CITY} → {STATUS}가 관계 변수 S에서 성립돼야 한다는 사실을 무시하는 것을 선택했고, 따라서 관계 변수 S는 완전히 정규화되지 않는다.

의 외래 키 참조에 해당된다).

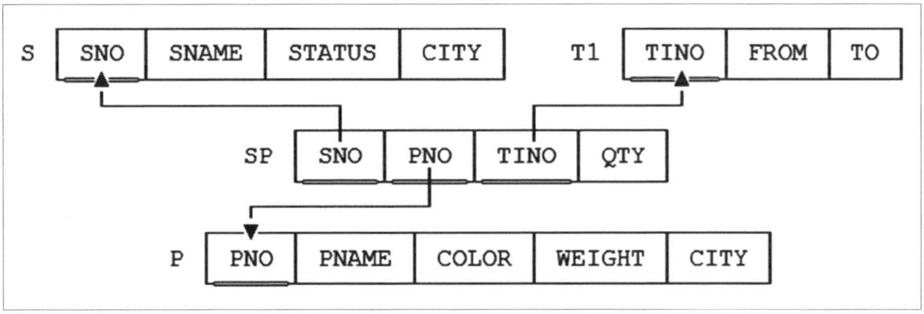

▲ 그림 8-2 공급자와 부품에 대한 스타 스키마(시간 구간 포함)

이제 여러분은 스타 스키마와 전통적인 관계형 디자인의 차이점이 무엇인지 궁금할 것이다. 사실 현재 논의 중인 것과 같은 단순한 예에 대한 스타 스키마는 좋은 관계 디자인과 동일할 가능성이 높다. 그러나 좀 더 복잡한 상황에서 차원 테이블은 완전히 정규화되지 않는 경우가 많다(여기서 목표는 결합을 피하려는 것으로 보인다).[14] 더욱이, 다른 관계형 디자인 권고 사항도 종종 위반된다(이 절 앞부분의 글머리 기호 목록 참조).

스타 스키마 관련 문제를 자세히 논의하는 것은 이 책의 범위를 벗어나며, 내 책 『An Introduction to Database Systems, 8th Edition』에서 좀 더 확장된 논의를 찾아볼 수 있다.

유해한 것으로 간주되는 탈정규화 (I)

이 절에서는 논리적인 주장을 제시하려 한다. 즉 독자가 이전에 보지 못한 주장, 즉 독자가 최후의 수단으로만 탈정규화해야 한다는 입장을 지지하는 논거를 제시하고자

14 이와 관련해 데이터 웨어하우스에 관한 서적으로부터의 다음과 같은 조언을 고려하라. '정규화를 [거부하라]... 디스크 공간[sic!]을 절약하기 위해 다차원 데이터베이스의 테이블 중 하나를 정규화하려는 노력은 시간 낭비다. 다차원 테이블을 정규화하면 안 된다... 정규화된 다차원 테이블은 검색(browse) 기능을 파괴한다.'(Ralph Kimball, The Data Warehouse Toolkit, John Wiley & Sons, 1996)

한다. 본질적으로(잘 알려진 대로) 탈정규화는 (잘 알려진) 업데이트에 있어 논리적으로 좋지 않을 수 있지만, 특정 쿼리를 공식화하기 어렵게 만들 수 있다는 점에서 *검색에도 논리적으로 나쁠 수 있다*는 주장이다(즉 공식화가 잘못되기 더 쉬워질 수 있는데, 만약 그것들을 실행한다면 이는 그 자체로는 정확할 수 있지만 잘못된 질문에 대한 답을 얻게 된다는 것을 의미한다). 이를 설명해본다.

FD {CITY} → {STATUS}를 사용해 다시 한 번 관계 변수 S를 고려하자. 앞에서 설명한 바와 같이('탈정규화는 무엇을 의미하는가?' 절에서) 해당 관계 변수는 관계 변수 SNC(SNO, SNAME, CITY 속성 포함)와 CT(CITY 및 STATUS 속성 포함)의 탈정규화 결과로 간주할 수 있다. 이제 '공급자 도시 평균 상태 값 가져오기' 쿼리를 고려해보자. 통상적인 표본값(3장의 그림 3-2 참조)을 감안할 때 아테네, 런던, 파리의 상태 값은 각각 30, 20, 30이므로 평균은 80/3으로 계산해 소수점 세 자릿수로 26.667이다. 다음은 SQL 쿼리를 만들려는 몇 가지 시도다(S가 비어있지 않아 AVG 연산자를 공집합에 적용하려고 하면 SQL에서 어떤 일이 일어날지 걱정할 필요가 없다고 가정한다).[15]

1.

```
SELECT AVG ( STATUS ) AS RESULT
FROM   S
```

결과(부정확): 26. 여기서 문제는 런던의 상태와 파리의 상태를 두 번 센다는 것이다. 아마도 AVG 호출 내에 DISTINCT가 필요한 것 같다. 이를 시도해보자.

2.

```
SELECT AVG ( DISTINCT STATUS ) AS RESULT
FROM   S
```

결과(부정확): 25. 아니다. 우리가 검사해야 할 것은 구별되는 도시이지 상태 값이 아니다. 그룹화로 이를 수행해보자.

15 그 가정을 할 수 없다면 지금 보여줄 다양한 SQL 표현에 필요한 변경 사항을 결정하는 것은 연습 문제로 남겨두겠다.

3.

```
SELECT CITY , AVG ( STATUS ) AS RESULT
FROM   S
GROUP  BY CITY
```

결과(부정확): (아테네, 30), (런던, 20), (파리, 30). 이 공식은 도시별 평균 상태를 주며, 전체 평균을 주지 않는다. 아, 어쩌면 우리가 원하는 것은 평균의 평균일지도 모르겠다.

4.

```
SELECT CITY , AVG ( AVG ( STATUS ) ) AS RESULT
FROM   S
GROUP  BY CITY
```

결과: 구문 오류 – SQL 표준은 이런 식으로 중첩된 '집합 함수' 호출을 허용하지 않는다.[16] 한 번 더 시도해보자.

5.

```
SELECT AVG ( TEMP.STATUS ) AS RESULT
FROM ( SELECT DISTINCT S.CITY , S.STATUS
       FROM   S ) AS TEMP
```

결과(결국 정확한 값): 26.667. 그러나 완전 정규화 디자인(관계 변수 SNC와 CT)의 예와 비교할 때 이 표현이 얼마나 복잡한지 주목하라.

6.

```
SELECT AVG ( STATUS ) AS RESULT
FROM   CT
```

16 나는 우리가 특별히 SQL 문맥에 있기 때문이라고 '매우 직설적으로' 말한다. **Tutorial D**와 같은 더 정통적인 언어는 확실히 그러한 호출(또는 그러한 호출의 유사성)을 중첩시킬 수 있게 해줄 것이다. 이를 설명해보면, SQL 표현 SELECT SUM (QTY) AS RESULT FROM SP WHERE QTY > 100(명료성을 이유로 일부러 다른 예시로 전환)을 고려한다. 여기서 SUM 호출에 대한 주장은 실제로 QTY FROM SP WHERE QTY > 100이라는 표현으로 증명되는 것이며, 따라서 좀 더 정통적인 언어는 그 전체 표현을 괄호 안에 포함시킬 것이다. 그러므로 SELECT SUM (QTY FROM SP WHERE QTY > 100)이다. 결과적으로 SQL은 이렇게 하지 않는다. 따라서 SQL은 주변 표현의 어느 부분이 AVG 인수와 관련이 있는지, SUM 인수와 어떤 관계가 있는지 파악할 수 없기 때문에 AVG(SUM(QTY)) 형식의 표현은 불법이어야 한다.

유해한 것으로 간주되는 탈정규화 (II)

이전 절에서 탈정규화 지지 주장은 검색을 표현하기 쉽고 더 나은 성능을 내도록 한다는 것이라고 말했다. 하지만 그 주장은 정말 세심한 분석에 맞서는 것일까? 좀 더 자세히 살펴보자.

무엇보다 검색이 표현하기 더 쉽다는 것은 분명히 사실이 아니다. 이전 절에서 상세한 반대 예제를 제시했지만, 요점은 훨씬 더 간단한 예시로 만들 수 있다. 예시를 통해 (a) 그림 1-1의 정규화 디자인에 대해 '모든 공급자 세부 사항 가져오기' 쿼리를 공식화하는 것과 (b) 관계 변수 S, SP, P를 SSPP라고 하는 단일 '결합' 관계 변수로 대체하는 탈정규화 디자인에 관련된 것을 고려한다. 다음은 **Tutorial D** 공식이다.

a. `S`

b. `SSPP { SNO , SNAME , STATUS , CITY }`

또는 만약 SQL 해를 원하면 다음과 같다.

a.
```
SELECT *
FROM S
```

b.
```
SELECT DISTINCT SNO , SNAME , STATUS , CITY
FROM SSPP
```

다음 요점은 많은 쿼리가 더 나쁜 성능을 낼 가능성이 있다는 것이다. 이 상황에는 여러 이유가 있다. 하나는 탈정규화가 중복을 초래하고, 이는 다시 중복 제거를 해야 할 필요를 초래할 수 있다(이 점에서 전술한 SQL 공식 중 두 번째의 DISTINCT를 주목한다). 또 하나는 다음과 같다.

- 공급자, 발송, 부품의 결합이 하나의 저장된 파일로 표시된다고 다시 가정하자. 또한 간단히 어떤 저장된 파일이 저장된 레코드의 물리적으로 연속된 모음으로 구성돼 있다고 가정하자. 이 모음은 현재 저장된 파일이 보여주는 관계

변수 내 현재 각 튜플에 대한 것이다.

- '빨간 부품을 공급하는 공급자에 대한 세부 정보 구하기' 쿼리가 이러한 물리적 구조에 대해 상당히 잘 수행될 것이라는 주장을 인정한다고 하자. 오케이! 그러나 '모든 공급자 세부 사항 가져오기' 쿼리는 물리적으로 분리된 세 개의 저장 파일에 세 개의 관계 변수가 매핑되는 구조보다 더 나쁜 성능을 보일 것이다. 왜 그럴까? 후자의 디자인에서는 모든 공급자의 저장 기록이 물리적으로 인접해 있을 것이고, 반면에 이전 디자인에서 사실상 더 넓은 영역에 걸쳐 분산될 것이므로 더 많은 I/O가 필요하기 때문이다. 어떤 종류의 결합 대신 공급자에게만 접근하거나 부품에만 접근하거나 발송에만 접근하는 모든 쿼리에 이런 비슷한 주장이 적용된다.
- 탈중앙화는 중복성을 증가시키므로 탈정규화는 더 큰 저장된 레코드로 이어질 가능성이 높다. 따라서 이런 사실은 또한 더 많은 I/O로 이어질 수 있다는 점에 유의하라. 작은 예로, 4K 페이지에 저장된 두 개의 2K 레코드를 담을 수 있지만 저장된 3K 레코드는 한 개만 담을 수 있기 때문에 중복성을 50%까지 증가시키는 탈정규화는 I/O를 100% 증가시킬 수 있다(물론 이는 꽤 대략적인 것이다).

다음으로, 탈정규화 덕분에 검색 표현이 더 쉽고 더 나은 성능을 낼 수 있다는 주장을 인정하더라도 분명히 업데이트는 표현과 성능을 더 어렵게 만든다는 점을 살펴봐야 한다. 이 점은 (앞서 말했듯이) 널리 알려져 있다. 하지만 그렇게 널리 알려지지 않은 것도 있는데, 탈정규화가 무결성 위반이라는 길도 터준다는 점이다. 예를 들어, (투영 관계 변수 SNC 및 CT와는 반대로) 관계 변수 S에서는 시스템이나 사용자, 그리고 현재 관행에서 아마도 후자가 FD {CITY} → {STATUS}를 유지해야 하며, 유지 관리가 이뤄지지 않으면 무결성이 상실된다. 반면에 정규화된 두 개 관계 변수 디자인에서 CT에 대한 핵심 제약 조건만 강제되는데, 이는 분명히 사용자가 아닌 시스템에 의한 것이고, 각 도시가 하나의 상태를 가진다는 사실은 '자동'으로 지켜질 것이다.

이 장의 한 검토자는 단순한 하위 표현들의 중첩을 통해 복잡한 쿼리 구성을 나타내는 표현을 좀 더 모듈화할 수 있게 한다는 점에서 정규화된 디자인의 또 다른 장점은 그 디자인이 복잡한 쿼리 구성을 단순화하는 경향이 있다는 점을 지적했다. 이는 원칙적으로는 사실인데, 그러한 모듈형 공식은 **Tutorial D**와 같이 잘 디자인된 언어로 쉽게 구성할 수 있지만(이 책의 다른 예에서 예시된 해당 언어의 WITH 기능을 사용), SQL로 공식화하기 훨씬 더 어렵거나 때로는 불가능하다는 것을 덧붙여야 할 의무감을 느낀다. 왜냐하면 SQL의 WITH 기능은 **Tutorial D**보다 훨씬 덜 유용하기 때문이다. 이는 (a) SQL의 SELECT 절의 의미론은 전체 표현식(특히 GROUP BY 및 HAVING 절과 합계 연산자 호출뿐만 아니라)에서 다른 특정 구문의 유무에 민감하기 때문이며, 또한 그 결과로 (b) 의미 구성과 구문 구성 사이에 SQL의 일대일 매핑과 같은 것은 없다는 점에 기인한다.

마지막 요점은 이것이다.

a. 물리적 수준에서만 이뤄지는 진정한 탈정규화, 또는
b. 논리적인 수준에도 영향을 미치는 오늘날 대부분의 SQL 제품에서 우리가 해야 하는 일종의 탈정규화

사람들이 '성능을 위해 탈정규화한다.'라고 말할 때, 실제로는 특정 애플리케이션의 성능을 언급한다는 점은 사람들에게 충분히 인지돼 있지 않다는 것이 요점이다. 앞서 말했듯이('탈정규화는 무엇을 의미하는가?' 절에서) 탈정규화는 전형적으로 전체적인 문제에 대한 다소 좁은 관점에 기초한다. 어떤 특정한 물리적 디자인은 어떤 응용프로그램에는 좋지만 다른 응용프로그램에는 좋지 않을 수 있다(성능의 의미 관점에서).

끝맺는 말

이 장에서는 탈정규화하지 않는 것을 지지하는 강한 주장을 제시했다. 그리고 정규화에 찬성하는 주장을 펼쳤다. '좋은 디자인은 보통 완전 정규화된 것이다.'라는 말은 확실히 사실이다. 하지만 그 반대가 반드시 사실이지는 않다는 점도 이해하는 것이 중요하다! 즉, 디자인은 완전히 정규화될 수 있지만 여전히 나쁠 수 있다. 예를 들어,

SNO 및 STATUS 속성에 대한 관계 변수 S의 투영 ST는 확실히 BCNF이다. 사실 이 책의 4부에서 볼 수 있듯이, 가능한 범위에서 가장 높은 정규형이다. 그러나 6장에서 보듯이, 이것은 분명히 좋은 디자인은 아니다.

연습 문제

8.1 때때로 관계형 모델에 의해 지원되는 일반적인 *n*진 관계 변수에 비해 이진 관계 변수의 한 가지 이점은 이진 관계 변수는 항상 BCNF라는 것이다(무엇보다도 정규화와 탈정규화에 대해 걱정할 필요가 없다는 것이다). 이진 관계 변수가 실제로 항상 BCNF라는 것을 보여주거나 반례를 생성해 주장이 틀리다는 것을 보여줄 수 있다.

8.2 다음은 어떤 데이터베이스 컨설턴트와의 공개된 인터뷰 내용에서 발췌한 것이다.[17] 컨설턴트의 진술로 시작한다.

컨설턴트: 문제는... 다중의 [관계 변수들] ...에 걸친 데이터의 정규화에서 주로 기인한다. 그러나 많은 쿼리는 데이터가 탈정규화될 때 훨씬 쉽게 이해할 수 있다.

인터뷰어: 탈정규화는 잠재적으로 데이터 무결성을 낮추고 예상치 못한 쿼리를 지원하는 유연성을 줄이지 않는가?

컨설턴트: 정규화와 중복 저장 제거에 중점을 두는 것은 순전히 거래 처리 문제일 뿐이다. 사용자가 데이터를 볼 때는 중복 형태로 본다. 데이터를 사용자에게 유용한 형태로 변환하기 위해서는 결합join을 통해 데이터를 탈정규화해야 하는데, 이는 근본적으로 데이터를 동적으로 탈정규화해 사용 편의

---

17 데이터베이스 뉴스레터(Data Base Newsletter 22, No. 5 September/October 1994)에서 발췌한 것이다.

성을 높이는 방식이다. 문제는 사용자가 결합 시간과 비용을 감내할 수 없다는 점이다. 이 문제를 해결하고자 회사들은 점점 더 많은 수의 의사 결정 지원 데이터베이스에 데이터를 복제하는데, 이것은 데이터의 탈정규화된 견해를 나타낸다.

만약 표현된 의견이 잘못됐다고 생각되면 어떤 조치를 취해야 하는가?

8.3 이번 장의 본문에서는 대리 식별자나 키를 사용할 가능성이 언급됐다. 실제로 많은 디자이너가 때때로 '자연적인' 키 대신에 그러한 인공 키나 대리 키를 사용할 것을 권고한다. 예를 들어, 속성 SPNO를 우리의 통상적인 발송물 관계 변수(물론 고유 속성을 갖고 있는지 확인)를 추가한 다음 {SPNO}를 해당 관계 변수의 대리 키로 만들 수 있다(그러나 {SNO, PNO}가 여전히 키가 될 것이지만, 더 이상 유일한 키는 아니다). 따라서 대리 키는 통상적인 관계적 의미에서는 키이지만, (a) 항상 정확히 하나의 속성으로 구성되며 (b) 대리 키는 자신이 표현하는 개체를 대신하는 역할만 한다(즉, 이들은 그러한 개체가 단지 존재한다는 사실을 나타내기 위한 역할만 할 뿐, 어떤 종류의 추가적 의미는 전혀 전달하지 않는다). 이상적으로 그러한 대리 값들은 생성된 시스템이지만, 그것들이 시스템 또는 사용자들에 의해 생성된 것인지는 대리 키의 기본적인 아이디어와 전혀 관계가 없다. 여기서 두 가지 질문이 있다. 대리 키가 튜플 ID와 동일한 것인가? 그리고 대리 키가 좋은 아이디어라고 생각하는가?

8.4 두 가지 디자인이 정보 등가라면 관계대수의 연산을 사용해 서로 변환할 수 있어야 한다. 따라서 이번 장 본문에서 살펴본 종업원 관계 변수에 대한 다음의 경쟁적 디자인을 고려하라.

```
EMP { ENO , JAN_PAY , FEB_PAY , ..., DEC_PAY }
    KEY { ENO }

EMP { ENO , MONTH , PAY }
    KEY { ENO , MONTH }
```

Tutorial D 또는 SQL(또는 여러분이 선호하는 데이터베이스 언어)을 사용해 각각의 이러한 디자인을 다른 디자인으로 변환하는 방법을 표시하라.

해답

8.1 이 연습 문제는 (의도적으로) 4장 연습 문제 4.6을 다른 말로 반복한다. 이전 연습 문제의 해답에서 보듯이, 그 주장은 부정확하다.

8.2 얼마나 많은 잘못된 진술이 그렇게 적은 양의 텍스트로 만들어질 수 있는지 정말 놀랍다... 다음은 표현된 견해에 대한 나만의 몇 가지 대답이다.

- '데이터를 탈정규화하면 많은 쿼리가 이해하기 훨씬 쉬워진다': 여기서의 이해가 정말로 공식화돼야 한다고 생각한다(예를 들어, '모든 공급자 세부사항 가져오기' 쿼리를 이해하는 것은 데이터베이스 디자인 방식과 아무런 상관이 없다). 만약 내가 맞다면, 그 주장은 타당할지도 모른다. 하지만 반대되는 주장 역시 유효하다! 즉, 많은 쿼리는 이번 장 본문에서 보여준 바와 같이 데이터가 탈정규화되지 않을 경우 작성하기가 더 쉽다.
- 인터뷰어는 탈정규화가 무결성 문제를 야기할 수 있고 예상치 못한 쿼리를 지원하는 유연성을 감소시킬 수 있다고 제안한다. 나는 이 제안에 동의한다.
- '정규화와 중복 저장 제거에 중점을 둔 것은 순전히 거래 처리 문제다': 정규화는 중복 저장을 줄이는 것이 아니라 중복성을 줄이는 것이다. 하지만 오늘날 가장 널리 이용 가능한 구현을 고려할 때 컨설턴트가 이 둘을 혼동하는 것에 대해 용서받을 수 있다고 생각한다. 하지만 그것은 분명히 '거래 처리 문제'가 아니다! 1장에서 말했듯이, 일반적으로 데이터베이스 디자인을 할 때, 그리고 특히 정규화를 할 때는 데이터가 어떻게 사용되는지가 아니라 데이터가 무엇인지에 대해 주로 관심을 갖는다.

- '사용자가 데이터를 볼 때 중복된 형태로 데이터를 본다': 그럴 때도 있고, 그렇지 않을 때도 있다. 하지만 그들이 그렇게 한다고 해도, 그것은 탈정규화된 디자인에 대한 주장이 아니다. 예를 들어, 사용자들에게 전통적인 뷰 메커니즘을 통해 데이터에 대한 탈정규화 개념을 제시할 수 있다. 기본 데이터베이스가 적절하게 정규화된 상태로 유지되는 동안에 그래야만 한다고 말하는 것은 아니다.
- '데이터를 유용한 형태로 변환하기 위해 ...': 이것은 그야말로 가식적인 발언이다.
- '[결합]은 기본적으로 데이터를 동적으로 변별해 사용 편의성을 높이는 방법이다': 사용자는 결합이 동적으로 이뤄질 것이라고 생각할 수 있지만, 일반적으로 결합을 정적으로(즉, 미리) 할 수 없는 이유는 없다. 그리고 나는 잘 디자인된 DBMS가 주어진다면 결합은 자주 정적으로 수행될 것이라고 믿는다.[18] 결합의 결과를 항상 탈정규화해야 한다고 제안하는 것도 또한 사실이 아니다. '사용 편의성을 높여라.'는 또 다른 건방진 말이다.
- '[사용자]는 결합 시간과 비용을 감당할 수 없음': 결합이 반드시 시간이 걸리거나 비용이 많이 드는 것은 아니다. 다시 말하지만, 그것은 실행 여부에 달려 있다. 어쨌든 '감당할 수 없다.'는 것은 내 의견으로는 지나치게 편견을 가진 말이다.
- '이 문제를 해결하기 위해 기업은 점점 더 많은 수의 의사 결정 지원 데이터베이스에 데이터를 복제하며, 이는 데이터의 변형된 보기를 나타낸다': 이것은 사실일 수도 있지만, 만약 그것이 현재의 구현에 대한 비난이라면 탈정규화에 대한 주장은 아니다.

18 여기서는 주로 'TransRelationalTM 모델'을 이용해 구현된 DBMS를 염두에 두고 있다(각주 9 참조). 참고: 이와 유사한 발언은 이 책의 6장과 그 밖의 다른 곳에서 '잘 디자인된'이라는 문구를 사용한 나의 모든 용도에 적용된다.

8.3 우선 대리 키는 튜플 ID와 같지 않다. 정확하게 한 가지를 말하면, 대리 키는 개체entity를 식별하고 ID는 튜플을 식별한다. 개체와 튜플 사이에는 확실히 일대일 대응만큼 좋은 것이 없다(특히 파생된 튜플을 생각해보라. 예를 들어, 어떤 쿼리의 결과에서 튜플을 생각해보라. 사실, 파생된 튜플이 튜플 ID를 가질 것이라는 점은 어쨌든 전혀 확실하지 않다). 더욱이 튜플 ID는 보통 성능을 함축하지만 대리 키는 그렇지 않다(튜플 ID를 통한 튜플에 대한 접근은 대개 빠른 것으로 가정되지만 대리 키에 대해서는 그러한 관찰이 적용되지 않는다). 또한 튜플 ID는 종종 사용자로부터 숨겨지지만,[19] '정보 원리The Information Principle'(2장 연습 문제 2.1 참조) 덕분에 대리 키는 숨겨지면 안 된다. 다시 말하면, 데이터베이스 관계 변수에 튜플 ID를 저장하는 것은 아마도 (그리고 당연하게) 불가능하지만, 데이터베이스 관계 변수에 대리 식별자-키를 저장하는 것은 확실히(그리고 바람직하게) 가능하다. 간단히 말해, 대리 키는 논리적 디자인과 관련이 있고 튜플 ID는 물리적 디자인과 관련이 있다.

대리 키가 좋은 생각인가? 자, 먼저 관계형 모델은 이 문제에 대해 말할 것이 없다는 것을 관찰하라. 일반적으로 디자인 비즈니스처럼, 실제로 대리 키를 사용할지 여부는 관계형 모델을 적용하는 방법과 관련이 있지만, 그와 같은 관계형 모델과는 관련이 없다. 그렇기는 하지만, 나도 대리 키가 좋은지 나쁜지에 대한 질문은 결코 답하기에 간단하지 않다고 말할 수밖에 없다. 양측에는 강력한 주장이 있다. 사실 그런 주장들이 너무 많이 있으므로 아마도 여기서는 그들을 정당하게 평가할 수 없을 것이다(일부는 17장에 요약돼 있지만). 자세한 내용은 내 책 『Relational Database Writings 1989–1991』(Addison-Wesley, 1992)의 '복합 키'를 참조하라. **참고:** 대리 키가 기존 키와 상응하는 외래 키가 구체적으로 복합 키인 상황에서 실제로 유용할 가능성이 가장 높기 때문에 문제의 논문은 '복합 키'라고 한다.

---

19 이와 연결해, 4장의 '1차 정규형' 절에서 네 번째 요구 사항을 논의한 내용을 참조하라.

8.4 변화를 위해 SQL로 해답을 보인다. (요약의) 두 번째 구문으로 첫 번째를 정의하면 다음과 같다.

```
SELECT DISTINCT EX.ENO ,
     ( SELECT PAY
       FROM   EMP AS EY
       WHERE  EY.ENO = EX.ENO
       AND    MONTH = 'Jan' ) AS JAN_PAY ,
        ...
     ( SELECT PAY
       FROM   EMP AS EY
       WHERE  EY.ENO = EX.ENO
       AND    MONTH = 'Dec' ) AS DEC_PAY
FROM   EMP AS EX
```

(다시 요약의) 첫 번째 구문으로 두 번째를 정의하면 다음과 같다.

```
SELECT ENO , 'Jan' AS MONTH , JAN_PAY AS PAY FROM EMP
UNION
 ...
UNION
SELECT ENO , 'Dec' AS MONTH , DEC_PAY AS PAY FROM EMP
```

3부

결합 종속성, 5차 정규형과 관련 문제들

이전 부에서는 함수 종속성과 보이스/코드 정규형을 다뤘다. 3부는 결합 종속성과 5차 정규형에 대한 것이며, 또한 전체적으로 디자인 이론의 주요 구성 요소로서 정규화와 관련된 여러 (대략적인) 결론을 모아둔다.

9장

JD와 5NF (비공식)

그들을 이기려면, 그들과 함께하라

– 아논(Anon)

보이스/코드 정규형이 함수 종속성의 관점에서 정의돼 있듯이, 4장에서 지적한 것처럼 5차 정규형(5NF)은 결합 종속성(JD)[1] 관점에서 정의되고, 실제로 BCNF가 FD에 관한 정규형인 것처럼 5NF는 JD에 관한 정규형이다. 따라서 3부에서 이러한 아이디어를 다루는 방법은 2부의 BCNF 및 FD와 유사하다. 즉, 10장에서 그 내용을 비공식적으로 다룰 계획이다.

당장 덧붙이자면, 비록 5NF가 정말로 JD에 대한 '정규형'이더라도 이 상황이 반드시 5NF가 정규화 과정의 최종 목표라는 것을 의미하지 않는다. 사실은 다음과 같다. 책의 4부에서 볼 수 있듯이, 그 장 제목에 어울리는 최소 두 가지 정규형이 있다. 그러나 교육과 역사의 관점에서 먼저 5NF를 자세히 논의하는 것이 바람직하다고 생각한

1 어떤 의미에서는 4NF도 마찬가지지만, 12장에 도달할 때까지 4NF(대부분의 경우, 어쨌든)는 무시하겠다.

다(단순히 잘못된 인상을 주지 않기 위해 이 점을 언급한다. 이 책의 한 검토자는 책의 내용을 다른 순서로 보여줘야 한다지만, 동의하지 않는다).

이전 글들에서는 JD를 일반화된 종류의 FD처럼 다루는 경향이 있었다. 이제는 이 문제에 대한 이런 관점이 잘못됐거나 적어도 오해의 소지가 있다는 점을 깨달았다. 오히려 JD를 완전히 다른 것으로 보는 편이 더 낫다. 물론 FD와 JD는 둘 다 종속성(즉, 제약 조건)이며, 어떤 측면에서 둘은 서로 닮아있다. 특정 FD가 관계 변수 *R*에서 유효하다는 사실은 *R*이 특정한 방식으로 무손실 분해될 수 있음을 의미한다. 마치 특정 JD가 관계 변수 *R*에서 유효하다는 사실이 특정한 방식으로 *R*을 무손실 분해할 수 있음을 의미하는 것처럼. 또한 모든 FD는 JD를 의미하므로, 어떤 FD *F*가 관계 변수 *R*에서 유효하면 특정 JD *J*도 *R*에서 유효하게 된다. 그러나 모든 JD가 FD에 의해 내포되는 것은 아니다. 엄밀히 따지지 않고 말하자면(그러나 지금 말하려는 것은 극도로 부정확하다는 것을 강조한다.), 5NF가 FD에 의해 내포되지 않는 JD와 관련이 있다고 말할 수 있다. 즉, 어떤 관계 변수 *R*이 BCNF이지만 FD에 의해 내포되지 않은 어떤 JD의 적용을 받는 경우, 5NF의 개념이 관련 있을 수 있다.

이제, 대상인 모든 FD가 키에 의해 내포되는 경우에만 관계 변수가 BCNF이다. 따라서 예상하는 바와 같이, 대상인 모든 JD가 키에 의해 내포되는 경우에만 관계 변수는 5NF이다.[2] 그러나 이 후자의 개념(즉, 키에 의해 내포되는 JD의 개념)은 FD 상대 개념보다 더 까다롭다. 사실 이런 생각들을 둘러싼 이론이 넘치고 있는데, 곧 알게 되겠지만 그 이론 중 일부는 처음에는 약간 부담스러울 수 있다(혼란함은 물론이고). 정신 똑바로 차려야 한다! 예전에 이 문제에 대해 나보다 훨씬 더 많은 지식을 가진 어떤 사람이 내게 말한 대로, JD는 매우 신비롭다.

서론은 여기서 끝내고, 이제 본론으로 들어가자.

2 이 매우 비공식적인 정의는 이 장에서 5NF에 대해 제시할 유일한 정의다.

결합 종속성 – 기본 아이디어

지금까지 책의 대부분 시간 동안 암묵적인 가정을 해왔다. 즉, 어떤 관계 변수를 분해할 때는 항상 그 관계 변수를 정확히 두 개의 투영으로 대체해 분해한다고 가정해왔다.[3] (무손실 분해와 관련해 대부분의 공식적인 근거를 제공한 히스의 정리는 정확하게 두 개의 투영으로 분해하는 것을 구체적으로 다루고 있다.) 게다가 우리의 목표가 단지 BCNF일 뿐인 한, 그 가정은 충분히 보증됐다. 다시 말해, 그것은 우리를 그 특정한 목표까지 성공적으로 도달시켰다. 따라서 여러분은 두 개 투영 무손실 분해는 아니지만, 세 개(또는 세 개 이상)로 무손실 분해될 수 있는 관계 변수가 존재한다는 것을 알면 놀랄지도 모른다.

한편, 나는 코드 박사가 1969년에 그의 첫 번째 관계 모델에 대한 논문(부록 D 참조)에서 앞서 언급한 가능성에 대해 알고 있음을 보여주는 예를 제시했다는 점에 주목한다. 그러나 그 예는 그 논문의 최초 독자들 대부분에 의해 간과된 것이 분명하다. 확실히 수년 후(정확히 말하면 1977년에) 그 가능성이 재조명됐을 때는 연구자들에게 놀라움을 안겨줬다.

앞서 대략적이었지만, 5NF는 FD가 내포되지 않는 JD와 관련이 있다고 말했다. 다시 말하자면, 그것은 두 개의 투영으로 분해될 수 없지만 세 개 이상의 투영으로 분해될 수 있는 관계 변수와 관련이 있다고 덧붙일 수 있다. 즉, (a) FD에 의해 내포되지 않은 JD와 (b) 손실 없이 오직 세 개 이상의 투영으로 분해될 수 있는 관계 변수가 있는 경우, 이러한 상황이 발생할 때 JD와 5NF를 정말로 잘 이해해야 한다.

그럼 JD가 어떤 관계 변수에서 성립한다는 말은 정확히 무엇을 의미하는가? 여기에 정의가 있다.

---

3 물론 여기서는 전체 과정의 한 가지 개별적인 단계를 언급하고 있다. 반복적인 단계(즉, 반복적인 개별 분해)는 각 개별 단계가 단지 두 개의 투영만 산출하더라도 분명히 일반적으로는 세 개 이상의 투영으로 구성되는 결과를 산출할 것이다.

정의(결합 종속성): *X1*, ..., *Xn*을 관계 변수 *R*의 제목 *H*의 하위 집합으로 한다. 그 다음, 결합 종속성(JD, 때로는 좀 더 구체적으로 *n*진 JD -- ☆ { X1 , ... , Xn })은 *R*이 *X1*, ..., *Xn*에 대한 투영으로 무손실 분해될 수 있는 경우에만 *R*에서 성립한다. 즉, *R*의 모든 적법한 값 *r*이 각각 *X1*, ..., ..., *Xn*의 투영 *r1*, ..., *rn*의 결합과 동일한 경우에만 해당된다. *X1*, ..., *Xn*은 JD의 구성 요소라고 하며, JD는 일반적으로 'star *X1*, ..., *Xn*'(또는 때때로 'join *X1*, ..., *Xn*')으로 읽을 수 있다. 서둘러 추가하지만, 'join'이 사실 여기서 가장 정당한 것은 아니다. 대부분이 아는 대로 'join'은 관계를 결합하고, *X1*, ..., *Xn*은 관계가 아니라 제목이기 때문이다.

간단한 예를 들어 공급자 관계 변수 S를 다시 생각해보자. 알다시피 그 관계 변수는 FD {CITY} → {STATUS}에 제약되며, 따라서 히스의 정리는 {SNO,SNAME,CITY}와 {CITY,STATUS}에 대한 투영으로 분해될 수 있다는 것을 보여준다. 즉, 다음과 같은 2진 JD가 해당 관계 변수에서 성립한다.

```
☆ {{ SNO , SNAME , CITY } , {CITY , STATUS } } }
```

요점은 다음과 같다.

- 구성 요소 *X1*, ..., *Xn*의 합집합은 *H*(즉, *H*의 모든 속성은 해당 구성 요소 중 하나 이상에 나타나야 함)와 동일해야 한다는 정의에 따른다는 점을 주목하라. 그렇지 않으면 *R*이 해당 구성 요소에 해당하는 투영의 결합과 동일할 수 없기 때문이다.
- 다른 저자들은 JD를 나타내기 위해 다른 기호를 사용한다. 나는 특별한 종류의 별('☆')을 사용하지만, 기호 ⋈('나비 넥타이')는 연구 문헌에서 더 자주 발견된다.[4]
- 어떤 JD가 성립한다는 것은 해당 투영을 결합할 때 '그럴듯한' 튜플(3장 연습 문

4 개인적으로는 나비 넥타이 기호가 약간 부적절하다고 생각한다. (5장에서 이미 확인했듯이) 결합 연산자는 실제로 *n*진이고, 이에 따라 결합 종속성은 *n*진이며, 두 경우 모두 임의의 비음수 정수 *n*에 대해 *n*진으로 보인다.

제 3.2에서 이렇게 불렀다.)을 얻을 수 없을 것이라고 말하는 것과 동등하다는 점을 언급하면 도움이 될 것이다.

- 다음을 보는 것도 도움이 될 수 있다. 약간 추상적이지만, 예를 갖고 단순하게 설명하겠다. 관계 변수 *R*에는 (단지) 속성 *A*, *B*, *C*, *D*가 있고, JD ☼{*AB*,*BC*, *CD*}('히스 표기법' – 7장 참조)가 *R*에서 성립한다고 한다. 또한 기호 '∈'를 사용해 '~에 나타난다'를 의미하도록 하자(5장 연습 문제 5.4의 해답에서처럼). 그리고 주어진 JD가 *R*에서 성립한다는 것은 다음과 동등한 것이다.

```
if   EXISTS c1 ( EXISTS d1 ( ( a  , b  , c1 , d1 ) ∈ R ) )
     AND
     EXISTS a2 ( EXISTS d2 ( ( a2 , b  , c  , d2 ) ∈ R ) )
     AND
     EXISTS a3 ( EXISTS b3 ( ( a3 , b3 , c  , d  ) ∈ R ) )
then                         ( a  , b  , c  , d  ) ∈ R
```

설명: *A* = *a*와 *B* = *b*를 가진 *R* 튜플, *B* = *b*와 *C* = *c*를 가진 *R* 튜플, *C* = *C*와 *D* = *d*를 가진 *R* 튜플이 있다고 하자. 그러면 튜플 (*a*,*b*), (*b*,*c*), (*c*,*d*)는 각각 *AB*, *BC*, *CD*의 *R* 투영으로 나타나며, 따라서 이 세 가지 투영법을 결합할 때 튜플 (*a*,*b*,*c*,*d*)가 나타난다.

더욱이 그 반대도 분명히 사실이다. 만약 튜플 (*a*,*b*,*c*,*d*)가 *R*에 나타난다면, 튜플 (*a*,*b*), (*b*,*c*), (*c*,*d*)는 확실히 그 세 가지 투영에 나타난다(따라서 앞에서 언급한 공식 명제에서 ***if***는 실제로 ***if and only if***로 대체될 수 있다).

이 마지막 요점에 대한 간단한 예로서, 다음과 같은 JD가 관계 변수 S에서 성립한다고 하자.

```
☼ { { SNO , SNAME , CITY } , { CITY , STATUS } }
```

S 내에 SNO = *s*, SNAME = *n*, CITY = *c*의 튜플이 있고, 또한 S 내에 CITY = *c*, STATUS = *t*의 튜플이 존재하는 경우에만 튜플 (*s*,*n*,*t*,*c*)가 S에 나타난다는 말이다.

잠시 같은 예로 계속하자면, 앞서 말한 JD가 관계 변수 S에서 유효하다는 사실은 (우리가 아는) 히스 정리의 논리적 결과다. 이제 히스의 정리를 다음과 같이 재작성할 수 있다.

> **히스의 정리**(관계 변수에 대해, JD의 관점에서 재작성): 관계 변수 *R*이 제목 *H*를 갖고, *X*, *Y*, *Z*를 *X*, *Y*, *Z*의 합집합이 *H*와 동일하도록 하는 *H*의 부분집합이라고 하자. *XY*는 *X*와 *Y*의 결합을 나타내며, *XZ*에 대해서도 유사하게 표시한다. *R*이 FD *X* → *Y*의 제약을 받는 경우, *R*은 JD ☼{*XY*,*XZ*}의 제약을 받는다.

따라서 앞서 언급한 바와 같이, FD는 JD를 내포한다. 하지만 나중에 알겠지만, 모든 JD가 FD에 의해 내포되는 것은 아니다. 그러나 이 점을 자세히 설명하기 전에 주어진 JD 구성 요소들의 합집합이 해당 제목과 동일해야 한다는 필요조건을 강조한다. FD에는 유사 요구 조건이 적용되지 않는다. FD를 사용하는 경우, 좌변과 우변의 합집합이 해당 제목과 같을 필요는 없으며, 이들은 제목의 부분집합이면 된다. 이러한 구별은 JD와 FD가 실제로 다른 종류라는 점을 (적어도 직관적으로) 부각하는 데 도움이 될 수 있다.

이제 앞의 예에서 JD는

```
☼ { { SNO , SNAME , CITY } , { CITY , STATUS } }
```

이야기한 대로 2진이다. 이는 두 개의 구성 요소를 갖고 있으며, 두 개의 투영 무손실 분해에 해당한다. 여기에는 관계 변수 S에서 성립하는 또 하나의 대조적인 JD가 있다.

```
☼ { { SNO , SNAME } , { SNO , CITY } , { CITY , STATUS } }
```

이것은 3진이지만, 실제로 두 개 2진의 것을 '캐스케이딩cascading'해 도출한다.

- 우선, 이미 알다시피 2진 JD ☼{{SNO,SNAME,CITY},{CITY, STATUS}}는 S에서 성립한다.
- 그러나 FD {SNO} → {SNAME}은 S의 {SNO,SNAME,CITY}에 대한 투영에서 성립하고,[5] 2진 JD ☼{{SNO,SNAME},{SNO,CITY}}는 그 투영에서 성립한다.

따라서 주어진 3진 JD가 원래의 관계 변수에서 성립한다(그리고 관계 변수는 그에 따라 세 개의 투영으로 무손실 분해될 수 있다. 물론 꼭 그래야 한다고 말하는 것은 아니라는 점을 이해해주길 바란다). 이와 대조적으로 바로 다음 절에서 2진을 캐스케이딩해 도출되지 않는 3진 JD의 예제와, 따라서 2진 투영 무손실 분해가 아니라 3진 투영으로는 무손실 분해될 수 있는 관계 변수의 예제를 보여주겠다.

5NF가 아닌 BCNF의 관계 변수

우선 통상적인 선적 관계 변수 SP의 수정된 버전부터 시작하자. 그것은 SPJ라고 부를 것이다. 수정 내용은 (a) 속성 QTY의 제거와 (b) 새로운 속성 JNO('프로젝트 번호')의 도입으로 구성된다. 술어는 공급자 SNO가 프로젝트 JNO에 부품 PNO를 공급하는 것으로, 샘플 값은 그림 9-1과 같다. 관계 변수는 '모든 키'이므로 분명히 BCNF라는 점에 유의하라.

5 여기서는 쉽게 입증된 정리를 호소하고 있다(12장 연습 문제 12.5 참조). 즉, *X*와 *Y*를 모두 포함하는 관계 변수 *R*과 *R*의 투영이 주어질 때, FD *X* → *Y*가 그 자체로 *R*에서 성립하는 경우에만 해당 투영에서 성립한다.

SPJ

SNO	PNO	JNO
S1	P1	J2
S1	P2	J1
S2	P1	J1
S1	P1	J1

▲ 그림 9-1 관계 변수 SPJ – 샘플 값

이제 다음과 같은 비즈니스 규칙(BRX라고 부르자.)이 시행되고 있다고 가정하자.

- (a) 공급자 *s*는 부품 *p*를 공급하고 (b) 부품 *p*가 프로젝트 *j*에 공급되고 (c) 프로젝트 *j*가 공급업체 *s*에 의해 공급된다면, (d) 공급자 *s*는 부품 *p*를 프로젝트 *j*에 공급한다.

좀 더 구체적으로 말해, 비즈니스 규칙 BRX에 따르면 (예를 들어) 다음의 세 가지 명제가 모두 참된 명제다.

a. 스미스는 어떤 프로젝트에 멍키 스패너를 공급한다.
b. 누군가 맨해튼 프로젝트에 멍키 스패너를 공급한다.
c. 스미스는 맨해튼 프로젝트에 무언가를 공급한다. 이때, 다음도 참 명제다.
d. 스미스는 맨해튼 프로젝트에 멍키 스패너를 공급한다.

즉, 관계 변수 SPJ가 명제 a., b., c.를 나타내는 튜플을 포함하는 경우, 이 요구 조건은 그림 9-1(S1을 스미스로, P1을 멍키 스패너로, J1을 맨해튼 프로젝트로 사용)에서 충족된다는 점에 유의한다.[6]

---

6 다시 한 번 좀 엄밀하지 않을 것이다. 예를 들어 명제 a.('스미스는 어떤 프로젝트에 멍키 스패너를 공급한다.')를 고려한다. 여기서 '어떤 프로젝트'가 '어떤 알려지지 않은 프로젝트'를 의미한다면, 즉 그러한 프로젝트가 존재하지만 그것이 무엇인지는 아무도 모른다(명제 a.는 SPJ의 술어를 인스턴스화하는 것이 아니며, SPJ 튜플은 그것을 대표할 수 있다). 그러나 SPJ 튜플은 확실히 '스미스가 어떤 특정한 프로젝트(예: 맨해튼 프로젝트)에 멍키 스패너를 공급한다.'라는 명제를 나타낼 수 있다. 더 나아가, 당시 대표됐던 명제는 '스미스가 어떤 특정 프로젝트에 멍키 스패너를 공급한다.'(즉, '스미스가 멍키 스패너를 *j*에 공급하는 알려진 프로젝트 *j*가 있다.')라는 명제를 내포하고 있다. 이것이 명백하길 바란다!

이제 명제 a., b., c.는 명제 d.를 의미하지 않는다. 자세히 설명하자면, 명제 a., b., c.가 참이라는 것만 알고 있다면, 스미스가 어떤 프로젝트 *j*에 멍키 스패너를 공급하고, 어떤 공급자는 맨해튼 프로젝트에 멍키 스패너를 공급하고, 스미스가 맨해튼 프로젝트에 부품 *p*를 공급한다는 것을 안다. 하지만 *s*가 스미스라는 것을 타당하게 추론할 수 없고, *p*가 멍키 스패너라는 것을 타당하게 추론할 수 없으며, *j*가 맨해튼 프로젝트라는 것을 타당하게 추론할 수 없다. 이와 같은 잘못된 추론은 때때로 연결 트랩connection trap이라고 불리는 예다. 그러나 당면한 사례에서 비즈니스 규칙 BRX는 우리에게 트랩이 없다고 말한다. 즉, 이 특별한 경우에는 명제 a., b., c.를 통해 명제 d.를 타당하게 추론할 수 있다.

이제 그 예를 좀 더 주의 깊게 생각해보자. SP, PJ, JS를 사용해 각각 {SNO,PNO}, {PNO,JNO}, {JNO,SNO}에 대한 SPJ의 투영을 표시해보자. 이때 다음과 같은 것을 얻는다.

- 투영과 결합의 정의에 의해 다음과 같다.

```
IF   ( s , p , j )     ∈ JOIN { SP , PJ , JS }
THEN ( s , p )         ∈ SP
AND  ( p , j )         ∈ PJ
AND  ( j , s )         ∈ JS
```

  따라서 다음과 같은 *s'*, *p'*, *j'*가 존재한다.

```
     ( s  , p  , j' ) ∈ SPJ
AND  ( s  , p' , j  ) ∈ SPJ
AND  ( s' , p  , j  ) ∈ SPJ
```

- 그러나 비즈니스 규칙 BRX에 의해 다음과 같다.

```
IF   ( s  , p  , j' ) ∈ SPJ
AND  ( s  , p' , j  ) ∈ SPJ
AND  ( s' , p  , j  ) ∈ SPJ
```

그러면 반드시 다음을 가진다.

```
( s , p , j ) ∈ SPJ
```

- (s,p,j)가 SP, PJ, JS의 결합에 나타난다면, SPJ에도 나타난다. 그러나 분명히 반대는 반드시 성립하지 않는다. 즉, 만약 (s,p,j)가 SPJ에 나타나면, 반드시 SP, PJ, JS의 결합에 나타난다.

그러므로 (s,p,j)는 SP, PJ, JS의 결합에서 나타나는 경우에만(**if and only if**) SPJ에 나타난다. 따라서 관계 변수 SPJ의 모든 적법한 값은 그것의 {SNO,PNO}, {PNO,JNO}, {JNO,SNO}에 대한 투영의 결합과 같으며, 이에 따라 J JD ☼ { { SNO , PNO } , { PNO , JNO } , { JNO , SNO } }가 관계 변수 SPJ에서 분명히 성립한다.

전술한 JD는 세 가지 구성 요소를 갖고 있다는 점을 주시하자. 더욱이 그것은 FD에 의해 내포된 것이 아니다.[7] 따라서 키에 의해 내포되는 것은 확실히 아니다(5장에서 키 제약은 단지 FD의 특수한 경우에 불과하다는 것을 상기하라). 결과적으로 관계 변수 SPJ는 BCNF이지만('모든 키'이기 때문에) 5NF는 아니다.

이 상황을 좀 더 잘 이해하기 위해서는 그림 9-1의 SPJ 샘플 값으로 돌아가는 것이 도움이 된다. 그림 9-2는 (a) 해당 샘플 값에 해당하는 투영 SP, PJ, JS의 값, (b) ({PNO}에 대한) 투영 SP 및 PJ의 결합 효과, (c) 해당 결과와 ({JNO,SNO}에 대한) 투영 JS의 결합 효과를 보여준다. 보다시피 처음 두 개의 투영을 결합하면 원래 SPJ 관계 복사본과 하나의 추가('의사적인') 튜플이 더해진 것이 생성되고, 다른 투영에 결합되면 추가 튜플이 없어지며, 따라서 원래의 SPJ 관계로 돌아가게 된다. 게다가, 각각의 경우에 있어 중간 결과는 다르지만 첫 번째 결합에 대해 어떤 투영 쌍을 선택하든 순효

---

7 증명: 관계 변수 SPJ에 있는 유일한 FD는 자명한 것이고, 그러한 자명한 FD를 만족시키는 모든 관계가 JD를 만족시키는 것은 분명 아니다. 예를 들어 그림 9-1과 같이 처음 세 개의 튜플을 포함하는 관계는 이를 만족하지만, 네 번째 튜플을 포함하지 않는 관계는 그렇지 않다.

과는 동일하다. **연습 문제**: 이를 확인해보자.

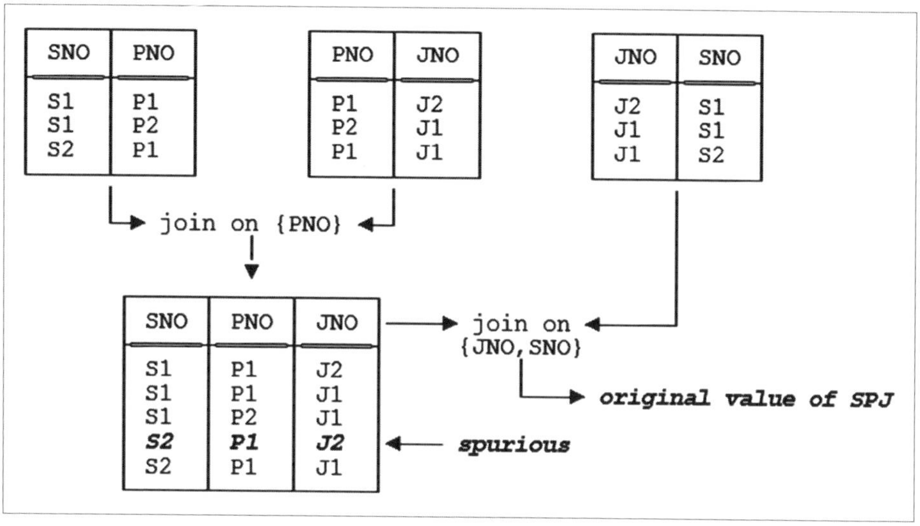

▲ 그림 9-2 SPJ = 두 개가 아닌 모두 세 개의 이진 투영의 결합

따라서 JD ☼{SP,PJ,JS}는 (지금 SP, PJ, SJ라는 이름을 사용해 이러한 투영이 아닌 해당 제목을 참조할 수 있다면) 관계 변수 SPJ에 성립한다. 다시 말해, JD가 비즈니스 규칙 BRX의 본질을 있는 그대로 포착하는 것이다. 따라서 관계 변수 SPJ는 그에 따라 무손실 분해될 수 있다. 게다가 그것은 그래야 할 듯하다. 그것은 중복이 있기 때문이다. 구체적으로는 그림 9-1의 샘플 값으로 볼 때, 공급자 S1이 프로젝트 J1에 부품 P1을 공급하는 명제는 튜플 (S1,P1,J1)을 통해 명시적으로 그리고 내포적으로 JD와 다른 세 개의 튜플로 대표되는 명제의 논리적 결과로 표현된다.

추가 용어: SPJ 사례에 적용된 것과 같은 JD를 튜플 강제tuple forcing라고 말한다. 특정 튜플이 나타나면 특정한 추가 튜플도 나타나도록 하기 때문이다. 예를 들어 그림 9-1에서 세 개 튜플 (S1,P1,J2), (S1,P2,J1), (S2,P1,J1)의 출현은 튜플 (S1,P1,J2)를 출현하게 한다. 모든 JD가 튜플 강제는 아니라는 점을 유념하라. 예를 들어 결합 종속성 ☼{{SNO,SNAME,CITY},{CITY,STATUS}}는 아는 바와 같이 관계 변수 S에 성

립하지만, 그것이 튜플을 강제로 나타나게 하는 것은 의심할 여지가 없다. **참고:** 미리 살짝 말하자면, JD를 강제하는 튜플의 대상 관계 변수는 5NF가 될 수 없다는 사실이 나중에 밝혀질 것이다(SPJ의 예에서 알 수 있듯이 BCNF가 될 수는 있다).

주기 규칙

비즈니스 규칙 BRX의 주기적 특성을 지금 관찰해보자('*s*는 *p*에 연결되고 *p*는 *j*에 연결되고 *j*는 다시 *s*에 연결되면, *s*와 *p*와 *j*는 모두 같은 튜플에서 함께 나타나야 한다는 의미에서 모두 직접 연결돼야 한다'). BRX 규칙을 '3방향 주기'로 설명해보자. 그러면 좀 더 일반적으로 $n > 2$에 대해 n–방향 주기 규칙이 존재하는 경우, (a) BCNF이고 5NF일 수 없는 관계 변수에 직면할 수 있으며, 따라서 (b) 손실 없이 n개의 투영으로 분해될 수 있고 더 작게 분해되지 않을 수 있다.[8]

그렇기는 하지만, 경험상 그러한 주기 규칙은 실무상으로는 드물다고 말할 필요가 있다. 즉, BCNF라면 대부분의 관계 변수들도 아마 5NF일 것이다. 실제로 5NF가 아니라 BCNF인 관계 변수를 찾는 것은 매우 이례적인 일이다. 하지만 특이하기는 해도 알려지지 않은 것은 아니다! 분명 몇 차례 실제의 예를 접해본 적이 있다. 다시 말해 그러한 관계 변수들이 흔치 않다는 것은, 그것 또는 JD와 5NF에 대해 걱정할 필요가 없다는 것을 의미하지 않는다.

이에 반해 실제로 있는 그대로 JD와 5NF는 데이터베이스 디자이너의 도구이며, (다른 것들이 같다면) 여러분의 데이터베이스의 모든 관계 변수가 5NF가 되도록 노력해야 한다.[9]

8 비즈니스 규칙 BRX가 '*s*가 *p*에 연결되고 *s*가 *j*에 연결되면 *s*와 *p*와 *j*가 모두 직접 연결돼야 한다.'라는 좀 더 간단한(그리고 비순환적) 형태를 취했다면, BCNF이지만 4NF는 아닌(따라서 5NF도 아닌) 관계 변수를 가질 수 있다. 12장을 참조하라.

9 13장과 14장에서 언급된 것을 제외하고.

끝맺는 말

몇 가지 작은 관찰로 이 장을 마치겠다. 첫째, 이번 장 전체에 걸쳐서 관계적 분해와 재구성에 관한 유일한 연산자(해당 논리적 구조를 조작하는 관계형 대수)는 투영과 결합(분해를 위한 투영과 재구성을 위한 결합)이라고 가정하고 있다. 그러한 가정하에서는 어떤 의미에서 JD가 '극단적인' 종류의 종속성이라는 결합 종속성의 정의에서 바로 나타난다. 즉, JD가 단지 그런 더 강도 높은 종류의 특별한 경우일 뿐 '더 강도 높은' 종속성은 없다. 그리고 더 나아가(비록 아직 제대로 정의하지는 못했지만), 5차 정규형은 투영과 결합(대체 이름, 투영-결합 정규형 또는 PJ/NF)과 관련된 최종 정규형[10]이다.

둘째, 5NF가 아니라 BCNF인 관계 변수를 여러 번 언급한 적이 있다. 실제로 암묵적으로 관계 변수 *R*이 5NF라면, 그것은 확실히 BCNF라고 가정했다. 사실 이 가정은 정확하다. 또한 5NF는 언제나 가능하다. 즉, 5NF가 아닌 모든 관계 변수는 항상 5NF 투영의 집합으로 분해될 수 있다. 종속성을 잃지 않는 것은 아니지만, 물론 7장에서 본 바와 같이 종속성 보존과 BCNF(5NF는 물론)로의 분해가 상충되는 목표가 될 수 있다.

셋째, 5NF의 정의에 따르면 5NF인 관계 변수 *R*은 투영으로 제거 가능한 중복성이 없음이 보장된다. 즉, *R*이 5NF라고 말하는 것은 *R*의 투영으로 추가적인 무손실 분해가 중복성을 제거하지는 못할 것이라고 말하는 것이다. 그러나 *R*이 5NF라고 말하는 것은 *R*이 중복성으로부터 자유롭게 되는 것은 아니라는 점을 매우 주의 깊게 기억하라(이 반대의 믿음은 널리 퍼져 있는 또 하나의 잘못된 개념이다. 1장 연습 문제 1.11을 참조하라). 사실, 그러한 투영은 제거하기 힘든 것이 많다. 즉, 현재의 디자인 이론이 전혀 다루지 않는 수많은 문제가 있다는 취지로 1장의 '디자인 이론의 위치' 절에서 말한 요점을 예시한 것이다. 예를 들어 그림 9-3은 5NF이지만, 중복성을 겪고 있는 관계 변수, CTXD의 샘플 값을 보여준다. 명제는 '교사 TNO가 과정 CNO에서 교과서 XNO

---

10 6NF를 제외하고(14장 참조).

로 DAYS 일수 동안 가르친다.'이다. 유일한 키는 {CNO,TNO,XNO}이다. 보다시피 (예를 들어) 교사 T1이 과정 C1을 가르친다는 사실이 두 번 나타나고, 과정 C1이 교과서 X1을 사용한다는 사실 역시 두 번 나타난다.[11]

CTXD

CNO	TNO	XNO	DAYS
C1	T1	X1	7
C1	T1	X2	8
C1	T2	X1	9
C1	T2	X2	6

▲ 그림 9-3 5NF 관계 변수 CTXD - 샘플 값

이 예제를 좀 더 주의 깊게 분석해보자.

- {CNO,TNO,XNO}가 키이기 때문에 관계 변수는 다음과 같은 함수 종속성의 대상이 된다.

```
{ CNO , TNO , XNO } → { DAY }
```

  이는 '키에서 나온 화살'이다.

- 따라서 DAYS는 CNO, TNO, XNO 세 가지 모두에 달려 있으며, 따라서 모든 세 가지 이하의 키를 가진 관계 변수에는 나타날 수 없다.
- 따라서 투영으로 분해되는 (자명하지 않은) 관계 변수는 없다. 즉, 관계 변수는 5NF이다. **참고:** 그 자체가 자명한 종속성(FD 또는 JD)에 기초하는 경우에만 분해는 자명한 것이고, 자명한 것이 아니라면 자명하지 않은 것이다. 자명한 FD는 4장과 5장에서 논의됐다. 자명한 JD는 다음 장에서 논의된다.

11 한 검토자는 그러한 반복이 실제로 중복성을 구성하지는 않는다고 격렬하게 주장했다. 이에 동의하지 않지만, 여기서 요점을 논하고 싶지는 않다. 단지 17장에서 정확히 무엇이 중복성을 구성하는지에 대한 문제 전체를 자세히 검토하겠다는 것을 상기시켜주고 싶다.

- 따라서 중복을 제거할 수 있는 투영으로의 분해는 확실히 존재하지 않는다.

연습 문제

9.1 (이번 장 본문에서 반복) (a) 그림 9-2에 표시된 이진 관계 쌍을 결합하면 '가짜' 튜플(즉, 그림 9-1에 나타나지 않는 튜플)이 포함된 결과가 나오는지, (b) 중간 결과와 세 번째 이진 관계를 결합하면 해당 가짜 튜플이 제거되는지 체크하라.

9.2 이 장 본문에서 논의한 바와 같이 관계 변수 SPJ에서 성립하는 JD를 표현하기 위해 **Tutorial D** 제약 조건문을 작성하라.

9.3 다음을 위한 데이터베이스를 디자인하라. 표현할 개체는 판매원, 판매 지역, 상품이다. 각 판매원은 하나 이상의 지역에서 판매를 담당하며, 각 지역에는 하나 이상의 책임 판매원이 있다. 각 판매원은 한 개 이상의 상품의 판매를 담당하며, 각 상품에는 한 명 이상의 책임 판매원이 있다. 각 상품은 하나 이상의 지역에서 판매되고 있으며, 각 지역에는 하나 이상의 상품이 판매되고 있다. 마지막으로 판매원 *r*이 지역 *a*를 담당하고, 판매원 *r*이 지역 *a*에서 상품 *p*를 판매하고, 판매원 *r*이 상품 *p*를 판매한다면 *r*은 *p*를 *a*에서 판매한다.

9.4 여러분의 업무 환경에서 가능하면 5NF는 아니지만 BCNF인 관계 변수의 예를 들어보라.

해답

9.1 SP와 PJ의 결합은 이번 장의 본문에서 논의한다. PJ와 JS를 결합하면 가짜 튜플 (S2,P2,J1)이 나오는데, 이는 SP에 (S2,P2) 튜플이 없기 때문에 제거된다. JS와 SP를 결합하면 가짜 튜플 (S1,P2,J2)가 생성되는데, 이는 (S1,P2,

J2)가 없기 때문에 제거된다.

9.2

```
CONSTRAINT ... SPJ = JOIN { SPJ { SNO , PNO } ,
                            SPJ { PNO , JNO } ,
                            SPJ { JNO , SNO } } ;
```

이 제약 조건은 동등 종속성임을 주목하라(즉, EQD이다. 3장 참조).

9.3 우선 판매원, 지역, 상품을 위해 세 개의 관계 변수가 필요할 것이다.

```
R { RNO , ... } KEY { RNO }
A { ANO , ... } KEY { ANO }
P { PNO , ... } KEY { PNO }
```

이제 판매원 *r*이 지역 *a*를 담당하고, 상품 *p*는 지역 *a*에서 판매되고 있고, 판매원 *r*은 상품 *p*를 판매하면 *r*은 *a*에서 *p*를 판매한다. 이는 3방향 순환적 규칙이다. 따라서 다음과 같은 관계 변수 RAP를 가진다면,

```
RAP { RNO , ANO , PNO } KEY { RNO , ANO , PNO }
```

(명백한 술어를 갖고) 다음 JD가 그 관계 변수에서 성립할 것이다.

```
☼ { { RNO , ANO } , { ANO , PNO } , { PNO , RNO } }
```

관계 변수는 중복성에 제약될 것이다. 따라서 이를 세 개의 이진 투영으로 대체한다.

```
RA { RNO , ANO } KEY { RNO , ANO }
AP { ANO , PNO } KEY { ANO , PNO }
PR { PNO , RNO } KEY { PNO , RNO }
```

(이제 명시하고 수행해야 하는 몇 가지 EQD가 있지만(예: 투영 RA{RNO}와 PR{RNO}가 항상 동일해야 하지만), 세부 사항으로 직접 들어가기 위해 여기서는 생략한다.)

다음으로 각 판매원이 하나 이상의 지역에서 판매를 담당하며, 각 지역별로 책임 판매원이 한 명 이상 있다. 그러나 이 정보는 이미 관계 변수 RA에 포함돼 있으며, 그 이상 필요한 것은 없다. 마찬가지로 관계 변수 AP는 각 지역에 하나 이상의 상품이 판매되고 각 상품이 하나 이상의 지역에서 판매된다는 사실을 다루고 있으며, 관계 변수 PR은 각 상품에 하나 이상의 책임 판매원이 있고 각 판매원이 하나 이상의 상품의 판매를 담당한다는 사실을 다룬다. 그러나 RA, AP , PR의 결합은 '연결 트랩'(즉, 3방향 순환 규칙이 성립한다.)에 관여되지 않는다는 점을 사용자에게 알릴 필요가 있다. 이 점을 탐구해보자. 우선 RA, AP, PR의 술어는 다음과 같다.

- RA: 판매원 RNO는 지역 ANO를 담당한다.
- AP: 상품 PNO는 지역 ANO에서 판매된다.
- PR: 상품 PNO는 판매원 RNO가 판매한다.

우연히 잘 디자인된 DBMS(슬프게도, 내가 아는 바로는 현재 시장에서 구할 수 있는 DBMS가 아니다!)는 디자이너가 이러한 술어에 대해 말할 수 있도록 허용한다.

참고: DBMS에게 술어에 대해 말한다면, 물론 사용자에게도 말할 수 있다. 차이점은 사용자에게 비공식적으로 말할 수 있지만(사실 오늘날의 시스템에서는 비공식적으로 할 수 있어야 한다.), DBMS에게 말할 수 있다면 그것은 공식적으로 수행돼야만 한다는 것이다.

다시 3방향 규칙으로 돌아가자. 분명히 디자이너는 사용자에게 관계 변수 RA, AP, PR의 결합이 관계 변수 RAP와 동일하다고만 말할 수 없다. 이는 관계 변수 RAP가 분해된 후에 더 이상 존재하지 않기 때문이다. 그러나 이 결합을 뷰(즉 '가상 관계 변수')로 정의할 수 있을 것이다.

```
VAR RAP VIRTUAL ( JOIN { RA , AP , PR } )
    KEY { RNO , ANO , PNO } ;
```

그리고 동일한 잘 디자인된 DBMS는 다음과 같은 것을 뷰 RAP의 술어로 유추할 수 있을 것이다.

판매원 RNO는 지역 ANO를 담당하고(and), 상품 PNO는 지역 ANO에서 판매되고(and), 상품 PNO는 판매원 RNO가 판매한다.

그러나 이 술어는 참[truth]보다 못하다(3방향 순환 규칙을 포착하지 못한다). 따라서 이상적으로는 디자이너가 DBMS(사용자뿐만 아니라)에게 술어가 실제로 다음과 같다고 말하는 방법이 있어야 한다.[12]

판매원 RNO는 지역 ANO를 담당하고(and), 지역 ANO에서는 상품 PNO가 판매되고(and), 상품 PNO가 판매원 RNO에 의해 판매된다.

그리고(and)

판매원 RNO는 ANO 지역에서 상품 PNO를 판매한다.

특정 트리플 (RNO,PNO,ANO)가 후자를 만족하면 확실히 전자를 만족시키는 반면, 역은 참이 아니라는 점에서 이 후자의 술어는 전자보다 강하다는 점에 유의하라.

9.4 해답이 제공되지 않는다.

12 따라서 이것은 사용자(또는 이 경우 디자이너)가 시스템보다 확실히 더 많이 알고 있는 상황 중 하나다. 물론 디자이너는 해당 제약 조건을 명시하고 시스템을 시행하도록 할 필요가 있다. 아마도 제약 조건을 설명하는 가장 쉬운 방법은 다음과 같다.
RAP{RNO,ANO} = RA AND RAP{ANO,PNO} = AP AND RAP{PNO,RNO} = PR
즉, 실제로 세 개의 EQD이다.

10장

JD와 5NF (공식)

큰 고통을 겪고 나면, 형식적인 감정들이 다가온다.

– 에밀리 디킨슨(Emily Dickinson): 시편

No. 341(1862년 경): 토마스 H. 존슨(편집)

『The Complete Poems of Emily Dickinson』(1960년)

4장에서 비공식적으로 소개된 자료를 5장에서 좀 더 공식적으로 다뤘듯이, 이번 장에서는 9장에서 비공식적으로 소개된 자료를 공식적으로 다룬다. 그러나 곧 알게 되겠지만, 5장보다 이 장에서 다룰 것이 오히려 더 많다. 5장에서 2NF나 3NF에 대해 거의 다루지 않은 것처럼, 여기서는 4NF에 대해 거의 언급하지 않을 것이다. 2NF와 3NF처럼 4NF는 최소한 어떤 관점에서는 가장 중요한 역사적 관심사였다. 그러나 좀 더 자세한 것은 이후(12장)에 논의하겠다.

결합 종속성 재방문

JD에 대한 정확한 정의로 시작해서, 5장의 정의와 비슷한 내용을 설명했다(다음 절에도 비슷한 설명이 적용된다).

> **정의(결합 종속성)**: *H*를 제목이라 하자. 그러면 *H*에 대한 결합 종속성(JD)은 ☼{*X1*,...,*Xn*} 형태로 표현된다. 여기서 *X1*, ..., *Xn*(JD의 구성 요소)은 *H*의 부분집합이며, 이 합집합은 *H*와 동일하다. **참고**: '*H*에 관한 JD'는 *H*를 안다는 가정하에 단순하게 'JD'로 줄여 쓸 수 있다.

여기에 몇 가지 예가 있다.

```
☼ { { SNO , SNAME , CITY } , { CITY , STATUS } }
☼ { { CITY , SNO } , { CITY , STATUS , SNAME } }
☼ { { SNO , SNAME } , { SNO , STATUS } , { SNAME , CITY } }
☼ { { SNO , CITY } , { CITY , STATUS } }
```

FD처럼 JD는 어떤 관계나 관계 변수가 아니라 어떤 제목heading에 대해 정의된다. 예를 들어, 방금 보여준 JD 중 처음 세 개는 제목 {SNO,SNAME,STATUS,CITY}에 대해 정의되며, 네 번째는 제목 {SNO,STATUS,CITY}에 대해 정의된다는 것을 주의 깊게 살펴보자.

다시 FD처럼, 공식적 관점에서 JD는 단지 표현일 뿐이며 특정 관계에 대해 해석될 때 (정의에 따라) TRUE 또는 FALSE로 평가하는 명제가 되는 표현임을 주목하라. 예를 들어 위에 표시된 첫 두 개의 JD가 관계 변수 S의 현재 값인 관계로 해석되는 경우(그림 1-1 또는 그림 3-1 참조), 첫 번째 JD는 TRUE로, 두 번째 JD는 FALSE로 평가된다. 물론 비공식적으로 어떤 특정한 맥락에서 TRUE로 평가되는 경우에만 ☼{*X1*,...,*Xn*}을 일반적으로 JD로 정의한다. 그러나 그 정의에서는 주어진 관계가 어떤 특정 JD를 충족하지 못하거나 위반한다고 말할 수 없다. 비공식적인 정의에 따르면, 만족되지 않는 JD

는 애초에 JD가 아닐 것이기 때문이다. 예를 들어 관계 변수 S의 현재 값인 관계가 위에서 보인 JD 중 두 번째를 위반한다고 말할 수 없을 것이다.

여기에 관계 변수 S의 현재 값(그리고 사실 그 관계 변수의 모든 합법적인 값)을 만족하는 JD의 또 다른 예가 있다.

```
☼ { { SNO , SNAME , CITY } , { CITY , STATUS } , { CITY , STATUS } }
```

JD는 투영 중 하나가 재구성 과정에서 필요 없는 무손실 분해에 해당한다. 실제로 이전에 본 넷 중 첫 번째와 명백히 동일하다.[1]

```
☼ { { SNO , SNAME , CITY } , { CITY , STATUS } }
```

이는 두 개의 동일한 구성 요소 중 하나를 큰 손실 없이 원래 JD에서 제거할 수 있다는 것을 의미한다. 그러한 이유로 JD 내 구성 요소 쉼표 목록에 반복(중복)을 포함할 수 있지만,[2] 구성 요소로서 어떤 JD 요소를 편하게 말할 것이다(당연히 그 쉼표 목록이 괄호로 묶여 있는 이유다).

정의를 계속하면 다음과 같다.

> **정의(JD 만족 또는 위배)**: 관계 *r*은 제목 *H*를 갖고 ☼{*X1*,...,*Xn*}은 *H*에 대한 JD라 하자. *r*이 *X1*, ..., *Xn*에 대한 투영의 결합과 같으면 *r*은 *J*를 만족시키고, 그렇지 않으면 *r*은 *J*를 위배한다.

1 일반적으로 두 JD는 어느 하나를 만족하는 모든 관계가 다른 하나를 만족하는 경우에만 동일하다. 다음 장에서는 이 주제(JD의 동등성)에 대해 더 많은 이야기를 하겠다.

2 그리고 해당 집합의 고유차수인 문제의 JD의 고유차수(즉, 중복이 있는 경우 제거된 집합의 고유차수). 예를 들어 JD의 두 가지 표현 형태 중 첫 번째 형태는 세 가지 구성 원소를 포함하지만, 이 예의 JD는 3진이 아닌 2진이라고 말할 것이다.

주어진 JD를 만족하거나 위배하는 것은 관계 변수가 아니라 관계라는 것을 관찰하라. 예를 들어 이전 페이지의 상단에 표시된 네 개의 JD를 고려할 때, 관계 변수 S의 현재 값인 관계가 첫 번째와 세 번째를 만족한다.

```
☼ { { SNO , SNAME , CITY } , { CITY , STATUS } }
☼ { { SNO , SNAME } , { SNO , STATUS } , { SNAME , CITY } }
```

그러나 두 번째를 위배한다.

```
☼ { { CITY , SNO } , { CITY , STATUS , SNAME } }
```

이들 JD의 네 번째를 만족하거나 위배하는 관계의 문제는

```
☼ { { SNO , CITY } , { CITY , STATUS } }
```

일어나지 않음을 주목하라. JD는 이 관계의 제목에 대해 정의되지 않기 때문이다.

> **정의(JD 성립)**: 관계 변수 *R*이 제목 *H*를 갖고 ☼{*X1*,...,*Xn*}이 *H*에 대한 JD라고 하자. 그러면 관계 변수 *R*에 할당될 수 있는 모든 관계가 *J*를 만족할 때만 JD *J*는 관계 변수 *R*에서 성립한다(동일하게 관계 변수 *R*이 JD *J*에 제약된다). 관계 변수 *R*에서 성립하는 JD는 *R*의 JD이다.

여기서 용어상 구별에 주목하라. JD는 관계를 만족(또는 위배)하지만, 관계 변수에서 성립(또는 불성립)한다. 계속 이렇게 구분할 것이다. 예를 들어 이전 페이지 상단의 네 개 JD 중 첫 번째는 관계 변수 S에서 성립한다.

```
☼ { { SNO , SNAME , CITY } , { CITY , STATUS } }
```

하지만 두 번째, 세 번째는 성립하지 않는다.

```
☼ { { SNO , SNAME } , { SNO , STATUS } , { SNAME , CITY } }
☼ { { CITY , SNO } , { CITY , STATUS , SNAME } }
```

(이전 정의에 따른 예제와 대조해보자.) 그래서 마침내 주어진 관계 변수가 주어진 JD의 대상이 된다는 것이 어떤 의미인지 정확히 알게 됐다. 그리고 (사실 그것은 정의에서 바로 나온 것이다.) 관계 변수 *R*은 만약 그것이 JD ☼{*X1*,...,*Xn*}에 제약되는 경우에만(**if and only if**) *X1*, ..., *Xn*에 대한 투영으로 무손실 분해될 수 있다는 것을 분명히 해야 한다.

5차 정규형

FD와 BCNF에 대해 이야기할 때는 자명한 FD와 FD 축소 불가능성, 키에 의해 내포된 FD, 그리고 다양한 관련 문제에 대해 토론하게 됐다. 이제껏 예상한 바와 같이 JD나 5NF와 관련해 유사한 개념이 생기며, 세부적인 부분들은 좀 더 까다롭다. JD가 자명한 것이라는 개념은 사실 매우 간단하다.

> **정의(자명한 JD)**: ☼{*X1*,...,*Xn*}이 제목 *H*에 대한 JD *J*라고 하자. 그러면 *J*가 제목 *H*에 대한 모든 관계에 의해 만족할 때만 *J*는 자명하다.

이 정의로부터 다음 결과를 제공하는 것은 용이하다.

> **정리**: ☼{*X1*,...,*Xn*}이 제목 *H*에 대한 JD *J*라고 하자. 그러면 어떤 *Xi*($1 \le i \le n$)가 *H*와 같거나 같은 경우에만 *J*는 자명하다(제목 *H*에 관련된 모든 관계는 반드시 ☼{...,*H*,...} 형태의 *H*에 대한 모든 JD를 만족시키기 때문이다).

이 정리가 실무에 쉽게 응용 가능한 효과적인 테스트를 제공하기 때문에 이 정리를 운용적(또는 '구문론적') 정의로 간주할 수 있다(반면에 공식적 또는 '의미론적' 정의는 주어진 JD

가 자명한 것인지 아닌지를 결정하는 현실적인 문제에서 그다지 유용하지 않다).

JD 축소 불가능성에 대한 논의는 다음 장으로 미루겠다. 그에 앞서 JD가 키에 의해 내포되는 것이 무엇을 의미하는지 설명하고자 한다.

> **정의(키에 의해 내포되는 JD)**: 관계 변수 *R*은 제목 *H*를 갖고, ☼{*X1*,...,*Xn*}은 *H*에 대한 JD, 즉 *J*라고 하자. 그러면 *J*는 *R*의 키 제약을 만족하는 모든 관계 *r*이 *J*를 만족시키는 경우에만 *R*의 키에 의해 내포된다.

이 정의는 어느 정도의 정교함을 필요로 한다. 첫째, 어떤 관계가 특정 핵심 제약 조건을 충족한다고 말하는 것은 해당 고유성 요구 조건을 만족한다고 말하는 것이다. 그리고 그것이 어떤 키를 구성하는 속성에 대한 고유성 요구 조건을 충족한다면, 그것은 확실히 그 속성 집합의 모든 상위 집합에 대해(즉, 해당하는 모든 상위 키에 대해) 고유성 요구 조건을 충족한다(물론 해당 상위 집합이 관련 제목의 하위 집합인 경우). 따라서 정의에서 '*R*의 핵심 제약 조건 만족'이라는 문구는 별다른 차이를 두지 않고 '*R*의 상위 키 제약 조건 만족'이라는 문구로 대체될 수 있다. 마찬가지로 '키에 의해 내포된다.'는 개념은 큰 차이 없이 다시 한 번 '상위 키에 의해 내포된다.'라고 할 수 있다.

둘째, 정의에서 언급한 JD *J*가 자명한 것이라면 어떻게 될까? 그 경우에 정의상 *J*는 제목 *H*와의 모든 관계 *r*에 의해 만족되고, 따라서 *J*는 *R*의 핵심 제약 조건을 더욱 강력하게 만족하는 모든 관계 *r*에 의해 확실히 만족된다. 그래서 자명한 JD들은 항상 자명한 것들로 '키에 의해 내포된다.'

셋째, 자명하지 않은 JD를 고려하라. 일부 자명하지 않은 JD *J*가 일부 관계 변수의 키에 의해 내포되는지 여부를 어떻게 판단해야 하는가? 이 질문에 대한 만족스러운 답이 있지만, 좀 복잡하기 때문에 다음 절로 미루겠다. 그 전에 5NF의 정의를 다음과 같이 하려고 한다.

정의(5차 정규형): *R*의 모든 JD가 *R*의 키에 의해 내포되는 경우에만 관계 변수 *R*이 5차 정규형(5NF)이며, 이는 투영–결합 정규형(PJ/NF)으로도 알려져 있다.

이제 JD가 *R*의 키에 의해 내포된다면, 그것은 확실히 *R*(즉, 그것은 확실히 '*R*의 JD'이다.)에서 성립한다는 것을 분명히 알아야 한다. 그러나 그 반대는 성립하지 않는다. JD는 *R*의 키에 의해 내포되지 않고 *R*에서 성립할 수 있다. 즉, 5NF 정의에 대한 전체 요점은 5NF 관계 변수에 성립하는 유일한 JD는 제거할 수 없는 JD뿐이라는 것이다. 즉, 키에 의해 내포된 JD이다(특별한 사례로서 자명한 것 포함).[3]

BCNF와 5NF 정의 간의 직관적으로 매력적인 병렬성을 지적하면서 이 절을 정리한다.

- *R*에서 성립하는 모든 FD가 *R*의 키에 의해 내포되는 경우에만 *R*이 BCNF이다.
- *R*에서 성립하는 모든 JD가 *R*의 키에 의해 내포되는 경우에만 *R*이 5NF이다.

하지만 상당한 차이도 있다. BCNF 정의에서 '키들에 의해 내포된다.'는 문구를 '하나의 키(격리돼 고려하는 어떠한 키를 의미)에 의해 내포된다.'로 단순화할 수 있다. 만약 관계 변수 *R*이 키 *K1*, ..., *Kn*을 갖고, FD *Ki* → *Y*가 어떤 키 *Ki*에 대해 *R*에서 성립한다면, FD *Ki* → *Y*는 모든 키 *Ki*($1 \le i \le n$)에 대해 *R*에서 성립한다. 이와 대조적으로 이러한 단순화는 5NF에 적용되지 않는다. 5NF 관계 변수에서 성립되는 JD는 반드시 격리돼 고려되는 일부 키에 의해서만이 아니라, 결합된 키에 의해 내포되는 JD이다. 예를 들어 관계 변수 S에 {SNO}와 {SNAME}이라는 두 개의 키가 있다고 가정해보자. 그렇다면 다음의 JD(이미 여러 차례 봤던 반복)는

```
☼ { { SNO , SNAME } , { SNO , STATUS } , { SNAME , CITY } }
```

3 평소처럼 (어떤 종류의) 종속성을 '제거'한다는 것은 정말로 그것을 어떤 다중 관계 변수 제약 조건으로 대체한다는 것을 의미한다.

이 관계 변수에서 성립할 것이다(설명하자면, 두 가지 주요 제약 조건을 만족하는 모든 관계가 이 JD를 만족시킬 것이다). 그러나 이 두 가지 핵심 제약 조건을 모두 만족시키지 못하는 관계가 반드시 JD를 만족시키지는 않을 것이다. 따라서 JD가 관계 변수에서 성립하지 않는데, 정확히 말해 {SNAME}이 사실은 키가 아니기 때문이다. **연습 문제:** 이러한 주장들의 진위를 증명할 수 있는 샘플 데이터를 만들어보라.

키에 의해 내포된 JD

그렇다면 주어진 자명하지 않은 JD가 키에 의해 내포됐는지 여부를 어떻게 판단할 것인가? (파긴Fargin의) 멤버십 알고리즘membership algorithm이 그 역할을 하는 것으로 밝혀진다. 다음과 같이 작동한다. 관계 변수 *R*은 제목 *H*를 갖고, ☼{*X1*,...,*Xn*}은 *H*에 대한 JD, 즉 *J*이다. 그러면

1. *J*의 구별되는 두 가지 구성 요소가 모두 *R*의 동일한 키 *K*를 포함하는 경우, *J*에서 이들을 합집합으로 교체한다.
2. 더 이상의 교체가 불가능할 때까지 이전 단계를 반복한다.

그런 다음 알고리즘이 성공하고, *J*가 이제 자명한 경우에만, 즉 *J*의 최종 버전이 *H*를 구성 요소로 포함하는 경우에만 원래의 JD는 *R*의 키에 의해 의미된다.[4] 그리고 자명한 JD가 알고리즘의 성공을 가져온다는 점에 유의한다.

몇 가지 예를 살펴보자. 우선 우리의 공급자들을 고려하자. 이 관계 변수에서 성립하는 또 하나의 다음과 같은 JD가 있다. 이를 J1이라고 호칭한다.

---

4 다음의 함축적 의미는 분명히 지적할 가치가 있다. 멤버십 알고리즘은 *J*가 *K1*과 *K2*를 포함하는 구성 원소, *K2*와 *K3*를 포함하는 구성 원소 등을 포함하는 경우에만 *R*의 원래 JD *J*에서 성공할 것이다. 여기서 *K1*, *K2*, *K3*, ... 등은 모두 어떤 순서로든 관계 변수 *R*의 키들이다. 참고: 물론 실제로는 끝까지 최종 버전의 *J*를 계산할 필요가 없을 수도 있으며, *H*와 같은 구성 요소가 생성되는 즉시 그만둘 수 있다.

```
☼ { { SNO , SNAME } , { SNO , STATUS } , { SNO , CITY } }
```

히스의 정리를 반복해 적용함으로써 이 JD가 S에서 성립한다는 것을 알고 있다. 그러나 구성 요소 {SNO,SNAME}과 {SNO,STATUS}가 모두 {SNO} 키를 포함하는지 확인하라. 따라서 멤버십 알고리즘을 적용하면 이들의 합집합 {SNO,SNAME,STATUS}로 대체할 수 있다. J1은 다음과 같다.

```
☼ { { SNO , SNAME , STATUS } , { SNO , CITY } }
```

(a) 이번 수정 버전 J1은 관계 변수 S의 제목에 대한 JD 그 자체이며, 또한 (b) 관계 변수 S가 그것에 제약된다는 점에 유의하라(즉, 알고리즘의 진행 상황에 대한 약간의 통찰력을 함께 제공해야 하는 두 가지 사실(이후에 추가 설명 참조)).

다음으로 이 후자 JD의 {SNO,SNAME,STATUS}와 {SNO,CITY} 구성 원소에는 모두 {SNO} 키가 포함되므로, 이들을 자신의 합집합으로 대체할 수 있다. 다음을 얻는다.

```
☼ { { SNO , SNAME , STATUS , CITY } }
```

이번 J1의 추가 수정은 다시 S의 제목에 대한 JD(단일 JD, 사실상의 JD)이다. 그러나 관계 변수 S는 단지 그 단위 투영의 '결합'과 동일하다는 것뿐이다(5장 연습 문제 5.1의 해답에서 단일 관계 *r*, JOIN{*r*}의 결합이 *r*과 동일하다는 것을 상기하라). 다시 말해, J1의 추가 수정은 S가 단위 투영으로 '무손실 분해'될 수 있다고 말한다. 그러나 이러한 관찰은 자명한 사실일 뿐이다. 임의의 관계 변수는 6장에서 살펴봤듯이, 그것의 단위 투영으로 '무손실 분해'될 수 있다. 사실 JD는 관련 제목과 동일한 구성 요소를 포함하고 있어 이제 공식적으로 자명한 것이다. 따라서 원래 언급된 JD J1이 관계 변수 S의 키에 의해 내포된다.

예를 들어, 이제 다음과 같은 관계 변수 S에서도 성립하는 JD(J2라고 부르자.)를 고려하자.

```
☼ { { SNO , SNAME , CITY } , { CITY , STATUS } }
```

관계 변수의 유일한 키인 {SNO}는 이 (이진) JD의 두 가지 구성 요소 모두에 포함되지 않아 멤버십 알고리즘은 그것에 영향을 미치지 않는다. 따라서 해당 알고리즘의 출력은 입력과 동일하다(즉, 원래 JD J2로 구성되며 변경되지 않음). 출력 중 어떤 구성 요소도 전체 제목과 동일하지 않으므로 J2는 키에 의해 내포되지 않는다(그리고 관계 변수 S는 5NF가 아니다).

마지막으로 좀 더 추상적인 예를 생각해보자. 관계 변수 *R*에는 (단지) 속성 *A*, *B*, *C*, *D*, *E*, *F*가 있고, *R*은 (단지) 키 {*A*}, {*B*}, {*C*,*D*}를 갖고 있다고 하자. 또한 *AB*가 속성 집합 {*A*,*B*}를 나타내고, 유사하게 다른 속성 이름 조합에도 적용한다('히스 표기법', 7장 참조). 이제 다음 JD를 고려해보자.

1. ☼ { AB , ACDE , BF }
2. ☼ { ABC , ACD , BEF }
3. ☼ { AB , AC , ADEF }
4. ☼ { ABC , CDEF }
5. ☼ { ABD , ACDE , DF }

더 읽기 전에 이들 JD에 멤버십 알고리즘을 적용하라. 그러면 1-3번이 키에 의해 내포된다는 점을 알게 될 것이다(그리고 *R*은 반드시 이들에 의해 제약을 받는다는 점을 알게 될 것이다). 반면에 4-5번은 그렇지 않다. 간략하게 설명하면 다음과 같다.

- 1번과 2번은 모두 {*A*}와 {*B*}를 함께 취합한 키 조합에 의해 내포되지만, 어떤 개별 키로도 내포되지 않는다.

- 반면에 3번은 격리돼 고려 중인 {*A*} 키에 의해 내포된다.
- {*C*}가 키라면 4번은 (실제로) 개별 키에 의해 내포될 수 있지만, 그렇지 않다. 더구나 JD가 *R*에서 성립할 수 없는 것은 {*C*}는 결국 키가 돼야 하기 때문이다 (생각해보라!).
- 5번과 관련해 그것은 분명히 키에 의해 내포되지 않는다. *R*에서 성립될 수도 있고 아닐 수도 있지만, 만약 그렇다면 *R*은 5NF가 될 수 없다.

그렇다면 이 예들에서 정확히 무슨 일이 있는 것일까? 내가 말한 것의 이면에 있는 직관에 대해 다시 한 번 설명해보겠다({SNO}, {SNAME}이 모두 그 관계 변수의 키라는 가정하에 공급자 관계 변수 S와 JD ☼{SNO,SNAME},{SNO,STATUS},{SNAME,CITY}의 관점에서 다음을 통해 작업해보고 싶을 것이다).

- *X1*, ..., *Xn*을 관계 변수 *R*의 제목 *H* 부분집합이라 하고, *X1*, ..., *Xn*의 합집합은 *H*와 같다.
- *J*를 JD ☼{*X1*,...,*Xn*}으로 하고, *R*의 키들에 의해 *J*가 내포된다고 하자.
- *r*이 *R*의 현재 값인 관계라고 하자.
- 집합 {*X1*,...,*Xn*}의 구별되는 두 요소(구성 요소)를 임의로 선택해 *X1*과 *X2*라고 하자.
- 각각 *r1*과 *r2*를 *X1*과 *X2*에 대한 *r*의 투영으로 한다.

이제 *X1*과 *X2*가 모두 *R*의 동일한 키 *K*를 포함하는 경우, 제목 *X12*가 *X1*과 *X2*의 합집합인 *r1*과 *r2*의 결합 *r12*는 엄격한 일대일 결합일 것이다. 따라서 *r1*과 *r2*는 정보 손실 없이 *r12*로 대체될 수 있다(동시에 *X1*과 *X2*는 *J*에서 *X12*로 교체할 수 있다). (설명된 바와 같이) 원래 버전의 *J*는 *R*의 키에 의해 내포됐으므로, 그러한 교체가 반복되면 정의에 따라 결국 (a) 원래의 관계 *r*과 동일한 관계를 산출하게 되며, 특히 (b) 전체 제목 *H*와 동일한 제목을 갖게 된다.

이제 지금까지 말한 모든 것은 관련 관계 변수 *R*이 단지 하나의 키 *K*를 갖고 있는 공통적인 특수한 경우에 훨씬 단순해진다는 것을 지적하겠다. 이 경우 JD ☆{*X1*,...,*Xn*}은 다음 두 가지가 모두 참인 경우에만 키들에 의해 내포된다.

a. *R*의 모든 속성은 *X1*, ..., *Xn* 중 하나 이상에 포함돼 있다(이 요구 조건은 물론 이 특별한 경우뿐만 아니라 일반 사례에서도 항상 적용된다).

b. *R*의 유일한 키 *K*는 *X1*, ..., *Xn* 각각에 포함돼 있다. 즉 *X1*, ..., *Xn* 각각은 상위 키다.

따라서 *R*이 키 *K*를 하나만 갖고 있다면, *R*에서 성립하는 JD의 모든 구성 요소가 그 키 *K*를 포함하는 경우에만 *R*은 5NF이다.[5] 하지만 **이것은 중요하므로** 주의해야 한다. 여기서 고려 중인 유일한 JD는 *R*과 관련해 축소 불가능한 JD라고 가정한다. 자세한 설명은 11장을 참조하라.

전술한 것에 대한 예로서 부품 관계 변수 P를 고려해보자. 해당 관계 변수에서 성립하는 유일한 축소 불가능한 JD ☆{*X1*,...,*Xn*}은 각 *Xi*(*i* = 1, ..., *n*)가 유일한 키 {PNO}를 포함하는 것이다. 따라서 그러한 JD는 그 유일한 키에 의해 명확히 내포되며, 관계 변수 P는 따라서 5NF이다. 여기에 문제의 JD 하나가 있다.

```
☆ { { PNO , PNAME , COLOR } , { PNO , WEIGHT , CITY } }
```

따라서 관계 변수 P는 정보 손실 없이 이 JD의 구성 요소에 대한 투영으로 분해될 수 있다(실제 분해를 원하는지 여부는 물론 별개의 문제다. 우리가 원하면 가능하다는 점, 그것이 우리가 아는 전부다).

이번 절은 9장의 SPJ 예제를 다시 찾아보는 것으로 마무리하겠다. 편의상 해당 관계

5 1장과 2장에서 정의한 일반적인 관계 변수 S의 경우는 그렇지 않다는 점에 유의하라. 이 관계 변수는 적어도 하나의 JD, 즉 JD ☆{{SNO,SNAME,CITY},{CITY,STATUS}},{CITY,STATUS})의 제약을 받으며, 여기서 적어도 하나의 구성 원소는 단독 키 {SNO}를 포함하지 못한다. 따라서 관계 변수는 5NF가 아니다.

변수의 샘플 값은 그림 10-1(그림 9-1의 반복)에 나타나 있다. 술어는 공급자 SNO가 프로젝트 JNO에 부품 PNO를 공급하는 것으로, 다음과 같은 비즈니스 규칙(BRX)이 발효된다.

- 공급자 *s*가 부품 *p*를 공급하고, 부품 *p*가 프로젝트 *j*에 공급되고, 프로젝트 *j*가 공급자 *s*에 의해 공급되는 경우, 공급자 *s*는 부품 *p*를 프로젝트 *j*에 공급한다.

SPJ

SNO	PNO	JNO
S1	P1	J2
S1	P2	J1
S2	P1	J1
S1	P1	J1

▲ 그림 10-1 관계 변수 SPJ - 샘플 값

이제 9장을 통해 다음의 JD가 비즈니스 규칙 BRX의 본질을 포착해 관계 변수 SPJ에서 성립한다는 것을 알게 됐다.

```
☼ { { SNO , PNO } , { PNO , JNO } , { JNO , SNO } }
```

이제 멤버십 알고리즘이 실패하고 SPJ가 5NF에 존재하지 않기 때문에 이 JD가 *r* 관계 변수의 유일한 키(즉, {SNO,PNO,JNO})에 의해 내포되지 않는다는 것을 알 수 있다. 그래서 무손실 투영은 세 가지 이진 투영으로 분해될 수 있고, 아마도 중복성을 줄이려면 그렇게 해야 할 것이다. 이 세 가지 투영은 모두 5NF이다(자명한 투영을 제외하고는 JD가 이들에서 전혀 성립하지 않는다).

유용한 정리

9장에서 실제로 5NF가 아닌 BCNF인 관계 변수를 찾는 것은 매우 이례적이라고 했다. 사실 이 문제를 다루는 정리가 있다.

> **정리**: *R*을 BCNF 관계 변수로 하고 *R*에 복합 키가 없도록 한다. 그러면 *R*은 5NF이다.

(1장에서 살펴봤듯이, 복합 키가 둘 이상의 속성으로 구성된 키임을 상기하라).

이 정리는 꽤 유용하다. 즉, BCNF(이것은 충분히 쉬운 일)에 도달할 수 있고, BCNF 관계 변수(흔히 그렇지만 항상 그렇지는 않다.)에 어떤 복합 키가 없다면 JD와 5NF의 복잡성에 대해 걱정할 필요가 없다. 즉, 관계 변수가 단순히 5NF라는 문제를 더 이상 생각할 필요가 없다. **참고**: 실제로 이 정리는 BCNF가 아닌 3NF에 적용된다. 즉, 복합 키 없는 3NF 관계 변수는 실제로 5NF라고 한다. 그러나 모든 BCNF 관계 변수는 3NF이며, 어떤 경우든 BCNF는 실용적으로 말하면(개념적으로 단순할 뿐만 아니라) 3NF보다 훨씬 더 중요하다.

왜 그런지 모르지만, 사람들은 앞서 말한 정리를 잘못 해석하는 경우가 많다. 구체적으로 말해 복합 키가 없는 BCNF 관계 변수가 '자동'으로 5NF라는 것을 고려하면, 사람들은 종종 단순히 BCNF 관계 변수에 대리 키(정의에 의한 비복합 키)를 도입하는 것이 '자동'으로 관계 변수가 이제 5nF라는 것을 의미한다고 생각하는 것 같다. 하지만 그것은 전혀 그런 뜻이 아니다! 만약 대리 키 이전에 관계 변수가 5N이라면, 이는 나중에도 5NF가 아닐 것이다. 특히 대리 키 이전에 합성 키를 갖고 있었다면, 그 이후에도 여전히 하나의 키를 갖고 있을 것이다.

FD는 JD가 아니다

모든 FD가 JD 또는 (9장에서 설명했듯이) JD가 일반화된 FD의 일종이라는 취지의 진술은 문헌의 비공식적인 부분에서 상당히 일반적이다. 정말로 그런 것들을 이전 책들과 다른 이전 글들에서 직접 언급했다. 그러나 그런 말은 엄밀히 말하면 틀렸다. 모든 FD는 JD를 내포하고 있다고 말하는 편이 더 나을 것이다(사실 그것은 히스의 정리로부터 이미 알고 있는 것이다). 즉, R이 특정 FD의 대상이라면 F는 확실히 특정 JD의 대상이라고 말한다. 그러나 역은 성립하지 않는다. R은 동일한 FD F의 제약을 받지 않고 동일한 JD J의 제약을 받을 수 있다.

- 관계 변수 R은 (단지) 속성 A, B, C를 갖고, F는 FD $AB \rightarrow C$로 하고, R은 다시 F(다시 한 번, 히스 표기법)에 제약된다고 하자.
- 히스의 정리에 의해 R은 JD ☼$\{ABC,AB\}$에 제약을 받는다(9장에서 주어진 히스의 정리 공식과 관련해서 X를 AB로, Y를 C로, Z를 빈 속성 집합으로 삼는다). 이것을 JD J라고 부르자.
- 그러나 이 JD J는 자명한 것이다. 이 JD J는 관계 변수가 FD $AB \rightarrow C$의 제약을 받는지 여부에 관계없이, 제목 ABC를 갖고 있는 모든 관계 변수 R에서 성립한다.

업데이트 이상 다시 살펴보기

3장에서는 FD로 인해 발생할 수 있는 비정상적인 어떤 업데이트, 특히 BCNF가 아닌 관계 변수에서 성립하는 FD를 간략히 살펴봤다. 그러나 솔직히 말해, 업데이트 이상 징후 개념은 (적어도 해당 맥락에서는) 매우 정확하게 정의되지 않았다. 업데이트 이상 문제가 단지 다른 관점에서 본 중복성 문제라고 말하는 것이 아마도 최선일 것이다. 그렇다면 JD는 어떤가? 특히 5NF가 아닌 관계 변수에서 성립하는 JD는? 그러한 JD는 아는 바와 같이 중복성을 유발한다. 그래서 그것들이 업데이트 이상 징후를 발생시킬 것이라고 예상할 수 있다. 그리고 실제로 그렇다. 더욱이 그 개념은 이후 보게 될 것처럼, 그 맥락에서 더 정확하게 정의될 수 있다.

그림 10-2는 관계 변수 SPJ의 두 가지 가능한 값을 보여준다. 왼쪽은 그림 10-1의 관계를 반복한 것이고, 오른쪽은 왼쪽에서 두 개의 튜플을 삭제한 것이다.

possible value 1

SNO	PNO	JNO
S1	P1	J2
S1	P2	J1
S2	P1	J1
S1	P1	J1

possible value 2

SNO	PNO	JNO
S1	P1	J2
S1	P2	J1

▲ 그림 10-2 관계 변수 SPJ의 두 개의 가능한 값

다음 JD가 관계 변수 SPJ에서 성립한다는 것을 상기하라.

```
☼ { { SNO , PNO } , { PNO , JNO } , { JNO , SNO } }
```

그러면 다음이 성립한다.

- 관계 변수의 현재 값이 그림 왼쪽에 있는 관계('가능 값 1')라면, 삭제 이상deletion anomaly이 생긴다. 삭제 후 결과가 JD를 위반해서 SPJ의 합법적 값이 아니므로 튜플 (S1,P1,J1)만 삭제할 수 없다.
- 마찬가지로, 관계 변수의 현재 값이 그림 오른쪽에 있는 관계('가능 값 2')인 경우 삽입 이상insertion anomaly이 있다. 단지 튜플 (S2,P1,J1)만 삽입할 수 없다. 왜냐하면 삽입 후 결과가 다시, 그리고 같은 이유로 SPJ에 대한 합법적 값이 아니기 때문이다.

이제 이 예에서 JD는 튜플 강제다(특정 튜플이 나타나면 추가적인 특정 튜플도 나타날 수밖에

없는 경우, JD는 튜플 강제라는 것을 9장으로부터 상기해보자). 그리고 튜플이 JD를 강제한다는 개념, 아니 오히려 그러한 개념 뒤에 있는 직관은 그러한 JD가 존재하는 상황에서 발생할 수 있는 업데이트 이상 징후의 종류에 대한 정의, 즉 FD에 해당하는 것보다 더 정확한 정의를 제공할 수 있게 해준다.[6] 구체적으로 말하면 다음과 같다.

> **정의(JD의 삭제 이상)**: JD *J*가 관계 변수 *R*에서 성립한다고 하자. 그러면 *R*은 다음과 같이 각각 *R*과 동일한 제목을 가진 *r*과 튜플 *t*가 존재하는 경우에만 *J*에 대한 삭제 이상 문제를 가진다.
>
> **a.** *r*은 *J*를 만족시키고,
> **b.** *t*를 제거함으로써 *r*의 본체로부터 본체를 얻는 관계 *r'*는 *J*를 위배한다.

> **정의(JD 삽입 이상)**: JD *J*가 관계 변수 *R*에서 성립한다고 하자. 그러면 *R*은 다음과 같이 각각 *R*과 동일한 제목을 가진 *r*과 튜플 *t*가 존재하는 경우에만 *J*에 대한 삽입 이상 문제를 가진다.
>
> **a.** *r*은 *J*를 만족시키고,
> **b.** *r*의 본체에서 본체를 얻은 관계 *r'*는 *R*의 핵심 구속 조건을 만족하지만 *J*를 위배한다.

요점은 다음과 같다.

- (a) 전술한 이상 징후는 일부 JD *J*의 관점에서 구체적으로 정의되며 (b) SPJ의 예에서 설명한 것처럼 두 이상 징후 모두 동일한 관계 변수 *R*에서 발생할 수 있다는 점에 유의하라. 그러나 13장에서는 JD *J*가 관계 변수 *R*에서 성립한다

---

6 좀 더 정확할 수도 있지만, 어떤 의미에서는 (『SQL and Relational Theory』에서 설명한 바와 같이) DELETE와 INSERT는 개별 튜플이 아니라 정말로 전체 관계를 '제거'하거나 '적용'하는 것에 대해 이야기하기 때문에 아주 조금은 의심스럽기도 하다. 그러나 이 사소한 논쟁을 해결하는 방식으로 그 정의를 분명히 정교화할 수 있다.

면 *R*이 (두 경우 모두 *J*에 관한) 삭제 이상이 아닌 삽입 이상 문제를 겪는 것도 가능하다는 점을 알게 될 것이다.

- 비록 FD 이상 징후보다 더 정확하게 정의돼 있지만, 전술한 JD 이상 징후는 다른 관점에서 볼 때 중복성 문제로 간주될 수 있다. 물론 여기서는 FD가 아닌 JD가 일으키는 중복성을 언급하고 있다.
- 관계 변수 *R*이 업데이트 이상 징후를 보이고 그러한 이상 징후가 JD(튜플 강제 또는 기타)에 의해 발생하는 경우, *R*을 5NF 투영 집합으로 교체하면 문제가 해결된다. 즉, 5NF 관계 변수에서는 그러한 이상 현상이 발생할 수 없다.

그러나 모든 업데이트 이상 징후가 FD나 JD 때문은 아니라는 점에 유의하라. 사실 대부분의 무결성 제약(아마도 전부?)은 삽입 시 항상 문제가 되는 제약 조건을 위반하는 튜플이 존재한다는 점에서 삽입 이상 현상을 일으킬 수 있다고 말하는 것이 맞을 것이다(단순한 예로 공급자 상태 값이 1–100 범위 내에 있도록 제약이 있다고 가정해보라). 반면에 상대적으로 적은 제약 조건이 삭제 이상 문제를 야기할 수 있다(하나는 항상 두 개 이상의 구별되는 공급자가 있어야 한다는 제약이다. 또 다른 하나는 외부 키 제약이다. 예를 들어, 공급자–부품 데이터베이스에서 SP로부터 S에 부여되는 외부 키 제약 조건을 위반하는 경우 공급자를 삭제할 수 없다[7]).

연습 문제

10.1 1장부터 다음과 같은 질문을 반복하지만, 지금 대답할 기회가 더 많아져야 한다(이전에는 그렇게 하지 못했다고 가정하면).

---

7 그러나 (정의상) SP에서 S까지의 외래 키 제약 조건은 다중 관계 변수 제약 조건이라는 점에 유의하라. 대조적으로 JD는 항상 단일 관계 변수 제약 조건이다(단일 관계 변수 제약 조건은 관련 관계 변수를 격리해 검사함으로써 테스트할 수 있는 제약 조건이다. 즉, 데이터베이스에서 다른 관계 변수를 검사할 필요 없이). 15장에서 논의해야 할 일반화된 업데이트 이상 징후 정의도 단일 관계 변수 제약 조건과만 관련이 있고 다중 관계 변수 제약 조건과는 무관하다.

a. (연습 문제 1.6) 모든 '모든 키' 관계 변수가 5NF라는 것이 사실인가?

b. (연습 문제 1.7) 모든 이진 관계 변수가 5NF라는 것이 사실인가?

c. (연습 문제 1.8) 관계 변수가 하나의 키와 하나의 다른 속성을 갖고 있다면, 그것이 5NF라는 것이 사실인가?

d. (연습 문제 1.9) 관계 변수가 BCNF이지만 5NF가 아닌 경우 모든 키가 돼야 한다는 것이 사실인가?

e. (연습 문제 1.10) 5NF의 정확한 정의를 말할 수 있는가?

f. (연습 문제 1.11) 5NF 관계 변수에는 중복성이 없다는 것이 사실인가?

10.2 관계 변수가 결합 종속성의 대상이 되는 것이 무엇을 의미하는지 가능한 한 정확하게 정의하라.

10.3 선적 관계 변수 SP에 JD가 몇 개 성립되는가?

10.4 JD가 상위 키에 의해 내포된다고 말하는 것은 무엇을 의미하는가?

10.5 자명한 JD란 무엇인가? 사소한 FD가 특별한 경우인가?

10.6 (a) 튜플 강제인 JD, (b) 튜플 강제가 아닌 JD의 예를 제시하라.

10.7 9장 연습 문제 9.2의 해답에서 논의된 바와 같이 (기본 관계 변수 또는 뷰 중 하나인) RAP를 고려한다. 해당 관계 변수에서 발생할 수 있는 삽입 이상 징후와 삭제 이상 징후의 예를 제시하라.

10.8 다음은 특정 데이터베이스 교과서에서 가볍게 편집한 인용문이다.

> 5차 정규형은 다소 불명확한 종속성에 관한 것이다. 그것은 하위 관계로 나눌 수 있는 관계와 관련이 있지만... 그러나 재구성될 수 없다. 이 상황이 발생하는 조건은 명확하고 직관적인 의미를 갖지 않는다. 그러한 종속성이 어떤 결과를 초래하는지는 심지어 그들이 어떤 실질적인 결과를 갖고 있더라도 알지 못한다.

이것에 대해 어떤 의견이 있는가?

10.9 다음은 나 자신의 교과서인 『An Introduction to Database Systems, 8th Edition』에서 인용해 가볍게 편집한 내용이다.

관계 변수 *R*에서 성립하는 모든 자명하지 않은 JD가 *R*의 키에 의해 내포되는 경우에만 관계 변수 *R*이 5NF이다. 여기서 다음과 같다.

a. JD ☼{*A*,*B*,...,*Z*}는 최소한 *A*, *B*, ..., *Z* 중 하나 이상이 *R*의 제목일 경우에만 (R에 대해) 자명하다.

b. JD ☼{*A*,*B*,...,*Z*}는 각각 *A*, *B*, ..., *Z*가 *R*의 상위 키인 경우에만 *R*의 키에 의해 내포된다.

이것에 대해 무슨 의견이 있는가?

해답

10.1 a. 아니다(반례는 이번 장의 본문에서 관계 변수 SPJ에 대한 논의를 참조). b. 아니다(사실상 4장 연습 문제 4.6의 해답에서 보듯이, 2진수 관계 변수는 BCNF 또는 2NF가 반드시 되는 것은 아니다). c. 아니다(13장 참조). d. 아니다(13장 다시 참조). e. 이번 장의 본문을 참조하라. f. 아니다(반례는 9장의 관계 변수 CTXD를 참조, 17장 참조).

10.2 이번 장의 본문을 참조한다.

10.3 첫째, JD가 어떤 반복적인 구성 요소를 갖고 있지 않다고 가정한다. 그렇지 않으면 JD의 수는 문자 그대로 무한할 것이기 때문이다(최소한 논리적으로 구별되는 JD의 수는 물론 항상 유한할 것이다). 둘째, 관계 변수 SP는 5NF이고, 아직 6NF에 대해 논의한 적이 없지만(14장 참조) 사실 6NF이다. 적어도 현재로서는 관계 변수가 6NF라면, 그 관계 변수에 성립하는 모든 JD는 자명한 것이 될 것이라고 말할 수 있다. 그래서 질문은 다음과 같아진다. 관계 변수 SP에

얼마나 많은 자명한 JD가 성립하는가? 그런 JD는 모두 ☼{*H*,*X1*,...,*Xn*}의 형태를 취하는데, 여기서 *H*는 전체 제목을 나타내고 {*X1*,...,*Xn*}은 *H*의 적절한 부분집합의 집합(아마도 공집합)이다. *H*가 3차이기 때문에 여덟 개의 부분집합이 있는데, 그중 하나만 빼고 모두 적절하다. 그렇다면 일곱 개 원소의 앞서 말한 집합 중 일부분인 몇 개의 구별되는 집합이 있는가? 원소가 전혀 없는 그런 집합이 하나 있으며, 단 하나의 원소만 있는 그와 같은 집합은 일곱 개 있다. 일반적으로 *i* 원소(*i* = 0, 1, ..., 7)를 가진 그와 같은 '7 pick *i*' 개의 집합이 있다.[8] 따라서 H = (7 pick 0) + (7 pick 1) + (7 pick 2) + ... + (7 pick 7) = 1 + 7 + 21 + 35 + 35 + 21 + 7 + 1 = 128이다. 그래서 관계 변수 SP에는 모두 128개의 자명한 JD가 있다. **참고**: 이 128개 중 64개는 공집합의 구성 원소를 포함하며, 이는 합리적으로 무시될 수 있다(예를 들어, JD ☼{*H*,{ }}와 ☼{*H*}는 분명히 동일하다[9]). 따라서 총 카운트는 64개로 줄어든다.

10.4 이번 장의 본문을 보라.

10.5 정의는 이번 장의 본문을 참조한다. FD는 JD가 아니라 단지 그것을 내포하고 있기 때문에 자명한 FD는 특별한 경우가 아니다. 그러나 자명한 FD가 내포하는 JD는 실로 그 자체가 자명한 것이다. 예를 들어, 자명한 FD {CITY,STATUS} → {STATUS}는 공급자 관계 변수 S에서 성립한다. 따라서 히스의 정리를 적용하면 자명한 JD ☼{*AB*,*AC*}가 S에서 성립하는 것을 알 수 있다. 여기서 *A*는 {CITY,STATUS}이고, *B*는 {STATUS}이며, *C*는 {SNO,SNAME}이다(*AC*가 전체 제목과 같기 때문에 JD는 자명한 것이다).

10.6 JD를 강제하는 튜플의 예는 이 장 본문의 SPJ 예를 참조하라. 튜플 강제가 아

---

8 일반적으로 '*n* pick *r*'이라는 표현은 *n* 요소 집합에서 *r* 요소를 선택하는 방법의 수를 나타낸다.

9 증명: 모든 관계 *r*에 대해 JOIN{*r*{*H*},*r*{ }} = JOIN{*r*{*H*}} = JOIN{*r*} = *r*이다.

닌 것에 대해서는 예를 들어 관계 변수 S에서 성립하는 JD ☼{SNO,SNAME, CITY},STATUS}}를 고려하라(관련 관계 변수에 대한 상위 키 구성 요소가 있으므로 정확하게 튜플 강제가 되지 않는다).

10.7 RNO 값으로 공급자 번호, ANO 값으로 부품 번호, PNO 값으로 프로젝트 번호를 체계적으로 대체함으로써 관계 변수 SPJ와 관련해 이 장의 본문에 제시된 예에서 예제를 구할 수 있다. 추가 해답은 없다.

10.8 여러분들이 어떤 의견을 갖고 있는지는 모르지만, 나는 분명히 알고 있다. 하지만 여기서 이를 발표하는 것이 예의 있는 것이라고 생각하지 않기 때문에 그렇게 하지는 않겠다.

10.9 주어진 '정의'는 당황스러울 정도로 엉성할 뿐만 아니라 잘못된 것이다! 좀 더 구체적으로 말하면 다음과 같다.

- '*R*에서 성립하는 모든 자명하지 않은 JD가 *R*의 키에 의해 내포돼 있는 경우에만 *R*이 5NF이다.

그러나

- 주어진 JD의 자명성 또는 그 외의 것은 관계 변수가 아닌 제목에 대해 정의돼야 한다.
- JD ☼{*A*,*B*,...,*Z*}가 *R*에서 성립하려면 *A*, *B*, ..., *Z*의 조합이 *R*의 전체 제목과 같아야 하지만 분명히 충분하지 않다.
- 그러나 앞에서 말한 조건이 충족되더라도, *A*, *B*, ..., *Z* 각각이 *R*에 대한 상위 키라는 사실은 *R*의 키에 의해 해당 JD가 내포되기에는 충분하지 않다(반면 R이 하나의 키만 갖고 있는 단순한 특수 사례에서는 충분하다).

자세한 내용은 13장을 참조하라.

11장

암묵적 종속성

왜 물어보는 거야?

– 20세기 캐치프레이즈(20th century catchphrase)

이전 장에서는 어떤 종속성이 다른 것을 내포한다는 아이디어에 대한 몇 가지 예시를 다뤘다. 구체적으로, 7장에서 일부 FD가 다른 FD에 어떻게 함축돼 있는지, 9장과 10장에서 일부 JD가 어떻게 FD에 의해 함축돼 있는지 알아봤다. 이제 그런 문제들을 좀 더 자세히 살펴봐야 할 때다. 만약 어떤 주어진 관계 변수가 정상적인 형태인지 알려야 한다면, 그 관계 변수에 있는 모든 종속성, 암묵적 종속성, 명시적 종속성을 알 필요가 있다. 따라서 이 장에서는 다음 사항들을 논의할 계획이다.

- 관련 없는 JD 구성 요소
- JD 구성 요소 결합
- 축소 불가능한 JD
- JD 구성 요소 추가

이러한 다양한 논의는 이 장의 끝부분에서 다룰 이른바 추적^chase^을 설명할 준비를 할 것이다.

관련 없는 JD 구성 요소

다시 한 번 FD {CITY} → {STATUS}를 포함한 관계 변수 S를 생각해보자. 이전 장에서 알 수 있듯이

- 해당 관계 변수는 {SNO,SNAME,CITY}와 {CITY,STATUS}의 투영으로 (정보) 손실 없이 분해될 수 있다.
- 또한 이는 명백히 {SNAME,CITY}의 투영과 함께 동일한 두 개의 투영으로 손실 없이 분해될 수 있다.
- 그러나 그 세 번째 투영은 원래의 관계 변수를 재구성하는 과정에서 분명히 필요하지 않다는 점에서 무관하다.

이제 앞에서 설명한 예를 JD와 관련해 다음과 같이 다시 설명하겠다. 관계 변수 S는 다음 JD의 적용을 받는다.

```
☼ { { SNO , SNAME , CITY } , { CITY , STATUS } }
```

그리고 다음 JD의 적용을 받는다.

```
☼ { { SNO , SNAME , CITY } , { CITY , STATUS } , { SNAME , CITY } }
```

그러나 후자의 JD에서는 {SNAME,CITY} 구성 요소가 관련되지 않는다. 그것은 다른 성분의 적절한 부분집합이고, 그런 이유로 원래의 관계 변수를 재구성하는 과정에서 해당 투영이 필요하지 않다.

동기를 부여하기 위해 위의 예에서는 이제 어떤 JD에서 어떤 구성 요소가 무관하다는 것이 무엇을 의미하는지를 정확히 정의할 수 있다.

정의(관련 구성 요소): ☼{*X1*,...,*Xn*}을 JD, 예를 들어 *J*라고 하자. 그러면 (a) *XJ*의 관련 부분집합(기호에서 $Xi \subset Xj$)인 *J*에 *XJ*가 존재하거나 또는 (b) $Xj = Xi$처럼 *J*($J < i$)에 *XJ*가 존재하는 경우에만 *Xi*는 *J*에 관련이 없다.[1]

여기서 '관련 없는'이라는 용어를 선택한 이유는 명확해야 한다. *Xi*가 *J*에서 무관하다면 *J*를 만족시키는 모든 관계는 *J'*를 만족시키게 되는데, 여기서 *J'*는 *Xi*를 제외함으로써 *J*로부터 파생된다. 더욱이 그 반대도 사실이다. *J'*를 만족시키는 모든 관계는 *J*를 만족시킨다. 즉, JD *J*와 *J'*는 동일하다. 각각은 서로를 의미하며, 어느 하나를 만족시키는 모든 관계는 반드시 서로를 만족시킨다. 따라서 관련 없는 구성 요소는 항상 삭제될 수 있을 뿐만 아니라 큰 영향을 주지 않고 항상 추가할 수 있다.

구성 요소 결합

이제 일부 FD가 다른 것을 내포하는 것처럼 일부 JD도 다른 것을 내포하는 것을 확인했다. 그러나 관계없는 요소가 이 이야기의 마지막은 아니다. 요점은 다음과 같다('정리'라고 했지만 쓸데없이 거창한 명칭이다).

정리: *J*를 JD라 하고, *J*의 두 개 구성 요소를 그들의 합집합으로 교체해 *J'*가 *J*에서 파생되게 한다. 그러면 *J*는 *J'*를 내포한다(즉, *J*를 만족시키는 모든 관계도 *J'*를 만족시킨다).

예를 들어, 관계 변수 S의 모든 적절한 값은 다음의 JD를 만족시킨다(이는 이전 절의 JD

1 성분 *X1*, ..., *Xn*이 모두 구별된다고 가정할 수 있으면, 이 정의의 (b) 부분을 삭제하면 된다.

이며, 관련 없는 구성 요소가 있는 것이다).

```
☼ { { SNO , SNAME , CITY } , { CITY , STATUS } , { SNAME , CITY } }
```

따라서 이 항목도 충족한다.

```
☼ { { SNO , SNAME , CITY } , { CITY , STATUS , SNAME } }
```

연습 문제: 전술한 주장의 유효성을 직접 확인해보라(혹시라도 즉시 명백하지 않다면 증명해 보자). (또한 이러한 방식으로 구성 요소를 결합해 주어진 JD에서 몇 개의 구별되는 JD를 도출할 수 있는가?) 요점은 다음과 같다.

- 10장에서는 멤버십 알고리즘(즉, JD가 키에 의해 함축돼 있는지 여부를 시험하는 알고리즘) 뒤의 직관을 설명할 때 앞에서 설명한 정리를 암묵적으로 활용했다.
- 정리에는 등가성이 아니라 함축성이 포함돼 있다는 것을 주목하자. *J*는 *J'*를 내포하지만, 그 반대는 사실이 아니다. *J'*는 일반적으로 *J*를 의미하지 않으며, 따라서 *J*와 *J'*는 동등하지 않다.

  참고: 사실 이 점은 다음과 같이 쉽게 확인할 수 있다. 만약 그 조합으로 계속해서 구성 요소를 교체한다면 결국 전체 제목과 동일한 것을 얻게 될 것이고, 결과로 갖는 JD *J'*는 자명한 것이 될 것이다. 그리고 모든 JD가 어떤 자명한 JD와 동등하다는 것은 명백히 사실이 아니다.
- 위에 표시된 두 개의 JD 중 두 번째(이진)가 관계 변수 S에 있는 것은 사실이지만, 그 JD에 근거해 그 관계 변수를 무손실 분해하는 것은 좋은 생각이 아닐 것이다.

  참고: 연습 문제 11.4는 이 관찰에 대해 더 자세히 설명해줄 것을 요구하지만, 여러분은 지금 잠시 시간을 내서 그것이 사실이라는 점을 스스로 확신하는 것이 좋을 것이다. 또한 (잠깐 내 자신을 앞서기 위해) 문제의 JD, 즉 2진법이 S에 대

해 사실 돌이킬 수 없다고 말할 수 있다(바로 다음 절 참조). 따라서 이 예가 보여주는 것은 비록 축소 불가능한 JD가 중요하지만 그것들이 반드시 좋은 분해와 일치하는 것은 아니라는 점이다. 비공식적으로 말하자면, '좋은' JD와 '나쁜' JD를 구별할 필요가 있는데, 여기서 '좋은'과 '나쁜'은 해당 분해의 품질을 가리킨다. 이러한 문제에 대한 자세한 설명은 16장을 참조하길 바란다.

축소 불가능한 JD

지금까지 한 JD가 다른 JD를 내포한다는 개념은 본질적으로 다소 구문적이었으며, 우리가 말하는 JD가 주어진 관계 변수에서 실제로 성립되는지에 대한 질문에는 그다지 관심을 기울이지 않았다(관련 없는 요소의 정의와, 그들의 조합에 의한 요소 교체에 대한 정리 그 어떤 것도 관계 변수에 대한 언급, 심지어 제목에 대한 언급도 하지 않았다는 점을 주목하라). 하지만 이제 어떤 관계 변수에서 실제로 성립하는 JD를 생각해보자. 그러면 다음과 같은 정리를 얻게 된다.

> **정리**: JD *J*를 관계 변수 *R*에서 성립한다고 하자. 그러면 *J*는 *R*에서도 성립하는 어떤 축소 불가능한 (반드시 유일하지는 않은) JD와 동등하다.

JD가 축소 불가능이라는 것이 무슨 뜻인지 잠시 후 정확히 설명하겠다. 그러나 먼저, 동등성의 개념(즉, JD의)은 특정 관계 변수의 맥락에서 이해돼야 한다. 즉, 두 JD가 둘 다 한 관계 변수에서 성립하지만, 다른 관계 변수에서는 단지 하나의 JD만 성립하는 것이 가능하다. 이런 경우 두 JD는 첫 번째 관계 변수에 관해 동등할 수도 있고 아닐 수도 있지만, 두 번째 관계 변수에 관해서는 확실히 동등하지 않다.

이제 마찬가지로 JD 등가성에 대해 우선 이 책의 2부에서 다룬 FD에 관한 내용을 상기해보자. 즉, 관계 변수 *R*에서 성립하는 모든 FD는 관계 변수 *R*에도 있는 성립하는 어떤 축소 불가능한 FD를 내포한다는 것이다(이것은 쉽게 알 수 있다. 즉, 남아있는 것이 더 이상 성립하지 않는 FD가 될 때까지 결정 요인으로부터 속성을 계속 버려라). 마찬가지로, 관계 변수 *R*에서 성립하는 모든 JD는 사실상(강한 표현이다.) 관계 변수 *R*에서도 성립하는 어떤 축소 불가능한 JD와 동등하다.

그렇다면 JD가 축소 불가능하다는 것은 무엇을 의미하는가? 정의는 다음과 같다.

> **정의(축소 불가능한 JD)**: ☼{*X1*,...,*Xn*}을 관계 변수 *R*에서 성립하는 JD, 즉 *J*라 하고, JD ☼{*Y1*,...,*Ym*}도 *R*에서 성립하는 {*X1*,...,*Xm*}의 적절한 부분집합 {*Y1*,...,*Ym*}이 없다고 하자. 그러면 *J*는 *R*에 대해 축소 불가능이다(또는 *R*이 이해된다면, 그냥 축소 불가능이다).

요점은 다음과 같다.

- 관계 변수 *R*에서 성립하는 모든 JD는 관계 변수 *R*에서도 성립하는 축소 불가능한 JD를 내포하는 것을 쉽게 알 수 있다. 남은 것이 *R*에서 더 이상 성립하지 않은 JD가 될 때까지 주어진 JD에서 계속 구성 요소를 제거하라. 그러면 마지막으로 성립하는 JD는 축소 불가능하다.
- 또한 내포성이 다른 방향으로 흘러가는 것을 쉽게 알 수 있다. 축소 불가능한 JD로 시작해서 원래의 JD에 도달할 때까지 제거했던 요소들을 하나씩 다시 더한다. 이 프로세스의 각 단계에서 현재 버전의 JD는 *R*에서 성립하는 JD가 될 것이다.

  참고: 이 시점과 이전 시점을 함께 보면, (a) *R*에서 성립하는 모든 JD는 (사실 앞에서 언급한 바와 같이) *R*에서 성립하는 어떤 축소 불가능한 JD와 동등하다. 따라서 (b) 실제로 *R*에서 성립하는 축소 불가능한 JD는 *R*에서 성립하는 모든 JD를 내포한다.
- 만약 일부 구성 요소 *Xi*가 *J*에서 관련이 없다면, *J*는 그것이 보유하고 있는 모든 관계 변수에 대해 확실히 축소될 수 있다(*Xi*는 큰 손실 없이 제거될 수 있기 때문이다). 그러나 지금 보여주는 바와 같이, 모든 구성 요소가 관련되더라도 *J*는

일부 관계 변수에 관해 여전히 축소될 수 있다.

공급자 관계 변수 S를 다시 한 번 고려해보자. 그러나 단순성을 위해 SNAME 속성을 무시하는 데 동의하고, 더욱이 추후 통지가 있을 때까지 'S'라는 이름을 사용해 이 축소된 버전의 관계 변수를 참조하자. 이제 다음 JD를 고려하자.

```
☼ { { SNO , CITY } , { CITY , STATUS } , { SNO , STATUS } }
```

이 JD(J1이라고 부르자.)는 분명히 관련 없는 구성 요소가 없다. 단, {CITY,STATUS} 구성 요소를 삭제할 수 있고 남은 것은 여전히 S의 JD이기 때문에 (a) 관계 변수 S에서 성립하지만 (b) 그 관계 변수에 대해 축소할 수 있다는 것을 보여주겠다.

참고: 실제로 이 예에서 축소 불가능성은 직관적으로 명백하다. (문제를 정확하게 기술하기 위해) S의 {CITY,STATUS}에 대한 투영은 S{SNO,CITY}와 S{SNO,STATUS}의 결합에 대한 {CITY,STATUS}에 대한 투영과 명확하게 동일하기 때문이다. 그 결과, {CITY,STATUS} 구성 요소는 아무것도 추가하지 않는다. 따라서 반복적으로 말하지만, 축소 가능성은 '확실하다.' 하지만 이제 그것을 증명하고 싶다.

a. 먼저 S에 다음과 같은 튜플이 나타난다고 가정해보자.

```
s1  c1  t2
s2  c1  t1
s1  c2  t1
```

(여기서는 튜플에 대해 명백하게 단순화된 표기법을 사용하고 있다. *s1*과 *s2*는 공급자 번호를 나타내고, *c1*과 *c2*는 공급자 도시를 나타내며, *t1*과 *t2*는 상태 값을 나타낸다. 세 개의 튜플 각각이 JD J1의 한 구성 요소에 어떻게 대응하는지 주목하자.)

이제 {SNO}가 키이기 때문에 다음 FD가 S에서 성립한다.

```
{ SNO } → { CITY }
{ SNO } → { STATUS }
```

그러므로 $c1 = c2$와 $t1 = t2$를 얻게 되고, 따라서 다음과 같은 튜플은

```
s1  c1  t1
```

S에 반드시 나타난다. 사실 그것은 위에서 표시한 튜플의 원래 목록에 있는 첫 번째(또는 동등하게, 세 번째)와 동일하기 때문이다. 그러나 원래의 '세 가지' 튜플이 이 '네 번째' 튜플을 나타나게 한다고 말하는 것은, 즉 내 말의 뜻을 알 수 있다면 정확하게 JD J1이 성립하는 것을 말하는 것이다(즉, 바로 그것이 J1이 의미하는 것이다). 그래서 J1은 S에서 성립한다.

b. 이제 FD {SNO} → {CITY}와 {SNO} → {STATUS} 중 하나(두 가지 모두 알고 있는 바와 같이 S에서 성립한다.)와 히스의 정리에 의존해서 다음과 같은 JD(J2라고 부르자.)가 확실히 관계 변수 S에서 성립함을 알 수 있다.

```
☼ { { SNO , CITY } , { SNO , STATUS } }
```

그러나 J2의 구성 요소는 J1의 구성 요소의 적절한 하위 집합을 형성한다. J1은 S에 관해 축소할 수 있다. 구체적으로 말하면, 남은 것은 여전히 S의 JD라는 의미에서 구성 요소 {CITY,STATUS}를 손실 없이 J1에서 버릴 수 있다.

앞에서 설명한 증거는 함수 종속성 {CITY} → {STATUS}가 S에서 성립한다는 사실을 이용하지 않았다는 점을 주목하라(실제로 FD가 성립하지 않았더라도 결과는 여전히 유효하다). 하지만 이제 그 FD를 이용하는 또 다른 예를 들어보자.

- 첫째, 앞의 예에서 다음과 같은 JD(그 예로부터의 J1)가 S에서 성립한다는 것을 안다.

```
☼ { { SNO , CITY } , { CITY , STATUS } , { SNO , STATUS } }
```

- 그러나 FD {CITY} → {STATUS}도 성립하고 있으므로 히스의 정리에 의해 다음과 같은 JD(J3라고 하자.)도 성립한다.

```
☼ { { CITY , STATUS } , { CITY , SNO } }
```

- J3의 구성 요소는 J1의 구성 요소의 적절한 하위 집합을 형성하며, 따라서 J1은 S에 대해 축소 가능하다는 것이 다시 한 번 성립한다. 구체적으로 말하면, 남아있는 것이 여전히 S의 JD라는 의미에서 구성 요소 {SNO,STATUS}를 손실 없이 J1에서 버릴 수 있다.

따라서 원래의 JD J1은 관계 변수 S와 관련해 두 개의 구별되는 JD, 즉 J2 및 J3와 동등하다는 것을 주목하자.

일반적으로, 물론 의문점은 다음과 같다. 관계 변수 *R*과 *R*에서 성립하는 JD *J*가 주어질 때, 어떻게 관계 변수 *R*을 갖고 있는 축소 불가능한 등가물을 찾을 수 있는가? (문제에 대해 좀 더 정확히 말하면, *J*와 동등하고 동시에 축소 불가능한 JD를 의미한다. 여기서 '동등하다'와 '축소 불가능하다'는 것은 모두 *R*에 대한 것으로 이해한다.)

- *J*에서 일부 구성 요소가 관련 없는 경우, 해당 구성 요소는 분명히 제거될 수 있다.
- 모든 구성 요소가 관련된 경우 하나만 제거한 후 다음을 수행할 수 있다.
  - **a.** 남은 것이 여전히 *R*의 JD라면, 다른 요소를 버리고 그 과정을 반복한다.
  - **b.** 남은 것이 *R*의 JD가 아니라면, 버린 요소를 복원하고 다른 요소를 제거해 본다.

결국 원래의 것과 동등하고 축소 불가능한 JD에 이를 것이다. 어떤 JD가 사실 *R*의 JD인지 어떻게 알 수 있을까? 글쎄, 만약 그렇게 명시적으로 선언된 것이라면 분명히 문제가 없겠지만, 그렇지 않다면 그 추적을 사용할 수 있다. 이에 대해서는 다음 절에서 설명할 것이다.

지금까지의 요약

우리가 어디까지 와 있는지 요약해보자. 일반적인 요점은 일부 JD가 다른 JD를 내포한다는 것이다. 이 점에 대한 구체적인 예로서 다음과 같이 논의해봤다.

- 관련 없는 구성 요소: 주어진 JD *J*는 관련 없는 구성 요소를 추가하거나 제거함으로써 J로부터 얻을 수 있는 모든 JD *J'*와 동일하다.
- 구성 요소 결합: 주어진 JD *J*는 둘 이상의 구성 요소를 그들의 조합에 의해 대체함으로써 *J*로부터 얻을 수 있는 모든 JD *J*를 의미한다.
- 축소 불가능성: 관계 변수 *R*에서 성립하는 JD *J*는 *R*에서 성립하고, 축소 불가능한 JD *J'R*(반드시 *J*와 구별되는 것은 아니다.)과 동일하다. (여기서 동일성과 축소 불가능성은 모두 *R*과 관련된 것으로 이해돼야 한다). 그러면 *R*의 축소 불가능한 JD가 사실 *R'*의 모든 JD를 내포한다는 것이 성립한다.

다음을 관찰하는 것도 의미 있다(자세히 논의하지는 않았지만 직관적으로 명백하다).

- 특성 추가: JD *J*가 관계 변수 *R*에서 성립한다면, *J*의 일부 구성 요소에 *R*의 일부 속성을 추가해 *J*로부터 얻을 수 있는 모든 JD *J'*도 마찬가지다.
- 구성 요소 추가: JD *J*가 관계 변수 *R*에서 유효한 경우, *R* 제목의 하위 집합을 다른 구성 요소로 추가해 *J*에서 얻을 수 있는 모든 JD *J'*도 마찬가지다.

그러나 이 두 가지 후자의 경우 모두 등가성이 아니라 함축성에 대해 이야기하고 있다. 예를 들어, 관계 변수 S(그러나 단순성을 위해 SNAME을 다시 한 번 무시한다.)에서 다음은 성립한다.

```
☼ { { SNO , STATUS } , { SNO , CITY } }
```

따라서 다음 JD는 추가된 구성 요소와 함께 성립된다.

```
☼ { { SNO , STATUS } , { SNO , CITY } , { CITY , STATUS } }
```

그러나 그 반대는 거짓이다. 만약 후자의 JD가 성립하면, 전자가 하는 것은 따르지 않는다.[2]

또한 다음과 같이 말할 수 있다. (a) *J*가 관계 변수 *R*에서 성립하는 JD이고 (따라서 정의상 R에서도 성립) 또 다른 JD *J'*를 의미하고, (b) *J*의 구성 요소에서 속성을 삭제하거나 *J*로부터 전체 구성 요소를 삭제해 *J*로부터 *J'*를 구하는 경우, *J*는 확실히 '나쁜' JD이다('구성 요소 결합' 절 마지막의 좋은 JD와 나쁜 JD에 대한 설명 참조). 그러나 JD *J*는 우리가 보게 될 것처럼 그러한 JD *J'*가 없다는 것을 내포하더라도 여전히 '나쁨'일 수 있다. 즉, 모든 '나쁜' JD가 앞서 언급한 단순한 패턴에 부합하는 것은 아니다.

이제 토론을 다소 일반화하고자 한다. 우선 이 시점부터는 상황에 따라 FD나 JD 또는 둘 다를 의미하는 '종속성dependency' 용어를 택할 것이다.[3] 지금까지 이 책 전반에 걸쳐서, 다른 것들이 내포하는 종속성에 대한 문제를 생각할 때마다 대부분 암묵적으로나마 각각의 의존에 의해 내포되는 문제로 제한해왔다. 그러나 좀 더 일반적으로, 종속성의 특정 조합이 다른 결합을 내포할 수 있다는 것이 밝혀졌다. 예를 들어보자.

속성이 통상적인 의미를 갖는 (단지) SNO, PNO, STATUS 속성이 있는 관계 SPT를 생각해보자. 다음 종속성(FD 한 개와 JD 한 개)이 모두 이 관계 변수에 있다고 가정한다.

2 물론 두 JD 모두 우리의 실행 예에서 성립되지만, 그것은 3차 JD가 2진수 1을 의미하기 때문이 아니라 FD {CITY} → {STATUS}도 포함하기 때문이다.

3 이미 알고 있는 바와 같이 다른 종류의 종속성이 존재하지만, 이때는 일부러 배제하고 있다.

```
{ SNO , PNO } → { STATUS }
☼ { { SNO , PNO } , { SNO , STATUS } }
```

이런 경우의 의미에 비춰볼 때 (a) {SNO}가 SPT의 키가 아니고, (b) FD {SNO} → {STATUS}가 SPT에서 암묵적으로(따라서 우연히 SST는 2NF에 있지 않다.) 성립한다는 것이 직관적으로 명백하다. 내가 암묵적으로 말하는 것에 주목하라. FD가 가진 것을 분명히 들어보지는 못했으며, 문제는 다음과 같다. 명시된 FD와 JD가 가진 것만 볼 때, (a)와 (b)를 증명할 수 있는가? 즉, 의미론과 무관하게 (a)와 (b)가 정식으로 유효하다는 것을 보여줄 수 있는가? (결국 우리가 종속성을 유추할 수 있길 바란다면 시스템이 그렇게 할 수밖에 없었을 것이다. 여기서 그 용어를 사용하고 있기 때문에 시스템이 의미론에 대해 전혀 알지 못한다.)[4]

그럼 한번 해보자. 우선 다음 튜플이 SPT에 나타난다고 가정해보자(여기서 $p1 \neq p2$이다).

```
s1  p1  t1
s1  p2  t2
```

이제 해야 할 일은 FD {SNO} → {STATUS}가 가진 것을 보여주기 위해 *t1*과 *t2*가 같아야 한다는 점을 보여주는 것이다. 주어진 JD ☼{SNO,PNO}},{SNO,STATUS}의 구성 요소에 해당하는 두 튜플의 투영을 적는 것으로 시작한다.

```
s1  p1          s1  t1
s1  p2          s1  t2
```

4 나는 연습 문제 11.3에서 확장된 히스의 정리의 역설로 언급하는 부분 (b)의 증거가 바로 있다는 점에 주목한다.

이러한 투영을 합치면 원래 튜플 두 개와 추가 튜플 두 개를 얻는다(아래 굵은 글꼴로 표시된 부분).

```
s1  p1  t1
s1  p1  t2
s1  p2  t1
s1  p2  t2
```

주어진 JD가 성립되므로 두 개의 추가 튜플은 사실 원래의 튜플과 함께 관계 변수에 나타나야 한다. 그러나 FD {SNO,PNO} → {STATUS}도 성립된다. *t1* = *t2*를 따르며, 따라서 FD {SNO} → {STATUS}가 성립된다(SNO *s1*을 가진 모든 튜플도 상태 *t1*을 갖는다). 이는 증명돼야 할 것의 일부분이다. 동시에 우리의 가정에서는 *p1* ≠ *p2*가 있다(지금까지 논쟁에서 그 가정을 무효화하는 것은 하나도 없다는 점에 주목한다). 이것은 FD {SNO} → {PNO}가 있지 않다. 따라서 {SNO}가 키가 아니며, 이는 증명돼야 할 것의 일부다.

따라서 주어진 관계 변수가 명시적 종속성(이는 명시적으로 선언된 것)과 내포적 종속성(이는 명시적으로 선언한 것을 의미한다.)의 영향을 모두 받는다고 본다. 참고로 이 점들을 적절한 정의로 종합해보자.

> **정의(명시적 종속성 대 암시적 종속성)**: *R*을 관계 변수라고 하자. 두 개의 명시적 종속성 집합은 *R*과 연관된다. 즉, 두 개의 집합은 *R*에서 성립한 명시적 FD의 XFD와 *R*에서 성립한 명시적 JD의 XJD 집합을 말한다. XJD의 JD와 함께 XFD의 FD는 *R*의 명시적 종속성이다. XFD나 XJD에는 없지만, XFD와 XJD에 따른 논리적 결과인 FD와 JD는 *R*의 암묵적 종속성이다. 함께 취합한 *R*의 명시적 종속성과 암시적 종속성은 *R*의 종속성이다. 관계 *r*은 관계 *r*이 *R*의 모든 종속성을 만족하는 경우에만 *R*에 할당할 수 있다.

추적 알고리즘

지금까지 이 장에서 살펴본 모든 것 중에서 분명한 의문은 다음과 같다.

> **일부 종속성**(FD, JD 또는 모두)**의 집합 *D*를 고려할 때, 해당 집합의 종속성 *d*는 어떤 종속성을 내포하는가?**

이 질문에 대한 부분적인 답은 추적 알고리즘, 즉 정확히 말하면 주어진 종속성 *d*가 주어진 종속성 *D* 집합에 의해 내포되는지 여부를 검증하기 위한 알고리즘에 의해 제공된다.[5] 좀 더 구체적으로 말하자면, 그러한 집합 *D*와 그러한 종속성을 고려할 때 추적은 다음 중 하나에 해당할 것이다.

a. *d*가 *D*에 의해 함축돼 있음을 표시하거나
b. 확실한 반례로, 즉 *D*의 모든 종속성을 충족하면서도 *d*를 위반하는 관계를 제공함으로써 이것이 아니라는 것을 보여준다.

사실 이미 그 추적의 몇 가지 예를 본 적이 있다. 이전 절에서는 주어진 FD와 JD가 어떻게 다른 FD가 아닌 특정 FD를 함축하는지 보여줬다(후자는 실제로 핵심 제약 조건이었는데, 이는 물론 FD 제약의 특별한 경우다). 그리고 그 전의 절에서는 주어진 FD와 JD가 함께 특정 JD를 내포하는 두 가지 예를 제시했다(따라서 주어진 JD가 축소 가능할 수 있다는 것을 보여준다). 이 모든 예는 사실 그 추적을 응용한 것이었다. 하지만 이제 좀 더 구체적으로 이야기해본다. 그러기 위해서는 우선 다음과 같은 용어를 추가할 필요가 있다.

- FD를 고려해보자. 추상적으로(물론 매우 대략적으로) FD는 '특정 튜플 *t1*, ..., *tn*이 나타나면 해당 튜플 내의 특정 속성은 동일한 값을 가져야 한다.'라는 형식

5 데이비드 마이어(David Maier), 알베르토 멘델존(Alberto O. Mendelzon), 예슈아 새깁(Yehoshua Sagiv)의 'Testing Implications of Data Dependencies'(ACM Transactions on Database Systems 4, No. 4)를 참조

을 취한다. 이러한 이유로 FD는 때때로 동등하게 종속성을 발생시킨다고 한다.

- 이제 JD를 생각해보자. 추상적으로, 그러나 매우 대략적으로 JD는 '특정 튜플 $t1$, ..., tn이 나타나면 특정 튜플 t가 나타나야 한다.' 따라서 JD는 때때로 튜플이 종속성을 발생시킨다고 한다.

더 나아가기 전에 종속성을 강제하는 튜플과 생성 튜플을 혼동하지 않도록 주의를 기울여야 한다.[6] 튜플 강제 종속성은 튜플 $t1$, ..., tn이 나타나면 어떤 튜플 t가 $t1$, ..., tn의 각 항목과 구별되는 특성을 지닌 JD이다. 반면에 튜플 생성 종속성tuple generating dependency은 (a) 주어진 튜플과 구별되는 '생성된' 튜플을 요구하지 않으며 (b) 사실상 구별되지 않는다(그러나 이 책에서 논의된 유일한 종속성을 생성하는 튜플은 실제로 JD이다. 따라서 현재 목적을 위해 JD를 의미하는 '튜플 생성 종속 관계'를 취할 수 있다. 따라서 모든 튜플 강제 종속성은 튜플 생성이지만, 일부 튜플 생성 종속성은 튜플 강제가 아니라고 말할 수 있다).

균등 생성 종속성과 튜플 생성 종속성은 모두 일련의 전제(즉, 주어진 튜플 $t1$, ..., tn)와 결론을 포함한다. 튜플 생성 종속성의 경우, 결론은 생성된 튜플 t이다. 동등 생성 종속성의 결론은 특정 동등성이 성립된다는 사실이다.

이제 추적 알고리즘을 그렇게 설명할 수 있다. 아마도 그것이 본질적으로 상식이라고 먼저 말해야 할 것이다. 사실, 설명하기보다 예시하기가 더 쉬운 듯하다. 그러나 개략적으로 이렇게 작용한다. 우리는 종속성 d가 D 집합의 종속성으로부터 오는지를 확인하려고 한다. 다음과 같이 진행한다.

1. d의 전제를 나타내는 튜플을 적는다.
2. D의 종속성을 그 튜플에 적용하고(아마도 추가적인 튜플을 생성했을 것이다.), 더 이상의 변화가 일어나지 않을 때까지 이 과정을 계속 반복한다.

---

6 마찬가지로 3장에서 설명한 동등 생성 종속성(equality generating dependency)과 평등 종속성(equality dependency)을 혼동하지 말라.

이 절차는 결국 다음 중 하나를 산출하게 된다.

a. d의 결론을 나타내는 표현. 이 경우 d는 D를 따르게 된다. 또는
b. D는 충족하지만 d는 만족하지 않는 관계. 이 경우 d는 D로부터 따르지 않는다.

예를 들어본다. 지정된 종속성 집합을 다음과 같이 두자.

```
{ A → C , B → C , C → D , CE → A , DE → C }
```

(사실 보다시피 모두 FD이다.) 다음 JD도 고려해보자(J라고 함).

```
☼ { AB , AD , AE , BE , CDE }
```

이제는 주어진 FD들이 사실상 J를 내포한다는 점을 보여줄 것이다.

첫 번째 단계는 JD J의 전제를 나타내는 튜플을 적는 것이다. 이제 JD가 의미하는 것을 설명하겠다.

- 다음이 그러한 튜플이라면

  $A = a$와 $B = b$를 가진 튜플,
  $A = a$와 $D = d$를 가진 튜플,
  $A = a$와 $E = e$를 가진 튜플,
  $B = b$와 $E = e$를 가진 튜플,
  $C = c$와 $D = d$와 $E = e$를 가진 튜플이 나온다.

  이 경우 다음 사항도 포함돼야 한다.

  $A = a$와 $B = b$와 $C = c$와 $D = d$와 $E = e$를 가진 튜플

그러나 a, b, c, d, e가 아니라 속성값을 나타내는 x와 y를 뒤에 붙이는 것이 더 편리

하다. 구체적으로는 *a*–*e* 대신 *x1*–*x5*를 각각 사용하고, *y*는 다른 모든 포지션(예: *y23*)을 사용해 *a*–*e*를 나타낼 것이다. '두 번째' 전제 튜플의 '세 번째'(즉, *C*) 값. 그래서 전제 튜플은 다음과 같이 보인다.[7]

```
 x1   x2  y13  y14  y15
 x1  y22  y23   x4  y25
 x1  y32  y33  y34   x5
y41   x2  y43  y44   x5
y51  y52   x3   x4   x5
```

다섯 개의 FD가 JD를 내포하는 경우에만 이 튜플들은 다음과 같은 튜플을 '생성'할 것이다.

```
 x1   x2   x3   x4   x5
```

그렇다면 그렇게 되는지 확인하자. 즉, 주어진 종속성을 적용하자.

- *A* → *C*로부터 *y13* = *y23* = *y33*을 가진다. 마찬가지로 *B* → *C*로부터 *y13* = *y43*을 얻는다. 그래서 *y23*, *y33*, *y43* 각각을 *y13*으로 대체할 수 있다. 전제 튜플은 다음과 같이 된다(바뀐 것은 굵은 글꼴로 표시됨).

x1	x2	y13	y14	y15
x1	y22	**y13**	x4	y25
x1	y32	**y13**	y34	x5
y41	x2	**y13**	y44	x5
y51	y52	x3	x4	x5

7 엄밀히 말하면, 전제 튜플은 사실 튜플이 전혀 아니다. 그것들은 값 대신에 변수를 포함하고 있기 때문이다. 마찬가지로, 함께 취합된 전제 튜플도 실제로 관계를 구성하지는 않는다. 여기서부터는 이러한 점들을 무시할 것을 제언하지만, 최소한 연구 문헌은 부분적인 이유로 전제 초기 전체 집합 튜플과 추적 과정 중에 생기는 다른 모든 집합을 관계가 아니라 표로 구성하고 있다는 것을 언급해야 하겠다.

- $C \rightarrow D$로부터 $y14 = y34 = y44 = x4$가 있다. 교체해보자.

```
 x1   x2  y13   x4  y15
 x1  y22  y13   x4  y25
 x1  y32  y13   x4   x5
y41   x2  y13   x4   x5
y51  y52   x3   x4   x5
```

- $CE \rightarrow A$로부터 $y41 = x1$이 있다. 교체해보자.

```
 x1   x2  y13   x4  y15
 x1  y22  y13   x4  y25
 x1  y32  y13   x4   x5
 x1   x2  y13   x4   x5
y51  y52   x3   x4   x5
```

- $DE \rightarrow C$로부터 $y13 = x3$이 있다. 교체해보자.

```
 x1   x2   x3   x4  y15
 x1  y22   x3   x4  y25
 x1  y32   x3   x4   x5
 x1   x2   x3   x4   x5   Success: all x's !!!
y51  y52   x3   x4   x5
```

- 여기서 '네 번째' 튜플은 모두 *x*이고, 따라서 JD *J*는 주어진 FD로부터 실제로 따라온다.

다른 예를 보자. 지정된 종속성 집합이 JD $\{AB,AC\}$로 구성된다고 해보자. 이 집합은 FD $A \rightarrow B$를 의미하는가? **참고**: 여기서 말하는 것은 히스의 정리의 역이며, 연습 문제 5.4를 통해 히스의 정리의 역이 거짓이라는 점은 이미 알고 있다. 하지만 그 추적이 우리에게 무엇을 말해주는지 살펴보자.

- 전제된 튜플은 다음과 같다.

```
x1  y12  y13
x1  y22  y23
```

만약 FD가 JD에 의해 내포되는 경우에만 이 튜플에 JD를 적용하면 *y12*와 *y22*가 같아야 한다. 그렇게 되는가?

- 주어진 JD는 다음과 같이 튜플을 만든다.

```
x1  y12  y23
x1  y22  y13
```

- 네 개의 튜플은 JD를 만족시키지만 FD는 만족시키지 않는다. 특히 $y12 = y22$를 요구하지 않는다. 그래서 FD는 JD로부터 따라오지 않는다.

끝맺는 말

이 장에서는 JD를 내포하는 JD, JD와 FD가 내포하는 FD, JD를 내포하는 FD를 살펴봤고 앞 장들에서는 FD를 내포하는 FD를 살펴봤다. 그러나 우리가 할 수 있는 추적이 특정한 종속성이 주어진 종속성에서 오는지를 결정하는 것이라는 점을 명심해야 한다. 이제 주어진 집합에서 새로운 종속성을 추론하거나 만드는 일이 남았다(그래서 이전 절의 앞부분에서는 그 추적이 질문에 대한 부분적인 대답만을 제공했다고 말했다). 그러기 위해서는 FD와 JD에 대한 공리화가 필요하다. 그리고 암스트롱의 규칙Armstrong's rules은 FD에 대한 건전하고 완전한 공리화를 제공하지만, 불행하게도 그러한 공리화가 함께 고려된 FD와 JD에 존재하지 않는다는 것은 알려진 사실이다.[8]

8 예를 들어 세르게 아비테불(Serge Abiteboul), 리처드 헐(Richard Hull), 빅터 비아누(Victor Vianu)가 저술한 『Foundations of Databases』(Addison-Wesley, 1995)를 참조하라.

연습 문제

11.1 공급자–부품 데이터베이스의 부품 관계 변수 P를 고려한다. 단순성을 위해 속성 PNO, PNAME, COLOR, WEIGHT, CITY의 이름을 각각 *A*, *B*, *C*, *D*, *E*로 바꾸고 히스 표기법을 다시 한 번 사용하자. 다음 JD는 모두 P의 제목과 관련해 정의된다.

a. ☼ { *AC* , *ABDE* }

b. ☼ { *ACD* , *ABDE* }

c. ☼ { *AE* , *ABCD* }

d. ☼ { *AB* , *ACD* , *CE* }

e. ☼ { *AB* , *ACD* , *AE* }

f. ☼ { *AB* , *BCD* , *DE* }

g. ☼ { *ABC* , *ACDE* , *CE* }

h. ☼ { *ABCD* , *BDE* , *BCE* }

i. ☼ { *AB* , *ABC* , *BCD* , *CDE* , *AD* }

j. ☼ { *AB* , *BC* , *CD* , *DE* , *AD* }

k. ☼ { *ABD* , *CDE* , *ABC* , *BE* , *ABE* }

l. ☼ { *A* , *AB* , *ABC* , *ABD* , *ACE* }

이 JD들 중 어느 것이 자명한가? 관련 없는 구성 요소를 포함하는 것은? 그럼 리스트에 있는 다른 사람들은? 어떤 쌍이 서로 동등할까? 그림 1–1에 표시된 관계 변수 P의 샘플 값으로 만족하는 것은? 어느 쪽이 관계 변수 P에 유효한가? P에 관해 어느 것이 축소 불가능한 것인가?

11.2 이 연습의 종속성은 모두 속성 *ABCD*로 구성된 제목과 관련해 정의된다.

a. FD $\{A \rightarrow B, A \rightarrow C\}$ 집합이 JD ☼$\{AD, ABC\}$를 내포하는가?

b. FD $\{C \rightarrow D, B \rightarrow C\}$ 집합이 JD ☼$\{AB, BC, CD\}$를 내포하는가?

c. FD {$A \rightarrow B$, $B \rightarrow C$} 집합이 JD ☼{*AB*,*BC*,*CD*}를 내포하는가?

d. JD ☼{*BC*,*ABD*} 집합이 JD ☼{*AB*,*BC*,*CD*}를 내포하는가?

11.3 5장 연습 문제 5.4를 통해 히스의 정리의 역설이 거짓이라는 점은 알고 있다. 하지만 그 정리의 역설이 참인 확장된 버전이 여기에 있다.

히스의 정리(확장판): 관계 변수 *R*은 제목 *H*를 가지며 *X*, *Y*, *Z*의 결합이 *H*와 같도록 *X*, *Y*, *Z*의 하위 집합이 되게 한다. *XY*는 *X*와 *Y*의 결합을 나타내며, *XZ*도 이와 유사하게 된다. *R*이 FD $X \rightarrow Y$의 대상이라면 (a) *R*은 JD ☼{*XY*,*XZ*}의 대상이고, (b) *XZ*는 *R*의 상위 키다.

이 정리의 (b)를 증명한다. 또한 (a)와 (b)가 함께 $X \rightarrow Y$를 성립(확장된 정리의 반대)한다는 것을 증명한다.

11.4 다음 JD를 생각해보자. 두 JD는 모두 관계 변수 S에서 성립된다.

```
☼ { { SNO , SNAME , CITY } , { CITY , STATUS } , { SNAME , CITY } }
☼ { { SNO , SNAME , CITY } , { CITY , STATUS , SNAME } }
```

이 장의 본문('구성 요소 결합' 절)에서는 (a) 이러한 JD 중 첫 번째가 두 번째를 내포하지만, (b) 두 번째 JD에 기초해 S를 분해하는 것은 좋은 생각이 아니라고 지적했다. 왜 안 될까?

11.5 JD는 자명한 것일 수도 있고 더 이상 축소 불가능한 것일 수도 있는가?

해답

11.1 어느 JD가 자명한가? 없다. 관련 없는 구성 요소를 포함하는 것은? i., k., l.이다. 그것은 다른 것을 내포하는가? a.는 b.를 내포하고, d.는 g.와 h.를

내포하고, e.는 g.를 내포하고, f.는 h.와 i.를 내포하고, j.는 k.를 내포한다. 어느 쌍이 동등한가? 없다. 그림 1-1의 샘플 값으로 만족하는 것은? a., b., c., d., e., g., l.이다. 관계 변수 P에서 어느 것이 유효한가? a., b., c., e., l.이다. 어느 것이 축소 불가능한 것인가? a., b., c., e.이다.

11.2 **a.** 히스의 정리에 의해 답은 분명히 '예[yes]'(*X*를 *A*로, *Y*를 *BC*로, *Z*를 *D*로)이다. 하지만 이 결과를 증명할 수 있는지 알아보자. 전제로서 튜플은 다음과 같다.

```
x1  y12  y13   x4
x1   x2   x3  y24
```

FD $A \rightarrow B$에서는 $y12 = x2$를, FD $A \rightarrow C$에서는 $y13 = x3$를 가진다. 교체를 해보자.

```
x1   x2   x3   x4
x1   x2   x3  y24
```

이제 모든 *x*의 튜플을 갖고 있으며, 원하는 결과는 다음과 같다. 주어진 JD는 주어진 여러 JD로부터 나온다.

b. 전제 튜플은 다음과 같다.

```
 x1   x2  y13  y14
y21   x2   x3  y24
y31  y32   x3   x4
```

FD는 $y24 = x4$, $y13 = x3$를 의미한다. 교체를 해보자.

x1	x2	x3	y14
y21	x2	x3	x4
y31	y32	x3	x4

FD $C \rightarrow D$는 현재 *y14* = *x4*를 내포하고 있다. 교체를 하게 되면 모든 *x*의 튜플을 얻게 되고, 따라서 결과는 다음과 같다. 주어진 JD는 주어진 복수의 FD에서 따온 것이다. 이 예에서는 FD 중 하나를 추적할 때 두 번 사용해야 했다. 또한 히스의 정리를 두 번 적용함으로써 같은 결과를 얻을 수 있었다는 것도 주목하라. FD $C \rightarrow D$는 JD ☼{*CD*,*CAB*}를 내포하고, FD $B \rightarrow C$ 덕분에 다시 JD {{*CD*,*BC*,*BA*}를 내포하고 있다.

c. 여기서 답이 '아니오[no]'라는 것을 보여주는 것은 여러분에게 맡긴다.

d. 전제 튜플은 다음과 같다.

x1	x2	y13	y14
y21	x2	x3	y24
y31	y32	x3	x4

JD ☼{*BC*,*ABD*}는 공통 *B* 값을 가진 튜플에 대해 다음과 같은 튜플을 생성한다.

x1	x2	x3	y24
y21	x2	y13	y14

모든 *x*의 튜플을 얻지 못하고, 그래서 '타깃' JD는 주어진 것에서부터 나오지 않는다. 사실, 이제 전자가 아닌 후자를 만족시키는 (다섯 개 튜플의) 샘플 관계를 갖게 됐다.

11.3 다음은 확장된 정리의 (b)에 대한 증명을 보여준다.

1. $X \rightarrow Y$ (주어짐)

2. $XZ \rightarrow YZ$ (확장성)

3. $XZ \rightarrow XZ$ (자기결정)

4. $XZ \rightarrow XYZ$ (2와 3, 그리고 합집합)

따라서 *XZ*는 *R*의 상위 키다.

반대의 경우, 관계 변수 *R*에 다음 튜플이 포함돼 있다고 가정해보자.

```
x  y1  z1
x  y2  z2
```

JD ☼{*XY*,*XZ*} 덕분에 다음과 같은 튜플도 나타나야 한다.

```
x  y1  z2
x  y2  z1
```

그러나 *XZ*는 상위 키이므로 $XZ \rightarrow Y$가 성립한다. 그러므로 $y1 = y2$이다. 따라서 $X \rightarrow Y$가 성립한다.

11.4 이 연습 문제는 16장에서 더 자세히 논의되지만, 여기서는 예비 토론을 한다. 우선 그러한 축소(즉, 2차 JD에 근거한)가 이뤄졌다고 가정한다. 그렇게 얻은 투영에는 SNC와 CTN으로 분명하게 표시되도록 한다. 그러면 {SNAME, CITY}에 대한 SNC와 CTN의 예측은 분명히 동일하다. 즉, 다음과 같은 동등 종속성(EQD)이 성립한다.

```
CONSTRAINT ... SNC { SNAME , CITY } = CTN { SNAME , CITY } ;
```

그리고 관계 변수 SNC와 CTN은 중복성을 겪는다.

FD {CITY} → {STATUS}가 CTN에서 성립되는지 자세히 관찰해보자. 따라서 히스의 정리를 통해 CTN을 각각 {CITY,STATUS}와 {CITY,SNAME}의 투영 CT와 CN으로 분해할 수 있다. 그러면 다음 JD는

```
☼ { { SNO , SNAME , CITY } , { CITY , STATUS , SNAME } }
```

다음 JD를 내포한다.

```
☼ { { SNO , SNAME , CITY } , { CITY , STATUS } , { CITY , SNAME } }
```

그러나 이 후자의 JD에서 {CITY,SNAME} 구성 요소는 {SNO,SNAME, CITY} 구성 요소의 적절한 하위 집합이다. 따라서 큰 손실 없이 삭제될 수 있으므로 분명히 관련이 없다(물론 이 후자의 JD는 원래 연습에서 주어진 것과 같은 두 JD 중 첫 번째와 동일하다).

11.5 그렇다! 구체적으로 말하면, 모든 관계 변수 *R*은 자명하고 축소 불가능한 JD {*H*}의 대상이며, 여기서 *H*는 *R*의 제목이다(해당 축소는 해당 ID 투영에 포함된다).

12장

MVD와 4NF

누가 먼저고, 뭐가 둘째고, 난 몰라, 난 셋째야.

– 버드 애벗(Bud Abbott)과 루 코스텔로(Lou Costello):

'형편없는 90년대(The Naughty Nineties)'(1945년)

10장에서 2NF나 3NF처럼 4NF는 예전부터 사람들의 관심사라고 말했다. 그러나 그렇게 말하는 것은 다음과 같은 이유로 다소 불편할 수 있다.

- 첫째, 4NF는 다중 값 종속성multivalued dependency 또는 MVD라고 불리는 것에 관한 정규형이다. MVD는 정말 특별한 종류의 JD이다. 그래서 JD 전반에 대해 알고 있다면, MVD도 알고 있을 것이다. 그래도 MVD는 여전히 나름 공부할 가치가 있다(한 가지 예로, MVD인 JD가 MVD가 아닌 JD보다 실제 더 많을 것이다).
- 둘째, MVD는 일반적으로 JD보다 직관적인 현실 세계 해석을 갖고 있으므로 이해하기 쉽다.
- 셋째, MVD는 일반적으로 JD와 달리 공리화된다. 이는 나중에 알게 될 것이다.

그러니 좀 더 자세히 살펴보자.

기본 예제

이번 절과 다음 절에서는 비교적 비공식적인 관점에서 MVD를 살펴보고, 그 이후의 절에서는 MVD를 다시 고려하되 좀 더 정식으로 이해해 4NF까지 이어지도록 하겠다. 먼저 정의부터 말하자면 다음과 같다.

> **정의(JD로서의 다중 종속성)**: 다중 값 종속성(MVD)은 정확히 두 가지 구성 요소에 대한 결합 종속성이다.

MVD에 기반한 무손실 분해는 항상 정확히 두 개의 투영을 산출한다(일반적으로 JD는 일부 양의 정수 *n*에 대해 *n*−way이며, 여기서 *n*은 2보다 클 수 있다. 반대로 MVD는 항상 정확히 2−way이다). 더 나아가 다음의 JD(예를 들어)가 사실상 MVD라는 것을 알게 된다.

```
☆ { { SNO , SNAME , CITY } , { CITY , STATUS } }
```

이 책에서는 이 특정한 JD를 반복적으로 살펴봤다. 그것은 관계 변수 S에 속한다. 그러나 9장에서 이 특정한 JD는 함수 종속성에 의해 내포됐다고 말하지 않았는가(즉, FD {CITY} → {STATUS}?). 실제로 내가 했다. 그 예가 FD에 의해 내포돼 있다는 것을 보여준다. 하지만 모든 것이 그렇지는 않고, 예상하듯이 어떤 면에서는 흥미롭지 않은 것들이다. 그럼 그 '흥미로운 것들' 중 한 가지 예를 들어본다. 그림 12−1을 고려해보자. CTX[1]라는 관계 변수의 표본값을 보여준다. '과정 CNO는 교사 TNO가 가르칠 수 있으며 교과서 XNO를 사용한다.'가 술어다.

1 예는 9장의 CTXD 예제를 수정한 것이다.

CTX

CNO	TNO	XNO
C1	T1	X1
C1	T1	X2
C1	T2	X1
C1	T2	X2

▲ 그림 12-1 관계 변수 CTX — 샘플 값

관계 변수 CTX는 '모든 키'이므로 BCNF에 확실히 존재한다. 그러나 보다시피 중복성 문제를 안고 있다. 예를 들어 교사 T1이 과정 C1을 가르칠 수 있다는 사실이 두 번 나타나고, 과정 C1이 교과서 X1을 사용한다는 사실도 그렇다(따라서 업데이트 이상 문제를 겪고 있다. 이 장 끝부분에 있는 연습 문제 12.3을 참조하라). 그리고 이렇게 중복되는 이유는, 아마도 그다지 현실적이지 않을지 모르지만 교사와 교과서가 서로 상당히 독립적이라고 생각하기 때문이다. 즉, 누가 어떤 특정한 과정의 어떤 특정한 강의에 제공하건 동일한 교과서가 사용된다는 것이다. 또한 주어진 교사나 교과서가 많은 과정과 연관될 수 있다고 생각한다. 따라서

- 각 과정 *c*에는 과정 *c*를 가르칠 수 있는 교사의 *T* 집합과 과정 *c*가 사용하는 교과서의 *X* 집합이 있다.
- 그리고 그러한 각 과정 *c*에 대해, CTX에는 *T*의 교사 *t*와 *X*의 교과서 *x*의 모든 조합에 대한 튜플이 있다(즉 대략적으로 말하면, 각 CNO 값은 그 CNO 값과 연관된 모든 TNO 및 XNO 값의 곱집합(카티시언 곱cartesian product)으로 나타낸다).

문제를 좀 더 정확하게 설명하기 위해 다음 제약 조건은 관계 변수 CTX에서 성립된다(9장부터 기호 '∈'가 '포함'을 의미한다는 것을 상기하라).

```
IF  ( c , t1 , x1 ) ∈ CTX AND
    ( c , t2 , x2 ) ∈ CTX
```

```
THEN ( c , t1 , x2 ) ∈ CTX AND
     ( c , t2 , x1 ) ∈ CTX
```

그러나 이러한 제약 조건이 성립된다는 것은 다음과 같은 결합 종속성이 성립된다고 말하는 것과 같다.

```
☼ { { CNO , TNO } , { CNO , XNO } }
```

CTX는 이 JD의 대상이고, 또한 관계 변수는 {CNO,TNO}와 {CNO,XNO}의 투영으로 분해될 수 있으며, 아마도 분해돼야 할 것이다. **연습 문제:** 그림 12-1의 관계 변수 CTX의 샘플 값에 대응하는 투영 값을 보여주고 중복성이 사라지는지 확인한다(그러나 지금 시행해야 할 다중 관계 변수 제약 조건은 무엇인가?).

단순히 마지막 줄을 삭제하면 위의 제약이 네 줄에서 손실 없이 세 줄로 줄어들 수 있다. 이것은 다음을 의미한다. 튜플 (c,t1,x1)과 (c,t2,x2)가 모두 나타나면 튜플 (c,t1,x2)가 나타나야 하므로, 처음 두 튜플을 이리저리 바꿔 (c,t2,x2)와 (c,t1,x1)이 나타나면 (c,t2,x1)도 역시 나타나야 한다. 그러나 그 제약 조건의 네 줄 버전은 더 대칭적이고 미적으로 더 만족스러울 뿐만 아니라 아마도 이해하기 더 쉬울 것이다.

그런데 CTX의 중복이 불필요하다고 생각할 수도 있다. 더 구체적으로 말하자면, 관계 변수가 주어진 CNO에 대해 가능한 모든 TNO/XNO 조합을 보여줄 필요는 없다고 생각할 수도 있다. 예를 들어, 두 개의 튜플은 과정 C1에 두 명의 교사와 두 개의 교과서가 있다는 정보를 나타내기에 충분할 것이다. 문제는 '어떤 두 개의 튜플인가?'이다. 어떤 특정한 선택이든 관계 변수는 매우 모호한 해석과 매우 이상한 업데이트를 하게 된다(그런 관계 변수의 술어를 적어보라! 즉, 주어진 일부 튜플이 해당 관계 변수에 논리적으로 속하는지 여부를 결정하는 기준을 적어보라. 이 연습을 해보면, 결국 CTX의 중복이 왜 필요한지 알 수 있을 것 같다).

다중 값 종속성 (정보)

CTX와 같은 '문제를 일으키는' BCNF 관계 변수의 존재는 일찍부터 인식됐고, 이에 대처하는 방식도 적어도 직관적으로 그 당시에 인정됐다(연습 문제 12.8 참조). 그러나 파긴의 MVD 개념을 도입하면서 이러한 직관적인 아이디어가 튼튼한 이론적 토대 위에 놓이게 된 것은 1977년에 이르러서다.[2] 자세히 설명해보면 다음과 같다.

관계 변수 CTX는 JD ☼{CNO,TNO},{CNO,XNO}}의 적용을 받는다. 그러나 그것이 다음 쌍의 MVD의 영향을 받는다고 말할 수 있다.

```
{ CNO } ↠ { TNO }
{ CNO } ↠ { XNO }
```

참고: MVD *X* →→ *Y*는 '*X*는 *Y*를 다중 결정한다.' 또는 '*Y*는 *X*에 다중 종속적이다.'로 읽거나, 더 간단히 '*X* 이중 화살표 *Y*'로 읽을 수 있다.

앞에서 설명한 MVD가 의미하는 것은 다음과 같다. 과정에는 한 명의 교사나 한 개의 교과서(즉, FD {CNO} → {TNO}와 {CNO} → {XNO})만 있는 것이 아니라, 교사 집합과 교과서 집합(둘 다 비어있지 않은 경우)이 있다. 더구나 주어진 과정에 대해서는 교사 집합과 교과서 집합이 완전히 서로 독립돼 있다(앞서 말한 바와 같이, 실제로 어떤 과정의 어떤 내용을 누가 가르치는지는 중요하지 않다. 같은 교과서가 사용된다. 마찬가지로 어떤 교과서가 실제로 사용되든, 같은 교사들이 가르칠 수 있는 어떤 교과서와 관련해서는 문제가 되지 않는다). 그래서 다음과 같이 말할 수 있다.

- 주어진 과정 *c*와 교과서 *x*의 경우, 그 (*c*,*x*) 쌍과 연관된 교사의 *T* 집합은 *c*에만 의존한다. 어떤 특정한 *x*를 선택하는지에 따라서는 달라지지 않는다.

2 파긴(Fagin)의 MVD에 관한 연구는 앞서 총칭적으로 JD 개념을 광범위하게 채택했고, 이것이 처음에 MVD가 나름대로 별개의 현상으로 취급된 이유다.

- 마찬가지로 주어진 과정 c와 주어진 교사 t의 경우, 그 (c,t) 쌍과 연관된 교과서의 X 집합도 c에만 의존한다. 어떤 특정한 t를 선택하는지에 따라서는 달라지지 않는다.

그림 12-1에 표시된 관계 변수 CTX의 샘플 값은 실제로 이 두 가지 규칙을 준수한다는 점에 유의하라.

반복하자면, 관계 변수 CTX는 한 쌍의 MVD가 적용된다. 일반적으로(다음 절 참조) 제목 H를 가진 관계 변수 R과 X, Y, Z의 결합이 H와 같은 H의 X, Y, Z의 부분집합이 주어진다면, MVD $X \twoheadrightarrow Y$가 R에서 성립하는 것을 쉽게 보여줄 수 있다. 그러한 이유로, '한 줄one liner'로 쓰는 것이 보통이다. 따라서 다음과 같다.

```
X ↠ Y | Z
```

('X 이중 화살표 Y 바bar Z'로 읽음) 예를 들어 관계 변수 CTX의 경우 다음과 같이 한다.

```
{ CNO } ↠ { TNO } | { XNO }
```

매우 대략적으로 MVD가 FD와 같다고 말할지도 모르지만, '이것들 중 하나에, 저것들 중 하나에, 저것들의 집합이 있다.' (이것은 일반적으로 JD보다 MVD를 좀 더 이해하기 쉽게 만드는 비공식적인 특성화다.) 그러나 중요한 것은 항상 짝을 이뤄가는 것이다(FD에는 유사한 것이 없다는 점에 유의하라). 사실 MVD 개념이 너무 부정확하게 정의된다면 (방금 한 것처럼) 해당 관계 변수 제목의 각 부분집합 X와 Y 쌍에 대해 X에서 Y까지의 MVD가 있다고 잘못된 결론을 내릴 수 있다. 예를 들어 출하량 관계 변수 SP에서는 각 공급자 번호에 대해 수량 집합이 분명히 있지만 MVD {SNO} $\twoheadrightarrow$ {QTY}는 성립하지 않는다. 주어진 공급자 번호 s와 주어진 부품 번호 p에 대해 해당 (s,p) 쌍과 관련된 수량의 정해진 Q가 s에만 의존하는 경우는 아니다.

다중 값 종속성 (공식)

이 절의 정의는 FD와 JD에 대해 앞 장에서 제시된 정의와 유사하므로 추가 설명을 하지 않는다.

정의(다중 종속성): *H*를 제목이라 하면, *H*에 관한 다중 값 종속성(MVD)은 *X* 형식 →→ *Y* 형식의 표현이다. 여기서 *X*(결정 요인)와 *Y*(종속자)는 모두 *H*의 하위 집합이다. '*H*에 관한 MVD'라는 문구는 *H*를 이해한다면 'MVD'로 줄여서 말할 수 있다.

FD 및 JD와 마찬가지로 MVD는 일부 관계나 일부 관계 변수와 관련되지 않고 일부 제목에 대해 정의된다는 점에 주의하라. 또한 공식적 관점(FD 및 JD와 마찬가지로)에서 MVD는 표현일 뿐이며, 특정 관계에 대해 해석할 때 (정의적으로) TRUE 또는 FALSE를 평가하는 제안이 되는 표현이라는 점에 유의하라.

정의(MVD 만족 또는 위반): 관계 *r*이 *H*를 가지도록 하고, *X* →→ *Y*를 MVD로 하며, *M*은 *H*에 대해 *X*나 *Y*에 포함되지 않은 *H*의 속성이 되도록 한다(다시 말해 (a) *Z*는 *X*와 *Y*의 조합의 *H*에 대한 보완책이다. 그리고 (b) *X*, *Y*, *Z*의 조합은 *H*와 동등하다). *r*이 JD ☼{*XY*,*XZ*}를 만족하면 *r*이 *M*을 만족하고, 그렇지 않으면 *r*이 *M*을 위반한다.

전술한 정의는 *Y*와 *Z*에서 대칭이며, 그 정의는 *R*이 MVD *X* →→ *Z*를 만족하는 경우에만 MVD *X* →→ *Y*를 만족하는 경우에 따른다는 점에 유의한다(따라서 앞의 절에서 설명한 대로 '한 줄'로 작성할 수 있다).

정의(MVD 성립): MVD *M*은 관계 변수 *R*에서 성립된다(동일하게, 관계 변수 *R*은 MVD *M*의 적용을 받는다). 관계 변수 *R*에 할당될 수 있는 모든 관계가 *M*을 만족하는 경우에만 해당된다. 관계 변수 *R*에 있는 MVD는 *R*의 MVD이다.

이 정의와 이전 정의로부터, *R*은 MVD *X* →→ *Z*의 대상인 경우에만 MVD *X* →→ *Y*의 대상이라는 것을 따른다.

파긴의 정리: 관계 변수 R은 MVD $X \rightarrow\!\!\!\rightarrow Y \mid Z$가 R에서 성립되는 경우에만 XY와 XZ의 투영으로 분해될 수 있다.

파긴의 정리Fagin's Theorem[3]는 5장에서 약속한 '히스의 정리의 더 강한 형태'다. 즉, 히스의 정리가 관계 변수가 두 개의 투영으로 분해될 수 있는 충분한 조건만을 제공하는 경우, 파긴의 정리는 필요조건과 충분조건을 모두 부여한다. 물론 지금 일반적으로 JD에 대해 알고 있는 것을 감안할 때, 파긴의 정리는 '명확한' 것이다. 만약 일반적으로 JD가 정의되고 적절하게 조사됐다면, MVD를 정의할 어떠한 공식적인 필요성도 전혀 없었을 것이다. 그러나 파긴의 정리는 일반적으로 JD가 제대로 조사되기 전에 증명됐고, 그것은 당시로서는 새롭고 중요한 결과였다. 더욱이 MVD는 상당히 일반적인 종류의 사업 규칙에 부합하는 반면, 아마도 9장과 10장에서 논의한 바와 같이 $n > 2$에 대해 '순환' n-way JD는 말할 수 없을 것이다.

4차 정규형

자명한 MVD 같은 것이 있다는 말을 들으면 놀라지 않을 것이다.

정의(자명한 MVD): 제목 H와 관련해 $X \rightarrow\!\!\!\rightarrow Y$를 MVD, 즉 M이라고 한다. 그렇다면 M은 제목 H의 모든 관계를 만족하는 경우에만 설명하거나 증명하지 않더라도 저절로 알 만큼 명백하다.

이 정의를 통해 다음과 같은 정리를 쉽게 입증할 수 있다(연습 문제 12.7 참조).

정리: $X \rightarrow\!\!\!\rightarrow Y$를 제목 H에 관해 MVD, 즉 M이라고 하자. 그다음 M은 (a) Y가 X의 부분집합이거나 (b) X와 Y의 결합이 H와 같을 경우에만 분명하다.

3 사실 이것은 말 그대로 컴퓨터 분야(데이터베이스 디자인 이론 분야에만 있는 것이 아니라)에서 나타나는 이론적 결과의 하나일 뿐이며, 모두 정당하게 '파긴의 정리'라고 불릴 수 있다.

아마도 다음 정의는 자연스러울 것이다.

정의(키에서 내포하는 MVD): 관계 변수 R에 제목 H가 있고 $X \twoheadrightarrow Y$가 H에 대해 MVD, 즉 M이라 하자. R의 주요 제약 조건을 만족하는 모든 관계 r이 M을 만족하는 경우에만 R의 키에 의해 M이 함축된다.

FD 및 JD와 마찬가지로, 여기서 '키에 의한 내포'는 큰 차이 없이 '상위 키에 의해 내포'될 수 있다. 또한 M이 분명한 경우에는 제목 H와의 모든 관계에 의해 만족되므로, R의 주요 제약 조건을 더욱더 만족하는 모든 관계 r에 의해 만족된다. 따라서 자명한 MVD는 항상 분명한 것으로 '키에 의해 내포'된다. 따라서 M이 자명하지 않은 것으로 가정하자. 그러면 다음과 같은 정리를 쉽게 증명할 수 있다.

정리: M을 관계 변수 R에 있는 자명하지 않은 MVD가 되게 하라. 그다음 M은 R의 상위 키에서 FD로 감소하는 경우에만 R의 키에 의해 내포된다. 즉, 이중 화살표는 원래대로 하나의 화살표로 감소하고 결정 요소는 상위 키인 것이다.

이제 4NF를 정의할 수 있다.

정의(4차 정규형): R의 모든 MVD가 R의 키에 의해 내포되는 경우에만 관계 변수 R은 4차 정규형(4NF)이다.

그러나 이 절에서 이미 논의된 다양한 정의와 정리를 감안할 때, 다음과 같은 운영적 정의(또는 정리)도 유효함을 알 수 있다.

정의(4차 정규형): R에서 성립하는 모든 자명하지 않은 MVD $X \twoheadrightarrow Y$에 대해서만 관계 변수 R은 4차 정규형(4NF)이며, X는 R에 대한 상위 키다(즉, 그러한 모든 MVD는 '상위 키에서 FD'로 축소한다).

물론 MVD가 R의 키에 의해 내포된다면, 그것은 확실히 R을 지지한다. 즉, 그것은 확실히 'R의 MVD'이다. 그러나 그 반대는 거짓이다. MVD는 R의 키에 의해 내포되지 않고 R로 성립될 수 있다(관계 변수 CTX가 보여주는 바와 같이). 따라서 4NF 정의에 대한 전체 요점은 4NF 관계 변수에 있는 유일한 MVD(키에 의해 내포된 MVD(특수 사례로 자명한 MVD 포함)를 의미함)라는 것이다.[4]

이제 10장에서 다룬 BCNF와 5NF 정의 사이의 병렬성을 떠올려보자. 사실 그 병렬성은 또한 4NF 정의까지 확장된다. 즉, 다음과 같다.

- *R*을 보유하는 모든 FD가 *R*의 키에 의해 내포되는 경우에만 *R*은 BCNF에 있다.
- *R*을 성립하는 모든 MVD가 *R*의 키에 의해 내포되는 경우에만 *R*은 4NF에 있다.
- *R*을 성립하는 모든 JD가 *R*의 키에 의해 내포되는 경우에만 *R*은 5NF에 있다.

이제 BCNF와 4NF 정의에서는 '키에 의한 내포'를 단순히 '일부 키에 의한 내포'로 단순화할 수 있다. 그러나 10장에서 언급한 것처럼, 5NF 정의에 대해서는 동일하지 않다. 그런 점에서 4NF는 5NF보다 BCNF와 더 닮았다. 한편 4NF와 5NF의 정의 모두 맥락에 의존한다는 점에서 4NF와 5NF의 정의는 BCNF보다 5NF와 더 흡사하다. 즉, 4NF 또는 5NF 관계 변수에 포함되는 MVD와 JD는 최소한 내포적으로라도 관계 변수 속성의 모든 속성을 포함한다(항상 짝을 지어가는 것은 중요하다. FD에는 유사한 것이 없다).

지금 6장에서 다룬 FD 보존의 개념을 상기하라. 본질적으로 그 생각은 다음과 같았다. FD $X \rightarrow Y$가 관계 변수 *R*에서 성립된다면, *R*을 분해하는 것을 권장한다. 즉, 분해가 전혀 필요하지 않은 것으로 가정하고 $X \rightarrow Y$ 그 자체가 아닌 일부 FD에 기초해 수행된다고 가정하면, *X*와 *Y*가 동일한 투영에서 함께 성립되도록 하는 것이다. 그 개

4 평소와 같이 여기서 종속성을 '제거'한다는 것은 실제로 종속성을 어떤 다중 관계 변수 제약 조건으로 대체한다는 것을 의미한다.

념은 MVD에도 적용되고 있다. 즉, 권고안은 FD $X \rightarrow Y$를 MVD $X \rightarrow\rightarrow Y$로 전체적으로 대체해도 여전히 적용된다.

이 절을 마치면서 다음과 같이 명시적으로 설명하겠다.

a. 관계 변수 R이 5NF에 있으면 확실히 4NF에 있고, 마찬가지로 관계 변수 R이 4NF에 있으면 BCNF에 확실히 있다.
b. 관계 변수는 5NF에 있지 않고 4NF에 있을 수 있다(이 장 끝부분의 연습 문제 12.4 참조).
c. 4NF는 항상 달성 가능하다. (물론, 5NF는 항상 달성 가능하다는 것을 알고 있기 때문에 5NF는 4NF를 의미한다는 것도 알고 있다.)

MVD 공리화

이 장의 시작 부분에서 언급했듯이 MVD는 일반적으로 JD와 달리 공리화되거나, 다시 말하면 주어진 MVD로부터 '새로운' MVD를 생성하기 위한 건전하고 완전한 규칙 집합을 갖고 있다. 해당 규칙은 다음과 같다.

1. 반사성reflexivity: Y가 X의 부분집합이면 $X \rightarrow\rightarrow Y$이다.
2. 확장성augmentation: $X \rightarrow\rightarrow Y$이고 Z가 W의 부분집합이면 $XW \rightarrow\rightarrow YZ$이다.
3. 전이성transitivity: $X \rightarrow\rightarrow Y$ 이고 $Y \rightarrow\rightarrow Z$이면 $X \rightarrow\rightarrow Z - Y$이다.
4. 보완성complementation: (a) X, Y, Z의 조합이 해당 제목 H와 동일하고 (b) Y와 Z의 교차점이 X의 부분집합인 경우, (c) $X \rightarrow\rightarrow Y \mid Z$이다.

이제 이 네 가지 법칙은 이해하거나 기억하기가 쉽지 않다. 암스트롱의 규칙은 FD를 위한 것이다. 부분적으로 그런 이유에서 여기서는 그들을 정당화하려 하지 않을 것이며, 행동으로 보여주지도 않을 것이다. 그러나 적어도 그중 다음과 같은 원래의 네 가지로부터 추가적인 규칙이 도출될 수 있다고 말할 것이다.

5. 준전이성pseudotransitivity: $X \rightarrow\rightarrow Y$이고 $YZ \rightarrow\rightarrow W$이면 $XZ \rightarrow\rightarrow W - YZ$이다.
6. 합집합union: $X \rightarrow\rightarrow Y$이고 $X \rightarrow\rightarrow Z$이면 $X \rightarrow\rightarrow YZ$이다.
7. 분해decomposition: $X \rightarrow\rightarrow YZ$이고 W가 Y와 Z의 교집합이면 $X \rightarrow\rightarrow Y - Z$, $X \rightarrow\rightarrow Z - Y$이고 $X \rightarrow\rightarrow W$이다.

다음 규칙은 MVD와 FD를 모두 포함한다.

8. 복제성replication: $X \rightarrow Y$이면 $X \rightarrow\rightarrow Y$이다.
9. 합병성coalescence: (a) $X \rightarrow\rightarrow Y$, (b) $Z \rightarrow W$, (c) W가 Y의 부분집합이고, (d) Y와 Z의 교집합이 공집합이면, (e) $X \rightarrow W$이다.

그리고 다음은 추가적인 파생 규칙이다.

10. 혼합 준전이성mixed pseudotransitivity: $X \rightarrow\rightarrow Y$이고 $XY \rightarrow Z$이면 $X \rightarrow Z - Y$이다.

포함된 종속성

9장의 관계 변수 CTXD를 다시 생각해보자. 이 변수는 특성 CNO, TNO, XNO, DAYS를 가진다. {CNO,TNO,XNO}는 단독 키이며 술어는 '교사 TNO가 과정 CNO에서 교과서 XNO로 DAYS 일수 동안 가르친다.[5]'이다(이 관계 변수는 이번 장 초반에 논의한 대로 관계 변수 CTX의 확장 버전으로 볼 수 있다). 그림 9-3의 샘플 값은 그림 12-2에 나타나 있다.

5 이것이 9장에서 준 술어지만, 좀 더 정확한 버전은 다음과 같다. '과정 CNO는 교사 TNO에 의해 가르칠 수 있고 교과서 XNO를 사용하며, 교사 TNO는 과정 CNO에 교과서 XNO와 함께 DAYS 일수를 보낸다(17장 참조).' 그리고 여기에 DAYS도 0보다 크다고 덧붙이고 싶을지도 모른다.

CTXD

CNO	TNO	XNO	DAYS
C1	T1	X1	7
C1	T1	X2	8
C1	T2	X1	9
C1	T2	X2	6

▲ 그림 12-2 5NF 관계 변수 CTXD – 샘플 값

9장에서 봤듯이, 이 관계 변수는 중복 문제를 겪고 있다.[6] 아직도 5NF에 중복이 있다. 즉, 단독 키가 내포하는 것과 분리된 JD가 없다는 것을 의미한다(그래서 MVD는 더욱 그러하다). 그러므로 특별히

```
{ CNO } →→ { TNO } | { XNO }
```

MVD가 성립하지 않는다.[7] 그러나 반면에 MVD는 {CNO,TNO,XNO}(오른쪽?)의 CTXD 투영에 유효함을 주목해야 한다. 그러한 이유로, MVD는 내장된 종속성(즉, 원래의 관계 변수 CTXD와 관련해 내재됨)이라고 한다. 일반적으로 제목 *H*가 있는 일부 관계 변수 *R*을 고려할 때 *R*에 관한 내재 종속성은 *R* 그 자체에는 있지 않지만, *H*의 적절한 부분집합에 대한 *R*의 투영에는 성립되는 종속성이다. 이 예에서 알 수 있듯이, 따라서 (그리고 사실 다른 말로 표현하더라도) 내재 종속성은 중복성을 야기한다. 중복성은 투영으로 제거할 수 없다는 것을 의미한다. 따라서 그러한 중복성은 별도로 명시하고 시행해야 하는 제약 조건에 해당한다(연습 문제 12.2 참조).

6 그러나 9장에서 언급된 바와 같이, 검토자 중 한 명이 이 주장에 대해 이의를 제기했다. 다시 17장을 참조해 더 자세한 논의를 해보자.

7 여기서는 좀 느슨한 입장을 취한다. 이 장 앞부분의 정의에 따르면, MVD {CNO} →→ {TNO} | {XNO}는 DAYS 속성에 대해 언급하지 못하기 때문에 관계 변수 CTXD에서 성립할 수 없다. 하지만 여러분은 내 말뜻을 알 것 같다. 이러한 문제에 대한 자세한 설명은 연습 문제 12.10을 참조하라.

우연히도 내재embedding의 전술한 개념은 JD(그리고 따라서 MVD)[8]에는 적용되지만 FD에는 적용되지 않는다는 것을 관찰하라. 즉, 일부 관계 변수 *R*과 제목이 *X*와 *Y*를 모두 포함하는 *R*의 투영을 고려할 때 FD *X* → *Y*가 *R* 그 자체에 고정돼 있는 경우에만 해당 투영을 성립한다(연습 문제 12.5 참조). 예를 들어, FD {CITY} → {STATUS}는 관계 변수 S와 마찬가지로 해당 속성을 모두 성립하는 관계 변수의 모든 투영에서도 성립된다.

연습 문제

12.1 (a) 4NF는 아니지만 BCNF인 세 개 이상의 차수를 가진 관계 변수의 예와 (b) BCNF이지만 4NF는 아닌 이진 관계 변수의 예를 들어보라.

12.2 **Tutorial D** 제약 조건문을 작성해 (a) 관계 변수 CTXD에 성립하는 MVD와 (b) 관계 변수 CTXD에 성립하는 내장 MVD를 표현하라. 여기서 관계 변수 CTX와 CTXD는 이 장에서 논의한 것과 같다.

12.3 이 장의 본문에서 관계 변수 CTX를 고려해보자. 해당 관계 변수에서 발생할 수 있는 업데이트 이상 징후는?

12.4 5NF가 아닌 4NF의 관계 변수를 예로 들어보자.

12.5 제목이 *X*와 *Y*를 모두 포함하는 일부 관계 변수 *R*과 *R*의 투영을 고려할 때 FD *X* → *Y*가 *R* 그 자체로 성립되는 경우에만 해당 투영이 유효하다는 것을 증명한다(이 장 본문의 '포함된 종속성' 절 참조, 9장의 각주 5 참조).

12.6 관계 변수 *R*이 FD *X* → *Y*에 종속이라면 MVD *X* →→ *Y*의 종속이 된다는

---

8 내장형 MVD가 아닌 내장형 JD의 예를 들어, 9장의 관계 변수 SPJ가 수량 속성 QTY를 포함하도록 확장돼 새로운 관계 변수 SPJQ를 형성한다고 가정하자. FD {SNO,PNO,JNO} → {QTY}가 SPJQ(즉, {SNO,PNO,JNO}가 키임)에서 성립된다. 그러면 ☆{{SNO,PNO},{PNO,JNO},{JNO,SNO}}는 {SNO,PNO,JNO}에서 SPJQ 투영에 고정돼 있지만 SPJQ 자체에는 없는 JD이다. 참고: 이 예는 13장 말미에 자세히 설명돼 있다.

것을 보여라.

12.7 제목 *H*와 관련해 $X \twoheadrightarrow Y$를 MVD로 하자. (a) *Y*가 *X*의 부분집합이거나 (b) *X*와 *Y*의 결합이 *H*와 같을 경우에만 *M*이 자명한 것임을 증명하라. 우연히도, 이 결과로부터 MVD *X*의 쌍 $\twoheadrightarrow Y \mid Z$(*H*가 *X*, *Y*, *Z*의 조합과 동일한 제목 *H*에 대해 정의됨)를 고려할 때, $X \twoheadrightarrow Y$는 $X \twoheadrightarrow Z$가 자명한 경우에만 분명한 것이라는 점에 주목하라.

12.8 다음과 같은 경험 법칙이 실무에서 채택되는 경우가 많다.

관계 변수 *R*에 제목 *H*가 있고 *R*의 제목 *H*가 *X*, *Y*, *Z* 상호독립적인 집합으로 분할되도록 한다. 또한 *X*가 단독 키가 되게 하고 *Y*와 *Z* 둘 다 관계 평가되도록 한다. 그런 다음 다시 한 번 히스 표기법을 사용해 *R*을 *R1*과 *R2*로 대체해야 하며, 여기서는 각각 *R1* = (*R*{*X*}*Y*} UNGROUP (*Y*)와 *R2* = (*R*{*XZ*}) UNGROUP (*Z*)이다.[9]

이 비공식적인 규칙은 이 장에서 논의된 주제와 어떤 관련이 있는가?

12.9 (연습 문제 9.3의 수정 버전) 다음과 같은 데이터베이스를 디자인하자. 엔터티는 영업사원, 영업 지역, 상품이다. 각 담당자는 하나 이상의 지역에서 판매를 담당하며, 각 지역에는 하나 이상의 책임 담당자가 있다. 각 대표는 한 개 이상의 제품을 판매하며, 각 제품에는 한 개 이상의 책임 담당자가 있다. 각 제품들은 각 지역에서 판매되지만, 같은 지역에서 같은 제품을 판매하는 두 대표는 없다. 각 담당자는 해당 담당자가 담당하는 각 지역에서 동일한 제품군을 판매한다.

12.10 속성 *ABCD*로 구성된 제목에 대해 다음과 같은 종속성을 정의한다.

---

9 UNGROUP은 **Tutorial D**의 연산자다. 4장 연습 문제 4.14의 해답에서 그것을 사용했다. 이는 『SQL and Relational Theory』 등에서 자세히 논의되고 있다.

```
B → D
A →→ B | C
```

이 종속성이 MVD $A \twoheadrightarrow C \mid D$를 내포한다는 것을 따져보자. **참고**: 여기서는 특정한 속기법을 사용하고 있는데, 그에 따라 $A \twoheadrightarrow B \mid C$와 $A \twoheadrightarrow C \mid D$를 각각 $A \twoheadrightarrow B \mid CD$와 $A \twoheadrightarrow C \mid BD$로 표시한다. 자세한 설명은 이 연습 문제의 해답을 참조하라.

12.11 관계 변수 SCP가 속성 SNO, PNO, CITY와 술어 '공급자 SNO와 부품 PNO가 모두 CITY에 있다.'를 가진다고 하자. SCP는 일반적인 관계 변수 S, P, SP에서 파생될 수 있는가? 어떤 정규형인가? 여러분은 이 예가 어떤 통념과 부딪칠 수 있다고 생각할 수 있는가?

해답

12.1 (a) 이 장의 본문에 있는 관계 변수 CTX는 사례이지만, 자신의 업무에서 예를 찾아낼 수 있다면 더 좋을 것이다. (b) C를 특정 클럽으로 하고, 관계 변수 $R\{A,B\}$는 튜플 (a,b)가 R에 나타나도록 한다. 그러면 R은 그 투영 $R\{A\}$ 및 $R\{B\}$의 카티시언 곱과 같으므로 JD ☼$\{A,B\}$ 및 다음과 같은 MVD에 종속된다.

```
{ } →→ A | B
```

이러한 MVD는 모든 이진 관계 변수에서 성립하지 않으며 상위 키에 의해 내포되지 않기 때문에 자명한 것이 아니다(R의 단독 키는 전체 제목이다). 따라서 R은 4NF에 있지 않다. 하지만 그것은 확실히 BCNF에 있다. 그것은 '전체 키'이기 때문이다.

12.2 가능한 공식(이것은 동등 종속성, EQD라는 점에 유의)은 다음과 같다.

a.
```
CONSTRAINT ... CTX = JOIN { CTX { CNO , TNO } ,
                            CTX { CNO , XNO } } ;
```

b.
```
CONSTRAINT ... CTXD { CNO , TNO , XNO } =
          JOIN { CTXD { CNO , TNO } , CTXD { CNO , XNO } } ;
```

12.3 (a) CTX의 현재 값이 그림 12-1과 같다고 하자. 그러면 표시된 네 개의 튜플 중 어느 것도 분리해서 삭제할 수 없다. 즉, 삭제 이상이다. (b) CTX의 현재 값이 그림 12-1에 표시된 튜플의 '첫 두 개'만 포함하고 있다고 하자. 그런 다음 표시된 '세 번째' 또는 '네 번째' 튜플을 분리해 삽입할 수 없다. 즉, 삽입 이상이다.

12.4 9장의 관계 변수 SPJ는 예시다(MVD는 자명한 것 말고는 전혀 해당 관계 변수에 있지 않으므로 관계 변수는 확실히 4NF에 있다).

12.5 다음은 그러한 요점을 매우 어렵게 만드는 것으로 생각될 수 있다. 문제의 투영을 *R′*로 한다. *R′*의 튜플 *t1′*와 *t2′*가 동일한 *X* 값을 가질 때 동일한 *Y* 값을 갖는 경우에만 FD *X* → *Y*는 *R*에서 성립한다. *T1*과 *T2*를 각각 *t1′*가 파생된 *R*의 튜플 집합과 *t2′*가 파생된 *R*의 튜플 집합이라 하자. 투영의 정의에 따르면, *T1*의 모든 튜플 *t1*은 *t1′*와 동일한 *X*와 *Y* 값을 갖고 있다. 마찬가지로, *T2*의 모든 튜플 *t2*는 *t2′*와 동일한 *X*와 *Y* 값을 갖고 있다. 따라서 그러한 튜플 *t1*과 *t2*는 동일한 *X* 값을 가질 때마다 동일한 *Y* 값을 가지므로 FD *X* → *Y*는 *R*에서 성립된다. 그리고 *X* → *Y*가 *R*을 성립하는 경우에만 *R*을 성립하는 것이 더 뒤따른다.

12.6 이 결과는 히스의 정리로부터 나온다. *R*이 FD *X* → *Y*의 종속이라면 JD ☼{*XY*,*XZ*}도 종속인데, 여기서 *Z*는 *R*의 '다른' 속성이므로 MVD *X* →→ *Y* | *Z*에 종속된다.

12.7 JD ☼{XY,XZ}는 $XY = H$ 또는 $XZ = H$일 경우에만 자명한 것이다. $XY = H$일 경우에는 사례 (b)가 있다. $XZ = H$이면(*Y*와 *Z*가 정의에 의해 분리된다는 것을 알고 있음) *Y*가 *X*의 부분집합이라는 경우여야 하고, 따라서 사례 (a)가 있다.

12.8 규칙은 다음과 같다. 만약 둘 이상의 독립 관계값 속성(RVA)을 가진 관계 변수로 시작한다면, 그 속성들을 제거하길 원한다. 그러나 일반적으로 항상 그렇지는 않다(4장 연습 문제 4.11의 해답 참조). 그러면 먼저 해야 할 일은 RVA를 분리하는 것이다. 연습 문제의 표기법을 사용해, 이 단계는 각각 제목 *XY*와 *XZ*를 가진 관계 변수를 제공한다. 해야 할 다음 일은 RVA를 각각의 관계 변수에 그룹화하는 것이다. *Y*와 *Z*의 관계에 각각 제목 *A*와 *B*가 있다고 가정하고, 그룹화되지 않은 결과로 인해 발생하는 관계 변수에는 각각 제목 *XA*와 *XB*가 있다고 가정한다.[10] 이제 그러한 관계 변수를 BCNF 예측으로 대체하면서 통상적인 방법으로 정규화한다. 그러면 그러한 BCNF 투영은 '자동으로' 4NF에 있을 것이다. 즉, 앞에서 설명한 절차를 따른다면, 관계 변수가 4NF에 존재하지 않게 만드는 MVD가 실무에서 있어서는 안 된다.

우연히도 코드 박사가 관계 모델에 관한 자신의 유명한 1970년 논문(부록 D 참조)에서 전술한 절차를 따르는 예를 제시했다는 것이 흥미롭다. 그는 이듬해 다른 논문(1971년 11월 11–12일에 캘리포니아주 샌디에이고에서 열린 'Data Description, Access, and Control'이라는 ACM SIGFIDET 워크숍에서 발표. 부록 D를 다시 한 번 참조)에서 간략히 다뤘다. 그러나 코드 박사는 이를 저술로 남기지는 않았다(아마도 너무나 직관적으로 명백했기 때문이다).

참고: 앞에서 설명한 내용이 너무 추상적이라고 생각될 경우 *R*을 제목 {CNO,T,X}와 관계 변수로 생각하자. 여기서 T와 X는 각각 제목 {TNO} 및 {XNO}와의 관계를 포함하고 있다. RVA를 분리하면 제목이 각각 {CNO,T}

10 *A* 또는 *B*의 일부 속성이 *X*의 일부 속성과 이름이 같다면 먼저 속성 이름을 바꿔야 할 것이다.

와 {CNO,X}인 관계 변수가 제공된다. 그룹을 해제하면 제목이 각각 {CNO, TNO}와 {CNO,XNO}인 관계 변수가 나오는데, 이는 CTX 예에서 정확히 원하는 것이다.

12.9 우선 대표자, 지역, 제품에 대해 각각 세 개의 관계 변수가 필요할 것으로 추정된다.

```
R { RNO , ... } KEY { RNO }
A { ANO , ... } KEY { ANO }
P { PNO , ... } KEY { PNO }
```

이어서 다음과 같은 관계 변수로 판매원과 판매 영역 사이의 관계 (a)를 표시할 수 있다.

```
RA { RNO , ANO } KEY { RNO , ANO }
RP { RNO , PNO } KEY { RNO , PNO }
```

모든 제품은 모든 지역에서 판매된다. 따라서 지역과 제품 간의 관계를 나타내기 위해 관계 변수 AP { ANO , PNO } KEY { ANO , PNO }를 끌어들이면 다음과 같은 제약 조건(EQD)을 가진다.

```
CONSTRAINT C1 AP = JOIN { A { ANO } , P { PNO } } ;
```

(여기서 결합은 사실 카티시언 곱이다.) 이 제약 조건은 AP가 4NF에 있지 않다는 것을 의미한다는 점에 유의한다. 사실 AP는 다른 관계 변수로부터 얻을 수 없는 정보를 주지 않는다. 정확히 말하면, 다음 EQD는 다음과 같이 유효하다.

```
AP { ANO } = A { ANO }
AP { PNO } = P { PNO }
```

하지만 당분간은 디자인에 관계 변수 AP가 포함돼 있다고 가정하자.

두 명의 담당자가 같은 지역에서 같은 제품을 판매하지는 않는다. 즉, {ANO,PNO} 조합에 따라 정확히 한 명의 영업 담당자 RNO가 있다. 따라서 {ANO,PNO} → {RNO}와 같은 FD가 성립하는 {ANO,PNO} → {RNO} 관계 변수를 도입할 수 있다.

({ANO,PNO}를 키로 지정하면 이 FD를 표현하기에 충분하다.) 그러나 관계 변수 RA, RP, AP는 모두 APR의 투영이므로 모두 삭제될 수 있다. 제약 조건 C1 대신 제약 조건 C2(다른 EQD)가 필요하다.

```
CONSTRAINT C2  APR { ANO , PNO } =
               JOIN { A { ANO } , P { PNO } } ;
```

이 제약 조건은 '키에 의해 내포'되지 않기 때문에 별도로 명시적으로 분리돼야 한다.

또한 모든 담당자가 해당 담당자의 모든 지역에서 해당 담당자의 모든 제품을 판매하기 때문에 관계 변수 APR에 대한 추가 제약 C3가 있다.

```
{ RNO } →→ { ANO } | { PNO }
```

(이 MVD들은 비독점적이며 키에 의해 내포되지 않는다. 따라서 관계 변수 APR은 4NF에 없다.)[11] 다시 말하지만, 제약 조건은 별도로 명시적으로 분리돼야 한다.

11 따라서 관계 변수 APR은 다른 일반적인 오해에 거짓을 더한다. 즉, 단일 키와 단일 비키 속성을 구성하는 관계 변수가 반드시 4NF에 존재한다는 점에 유의하라. 연습 문제 12.11의 해답도 참조한다.

따라서 최종 디자인은 R, A, P, APR과 함께 제약 조건 C2 및 C3(사실상 두 가지 모두 다시 EQD)로 구성된다.

```
CONSTRAINT C2 APR { ANO , PNO } =
              JOIN { A { ANO } , P { PNO } } ;

CONSTRAINT C3 APR = JOIN { APR { RNO , ANO } ,
                           APR { RNO , PNO } } ;
```

(APR에서 다른 세 개의 관계 변수에 이르는 일부 외래 키 제약도 있지만, 세부적인 내용은 간단하므로 여기서는 생략한다.)

이 연습 문제는 일반적으로 정상화가 주어진 문제의 일부 의미론적 측면(기본적으로 키가 내포하는 FD, MVD, JD)을 나타내기에 적절할 수 있다는 점을 매우 잘 보여주지만, 다른 측면에서는 추가 제약 조건에 대한 명시적인 진술이 거의 확실히 필요할 것이다. 또한 항상 정규화하는 것이 항상 바람직하지는 않을 수도 있다는 점을 보여준다(관계 변수 APR은 BCNF에 있지만 4NF에는 바람직하지 않다).

보조 연습 문제로, RVA를 포함하는 디자인이 고려 중인 문제에 적합한지 여부를 따져보는 것이 좋다. 그러한 디자인은 이전 문장의 커멘트 몇 개가 더 이상 유효하지 않다는 것을 의미하는가?

12.10 여기서 주목해야 할 첫 번째 요점은 MVD $A \twoheadrightarrow B \mid C$와 $A \twoheadrightarrow C \mid D$는 각각 속성 D와 B에 대해 언급하지 않는다는 것이다. 그러나 이미 말하지 않았던가? 일반적인 MVD $X \twoheadrightarrow Y \mid Z$의 조합으로 볼 때 X, Y, Z의 조합은 제목과 같아야 했다. 그렇다. 하지만 이 연습에서 예시된 어떤 속기 표기법이라도 사용할 수 있도록 지금 설명하고자 한다. 더 명확해지도록 $A \twoheadrightarrow B \mid C$라는 표현에 초점을 맞추자. 정의상 이 표현은 $A \twoheadrightarrow B$와 $A \rightarrow C$를 의

미하고, $A \rightarrow B$는 $A \twoheadrightarrow CD$를 의미하며, $A \twoheadrightarrow C$는 $A \twoheadrightarrow BD$를 내포한다. 더욱이 A, B, C, D는 단일 속성이고, 따라서 상호 분리되기 때문에 MVD에 대한 분해 규칙은 $A \twoheadrightarrow CD$ 또는 $A \twoheadrightarrow BD$ 중 하나에서 $A \twoheadrightarrow D$를 추론할 수 있다. 이 모든 것을 종합하면 $A \twoheadrightarrow B \mid C$는 $A \twoheadrightarrow B \mid CD$와 $A \rightarrow BD \mid C$의 어느 한쪽 또는 양쪽 모두에 대한 속기라는 것을 알 수 있다. 더욱이 이러한 상황을 감안할 때는 $A \twoheadrightarrow B \mid CD$와 $A \rightarrow BD \mid C$ 둘 다 쓸 수 있는 약식 표기를 채택하고 있다($A \twoheadrightarrow B \mid C \mid D$). 그리고 이 후자의 표현은 다음 세 개의 MVD를 조합한 속기라고 생각할 수도 있다($A \twoheadrightarrow B$, $A \twoheadrightarrow C$, $A \twoheadrightarrow D$).[12]

이제 따져보자. 여기에는 방금 살펴본 바와 같이 $A \twoheadrightarrow BC \mid D$와 동등한 $A \twoheadrightarrow C \mid D$에 대한 전제 튜플이 있다.

```
x1   x2   x3  y14
x1  y22  y23   x4
```

$A \twoheadrightarrow B \mid CD$를 적용하면 다음이 나온다.

```
x1   x2  y23   x4
x1  y22   x3  y14
```

$B \rightarrow D$는 $y14 = x4$이므로 이를 바꾸면 다음과 같다.

```
x1   x2   x3   x4
x1  y22  y23   x4
```

12 이 단락의 아이디어를 예시하는 구체적인 예를 보려면, 속성 CNO, TNO, XNO, SNO를 가진 관계 변수 CTXS를 고려하라. 그리고 술어 '학생 SNO가 과정 CNO에 등록돼 있고, 이 과정은 교사 TNO를 가르치고 교과서 XNO를 사용할 수 있다.'를 생각해보자. A, B, C, D를 각각 {CNO}, {TNO}, {XNO}, {SNO}라고 하면 MVD $A \twoheadrightarrow B \mid C \mid D$가 이 관계 변수에서 성립되기를 기대하는 것이 지극히 합리적일 것이다.

```
x1   x2  y23   x4
x1  y22   x3   x4
```

그리고 이제 모든 *x*의 튜플을 갖고 있다. 그러므로 주어진 종속성은 목표 MVD를 내포한다.

12.11 SCP는 보기(또는 '가상 관계 변수')로 정의할 수 있으므로 다음과 같다.

```
VAR SCP VIRTUAL ( ( JOIN { S , SP , P } ) { SNO , PNO , CITY } ) ;
```

다음의 FD는 이 뷰에서 유효하다.

```
{ SNO , PNO } → { CITY }
```

{SNO,PNO}는 키이며 다음과 같이 선언될 수 있다.[13]

```
VAR SCP VIRTUAL ( ( JOIN { S , SP , P } ) { SNO , PNO , CITY } )
        KEY { SNO , PNO } ;
```

다음 (자명하지 않은) MVD는 성립한다.

```
{ CITY } →→ { SNO } | { PNO }
```

이러한 MVD 때문에 관계 변수 SCP는 BCNF에 있지만 4NF에는 없다. '통념'에 관해, 이 예는 또 다른 일반적인 오해에 대한 거짓을 더한다. 즉, 단일 키와 단일 비키[nonkey] 속성으로 구성된 관계 변수는 반드시 5NF에 있다는 것이다(연습 문제 1.8 및 10.1 참조).

13 SQL과 달리 **Tutorial D**는 뷰에 대해 키(그리고 외부 키)를 지정할 수 있다.

4부

추가 정규형

이 책의 2부와 3부는 3장의 정규형 계층 구조(그림 3-3 참조)에서 1순위로 부르는 모든 정규형을 다뤘다. 구체적으로는 기존의 정규형인 1NF, 2NF, 3NF, BCNF, 4NF, 5NF를 자세히 살펴봤다. 하지만 그 여섯 가지 정규형이 끝은 아니다! 몇 가지가 더 있으며, 그것들은 4부의 주요 주제다.

아마도 4부에 속한 세 개의 장 중에서 14장이 가장 중요해 보인다는 점을 덧붙여야 할 것이다. 나머지 두 장에는 완벽하고자 하는 나의 시도가 주로 포함돼 있다.

13장

ETNF, RFNF, SKNF

형식적으로 본질적인 것은 어떤 형식에서든 자유롭다.

– 월리스 스티븐스(Wallace Stevens): A Note on Poetry(1937년)

다른 사항들이 같다면, 일반적으로 가능한 한 데이터베이스에 중복이 없길 원한다. 즉, 구체적으로 말하려는 중복은 (적어도 현재 장에 한해서) 투영을 통해 제거할 수 있는 모든 중복성을 의미한다. 그리고 물론 그 목표 달성을 위한 추가적인 정규화, 줄여서 '정규화'라는 규칙을 사용한다. 이제 여러 해 동안, 관계 변수는 앞서 말한 의미에서 중복성이 없는 5차 정규형(5NF, 투영-결합 정규형 또는 PJ/NF라고도 한다.)이 돼야 한다고 믿었다. 그러나 좀 놀랍게도 이 믿음은 잘못된 것으로 드러났다. 즉 여러 다른 정규형을 정의할 수 있고, 모두 5NF보다 약하고 4NF보다 강하며, 중복성 제거에 5NF만큼 효과적인 것으로 밝혀졌다. 일반적인 문제의 형태는 다음과 같다.

- 필수 튜플 정규형, ETNF
- 중복성 자유 정규형, RFNF(키 완전 정규형, KCNF라고도 함)
- 상위 키 정규형, SKNF

더욱이 논리를 함축적으로 나타내기 위해 기호 '⇒'를 사용함으로써, 5NF ⇒ SKNF ⇒ RFNF ⇒ ETNF ⇒ 4NF의 효과에 대한 정리는 있지만 그 반대에 대한 정리는 없다. 즉, (a) 여기에 열거된 정규형 중 하나에 있는 관계 변수는 바로 시퀀스 오른쪽 방향 정규형에 해당된다. (b) 그러나 시퀀스 왼쪽 방향 정규형에는 있지 않다. 그림 13-1(3장의 그림 3-3 확장 버전)을 참조하라.

1NF
2NF
3NF
BCNF
4NF
ETNF
RFNF / KCNF
SKNF
5NF

▲ 그림 13-1 정규형 계층구조 (II)

나머지 장에서는 ETNF, RFNF(또는 KCNF), SKNF와 같은 새로운 정규형과 다양한 관련 사항을 심층적으로 설명한다. 그러나 이 장은 자습서 역할인 만큼 적어도 참고 문헌에 충실하고자 한다. 자세한 내용은 세밀하고 상당히 혼동스러워 기억하기 어려울 수 있으며, 한두 번 읽고 모두 이해할 것이라고는 기대하지 않는다. 그리고 그럴 필요가 있다고 생각하지 않는다. 그러나 적어도 앞으로 있을 논의에 대한 약간의 아이디어를 더해 상세한 조사 이전 논의가 전체적으로 어떻게 진행되는지 어느 정도 알 수 있을 것이다.

이 장은 네 개의 주요 절로 구성된다. 첫 번째 절 '너무 강력한 5NF'는 동기 부여할 자료를 제공하고, 다음 세 개의 절은 ETNF, RFNF, SKNF를 각각 다룬다. 특히

- ETNF에 관한 절에서는 (a) 5NF가 아닌 ETNF에 있는 관계 변수와 (b) ETNF에 있지 않고 4NF에 있는 관계 변수의 예를 제공한다.

- RFNF에 관한 절에서는 (a) 5NF가 아닌 RFNF에 있는 관계 변수와 (b) RFNF에 없는 관계 변수의 예를 제공한다.
- SKNF에 관한 절에서는 (a) 5NF가 아닌 SKNF에 있는 관계 변수와 (b) SKNF가 아닌 RFNF에 있는 관계 변수의 예가 수록돼 있다.

따라서 이러한 예는 5NF ⇒ SKNF ⇒ RFNF ⇒ ETNF ⇒ 4NF라는 주장 또는 정리를 설명하지만, 그 반대는 의미가 전혀 없다.

너무 강력한 5NF

이 절에서는 두 가지 예를 제시한다. 첫 번째는 5NF를 논의하기 위한 중복 문제를 다시 꺼내고, 두 번째는 아마도 5NF가 그 문제에 대한 최선의 해결책이 아니라는 것을 보여준다.

첫 번째 예: 5NF의 기능

첫 번째 예는 9장과 10장의 SPJ 예제를 반복한 것에 불과하다. 기억하겠지만, 관계 변수 SPJ가 핵심(따라서 BCNF에서는 확실히)이고, 그 속성은 SNO, PNO, JNO이며, 술어는 '공급자 SNO가 부품 JNO를 프로젝트 PNO에 공급한다.'이다. 또한 다음과 같은 비즈니스 규칙(BRX)이 적용되고 있다.

- 공급자 *s*가 부품 *p*를 공급하고 부품 *p*가 프로젝트 *j*에 공급되고 프로젝트 *j*가 공급자 *s*에 의해 공급되는 경우, 공급자 *s*는 부품 *p*를 프로젝트 *j*에 공급한다.

다음의 결합 종속성(JD)은 비즈니스 규칙 BRX의 본질을 포착해 관계 변수 SPJ를 구성한다.

```
○ { { SNO , PNO } , { PNO , JNO } , { JNO , SNO } }
```

결합 종속성과 관련해 기억을 되살릴 경우, 이 JD가 말하는 것은 언제라도 SPJ의 현재 값이 {SNO,PNO}, {PNO,JNO}, {JNO,SNO}에 대한 투영의 결합과 같다는 것이다. 단, 이 JD는 관계 변수의 유일한 키에 의해 내포되지 않는다는 점에 유의하라. 따라서 관계 변수는 5NF에 있지 않다. 게다가 중복 문제를 겪고 있다. 구체적으로 다음 세 가지 튜플이 포함돼 있다고 가정해보자.

```
t1  :  s1  p1  j2
t2  :  s1  p2  j1
t3  :  s2  p1  j1
```

(여기서 *s1*과 *s2*는 공급자 번호를, *p1*과 *p2*는 부품 번호를, *j1*과 *j2*는 프로젝트 번호를 나타내며, *t1*, *t2*, *t3*는 편의상 세 개의 튜플에 대한 이름표일 뿐이다. 또한 별도의 언급(*s1* ≠ *s2*, *p1* ≠ *p2*, *j1* ≠ *j2*) 전까지만 가정한다.) JD 덕분에 관계 변수 SPJ에도 다음과 같은 튜플이 나타나야 한다.

```
t4  :  s1  p1  j1
```

그래서 튜플 *t1*–*t3*가 나타난다는 사실이 튜플 *t4*도 나타나도록 한다고 말할 수 있다(그리고 JD는 JD를 구체적으로 강요하는 튜플이다). 즉, 명제 '*s1*이 *p1*을 *j1*에 공급한다.'가 명시적으로 (튜플 *t4*에 의해) 암묵적으로 (튜플 *t1*–*t3*로 대표되는 명제와 함께 JD의 논리적 결과로서) 모두 표현되기 때문에 관계 변수는 주장대로 중복 문제를 겪고 있다. 그러한 이유로 정규화의 원리는 관계 변수를 {SNO,PNO}의 투영 SP, {PNO,JNO}의 투영 PJ, 그리고 {JNO,SNO}의 투영 JS로 분해를 제안한다. 그 분해는 무손실이다(SPJ는 SP, PJ, JS의 결합과 동일하다). SP, PJ, JS는 각각 5NF에 있고, 중복은 사라진다.

그런데 관계 변수 SPJ에 의해 드러나는 중복은 흥미로운 시사점을 갖고 있다(그리고 이러한 관찰은 나중에 도움이 된다는 것을 증명해야 한다). 튜플 *t1*–*t4*만 빼고, *s1* ≠ *s2*, *p1* ≠ *p2*, *j1* ≠ *j2*로 다시 가정한다. 그러면 다음과 같다.

- 관계 변수에 네 개의 튜플 *t1*–*t4*가 모두 포함돼 있는 경우, JD 때문에 튜플 *t4*를 단독으로 삭제하는 것은 분명히 실패해야 한다. 즉, 10장에서 설명한 바와 같이 관계 변수 SPJ는 JD와 관련해 삭제 이상 현상을 겪고 있다.
- 또는 관계 변수가 튜플 *t1*과 *t2*만 포함하는 경우, 튜플 *t3*만 삽입하는 시도 역시 JD 때문에 실패해야 한다. 따라서 10장에서도 설명했듯이, 관계 변수 SPJ가 JD와 관련해 삽입 이상 현상 문제를 겪는다고 말할 수 있다.

SPJ를 투영 SP, PJ, JS로 분해하면 이러한 이상 문제가 제거된다.

두 번째 예: 5NF가 많은 작업을 수행하는 이유

이제 약속한 두 번째 예시로 돌아간다. 다른 관계 변수 SPJ′가 있다고 가정해보자. SPJ′는 추가적인 비즈니스 규칙(BRY) 제약하에 SPJ와 동일하다.

- 주어진 공급자 *s*는 주어진 부품 *p*를 최대 하나의 프로젝트 *j*에 공급한다.

다음의 함수 종속성(FD)은 규칙 BRY의 본질을 포착해 관계 변수 SPJ′에서 성립한다.

```
{ SNO , PNO } → { JNO }
```

즉, {SNO,PNO}가 SPJ′의 키라는 것이다. 더구나 앞서 보여준 것(그리고 자명한 FD)과 별개로 SPJ′에서 다른 어느 FD가 성립하지 않음을 보여줄 수 있다. 따라서 SPJ처럼 SPJ′는 BCNF이다. 그러나 이전에 보여진 JD가 SPJ에서 그랬던 것처럼, 키에 의해 내포되지 않고 SPJ′에서 성립되므로 5NF에서도 성립하지 않는다.

따라서 이 예는 두 가지 일반적인 오해에 대해 거짓을 부여한다. 첫째, 5NF에 없는 BCNF 관계 변수가 모두 키여야 한다는 것(연습 문제 1.8 참조)이다. 둘째, 키가 하나만 있고 키가 아닌 속성이 하나만 있는 관계 변수는 5NF에 있어야 한다는 것(연습 문제 1.9 참조)이다.

이제 SPJ에서 했던 것처럼 관계 변수 SPJ′에 다음 세 개의 튜플이 포함돼 있다고 가정하자.

```
t1 : s1 p1 j2
t2 : s1 p2 j1
t3 : s2 p1 j1
```

JD 덕분에 다음과 같은 튜플도 나와야 한다.

```
t4 : s1 p1 j1
```

그러나 {SNO,PNO}가 키다. 튜플 *t1*과 *t4*는 해당 키에 대해 동일한 값을 갖기 때문에 튜플 *t1*과 *t4*는 사실상 하나이자 동일하다(따라서 $j1 = j2$이므로 이제 $s1 \neq s2$, $p1 \neq p2$, $j1 \neq j2$라는 원래 가정 중에서 최소 일부를 삭제해야 한다). 따라서 SPJ에서 본 그런 중복은 SPJ′에서는 발생하지 않는다(구체적으로 이 경우 튜플 *t4*는 이미 존재하기 때문에 '추가적인' 튜플이 아니다). 즉, SPJ′는 5NF에 있지 않더라도, 5NF가 다루려고 하는 중복 문제를 겪을 수 없다. 따라서 5NF는 어떤 의미에서는 목적에 비해 너무 강할 수 있는 것처럼 보인다.

핵심 튜플 정규형

론 파긴Ron Fagin, 휴 다웬Hugh Darwen과 나는 2012년 논문(이하 'ETNF 논문'이라 한다.)에서 ETNFEssential Tuple Normal Form를 처음 설명했다.[1] 그 논문의 주요 결론을 간략하게 요약하면서 토론을 시작할 것이다(그러나 다음의 요약은 완전한 것이 아니라 순전히 편의를 위해 대략적으로 정리한 내용이라는 점에 유의하라).

- 대략적으로, 관계 변수 *R*이 중복에서 자유롭다고 말하는 것은 현재 *R*에 나타나는 어떤 튜플 *t*도 *t*와 구별되는 다른 튜플에서 파생될 수 있는 정보를 제공한다고 말하는 것이다.
- 관계 변수 *R*은 전술한 의미에서의 중복성이 없는 경우에만 핵심 튜플 정규형(ETNF)이다.
- 관계 변수 *R*은 BCNF에 있는 경우에만 ETNF에 있고, *R*에 있는 모든 JD *J*에 대해 *J*의 적어도 하나의 구성 요소가 *R*에 대한 상위 키인 경우 ETNF에 있다.
- 5NF ⇒ ETNF ⇒ 4NF, 역방향 함축이 맞지 않는 경우(즉, ETNF는 엄격히 4NF와 5NF 사이에 속함)
- 관계 변수 *R*이 BCNF에 있고 비복합 키를 갖고 있다면 ETNF에 있다.

정의 및 정리

이제 ETNF 논문의 주요 결과를 구성하는 일련의 정의와 정리들을 제시한다. 우선 JD를 강요하는 튜플의 개념에 대한 정확한 정의를 말하겠다.

---

1 휴 다웬, C. J. 데이트, 로널드 파긴: 2012년 3월 26일부터 29일까지 독일 베를린에서 열린 제15차 데이터베이스 이론 국제 콘퍼런스에서 발표한 'A Normal Form for Preventing Redundant Tuples in Relational Databases,' www.almaden.ibm.com/cs/people/fagin/icdt12.pdf 참조. 그러나 이 논문에서는 이 장(그리고 이 책에서 좀 더 일반적으로)에서 사용된 용어와 몇 가지 측면에서 다른 용어를 사용한다는 점에 유의하라. 구체적으로 말하면, 이 분야 연구 문헌의 대부분에서 찾아볼 수 있는 용어들과 더 밀접하게 일치하는 용어를 사용한다. 예를 들어, 그것은 어느 곳에서도 중요하지만 비표준적인 용어 관계 변수를 언급하지 않는다.

정의(튜플 강제 JD): 제목 *H*와 관련해 *J*를 JD로 하고, *J*를 관계 변수 *R*에서 성립한다고 하자. 그런 다음 *J*는 특정 튜플 *t1*, ..., *tn*이 *R*에서 성립하면 특정한 추가 튜플 *t*가 *R*에서 성립하도록 강제할 수 있다('추가'라는 말은 *t*를 *t1*, ..., *tn*과 구별한다는 것을 의미한다). 그리고 그러한 결과를 가진다면, *J*는 *R*에 대해 튜플 강제이다.

이러한 정의에 비춰볼 때 *J*가 실제로 *R*에 관해 튜플 강제가 있다면, 그것은 (a) 자명하지 않아야 하고, (b) *R*의 키에 의해 내포되지 않아야 하며, (c) *R*[2]의 FD에 의해 내포되지 않아야 한다는 것을 쉽게 알 수 있다(여기서 (a)와 (b) 덕분에 *R*은 5NF에 있을 수 없다).

다음으로 FD 중복과 JD 중복이라는 용어를 도입하는 것이 편리하다.

정의(FD 중복): 관계 변수 *R*은 BCNF에 없는 경우에만 FD 중복이다.

정의(JD 중복): 관계 변수 *R*은 JD를 강제하는 튜플이 *R*을 유지하는 경우에만 JD 중복이다.

이러한 종류의 중복성 중 어느 것도 다른 종류의 중복성을 내포하지 않는다는 점에 유의하라. 즉, 관계 변수는 JD 중복 없이 FD 중복이 될 수 있고, JD 중복은 FD 중복이 되지 않는 경우 JD 중복이 될 수 있다. 예를 들면 다음과 같다.

- '너무 강력한 5NF' 절에서(특성 SNO, PNO, JNO와 키 {SNO,PNO,JNO} 그리고 JD ☼ {{SNO,PNO},{PNO,JNO},{JNO,SNO}}) 관계 변수 SPJ는 BCNF에 있지만, JD가 튜플 강제라서 분명히 JD 중복이다.
- 1장의 관계 변수(속성 SNO, SNAME, STATUS, CITY, 키 {SNO}, FD {CITY} → {STATUS})는 BCNF에 있지 않으므로 FD 중복된다. 하지만 JD가 그 관계 변수

---

2 여러분은 이러한 조건의 세 번째가 두 번째 조건의 논리적 결과라고 생각할 수 있지만, 그렇지 않다. 예를 들어 속성 *A*, *B*, *C*, *D*와 키 *A* 및 *B*를 가진 관계 변수 *R*을 고려하라. 키에 내재된 FD를 제외하고 *R*에 성립되지 않게 하자. 그러면 *R*에서 JD ☼{*AB*,*AC*,*BD*}가 성립하는데, 그 JD는 함께 취한 키에 의해 함축돼 있기 때문이다. 그러나 그것은 개별적으로 취한 키에 의해 내포되지 않으며, 따라서 그것은 *R*에 있는 어떤 FD에도 내포되지 않는다. 참고: FD에 내재된 JD 개념과 관련해 기억을 되살려야 하는 경우 9장에서 다룬 히스의 정리에 관한 논의를 참조하라.

를 붙잡도록 강요하는 튜플은 없다. 따라서 관계 변수는 JD 중복이 아니다.

정의를 계속하면 다음과 같다.

정의(중복 없음): 관계 변수 *R*은 FD 중복이나 JD 중복이 아닌 경우에만 중복성이 없다.[3]

5NF 관계 변수는 이 정의에 따라 확실히 중복성이 없다는 점에 유의하라. 하지만 앞으로 살펴보겠지만, 관계 변수는 중복성이 없는 5NF에 있을 필요가 없다는 것이 밝혀졌다. 오히려 ETNF에만 있을 정도로 충분하다. 사실, 이것이 ETNF의 정의다.

정의(핵심 튜플 정규형): 관계 변수 *R*은 중복성이 없는 경우에만 ETNF에 있다.[4]

다시 말해, 관계 변수 *R*은 FD 중복이나 JD 중복이 아닌 경우에만 ETNF에 있다. 즉, BCNF에 있으면서 강제 튜플이 없는 경우에만 JD가 유효하다.

물론 앞에서 설명한 정의는 거의 확실하게 정확하지만, 주어진 관계 변수가 ETNF에 실제로 있는지를 판단하는 문제에 그다지 도움이 되지 않으므로 실용성은 거의 없다. 그러나 다음과 같은 정리가 도움이 된다.

정리: 관계 변수 *R*은 BCNF에 있는 경우에만 ETNF에 있고 *R*에 있는 모든 명시적 JD *J*에 대해 *J*의 일부 구성 요소는 *R*에 대한 상위 키다.

이 정리는 관계 변수가 ETNF에 존재하는 데 필요조건과 충분조건을 모두 제공한다. 따라서 그것을 유용하고 사용 가능한 검증 수단으로 받아들일 수 있다. 즉, ETNF의 유효한 정의로 받아들일 수 있다(다른 방식으로 말하면, 원래 정의는 의미적 정의인 반면에 정

---

3 그러나 여기서는 매우 특별한 의미로 '중복'이라는 용어를 사용하고 있다는 것을 반복하고 강조해야 한다.

4 명백한 이유로 원래 이 새로운 정규형은 ETNF가 아니라 RFNF(중복성 자유 정규형)라고 불렀다. 그러나 그 후 이 이름이 먼저 사용된 것을 알게 됐고, 따라서 다른 이름을 선택해야 했다. 이에 대한 자세한 논의 및 설명은 (a) 이 절 끝부분의 '우리의 이름 선택' 절과 (b) 다음 절인 '중복성 자유 정규형'을 참조하라.

리는 운영적 또는 통사적 정의를 제공한다. 5장의 해당 사항에 대한 설명문을 참조한다).

그런데 그 정리는 *R*의 명시적 JD를 언급하고 있지만, 사실 그 '명시적'이라는 말과 참[true]으로 남아있는 것을 버릴 수 있다(즉, *R*에서 성립하는 모든 JD가 상위 키 성분을 갖고 있는 경우에만 *R*은 ETNF에 있다).[5] 그러나 '명시적'이라는 말을 포함하면 어떤 의미에서는 정리를 엄격하게 만든다. 특히 문제의 관계 변수가 ETNF에 있는지 검사하기 위해 관계 변수의 내포적 JD를 확인할 필요가 없다는 뜻이다.

다음 정리는 또 다른 간단하고 유용한 검증을 제공한다.

> **정리**: 관계 변수 *R*이 BCNF에 있고 적어도 하나의 비복합적 키(여기서 비복합적 키는 복합적이지 않은 키, 복합적 키는 둘 이상의 속성으로 구성된 키)를 갖고 있는 경우 ETNF에 있다.

이 정리는 관계 변수가 ETNF에 있을 수 있도록 필요조건은 아니지만 충분조건을 제공한다. 그런데 문제의 조건은 키로만 말하는 매력적인 성질을 갖고 있으며, JD도 아니고 FD(적어도 명시적이지는 않다.)도 아니라는 점에 주목할 필요가 있다.

다음 정리는 ETNF가 실제로 4NF와 5NF 사이에 엄격히 속함을 보여준다.

> **정리**: 5NF ⇒ ETNF ⇒ 4NF, 두 역방향 함축은 모두 성립하지 않는다.

마지막으로, 관계 변수가 ETNF에 성립하는 필요조건은 아니지만 충분조건을 제공하는 또 다른 정리가 있다.

> **정리**: 관계 변수 *R*은 3NF에 있고 복합 키가 없는 경우 ETNF에 있다.

---

5 단지 상기시켜주기 위해 명시적 JD는 명시적으로 선언된 것이며, 암묵적 JD는 명시적으로 선언된 것이 아니라 명시적 JD에 의해 내포되는 것이다. 물론 FD에 대해서도 유사한 것이 성립한다.

이 결과는 직접적이다. 명시된 조건은 관계 변수 *R*이 5NF[6]에 있다는 것을 의미하기 때문이다. 따라서 관계 변수 *R*은 ETNF에 있다.

5NF가 아닌 ETNF의 관계 변수

이전 절의 두 번째 예(너무 강력한 5NF)인 관계 변수 SPJ는 5NF가 아닌 ETNF에 있는 관계 변수의 구체적인 예를 제공한다. 상기하기 위해 관계 변수는 SNO, PNO, JNO 속성을 갖고 있으며, 하나의 키, 즉 {SNO,PNO}만 갖고 있다. 그것은 BCNF에 있다. 술어는 '공급자 SNO가 프로젝트 JNO에 부품 PNO를 공급한다.'는 것이다. 그리고 다음 JD는 (다른 JNO와는 별도로) 성립하지 않는다.

```
☼ { { SNO , PNO } , { PNO , JNO } , { JNO , SNO } }
```

앞에서 설명한 JD가 유일한 키에 의해 내포되지 않기 때문에 이 관계 변수는 5NF에 있지 않다. 그러나 관계 변수에 있는 유일한 명시적 JD, 즉 방금 표시한 JD는 상위 키(즉, 구성 요소 {SNO,PNO})인 구성 요소를 갖고 있기 때문에 ETNF에 있다. 다시 말해, 관계 변수는 5NF에 있지 않지만 그럼에도 불구하고 FD 중복도, JD 중복도 아니다. 따라서 중복성이 없어 ETNF에 있다.

관계 변수에 다음 두 튜플만 포함돼 있다고 가정해보자.

```
t1 : s1 p1 j2
t2 : s1 p2 j1
```

(여기서 $p1 \neq p2$와 $j1 \neq j2$라고 가정해보자.) 이제 다음 튜플을 삽입한다고 가정한다.

6 정기간행물 ACM Transactions on Database Systems 17, No. 3(September 1992)에 실린 C. J. 데이트와 로널드 파긴의 'Simple Conditions for Guaranteeing Higher Normal Forms in Relational Databases'와 C. J. 데이트와 휴 다웬의 책 『Relational Database Writings 1989–1991』(AddisonWesley, 1992)을 참조하라.

```
t3  :  s2  p1  j1
```

(여기서 *s2* ≠ *s1*) JD는 다음과 같은 튜플도 함께 나타나야 한다는 것을 내포한다.

```
t4  :  s1  p1  j1
```

그러나 앞에서 봤듯이 여기서 튜플 *t1*과 *t4*는 키 값이 같기 때문에 사실 하나와 같아야 한다. 이는 *j1* = *j2*를 따르며, 원래의 가정 중 하나와 모순된다. 따라서 튜플 *t1*과 *t2*가 나타나면 튜플 *t3*를 삽입하려는 시도가 실패해야 하는데, 이는 정확히 그러한 모순을 초래하기 때문이다. 더욱이 튜플 *t4*를 직접 삽입하려는 시도 역시 실패해야 하므로(키 고유성 위반 또는 *j1* = *j2*를 내포하고 있기 때문에 선택하라.) 다음과 같은 다소 이상한 비즈니스 규칙도 유효해야 한다.

- (a) 공급자 *s1*이 부품 *p1*을 프로젝트 *j2*에 공급하고 (b) 공급자 *s1*이 부품 *p2*를 프로젝트 *j1*에 공급하는 경우(*p1* ≠ *p2*, *j1* ≠ *j2*), (c) *s1*도 프로젝트 *j1*에 부품 *p1*을 공급할 수 없다.

실제로 다음과 같은 똑같이 기이한 규칙도 반드시 효력을 발휘해야 한다는 것이 밝혀졌다(대칭성에 주목한다).[7]

- (a) 공급자 *s1*이 부품 *p1*을 프로젝트 *j2*에 공급하고 (b) 공급자 *s2*가 부품 *p1*을 프로젝트 *j1*에 공급한다면, (c) *p1*도 프로젝트 *j1*에 공급할 수 없다.
- (a) 공급자 *s1*이 부품 *p2*를 프로젝트 *j1*에 공급하고 (b) 공급자 *s2*가 부품 *p1*을 프로젝트 *j1*에 공급하는 경우(*s1* ≠ *s2*, *p1* ≠ *p2*), (c) 어떤 프로젝트도 *p1*과 함께 공급자 *s1*이 공급할 수 없다.

---

7 이 세 가지 규칙에 의해 표시되는 대칭은 JD ☼{{SNO,PNO},{PNO,JNO},{JNO,SNO}}에서 SNO, PNO, JNO가 수행한 역할의 대칭의 결과물이다.

실제 이 세 가지 규칙은 다음과 같이 하나로 결합할 수 있다. 관계 변수 SPJ'의 각 튜플은 (일부 프로젝트의 일부 공급자에 의한) 선적을 나타낸다고 하는 것에 동의하다. 그러면 *x*와 *y*가 동일한 공급자를 포함하고, *y*와 *z*가 동일한 부품을 포함하며, *z*와 *x*가 동일한 프로젝트를 포함하는 세 개의 구별되는 선적 *x*, *y*, *z*가 존재할 수 없다.

SPJ' 사례와 관련해 (중요한) 또 다른 요점이 있다. 위에서 논의한 세 가지 '기이한' 비즈니스 규칙(특히 이러한 규칙 중 첫 번째)을 도출한 분석을 다시 한 번 참조하라. 그 분석은 튜플 *t3*가 튜플 *t1* 및 *t2*와 함께 관계 변수에 나타날 수 없다는 것을 보여줬다. 따라서 SPJ는 ETNF에 있지만 삽입 이상을 겪지 않는다(반면에 삭제 이상은 발생하지 않는다). 이는 명시된 JD와 명시된 주요 제약 조건과 논리적 결과만을 유지하는 제약 조건이라고 가정한다. 따라서 5NF와 ETNF의 한 가지 구분은 다음과 같다.

- 두 가지 모두 중복성이 없음에도 불구하고 5NF는 '삽입 이상 없음'을 보장하지만, ETNF는 '삽입 이상 없음'을 보장하지 않는다. 즉, FD와 JD가 고려 중인 유일한 제약 조건이라고 가정할 수 있다.[8]

물론 SPJ' 사례에서 5NF가 아닌 ETNF에 있는 관계 변수는 실제로 드물 것 같다는 결론에 솔깃하다. 그럼에도 그 둘 사이에는 분명한 논리적 차이가 있는데, 적어도 중복성을 줄이는 관점에서 보면 5NF가 아니라 ETNF가 목표가 돼야 한다.

사실 SPJ' 사례는 후자의 주장을 다른 방식으로 강화한다. 관계 변수는 3차 JD ☼{SNO,PNO},{PNO,JNO},{JNO,SNO}}를 만족하므로 {SNO,PNO}, {PNO,JNO}, {JNO,SNO}의 투영으로 분해되는 무손실일 수 있다. 그 투영들은 각각 핵심이며, 사실 각각은 5NF에 있다. 그러나 그 분해는 FD {SNO,PNO} → {JNO}를 손실한다! 이 책의 2부에서 봤듯이, 그러한 방식으로 종속성을 잃는 것은 일반적으로 권장되지 않는다. 따라서 관계 변수 SPJ는 5NF가 때때로 너무 강할 뿐만 아니라, 때로는 확실히

---

8 요점을 달리 말하면, 5NF와 도메인 키 정규형인 DK/NF(15장 참조)가 유일하게 적용되는 제약 조건이 구체적으로 FD와 JD인 경우에 일치한다.

억제될 수도 있다는 점을 보여준다.

ETNF가 아닌 4NF의 관계 변수

이미 살펴본 것처럼, 관계 변수 SPJ′는 5NF가 아닌 ETNF에 있다. 그러나 4NF(BCNF는 아님)에서는 자명하지 않은 MVD가 해당 관계 변수에 전혀 성립하지 않기 때문이다. 그럼 ETNF가 아닌 4NF에 있는 관계 변수는 어떠한가? 사실 관계 변수 SPJ(SPJ′가 아님)를 간단히 요약하면, 관계 변수는 SNO, PNO, JNO 속성을 갖고 있다. 모든 것이 키다. 그리고 특정한 3차 JD의 적용을 받는다. 그러나 자명하지 않은 MVD(동등하게 자명하지 않은 이진 JD)는 해당 관계 변수를 전혀 보유하지 않으며, 따라서 4NF에 확실히 해당된다. 그러나 그것은 ETNF에 있지 않다. 그 3차 JD의 어떤 요소도 상위 키이기 때문이다. 5NF에서도 물론 아니다.

우리의 이름 선택

파긴, 다웬과 나는 ETNF가 된 것에 대한 연구의 대부분을 마친 후, 밀리스트 빈센트 Millist Vincent[9]의 논문에 관심을 갖게 됐고, 특히 우리의 원래 이름인 '중복성 자유 정규형(RFNF)'을 빈센트가 다른 것을 언급하기 위해 이미 사용했다는 사실에 주목했다. 그 이름은 먼저 사용됐기 때문에 다른 이름을 선택해야 했고, 물론 '핵심 튜플 정규형(ETNF)'으로 정했다. 선택한 근거는 다음과 같다. R을 관계 변수로 하고, r을 R의 값으로 하고, t를 r의 튜플로 한다. 그리고 r에서 t가 부분적으로 또는 완전하게 중복되는 것이 무엇을 의미하는지 정의한다.

> **정의(부분적으로 중복 튜플)**: 튜플 t는 FD $X \rightarrow Y$가 R에서 성립하고 $t\{X\} = t'\{X\}$와 같은 $r(t \neq t')$에 튜플 t'가 존재하는 경우에만 r에서 부분적으로 중복된다.

---

9 밀리스트 W. 빈센트: 'Redundancy Elimination and a New Normal Form for Relational Database Design', Computer Science(Springer, 1998)의 Semantics in Databases, Vol. 1358

정의(완전 중복 튜플): 튜플 t는 r에서 완전히 중복된다. R의 일부 JD마다 s의 튜플이 t가 r에 나오도록 $r(t \notin s)$에 튜플 집합이 존재하는 경우에만 그렇다.

그런 다음 r에서 부분적으로 또는 완전히 중복되는 경우에만 t가 r에서 중복이 되도록 정의한다. 이제 즉시 다음과 같은 사실을 밝혀야 한다.

a. 그러한 r과 t가 존재하며, R이 FD 중복인 경우에만 t가 부분적으로 r에 중복된다.

b. 그러한 r과 t가 존재하며, R이 JD 중복인 경우에만 t가 r에 완전히 중복된다.[10]

그래서 반드시 중복과 반대가 되려면 (a) r에서 중복되지 않는 경우에만 r에서 필수적이어야 한다고 정의하고, (b) R은 R에 대한 정당한 가치인 모든 관계가 앞에서 말한 의미에서 필수적이라면 ETNF에 있어야 한다고 정의한다.[11]

중복성 자유 정규형

이제 빈센트의 RFNF로 돌아간다. SNO, SNAME, STATUS, CITY 속성과 함께 일반적인 공급자 관계 변수 S, 유일한 키 {SNO}, 명시적 FD {CITY} → {STATUS}를 고려하자. 샘플 값은 그림 13–2와 같다(기본적으로 3장의 그림 3–1의 반복만 해당).

10 따라서 '완전 중복'은 '부분 중복'의 특별한 경우가 아니라는 점에 유의하라. 사실 튜플은 완전히 중복되지 않고 r에서 부분적으로 중복될 수 있다.

11 우리의 '본질적(essential)'이란 용어의 사용은 코드 박사가 자신의 논문 'Interactive Support for Nonprogrammers: The Relational and Network Approaches'(1974년 5월 미시간주 앤아버에서 개최된 ACM SIGMOD Workshop의 Data Description, Access, and Control, Vol. II)에 의해 영향을 받았다. 간단히 말해, 코드 박사의 관점에서 일부 데이터 구성이 필수적이라고 말하는 것은 코드의 손실이 정보 손실을 야기할 것이라고 말하는 것이다. 이미 지시된 바와 같이(효과적으로), ETNF 관계 변수에 대해 가능한 모든 관계에서 모든 튜플은 이러한 의미에서 분명히 필수적이다.

SNO	SNAME	STATUS	CITY
S1	Smith	20	London
S2	Jones	30	Paris
S3	Blake	30	Paris
S4	Clark	20	London
S5	Adams	30	Athens

▲ 그림 13-2 공급자 관계 변수 - 샘플 값

그림에서 공급자 S1의 튜플은 도시 London과 상태 20을 갖고 있다. 따라서 도시 London이 있는 공급자 S4의 튜플은 상태 20이 돼야 하며, 그렇지 않으면 FD {CITY} → {STATUS}가 위반될 수 있다. 그러므로 어떤 의미에서는 공급자인 S4의 튜플에서 상태 값 20의 발생이 중복된다. 왜냐하면 다른 어떤 것도 있을 수 없기 때문이다. 이는 전체적인 관계에서 다른 곳에 나타나는 값의 논리적 결과로서 완전히 결정된다.

전술한 예시와 같은 예들은 다음과 같이 직관적이고 매력적인 정의에 대한 동기를 제공한다(빈센트 때문이지만 여기서 상당히 달리 표현한다).

정의(빈센트식 중복성): 관계 변수 *r*의 값이 되게 하고, *r*의 튜플이 되게 하고, *v*가 *t* 내의 속성값이 되게 한다. 그러면 *t* 내 *v*의 발생은 *r*에서 중복되며, v'($v' \neq v$)의 발생으로 *v*의 발생을 대체하는 경우에만 *R*의 일부 종속성을 위반하는 경우[12]가 중복의 대상이 된다.

즉, 문제의 속성값 발생이 반드시 *v*여야 하고 다른 것이 없어야 하는 경우 빈센트의 일종의 중복성이 존재한다는 것이다. 우연히도 (그 용어의 정의에 따라) 부분적인 중복 튜플을 포함하는 관계가 빈센트의 일종의 중복성을 확실히 나타낸다는 것을 주목하라.

12 여기서 종속성이라는 용어는 일반적으로 의존성을 가리키는 것으로 이해돼야 하며, 반드시 FD나 JD를 지칭하는 것은 아니다.

앞에서 말한 정의가 직관적으로 매력적이라고 말하기는 했지만(그리고 그것이 매력적이라고 생각한다.), 적어도 하나의 측면에서는 약간 이상하다는 것을 지적한다. 다시 한 번 그림 13-2의 예를 생각해보자. 공급자 S1의 튜플은 상태 값 20을 갖고 있기 때문에 공급자 S4의 튜플은 상태 값 20을 가져야 한다. 이제 역방향 인수가 동등하게 유지됨을 주목하자. 공급자 S1의 튜플은 공급자 S4의 튜플에서 상태 값이 20이므로 상태 값이 20이어야 한다! 이제 그 20이 둘 다 중복이라고 말하는 것은 분명 이치에 맞지 않지만, 문자 그대로 받아들이면 정의가 그렇게 돼 있다. 그러므로 내가 보기에는 정의가 약간 약하고 약간 조일 수 있을 것 같다. 관심이 있는 독자를 위해 그렇게 강화된 정의를 생각해낼 수 있도록 연습 문제로 남겨둔다.

그렇게 될 수도 있지만, 단지 '빈센트 정의에 의한 중복성'으로 정의되는 중복성을 언급하는 것에 동의하자. 그러면 다음과 같이 새로운 정규형을 정의할 수 있다.

정의(중복성 자유 정규형): 관계 변수 *R*은 빈센트의 정의에 의해 중복성의 대상이 아닌 경우에만 중복성 자유 정규형Redundancy Free Normal Form(RFNF)에 있다.[13]

이제 4NF에 없는 관계 변수가 방금 정의한 RFNF에 없다는 것이 명백해졌으면 좋겠다.[14] 하지만 ETNF에 있는 것은? 이전 절(ETNF에 대한)의 관계 변수 SPJ'의 예를 다시 한 번 생각해보자. 기억하겠지만, 그 관계 변수는 FD 중복성과 JD 중복성을 겪고 있다. 따라서 ETNF(5NF는 아니지만)에 있다. 자, 앞의 절에서는 관계 변수가 다음의 세 개 튜플을 포함하는 것을 살펴봤다.

```
t1  :  s1  p1  j2
t2  :  s1  p2  j1
t3  :  s2  p1  j1
```

그러면 다음과 같은 튜플도 나타나야 한다.

13 곁가지로 언급된 약점은 이 정의에 영향을 미치지 않는다는 점에 유의하라.

14 예를 들어, 4NF가 아닌 관계 변수 CTX에 대한 표본값을 보여주는 12장의 그림 12.1을 고려한다. X3 ≠ X1이라고 하자. 그리고 나서 해당 샘플 값의 튜플 (C1,T1,X1)을 튜플 (C1,T1,X3)로 교체하면 해당 관계 변수에 성립해야 하는 MVD {CNO} →→ {XNO}가 확실히 위반될 수 있다.

```
t4  :  s1  p1  j1
```

그러나 {SNO,PNO}가 키 값이 같기 때문에 (a) 튜플 *t1*과 *t4*가 사실상 하나이고 동일하므로 (b) *j1* = *j2*라는 것을 따른다. 그러나 튜플 *t1*에서 *j2*가 *j1*과 같아야 한다는 사실은 관계 변수가 빈센트의 정의에 의해 중복의 대상이 된다는 것을 의미한다![15] RFNF와 ETNF는 논리적으로 구별된다. 사실 RFNF는 관계 변수가 있을 수 있다는 점에서 ETNF보다 엄격히 강하다. ETNF(즉, 우리의 정의에 따르면)는 RFNF에 속하지 않고 중복성이 없는 반면, 그 반대는 그렇지 않다. 실제로 ETNF 논문은 다음과 같은 더 강력한 결과를 증명한다.

정리: 5NF ⇒ RFNF ⇒ ETNF ⇒ 4NF, 그 어떤 역방향 함축도 지탱하지 않는다.

따라서 ETNF는 엄격히 4NF와 RFNF 사이에 속한다. 빈센트는 또한 다음과 같은 유용한 결과를 증명한다.

정리: 관계 변수 *R*은 BCNF에 있는 경우에만 RFNF에 있고, *R*에 있는 모든 JD *J*에 대해 *R*에 대한 상위 키인 *J*의 구성 요소의 결합이 *R*의 머리글과 동일하다.

빈센트가 실제로 여기서 하는 일은 다음과 같다. 그는 명시된 조건을 충족하는 경우에만(즉, R이 BCNF에 있는 경우와 R에 있는 모든 JD J에 대해 R의 상위 키인 J의 구성 요소 조합이 R의 구성 요소 조합과 동일한 경우) 관계 변수 R을 KCNF(Key Complete Normal Form)라고 부르는 또 다른 정규형으로 정의한다. 그러고 나서 그는 KCNF와 RFNF가 사실상 하나이고 같다는 것을 증명한다. 즉, 그의 원래 RFNF 정의는 의미론적 정의인 반면, 그의 KCNF 정의는 사실상 전술한 정리로서 운용적 또는 통사적 정의인 것이다.

---

15 여러분은 문제의 중복성이 JD에 의해 발생하므로 관계 변수가 처음부터 RFNF는 말할 것도 없고 ETNF에 있지 않다고 생각할 수 있다. 하지만 요점은 JD가 튜플 강제하는 것이 아니라는 사실이다. 그래서 관계 변수는 실제로 ETNF에 존재한다.

5NF가 아닌 RFNF의 관계 변수

이 장의 앞부분에서 설명한 것처럼 관계 변수 SPJ′의 두 종속성을 사용해 5NF가 아닌 RFNF에 있는 관계 변수의 예를 만들 수 있다.

```
{ SNO , PNO } → { JNO }
```

```
☼ { { SNO , PNO } , { PNO , JNO } , { JNO , SNO } }
```

또 다른 항목을 추가하면 다음과 같다.

```
{ PNO , JNO } → { SNO }
```

이러한 추가 종속성(물론 {PNO,JNO}가 관계 변수의 또 다른 키임을 의미함)은 추가 비즈니스 규칙(BRZ)에 해당한다.

- 주어진 부품 *p*는 주어진 프로젝트 *j*에 적어도 하나의 공급자에 의해 공급된다.

SPJ′를 개정해 SPJ″로, 그리고 주어진 3차 JD를 J로 하겠다. 그러면 J의 {SNO,PNO}와 {PNO,JNO} 구성 요소는 모두 SPJ′의 상위 키로서, 이들의 결합은 SPJ″의 제목과 동일하다. 따라서 축소 불가능한 다른 JD가 성립하지 않는다는 것을 보여줄 수 있기 때문에 SPJ″가 RFNF에 있다는 것을 따른다. 그러나 그것은 5NF에서는 아니다. 3차 JD J에서 멤버십 알고리즘이 실패하기 때문이다.

RFNF가 아닌 ETNF의 관계 변수

SPJ″가 아닌 관계 변수 SPJ′는 이미 언급한 바와 같이 ETNF에 있고, RFNF에 없는 관계 변수의 예다. 그러나 그 요점을 간단히 설명하자면 다음과 같다. 다시 한 번 말하지만, 그 세 번째 JD는 버틸 수 있다. 그러나 상위 키인 JD의 유일한 구성 요소는 {SNO,PNO}이므로, 모든 상위 키 구성 요소의 결합은 확실히 제목과 같지 않다. 따라서 관계 변수는 RFNF에 없다 .

상위 키 정규형

파긴, 다웬과 내가 ETNF로 변한 것에 대해 연구하고 있는 동안, 우리의 관심은 우리의 작업과 관련된 이슈를 다룬 라그나 노만Ragnar Normann[16]의 또 다른 논문에 쏠렸다. 그러나 이 논문은 우리의 ETNF나 빈센트의 RFNF에 해당하는 어떤 것도 기술하지 않고 오히려 5NF의 특정 교과서 정의가 부정확하다는 것을 보여주는 데 초점을 맞추고 있다.[17] 최소한의 무손실 분해(기본적으로 이 책에서 정의한 바와 같이 축소 불가능한 JD에 해당하는 분해)라고 하는 것을 정의한 다음, 그 개념을 새로운 정규형을 정의하기 위한 기초로 사용해 다음과 같이 한다.[18]

> **정의(상위 키 정규형)**: *R*에서 성립하는 모든 축소 불가능한 JD ☼{*X1*,...,*Xn*}에 대해 *X1*, ..., *Xn* 각각이 *R*의 상위 키인 경우에만 관계 변수 *R*은 상위 키 정규형Superkey Normal Form(SKNF)이다.

이 논문은 또한 5NF ⇒ SKNF ⇒ 4NF와 역내포가 맞지 않는다는 것을 증명한다. 사실 SKNF가 중복성이 없다는 것을 보여주지는 않는다(내가 정의한 바와 같이, 빈센트의 의미에서도). 사실 그렇다.[19]

---

16 라그나르 노만: "Minimal Lossless Decompositions and Some Normal Forms between 4NF and PJ/NF," Information Systems 23, No. 7 (1998).

17 『An Introduction to Database Systems, 8th Edition』에 수록된 것을 포함한다. 10장 연습 문제 10.9를 참조하라. 다웬, 파긴과 나 자신이 ETNF의 개념을 개발하게 한 최초의 자극제가 된 이 실수를 했음을 깨닫고 있다.

18 노만(Normann)의 정의는 본질적으로 뒤에 오는 정의와 동일하지만(우리 자신의 용어를 사용하기 위해 다시 바꿔 썼다.), 이름의 축약 형식으로 SKNF가 아닌 SNF를 사용한다.

19 이러한 상황에도 불구하고, SKNF는 사실 그 자체로 그렇게 재미있는 것 같지는 않다.

다시 말하지만 노만의 논문은 5NF ⇒ SKNF ⇒ 4NF를 증명한다. 그러나 ETNF 논문은 다음과 같은 더 강력한 결과를 실제로 증명한다.

정리: 5NF ⇒ SKNF ⇒ RFNF ⇒ ETNF ⇒ 4NF, 반면에 역내포는 전혀 없다.

따라서 SKNF는 엄격히 RFNF와 5NF 사이에 속한다는 점을 유의하라.

5NF가 아닌 SKNF의 관계 변수

여기에 5NF가 아닌 SKNF에 있는 관계 변수의 예가 있다. 관계 변수 R은 속성 A, B, C를 가지도록 하고, 히스 표기법을 사용해 AB, BC, CA를 각각 R의 키가 되게 하고, JD ☼{AB,BC,CA}(J라고 하자.)가 R에서 성립한다고 하자. 그러면 이 관계 변수가 SKNF[20]에 있다는 것을 알 수 있다. J에서 멤버십 알고리즘이 실패하기 때문에 5NF에는 없다. **참고**: 그 예를 좀 더 구체적으로 설명하자면, '어떤 사람이 있는데, 좋아하는 색상은 A, 좋아하는 식당은 B, 좋아하는 작곡가는 C이다.'를 술어로 하고, (a) 서로 다른 두 사람이 공통적으로 좋아하는 항목이 두 개 이상 있을 수 없고, (b) 서로 다른 세 사람이 모두 공통으로 좋아하는 것은 없으며, 항목 각각은 세 사람 중 두 사람이 공통으로 좋아한다는 비즈니스 규칙을 두도록 한다.

SKNF가 아닌 RFNF의 관계 변수

문제의 관계 변수는 RFNF에 있지만 SKNF에는 없기 때문에 앞 절 '5NF가 아닌 RFNF의 관계 변수'에 제시된 예도 여기에 해당된다.

20 세부 사항이 좀 복잡하므로 여기서는 생략하지만, 관심이 있다면 ETNF 논문에서 찾아볼 수 있다.

끝맺는 말

서론에서 경고한 것을 반복하자면, 이 장에서 다룬 모든 것에 대한 자세한 내용은 세세하며 혼란스럽고 기억하기 어려울 수 있다. 사실 지금쯤 이런 말에 동의하지 않았다면 나는 매우 놀랐을 것이다! 한두 번의 정독만으로 그 모든 세부 사항을 이해할 수 있으리라고는 기대하지 않는다.

그러나 다양한 새로운 정규형 사이의 가장 중요한 논리적 차이를 강조하는 다음의 요약은 조금 도움이 될 수 있다.

- 관계 변수 *R*은 BCNF에 있는 경우에만 ETNF에 있고, *R*에 있는 모든 JD *J*에 대해 *J*의 일부 구성 요소는 *R*에 대한 상위 키다.
- 관계 변수 *R*은 BCNF에 있는 경우에만 RFNF에 있고 *R*에 있는 모든 JD *J*에 대해 *R*에 대한 상위 키인 *J*의 구성 요소의 결합이 *R*의 제목과 동일하다.
- 관계 변수 *R*은 BCNF에 있는 경우에만 SKNF에 있고, *R*에 있는 모든 JD *J*에 대해 *J*의 모든 구성 요소는 *R*에 대한 상위 키다.

관계 변수는 5NF에 있을 수 있고, 따라서 이 장에서 논의된 새로운 정규형의 일부 또는 전부를 포함할 수 있다. 그러나 이 장에서 이 용어를 사용한 다양한 감각의 중복성과 정확히 동일하지는 않지만 그럼에도 불구하고 매우 가까운 중복성의 대상이 될 수 있다는 점을 알리면서 이 장을 마무리한다.[21] (단지) SNO, PNO, JNO, QTY 특성을 가진 관계 변수 SPJQ를 고려해보자. '공급자 SNO가 프로젝트 JNO에 수량 QTY로 부품 PNO를 제공한다.'고 전제한다. 유일한 키는 {SNO,PNO,JNO}이며 관계 변수는 BCNF에 있다. JD ☼{{SNO,PNO},{PNO,JNO},{JNO,SNO}}는 이 관계 변수에서 성립되지 않는다는 점에 주의하라. 그러나 {SNO,PNO,JNO}의 관계 변수 투영에는 그대로 성립된다(사실상 이것은 내재된 종속성의 예다. 12장 참조). 이제 관계 변수에 (단지) 다

21 이 예는 12장 각주 8에서 언급했다.

음 튜플이 포함돼 있다고 가정해보자.

```
s1  p1  j2  100
s1  p2  j1  200
s2  p1  j1  300
s1  p1  j3  400
```

내재된 종속성 덕분에 *j3 = j1*을 가져야 한다. 따라서 관계 변수 SPJQ는 확실히 일종의 중복성의 대상이다. 그럼에도 불구하고 관계 변수는 ETNF, RFNF, SKNF, 그리고 실제로 5NF에 있다. 요점을 말하면, 이 장에서 논의된 중복성의 종류는 문제의 관계 변수에 있는 FD 및 JD(단 한 가지)와 관련이 있다는 것이다. 슬프게도, 그러한 정의는 내재된 종속성이나 다른 종류의 제약 조건에 대해서도 언급할 것이 전혀 없다.

연습 문제

13.1 정규형 계층 구조('버전 II')를 머릿속으로 그려보라. 여러분의 그림은 적어도 아홉 개의 정규형을 포함해야 한다.

13.2 (a) FD 중복성, (b) JD 중복성, (c) ETNF를 정의한다.

13.3 본문에서는 관계 변수가 5NF가 아닌 SKNF에 있을 수 있다고 말했으며, 그러한 관계 변수의 예로서 다음과 같이 제안했다.

관계 변수 R은 속성 A, B, C를 가지도록 하고, 히스 표기법을 사용해 AB, BC, CA를 각각 R의 키가 되게 하고, JD ☆{AB,BC,CA}(J라고 부르자.)를 R에 둔다.

하지만 이 예에 대해 불합리하게 조금 의심하지 않을 수도 있다. 좀 더 구체적으로 말하면, 여러분은 정확히 명시된 키 제약 조건과 JD의 적용을 받는 관계 변수가 존재하는지 궁금할 것이다. (이 예제의 좀 더 구체적인 버전을 계속 제공했음에도 불구하고) 집합의 모든 종속성을 만족시키는 적어도 하나의 관계가 항상 발견될 수 있다는 점에서, 실제로 가능한 모든 종속성 집합(FD와 JD)이 일관성이 있다는 것을 입증함으로써 그 예가 합리적임을 보여준다.

13.4 '너무 강력한 5NF' 절의 관계 변수 SPJ'는 '대칭적' JD(즉, JD {{SNO,PNO},{PNO,JNO},{JNO,SNO}})라고 불릴 수 있는 대상이 됐지만, 일부 비대칭도 보였다. 직관적으로 다른 두 구성 요소도 키와 일치할 것으로 예상할 수 있다. 꼭 그렇지는 않다는 것을 보여라.

13.5 이 장의 본문으로부터 관계 변수 SPJ'에 관해 다음과 같은 비즈니스 규칙이 주장대로 시행돼야 함을 보여준다.

- 공급자 *s1*이 *p1*을 프로젝트 *j2*에 공급하고 공급자 *s2*가 *p1*을 프로젝트 *j1*에 공급하는 경우($s1 \neq s2$, $j1 \neq j2$) *p1*은 공급자 *s1*이 프로젝트 *j1*에 공급할 수 없다.
- 공급자 *s1*이 *p2*를 프로젝트 *j1*에 공급하고 공급자 *s2*가 *p1*을 프로젝트 *j1*에 공급하는 경우($s1 \neq s2$, $p1 \neq p2$), (c) *j1*이 아닌 어떤 프로젝트도 *p1*과 함께 공급자 *s1*이 공급할 수 없다.

13.6 이 장의 본문에서 나온 관계 변수 SPJ에 대해 다음 비즈니스 규칙에 해당하는 **Tutorial D** 제약 조건문을 다시 제시한다.

- (a) 공급업체 *s1*이 *p1*을 프로젝트 *j2*에 공급하고 (b) 공급업체 *s1*이 *p2*를 프로젝트 *j1*에 공급하는 경우($p1 \neq p2$, $j1 \neq j2$), *s1*뿐만 아니라 (c) 어느 공급업체도 부품 *p1*을 프로젝트 *j1*에 공급할 수 없다.

해답

13.1 그림 13-1 참조

13.2 이 장의 본문 참조

13.3 관계 *r*에게 제목 *H*를 부여한다. 그런 다음 *r*이 1 또는 0 중 하나일 경우 *H*에 대해 정의될 수 있는 가능한 모든 FD와 JD를 충족시킬 것이다. 따라서 일부 집합은 이를 만족시키는 모든 관계가 최대 하나까지 서수를 가질 수 있다는 함축성을 가질 수 있지만, 가능한 모든 종속성(FD와 JD) 집합은 일치한다(우연히 서수의 관계 변수는 최대 하나에서 빈 집합 { }를 유일한 키로 갖고 있으며(4장 연습 문제 4.10의 해답 참조), 반드시 5NF에 있다는 점을 유의하자).

13.4 다음은 관계 변수 SPJ′에 대한 적절한 값이다.

```
s1  p1  j1
s2  p1  j1
```

(*s1* ≠ *s2*) 그래서 {PNO,JNO}는 키가 아니다. 마찬가지로 다음은 SPJ′에 대한 적절한 값이다.

```
s1  p1  j1
s1  p2  j1
```

(*p1* ≠ *p2*) 그래서 {JNO,SNO} 역시 키가 아니다.

13.5 명시된 첫 번째 규칙과 관련해 관계 변수 SPJ′에 다음과 같은 튜플이 포함돼 있다고 가정하라(참고: '세 번째' 튜플은 규칙을 직접적으로 위반함).

```
s1  p1  j2
s2  p1  j1
```

```
s1  px  j1
```

$(s1 \neq s2, j1 \neq j2)$.

여기서 다음은 해당하는 이진 투영이다.

```
s1  p1      p1  j2      j2  s1
s2  p1      p1  j1      j1  s2
s1  px      px  j1      j1  s1
```

맨 왼쪽 두 개 투영을 결합하면 다음과 같다.

```
s1  p1  j2
s1  p1  j1
s2  p1  j2
s2  p1  j1
s1  px  j1
```

세 번째 투영으로 이 결과를 결합하면 다음과 같다.

```
s1  p1  j2
s1  p1  j1
s2  p1  j1
s1  px  j1
```

그러나 {SNO,PNO}가 키이므로 '처음 두 개의 튜플'부터 $j1 = j2$를 따른다. 모순이다. 그래서 첫 번째 규칙은 정말로 효력이 있어야 한다.

두 번째 규칙이 효력이 있다는 사실을 증명하는 것은 일반적인 패턴을 따른다.

13.6

```
CONSTRAINT ...
   WITH ( T1 := SPJ' RENAME { PNO AS Y1 , JNO AS Z1 ) ,
          T2 := SPJ' RENAME { PNO AS Y2 , JNO AS Z2 ) ,
          T3 := JOIN { T1 , T2 } ,
          T4 := T3 WHERE Y1 ≠ Y2 AND Z1 ≠ Z2 ,
          T5 := T4 { Y1 , Z2 } ,
          T6 := T5 RENAME { Y1 AS PNO , Z2 AS JNO } ,
          T7 := JOIN { SPJ' , T6 } ) :
   IS_EMPTY ( T7 ) ;
```

여기서 관심을 끄는 것은 관계대수에서 전술한 제약 조건의 공식이다 (**Tutorial D**는 물론 관계적 대수학에 기초한다. *t1*, *t2*, *t3*를 관계 변수 SPJ에 걸친 범위 변수가 되게 한다).

그러면 다음과 같다.

```
CONSTRAINT ...
   FORALL t1 FORALL t2 FORALL t3
   ( IF   t1.SNO = t2.SNO AND t1.PNO ≠ t2.PNO AND t1.JNO ≠ t2.JNO
     THEN t3.PNO ≠ t1.PNO OR  t3.JNO ≠ t2.JNO ) ;
```

14장

6NF

왜, 가끔 나는 아침 식사 전에 여섯 가지나 되는 불가능한 것들을 믿어 왔나?

– 루이스 캐롤(Lewis Carroll): 『이상한 나라의 앨리스』(1865년)

9장의 내용을 달리 말하자면, 지금까지 이 책 전반에 걸쳐 신경 쓰는 정규형은 분해 연산자로서의 투영과 그에 상응하는 재조합 연산자로 결합뿐이라고 가정해왔다. 그러한 가정하에 또한 같은 장에서, 5NF가 최종적인 정규형이라고 말했다. 그러나 또한 그 장의 각주에서도 6차 정규형 또는 6NF[1]라고 불리는 것이 있다고 말했는데, 이것이 바로 이번 장에서 다루려는 내용이다.

만약 분해와 재조합 연산자에 관한 일반적인 가정으로부터 벗어나면 어떻게 될까? 『Time and Relational Theory: Temporal Databases in the Relational Model and SQL』(Morgan Kaufmann, 2014)(이하 '템포럴 북temporal book'이라고 함)에서 휴 다웬Hugh

1 적어도 아홉 개의 정규형이 있고, 논쟁을 무시하면 11개 정도 되기 때문에 적절한 이름은 아니라고 생각할 것이다. 그러나 5NF 이후 정규화의 다음 단계를 의미하기 때문에 '여섯 번째'라고 불렀다. 즉, 5NF가 다섯 번째라고 불릴 만한 만큼 정확히 여섯 번째라고 불릴 만하다.

Darwen, 니코스 로렌초스Nikos Lorentzos와 나는 다음과 같이 정의한다.

a. 투영과 특히 결합의 일반화된 버전을 포함해 관계형 연산자의 일반화된 버전
b. 투영과 결합의 일반화된 버전에 기초해 일반화된 종류의 결합 종속성, 그리고 이에 따라서
c. 새로운 정규형(즉, 6NF)[2]

책의 제목대로, 이러한 발전은 특히 시간 지원 데이터temporal data와 관련해 중요한 것으로 드러났다. 그러나 이와 같은 6NF는 (a) 그러한 일반화된 개념에 의존하지 않기 때문에 (b) 적용 가능하며, 내가 중요하게 말할 수 있는 일반적 또는 '정규적'(즉, 비시간적nontemporal) 데이터에도 마찬가지로 정의될 수 있다. 그리고 그것이 바로 다음 절에 관한 내용이다.

정규 데이터에 대한 6차 정규형

정의는 다음과 같다.

> **정의(정규 데이터의 경우 6차 정규형)**: *R*에 있는 JD가 자명한 JD일 경우에만 관계 변수 *R*은 6차 정규형(6NF)이다. 즉, *R*에 있는 JD는 ☼{...,*H*,...} 형식이며, 여기서 *H*는 *R*의 제목이다.

물론 결코 자명한 종속성은 제거할 수 없다. 따라서 6NF의 관계 변수는 간단한 것 말고는 전혀 손상되지 않은 손실일 수 없다.[3] 그러한 이유로 6NF 관계 변수는 때로 되돌릴 수 없는 것으로 알려져 있다(그러나 다른 종류의 축소 불가능). 우리의 통상적인 선적

2 따라서 종속성, 분해, 재조합 연산자에 대한 일반적인 가정으로부터 실제로 벗어나는 것이 아니라, 그러한 가정들의 기반이 되는 개념을 일반화하는 것에 지나지 않는다.

3 9장에서부터 차례로 그 자체가 작은 종속성에 기초하는 경우에만 분해가 간단한 것임을 상기한다.

관계 변수 SP는 6NF에 있고, 9장의 관계 변수 CTXD도 마찬가지다. 반대로, 우리의 통상적인 부품 관계 변수 P는 5NF에 있지만 6NF에 있지 않다(물론 우리의 통상적인 공급자 관계 변수 S는 3NF에도 있지 않다).

이제 모든 6NF 관계 변수는 확실히 5NF에 있다는 정의, 즉 6NF는 5NF를 의미한다. 게다가 6NF는 항상 가능할 수 있다. 또한 다음과 같은 이유로 직관적으로 매력적이다.

> 관계 변수 R이 6NF 투영 R1, ..., Rn, 그다음 R1, ...의 술어로 대체되면 Rn은 모두 단순하며, R의 술어는 이러한 단순한 술어(즉, 결합 술어)의 결합이다.

이 말이 의미하는 바를 바로 설명하겠다.

> **정의(단순 술어 vs. 복합 술어)**: 술어는 연결체가 없는 경우에만 간단하다. 술어는 단순하지 않은 경우에만 복합(또는 복잡)이다.

> **정의(연결)**: 결합은 AND, OR 또는 NOT과 같은 논리 연산자다.

> **정의(결합 술어)**: 결합 술어는 둘 이상의 다른 술어의 논리적 AND이다.[4]

예를 들어, 관계 변수 P를 투영 PN, PL, PW와 각각 {PNO,PNAME}, {PNO,COLOR}, {PNO,WEIGHT}, {PNO,CITY} 속성의 PC로 대체한다. 그러면 이러한 투영의 술어는 다음과 같다(그리고 이들 술어는 모두 단순한 술어임에 유의한다).

- PN: 부품 PNO의 이름은 PNAME이다.
- PL: 부품 PNO는 색깔 COLOR를 가진다.
- PW: 부품 PNO는 하중 WEIGHT를 가진다.
- PC: 부품 PNO는 도시 CITY에 저장돼 있다.

---

4 이 정의는 약간 느슨하지만 현재 목적으로는 충분하다.

그리고 P의 술어 자체는 이 네 개의 논리적인 AND이다.[5] 따라서 이 예에서 알 수 있듯이, 6NF의 관계 변수는 데이터의 의미를 더 이상 축소할 수 없는 조각으로 산산조각 낸다고 생각할 수 있다(이는 때때로 '원자적 사실' 또는 어쩌면 '확증 불가능한 사실'이라고 불리는 것을 나타낸다). 6NF의 관계 변수 술어는 AND와 관련이 없다고 할 수도 있다.

이와 관련해, 12장과 9장의 관계 변수 CTX와 SPJ를 간략하게 상기시켜주겠다. CTX의 경우, 이 술어는 확실히 결합이었다. 즉, CNO는 교사 TNO에 의해 가르칠 수 있고 CNO는 교과서 XNO를 사용하며, 관계 변수를 {CNO,TNO}와 {CNO,XNO}에 대한 이진(사실상 6NF) 투영으로 분해해 SPJ에 대한 ND를 효과적으로 없앴다. 여기에 단순화된 형태로 좀 더 완전한 버전이 있다. 공급자 SNO가 부품 PNO를 공급하고, 부품 PNO는 프로젝트 JNO에 납품되며, 프로젝트 JNO는 공급자 SNO에 의해 공급된다. 공급자 SNO는 다시 프로젝트 JNO에 대한 부품 PNO를 공급하며, 관계 변수를 세 개의 2진수(사실상 6NF)로 분해하면 ND는 효과적으로 제거된다.

여기에 6NF의 멋진 특징들이 있다(사실 이것은 정리다).

> **정리**: 관계 변수 R은 (a) 그것이 5NF에 있고, (b) 등급 *n*이고, (c) *n* − 1 이하인 등급 키가 없는 경우에만 6NF에 있다.

예를 들어 PLUS는 속성 *A*, *B*, *C*를 가진 관계 변수(그러므로 등급이 3이 됨)로 하고, 관계 변수 술어는 $A + B = C$로 한다. 그다음 PLUS는 5NF에 있고 세 개의 키(즉 *AB*, *BC*, *CA*, 다시 히스 표기법을 사용함)를 갖고 있지만, 그 키들 중 어느 것도 등급 2 이하가 아니므로 PLUS도 6NF에 있다.

관계 변수가 항상 6NF에 있어야 한다거나 정규화가 항상 6NF까지 이뤄져야 한다고 말하는 것이 아니다. 때때로 어떤 낮은 정규형(말하자면, 5NF)은 최소한 적절하다. 더욱이 8장에서 말한 것을 반복하면, 디자인은 완전히 정규화될 수 있다(관계 변수가 모두

---

5 사실 물론 모든 부분은 정확히 이름, 색상, 무게, 도시가 하나뿐이고, 우리가 원하지 않는다면 실제로 관계 변수 P를 투영 PN, PL, PW, PC로 분해할 필요가 없다는 것을 의미하는 것이 바로 이러한 상황이다(단일 키 {PNO}를 가진 5NF 관계 변수 P는 효과적으로 속기할 수 있다. 네 개의 6NF 관계 변수의 결합).

5NF, 또는 심지어 6NF라는 의미다). 하지만 여전히 좋지 않다. 예를 들어 {SNO, SNAME}, {SNO,STATUS}, {SNO,CITY}의 공급자 관계 변수 S의 투영은 모두 6NF에 있지만, 그 세 가지 투영으로 구성된 디자인은 (6장에서 본 바와 같이) FD를 손실하기 때문에 아마도 좋지 않을 것이다.

고려해야 할 또 다른 사항은 5NF 관계 변수를 6NF 투영으로 대체하면 아마도 특정 평등 종속성(EQD)을 유지할 필요가 있을 것이라는 점이다. EQD는 특정 관계 변수의 특정 투영이 같아야 한다는 효과(조금 대략적으로 말함)에 대한 제약 조건이라는 것을 3장에서 이미 살펴봤다. 예를 들어, 위에서 논의한 바와 같이 관계 변수 P를 투영 PN, PL, PW, PC로 분해하면 다음과 같은 EQD가 적용될 것이다.[6]

```
CONSTRAINT ... PL { PNO } = PN { PNO } ;
CONSTRAINT ... PW { PNO } = PN { PNO } ;
CONSTRAINT ... PC { PNO } = PN { PNO } ;
```

한편 다른 곳에서 설명했듯이,[7] 논의 중인 것과 같은 분해는 손실한 정보를 처리하는 데 좋은 근거가 될 수 있다. 모든 부품이 항상 알려진 이름을 갖고 있지만 반드시 알려진 색상, 중량 또는 도시를 갖고 있지는 않다고 가정하자. 그러면 알려진 색상이 없는 부품은 단순히 관계 변수 PL에 튜플이 없을 것이다(그리고 유사하게 각각 가중치와 도시에 대해서도 관계 변수 PW와 PC에 대해 각각 성립한다). 물론 평등 종속성은 PL에서 PN으로, PW에서 PN으로, PC에서 PN으로 각각 포함 종속성(실제 외부 핵심 제약 조건)이 될 것이다.

앞에서 설명한 논의의 골자는 다음과 같다(다만 명확성을 위해 부품의 관점에서 표현하겠다).

---

6 이 세 가지 EQDS는 IDENTICAL{PN{PNO},PL{PNO}, PW{PNO},PC{PNO}}와 같이 간결하게 표현될 수 있다. 자세한 설명은 17장을 참조하라.

7 휴 다웬과 내가 쓴 『SQL and Relational Theory』나 『Database Explorations: Essays on The Third Manifesto and Related Topics』(Trafford, 2010)를 참조한다. 또한 이 책의 16장에서 그러한 문제에 대한 추가 논의를 참조하라.

모든 부품이 항상 갖고 있는 두 개 이상의 특성(예: 이름, 색상)이 있다면, 그 두 속성을 구별되는 투영으로 분리하는 것은 아마도 좋지 않은 생각일 것이다. 그러나 어떤 특성이 '선택적'이라면, 즉 어떤 이유로 '누락'되거나 알 수 없는 가능성이 있다면, 그 속성을 자체의 관계 변수에 두는 것은 아마도 좋은 생각이다.

시간 지원 데이터를 위한 6차 정규형

시간 지원 데이터는 물론 그 자체로 엄청난 주제인데, 여기서는 그것을 아주 피상적으로만 소개할 수 있다. 하지만 적어도 비공식적으로나마 6NF의 일반화된 버전이 무엇에 관한 것인지 충분히 설명하고 싶다. 그림 14-1은 다음과 같은 술어를 사용해 S_DURING이라고 하는 관계 변수 샘플 값을 보여준다.

공급자 SNO는 기간 DURING 동안 내내 계약돼 있었다.

예를 들어, 그림에서 (다른 것 중) 공급자 S1은 '4일(*d04*)'부터 '7일(*d07*)'까지 기간 내내 계약돼 있었다.

SNO	DURING
S1	[*d04*:*d07*]
S1	[*d05*:*d10*]
S1	[*d09*:*d09*]
S2	[*d05*:*d06*]
S2	[*d03*:*d03*]
S2	[*d07*:*d08*]

▲ 그림 14-1 관계 변수 S_DURING – 샘플 값

이 예에서 알 수 있듯이, 간격(interval)은 임시 데이터 지원에 매우 중요하다. 그러나 간격 개념은 실제로 적용 범위가 훨씬 넓어, 매우 다양한 실제 상황에서와 같이 커진다. 예를 들어, 과세표준(예: $50,000 - $75,000)은 날짜 또는 시간 값 대신 화폐 가치를 포함하는 구간으로 생각할 수 있다. 따라서 이 절의 제목이 시간적 데이터를 이와 같이 언급하고 있음에도 불구하고, 논의될 모든 개념들, 즉 그와 같은 간격 개념뿐만 아니라 다양한 관련 개념 모두가 훨씬 더 일반적인 적용 가능성과 유용성을 갖고 있다는 것을 알아두길 바란다(사실 이번 절의 이름을 '간격 데이터에 대한 6차 정규형'으로 할까 고민했는데, 이것은 어쩌면 바로 이해할 수도 있지만 어떤 면에서는 적절하지 않을 것이다).

그림 14-1의 관계는 일부 중복성을 명확하게 보여준다. 예를 들어 공급자 S1이 6일 날 계약을 체결했다는 것을 두 번 알려준다. 또한 일종의 우회성을 보여준다. 예를 들어, 공급자 S1이 *[d04:d10]*[8] 간격 동안 계약돼 있었다는 것을 알려주기 위해서는 세 개의 튜플이 필요하다. 이와 대조적으로, 그림 14-2의 관계는 그림 14-1의 그것과 같은 정보(즉, 거의 동등한 정보[9])를 담고 있다. 그러나 다음과 같은 중복성이나 우회성은 없다.

SNO	DURING
S1	[*d04*:*d10*]
S2	[*d03*:*d03*]
S2	[*d05*:*d08*]

▲ **그림 14-2** 그림 14-1의 관계의 압축된 형태

그림 14-2의 관계는 그림 14-1의 관계의 포장 형식으로, 그것으로부터 다음과 같이 PACK이라는 새로운 관계형 연산자를 통해 얻을 수 있다.

8 현재 목적상 중복과 같은 우회가 일반적으로 바람직하지 않으며 가능하면 더 잘 제거된다고 가정한다. 이 입장을 지지하는 자세한 논쟁(필요한 경우)은 '템포럴 북'을 참조하라.

9 이러한 정보 동등성의 개념은 나중에 좀 더 정확하게 정의하겠다. 일단 그것이 좋은 직관적 의미가 있다고 가정할 것이다.

```
PACK S_DURING ON ( DURING )
```

실제로 이 표현이 의미하는 것은 다음과 같다. 관계 변수 S_DURING의 현재 값으로 대표되는 각 공급자에 대해 하나의 간격, 겹치거나 충족되는 DURING으로 결합한다. 예를 들어 그림 14-1과 14-2를 참조하면 다음과 같다.

- 공급자 S1의 경우, [*d04:d07*]과 [*d05:d10*]의 구간이 중복되므로, 이 구간을 조합해 [*d04:d10*]을 형성할 수 있다.
- 공급자 S2의 경우, [*d05:d06*]과 [*d07:d08*]의 구간이 충족되므로, 이 구간들을 조합해 [*d05:d08*]을 형성할 수 있다.

참고: S1에 대한 '기타' 간격, 즉 간격 [*d09:d09*]는 사실상 결합 간격 [*d04:d10*]에 흡수된다. 이와 대조적으로 공급자 S2에 대한 '기타' 간격, 간격 [*d03:d03*]은 이러한 방식으로 다른 간격과 결합할 수 없으므로 영향을 받지 않은 상태로 남아있다.

또 다른 새로운 연산자인 UNFACE도 있는데, UNFACE는 반대로 작동하는 연산자다. 즉, 그림 14-1(또는 그림 14-2에 나온 것과 같은)에서 보여준 관계를 입력으로 볼 때, UNFACE는 'DURING' 값이 가능한 최소 크기인 관계를 생성한다. 예를 들어, 그림 14-1의 관계에 적용되는 다음과 같은 표현은 아래의 그림 14-3에 나타난 결과를 산출한다.

```
UNPACK S_DURING ON ( DURING )
```

그 결과는 그림 14-1에 표시된 관계의 풀어놓은 형태다(또한 명백하길 바라는 대로 그림 14-2에 표시된 관계의 형태).

SNO	DURING
S1	[d04:d04]
S1	[d05:d05]
S1	[d06:d06]
S1	[d07:d07]
S1	[d08:d08]
S1	[d09:d09]
S1	[d10:d10]
S2	[d03:d03]
S2	[d05:d05]
S2	[d06:d06]
S2	[d07:d07]
S2	[d08:d08]

▲ 그림 14-3 그림 14-1과 그림 14-2의 관계를 풀어놓은 형태

그림 14-3에 나타난 관계는 그림 14-1과 14-2의 각 관계에 해당하는 정보다. 더욱이 그림 14-2의 그것과 같이, 중복성을 겪지 않는다(그림 14-1의 그것과 마찬가지로, 오히려 분명히 우회성을 겪는다).

이제 여러분은 내가 지금까지 말한 내용을 생각해봤을 것이다. 그러한 중복과 우회 문제를 피하기 위해 해야 할 일은 단지 관계 변수를 항상 포장된 상태로 유지하는 것뿐이다.[10] 그러나 불행히도 포장된 형태는 비록 해결책의 일부지만 문제를 완전히 해결하기에는 충분하지 않으며, 다음의 예는 그 이유를 보여준다. 그림 14-4는 다음과 같은 술어와 함께 SCT_DURING이라고 하는 관계 변수의 샘플 값을 보여준다. '공급자 SNO는 도시 CITY에 위치했으며, 그동안 내내 상태 STATUS를 유지했다.'

---

10 관계 변수를 포장한 형태로 유지한다는 것은 해당 관계 변수에 할당될 수 있는 모든 관계가 차례로 포장된 형식으로 이뤄지도록 하기 위해 해당 관계 변수에 제약을 가하는 것을 의미한다.

SNO	CITY	STATUS	DURING
S1	London	20	[d04:d05]
S1	London	20	[d05:d06]
S1	London	30	[d07:d07]
S1	Athens	30	[d08:d09]
S1	Athens	10	[d10:d10]
S2	Paris	20	[d03:d03]
S2	Paris	10	[d05:d05]
S2	Paris	10	[d06:d06]
S2	Paris	20	[d07:d07]
S2	Paris	20	[d08:d08]

▲ 그림 14-4 관계 변수 SCT_DURING – 샘플 값

이제 (앞 장과 대조적으로) FD {CITY} → {STATUS}가 더 이상 유지되지 않는다고 가정해보자. 그러면 관계 변수 SCT_DURING은 BCNF에 있다. 유일한 키는 {SNO, DURING}이며, 그 키에 의해 내포된 FD들뿐이다(사실, 증명하려고 하지는 않겠지만 관계 변수도 5NF에 있다). 그러나 그림 14-4의 표본값은 중복성과 우회성을 모두 나타낸다. 따라서 이 예제의 첫 번째 교훈은 다음과 같다. 고전적 투영과 고전적 결합에 기초한 무손실 분해는 그러한 문제를 피하는 데 도움이 되지 않는다. 우리에게는 다른 것이 필요하다.

더구나 이미 말했듯이 포장된 형태만으로는 문제를 해결할 수 없다. 그림 14-5는 그림 14-4의 관계의 포장된 형태를 보여준다. 그리고 보다시피 그 관계는 중복성을 겪지만, 여전히 우회성을 겪는다(물론 그림 14-4와 14-5의 관계는 확실히 정보와 동등하다).

SNO	CITY	STATUS	DURING
S1	London	20	[d04:d06]
S1	London	30	[d07:d07]
S1	Athens	30	[d08:d09]
S1	Athens	10	[d10:d10]
S2	Paris	20	[d03:d03]
S2	Paris	10	[d05:d06]
S2	Paris	20	[d07:d08]

▲ 그림 14-5 그림 14-4의 관계의 압축된 형태

이렇게 포장된 형태는 해결책이 아니며, 반복하려면 다른 것이 필요하다. 다른 무언가를 알려면, 그림 14-4의 중복성 및 우회성과 그림 14-5의 우회성은 모두 주어진 튜플의 DURING 값이 개별적으로 그 튜플의 CITY와 STATUS 값에 적용되는 것이 아니라 그 CITY와 STATUS 값의 합에 실제로 적용되는 결과라는 점을 주목하라. 그러나 이 예에서 분명히 알 수 있듯이, 주어진 공급자의 도시와 그 공급자의 상태는 시간이 지남에 따라 독립적으로 달라진다. 따라서 우리가 해야 할 일은 공급자의 도시와 공급자의 상태 가치에 대해 각각 자체의 DURING 속성을 갖는 두 개의 개별적인 관계로 원래의 관계를 분할하는 것이다. 다음과 같이 분할할 수 있다. 첫째, DURING에 대한 원래 관계를 풀 수 있다. 둘째, 각각 {SNO,CITY,DURING}과 {SNO,STATUS,DURING}에 대한 풀리지 않은 형태의 투영을 한다. 마지막으로 이 두 개의 투영을 DURING에 포장을 한다. 그림 14-4의 샘플 SCT_DURING 값을 고려할 때, 그림 14-6은 이 과정에서 얻은 관계를 보여준다. 그리고 보다시피, 이러한 관계는 중복도 하지 않고 우회도 하지 않는다.

SNO	CITY	DURING
S1	London	[d04:d07]
S1	Athens	[d08:d10]
S2	Paris	[d03:d03]
S2	Paris	[d05:d08]

SNO	STATUS	DURING
S1	20	[d04:d06]
S1	30	[d07:d09]
S1	10	[d10:d10]
S2	20	[d03:d03]
S2	10	[d05:d06]
S2	20	[d07:d08]

▲ 그림 14-6 관계 변수 SC_DURING과 ST_DURING – 샘플 값

더욱이 그림의 설명이 시사하듯이 이 두 관계는 두 관계 변수 SC_DURING과 ST_DURING의 샘플 값으로 간주될 수 있으며, 이는 내가 제안하는 바가 원래의 관계 변수 SCT_DURING을 대체하는 것으로 합리적이고 바람직하게 간주될 수 있다.

이제 이 예에 관련된 일련의 단계들(비포장, 프로젝트, 재포장)은 빠르게 정의하는 것이 좋은 생각처럼 보일 정도로, 실제로 매우 자주 필요한 것으로 밝혀졌다. 여기에 연산자에 대한 정의가 있다(상당히 단순화된 정의에 유의하라!). 조속하게 명확해져야 하는 이유로(실제로 일반화된 형태의 고전 투영) 'U_projection'이라 부른다.

정의(U_projection): *r*을 관계가 되게 하고, *r*의 속성 *A*를 간격 값으로 하며, *X*를 *A*를 포함하는 *r*의 머리글의 부분집합이 되게 한다. 그다음 USING *(A)* : *r{X}*라는 표현은 *X*에 대한 *r*의 U_projection(*A*에 대한)을 나타내며, 다음 사항에 대한 간략 표기로 정의된다.

```
PACK
   ( ( UNPACK r ON ( A ) ) { X } )
ON ( A )
```

즉, U_projection은 먼저 표시된 입력 관계를 푼 다음, 풀린 중간 결과에 대해 정기적으로 투영을 수행한 다음 (재포장) 최종 포장 결과를 얻기 위해 해당 투영의 결과를

포장하는 방식으로 작동한다. 여기에 몇 가지 예가 있다.

```
USING ( DURING ) : SCT_DURING { SNO , CITY , DURING }
```

```
USING ( DURING ) : SCT_DURING { SNO , STATUS , DURING }
```

그림 14-4의 관계 변수 SCT_DURING에 대한 샘플 값을 고려할 때, 이 두 표현식은 그림 14-6에 표시된 관계를 생성한다. **연습 문제**: 아직 하지 않았다면 이 주장을 확인해보라.

그렇다면 내가 제안하는 것은 원래의 관계 변수 SCT_DURING을 두 개의 'U_projection' 관계 변수 SC_DURING과 ST_DURING으로 대체하자는 것이다. 하지만 그 교체가 유효하려면 분명히 손실 없는 것이어야 한다. 이제 그림 14-6에 표시된 두 개의 U_projection(결합은 속성 SNO와 DURING에 기초함)에 대해 정규 결합한다면, 분명히 그림 14-4에 표시된 관계나 그림 14-5에 표시된 관계를 얻지 못할 것이다. 사실 얻을 수 있는 것은 다음과 같다.

SNO	CITY	STATUS	DURING
S2	Paris	20	[d03:d03]

분명히 우리가 해야 할 일은 먼저 두 개의 입력 관계를 풀고 그 풀리지 않은 관계를 결합한 다음, 최종 결과를 얻기 위해 그 결합의 결과를 포장하는 것이다. 이 모든 것을 한다면, 그림 14-5와 같은 포장된 관계를 얻을 수 있다. **연습 문제**: 다시 한 번 이 주장을 확인한다(연습 문제 14.6d 참조).

따라서 동기를 부여하는 방식으로 앞서 언급한 예와 함께, 'U_join'이라고 하는 일반형(다시 한 번 상당히 단순화된 정의)의 결합에 대한 정의는 다음과 같다.

정의(U_join): 관계 *r1*과 *r2*를 결합할 수 있도록 하고,[11] 간격으로 평가되는 공통 속성 *A*를 갖도록 한다. 그러면 USING (*A*) : JOIN {*r1*,*r2*}라는 표현은 *r1*과 *r2*의 U_join(*A*에 관한)을 나타내며, 다음 사항에 대해 간략하게 정의된다.

```
PACK
   ( JOIN
       { ( UNPACK r1 ON ( A ) ) ,
         ( UNPACK r2 ON ( A ) ) }
ON ( A )
```

그래서 이미 거의 말했듯이 U_join은 먼저 두 입력 관계를 풀고, 풀린 중간 결과에 대해 정규 결합하고, (다시) 최종 결과를 얻기 위해 그 결합의 결과를 포장하는 것으로 작용한다.

또한 약속대로 정보 동등성에 대한 개념을 좀 더 정확하게 만들 수 있다. 구체적으로 말하면, 그림 14-4와 14-5의 관계는 동일하게 묶여 있지 않은 형태를 갖고 있기 때문에 정보와 동등하다. 사실 그것들은 U_equal이다. 여기에 간단한 정의가 있다.

정의(U_equality): 관계 *r1*과 *r2*는 동일한 제목 *H*를 가지도록 하고, 간격 값이 매겨진 공통 속성 *A*를 가지도록 한다. 그다음 USING (*A*) : *r1* = *r2*라는 표현은 *r1*과 *r2* 사이의 U_equal 비교(*A*에 대한)를 나타내며, 다음과 같은 것을 속기로 정의한다.

```
( UNPACK r1 ON ( A ) ) = ( UNPACK r2 ON ( A ) )
```

지금까지를 요약하면 다음과 같다. 그림 14-4의 관계는 확실히 {SNO,CITY,DURING}과 {SNO,STATUS,DURING}에 대한 정규 투영의 정규 결합과 같지 않다. 단,

11 여기서 두 가지 요점은 다음과 같다. 첫째, 5장에서의 결합 가능성은 단지 같은 이름의 속성이 동일한 유형이라는 것을 의미한다. 둘째, 일반적으로 U_join은 n진 연산자지만 단순성을 위해 2진 버전을 정의하고 있다.

해당 U_projection의 U_join은 U_equal이다.

이제 이러한 상태가 단순한 요행이 아니고, 우연히 그림 14-4에 나타나게 된 샘플 값의 문제일 뿐 아니라 문제의 관계 변수(관계 변수 SCT_DURING)의 가능한 모든 값에 적용되는 속성이라고 가정해보자. 그렇다면 문제의 관계 변수는 어떤 일반화된 결합 종속성(사실상 U_JD)의 대상이 된다고 말할 수 있다. 여기에 간단한 정의가 있다.

> **정의(U_join 종속성)**: *H*를 제목이라 하고, *H*의 속성 *A*를 간격 값으로 한다. 그다음에 *A*와 *H*에 관한 U_join 종속성(약칭 U_JD)은 `USING` (*A*) 형식의 표현으로, 여기서 *X1*, *X2*, ..., *Xn*(U_JD의 구성 요소)은 *H*와 동일한 *H*의 하위 집합이다.

그리고 물론 다음과 같이 말한다.

- 주어진 관계는 해당 U_projection의 U_join이 U_equal인 경우에만 주어진 U_JD를 만족시킨다.
- 주어진 관계 변수는 주어진 관계 변수에 할당될 수 있는 모든 관계가 해당 U_JD를 만족하는 경우에만 해당 관계 변수에 있는 U_JD(동등하게, 해당 관계 변수에 지정된 U_JD)가 해당 관계 변수에 유효하다.

따라서 이 예에서 다음 U_JD는 관계 변수 SCT_DURING에 성립된다.

```
USING ( DURING ) :
    ☆ { { SNO , CITY , DURING } , { SNO , STATUS, DURING } }
```

더욱이 원래의 관계 변수는 그러한 U_projection에는 적용되지 않는 어떤 중복성과 우회성을 겪기 때문에 무손실non-loss은 그에 따라 분해하는 것이 좋다. 그리고 관계 변수 SCT_DURING이 새로운 정규형이 아니라 U_projection이다. 그러한 고려 사항에 근거해 새로운 정규형을 정의할 수 있다. 그러나 새로운 정규형을 정의하기 전에 앞에서 내포했지만 아직 명시적으로 언급하지 않은 점 등 살펴봐야 할 몇 가지 중요한 요점이 더 있다.

- 첫째로, U_projection이라고 부르는 일반적인 형태의 투영이 실제로 이와 같은 일반화라는 것이다. 즉, 정규 투영은 단지 U_projection의 특수한 경우일 뿐이다. 또는 다른 방식으로 말하면, 모든 투영은 U_projection이지만 일부 U_projection은 투영이 아니다(적어도 이 후기가 일반적으로 이해되기 때문에). 그 이유는 다음과 같다(아직도 다소 단순화).

  a. 첫째, 관계 *r*의 U_projection을 전혀 속성이 없는 것과 관련해 취할 수 있도록 허용한다. 정의는 다음과 같다.

  ```
  PACK
     ( ( UNPACK r ON ( ) ) { X } )
  ON ( )
  ```

  b. 둘째로, 더 많은 설명이 필요한 경우 '템포럴 북'을 참조하라. 즉, 어떤 속성에 대해서도 PACK과 UNPACK을 수행하면 둘 다 입력만 반환하고, 이에 따라 전술한 표현식은 R의 정규 투영인 *r*{*X*}만으로 줄어든다.

  c. 셋째, USING 접두사와 그에 수반되는 콜론을 어떤 속성에 관해서도 수행되지 않는 U_projection에 대한 구체적인 구문에서 생략할 수 있도록 허용한다.

  앞에서 말한 바와 같이, 정규 투영은 구문론적으로나 의미론적으로나 U_projection의 특별한 경우일 뿐이다.

- 유사하게 정규 결합은 구문론적으로나 의미론적으로나 U_join의 특수한 경우다.
- 유사하게 일반 JD는 구문론적으로나 의미론적으로나 U_JD의 특수한 경우다.

원한다면 그 U_ 접두사를 삭제하고(강조를 위해 유지하길 원할 수 있는 상황은 제외), 다음 투영도 U_projection을 의미하며 이와 유사하게 결합과 종속성을 의미한다는 것을 간단히 이해할 수 있다(그리고 관계 평등의 경우에도 마찬가지로 그렇게 된다).[12] 따라서 정의하고자 하는 '새로운 정규형'은 단지 6NF일 뿐이며, 그 정규형(투영, 결합 등)을 뒷받침하는 개념들은 이제 확장된 해석을 갖고 있다. 그래서 정의는 다음과 같다(그러나 물론 그것은 항상 그랬던 것과 같다).

정의(6차 정규형): *R*에 있는 JD가 자명한 JD일 경우에만 관계 변수 *R*은 6차 정규형(6NF)이다. 즉, *R*에 있는 JD는 ☼{...,*H*,...} 형식이며, 여기서 *H*는 *R*의 제목이다.

연습 문제

14.1 6NF 관계 변수는 때때로 축소 불가능하다고 말하는데, 이 장 본문에서는 이것이 디자인 이론과 관련 있는 또 다른 많은 종류의 축소 불가능성임을 주목했다. 여러분은 얼마나 많은 다른 종류를 구분할 수 있는가?

14.2 이 장의 본문에서 논의한 바와 같이 관계 변수 P가 6NF 투영 PN, PL, PW, PC로 대체된다고 가정하자. 그 디자인에 대한 어떤 개선점을 생각해낼 수 있는가?

14.3 *A*, *B*, *C* 속성과 함께 결혼을 의미하는 관계 변수 *R*, 술어 '사람^Person A가 사람 B와 일자 C에 결혼했다.'를 고려해보자. 일부다처제를 하지 말고, 두 사람이 한 번 이상 결혼하지 않는다고 가정하자. *R*이 갖고 있는 키는 무엇인가? JD ☼{*AB*,*BC*,*CA*}가 성립하는가? 최상위 정규형 *R*은?

14.4 다음을 위한 데이터베이스를 디자인한다. 대표 엔터티는 특정 팀의 축구 경

12 그리고 다른 친숙한 관계형 연산자들 역시 마찬가지다. 실제로, 내가 기대했던 대로 모든 관계 연산자(U_union, U_restriction 등)의 'U_' 버전을 정의할 수 있다. 하지만 일반 연산자들은 모든 경우에 있어서 그들의 U_ counterpart에 대한 특별한 사례일 뿐이다(이 점을 단지 완전성을 위해 언급한다. 자세한 내용은 이 장, 실로 이 책의 범위를 벗어난다).

기 일정이다. 이미 끝난 경기의 경우 '득점'과 '실점'을 기록하길 원하지만, 이 두 가지 속성은 아직 끝나지 않은 경기에서는 분명 이치에 맞지 않는다. 여러분의 관계 변수는 어떤 정규형인가?

14.5 이 장 본문에서는 관계 변수를 6NF로 축소하는 것이 단순한 술어로 결합 술어를 줄이는 것과 어떻게 일치하는지 비공식적으로 보여줬다. 이분법적 술어 같은 것이 있을 수 있을까? 어떻게 관계 변수가 그런 술어와 일치할 수 있을까? 그러한 술어를 단순한 술어로 줄이는 데 무엇이 관련되겠는가?

14.6 그림 14-4의 관계 변수 SCT_DURING의 표본값을 고려해 다음 식을 각각 평가한 결과를 나타낸다.

a. `USING ( DURING ) : SCT_DURING { SNO , DURING }`

b. `USING ( DURING ) : SCT_DURING { CITY , DURING }`

c. `USING ( DURING ) : SCT_DURING { STATUS , DURING }`

d.
```
USING ( DURING ) :
JOIN { SCT_DURING { SNO , CITY , DURING } ,
SCT_DURING { SNO , STATUS , DURING } }
```

참고: 마지막 사례의 해답은 물론 그림 14-5에 나와 있는 관계지만, 내 말을 그대로 받아들이지 말고 그 결과를 직접 확인하라(이미 그렇게 하지 않았다면).

해답

14.1 키와 FD의 기약성 및 2NF에 대한 FD 기약성의 관련성은 모두 4장에서 논하고, FD 기약성은 5장에서 더 자세히 논한다. 기약성은 6장에서 논한다. 불해할 수 없는 JD는 11장에서 논의된다. 이 장에서는 설명 불가능한(즉,

6NF) 관계 변수와 '확증 불가능한 사실'의 관련 개념을 논의한다.

14.2 내가 생각하는 요점은 데이터베이스에 현재 표시된 모든 부품의 부품 번호를 기록하는 것이 주된 목적인 '마스터' 관계 변수를 갖는 것이 좋을 수 있다는 것이다. 그것을 관계 변수 P라고 부르면, 그 관계 변수 P와 각 관계 변수 P, PL, PW, PC의 {PNO}에 대한 투영 사이에 EQD가 있을 것이다({PNO}에 대한 PN의 투영과 각 PL, PW, PC의 {PNO}에 대한 투영 사이의 EQD 대신 마스터 관계 변수를 가지면서 얻는 장점은 임의성을 피하는 것이다).

게다가 모든 부품의 이름과 무게는 알려져 있지만 반드시 색상이나 도시는 그렇지 않다고 가정하자. 그런 다음 관계 변수 P, PN, PW를 결합해(아직도 P라고 부르겠다.) 마스터 관계 변수를 만들고, 이전에 필요한 EQD를 PL과 PC에서 마스터 관계 변수 P로 외래 키 제약 조건에 의해 대체할 수 있다(알려지지 않은 색상을 가진 부품은 P로 나타낼 것이지만 PL은 아니다. 마찬가지로 알려지지 않은 도시를 가진 부품이 P로 표시되겠지만, PC는 아니다).

우연히, 마스터 관계 변수 P를 포함시키려는 또 다른 주장은 선적 관계 변수 SP와 관련이 있다. 마스터 관계 변수를 고려하면, SP에서 P로 이어지는 전통적인 외래 키 제약 조건을 유지할 수 있다. 그렇게 하지 않으면 오히려 더 지저분해진다(그렇지 않은가?).

14.3 모든 속성 쌍이 키다. 다음은 확실히 관계 변수에 대한 적법한 값이기 때문에 지정한 JD가 성립되지 않는다.

```
a1  b1  c2
b1  a1  c2
a2  b1  c1
b1  a2  c1
a1  b2  c1
b2  a1  c1
```

$(a1 \neq a2,\ b1 \neq b2,\ c1 \neq c2)$ 즉, 튜플 $(a1,b1,c2)$, $(a2,b1,c1)$, $(a1,b2,c1)$은 튜플 $(a1,b1,c1)$이 나오지 않도록 한다. 관계 변수는 6NF이다. 단, 특정 대칭 제약 조건에 따른다는 점을 유의하라. 구체적으로 말하자면, 튜플 (b,a,c)가 나타나는 경우에만 튜플 (a,b,c)가 나타난다(이 부분의 설명은 위의 샘플 값 참조).[13] 그 결과, 관계 변수도 특정 삽입 및 삭제 이상 징후를 겪게 된다(특히 DK/NF에는 없다. 15장 참조).

14.4 여기서 해야 할 일은 이미 끝난 경기와 그렇지 않은 경기를 분리하는 것이다.

```
PAST_MATCHES { DATE , OPPONENT , GOALS_FOR , GOALS_AGAINST , ... }
             KEY { DATE }

FUTURE_MATCHES { DATE , OPPONENT , ... }
               KEY { DATE }
```

이 관계 변수는 모두 5NF에 있다. 특히 PAST_MATCHES는 6NF 투영으로 대체돼서는 안 된다.

참고: 또는 FUTURE_MATCHES를 관계 변수 FIXTURES로 대체해 과거와 미래의 모든 경기에 대해 DATE와 OPPONENT를 제공하는 것을 고려할 수 있다. 그렇다면 어떤 제약이 적용되는가? 이에 따라 위에 표시된 디자인에 적용되는 제약 조건은 무엇인가?

14.5 2진 술어는 둘 이상의 다른 술어의 논리적 OR이다. 일부 관계 변수 *R*에 이항성 관계 변수 술어가 있다면, OR인 개별 술어는 동일한 매개변수를 가져야 할 것이다(그들을 만족시키는 튜플은 모두 같은 유형이어야 하기 때문이다). 단순한 술어를 가진 관계 변수로 그러한 관계 변수를 줄이는 것은 아마도 투영

13 두 가지 질문: 첫째, 대칭 제약이 튜플 강제라고 생각하는가? 둘째, 여러분은 관계 변수가 중복성의 대상이 된다고 생각하는가? (특히 두 번째 질문에 대해) 여러분의 답을 보여라!

대신 제한을 통한 분해(그리고 결합이 아닌 합집합을 통한 재구성)를 포함할 것이다. 자세한 내용은 15장과 16장을 참조하라.

14.6 a.

SNO	DURING
S1	[d04:d10]
S2	[d03:d03]
S2	[d05:d08]

b.

CITY	DURING
London	[d04:d07]
Athens	[d08:d10]
Paris	[d03:d03]
Paris	[d05:d08]

c.

STATUS	DURING
20	[d03:d08]
30	[d07:d09]
10	[d10:d10]
10	[d05:d06]

d. 여기에는 두 개의 U_projection이 있다(그림 14-6 참조).

SNO	CITY	DURING
S1	London	[d04:d07]
S1	Athens	[d08:d10]
S2	Paris	[d03:d03]
S2	Paris	[d05:d08]

SNO	STATUS	DURING
S1	20	[d04:d06]
S1	30	[d07:d09]
S1	10	[d10:d10]
S2	20	[d03:d03]
S2	10	[d05:d06]
S2	20	[d07:d08]

해당 펼쳐진unpacked 형태는 다음과 같다.

SNO	CITY	DURING
S1	London	[*d04*:*d04*]
S1	London	[*d05*:*d05*]
S1	London	[*d06*:*d06*]
S1	London	[*d07*:*d07*]
S1	Athens	[*d08*:*d08*]
S1	Athens	[*d09*:*d09*]
S1	Athens	[*d10*:*d10*]
S2	Paris	[*d03*:*d03*]
S2	Paris	[*d05*:*d05*]
S2	Paris	[*d06*:*d06*]
S2	Paris	[*d07*:*d07*]
S2	Paris	[*d08*:*d08*]

SNO	STATUS	DURING
S1	20	[*d04*:*d04*]
S1	20	[*d05*:*d05*]
S1	20	[*d06*:*d06*]
S1	30	[*d07*:*d07*]
S1	30	[*d08*:*d08*]
S1	30	[*d09*:*d09*]
S1	10	[*d10*:*d10*]
S2	20	[*d03*:*d03*]
S2	20	[*d07*:*d07*]
S2	20	[*d08*:*d08*]
S2	10	[*d05*:*d05*]
S2	10	[*d06*:*d06*]

두 개의 펼친 관계의 결합은 다음과 같다.

SNO	CITY	STATUS	DURING
S1	London	20	[*d04*:*d04*]
S1	London	20	[*d05*:*d05*]
S1	London	20	[*d06*:*d06*]
S1	London	30	[*d07*:*d07*]
S1	Athens	30	[*d08*:*d08*]
S1	Athens	30	[*d09*:*d09*]
S1	Athens	10	[*d10*:*d10*]
S2	Paris	20	[*d03*:*d03*]
S2	Paris	20	[*d07*:*d07*]
S2	Paris	20	[*d08*:*d08*]
S2	Paris	10	[*d05*:*d05*]
S2	Paris	10	[*d06*:*d06*]

DURING에 대한 이 결과의 압축packing은 그림 14-5에 보여진 관계를 산출한다.

15장

아직 끝이 아니다

그러나 그것은 아마도 시작의 끝일 것이다.

– 윈스턴 처칠(Winston Churchill):
로드 메이어 데이(Lord Mayor's Day)
(1942년 11월 10일)

영원은 끔찍한 상상이다.
그러니까, 도대체 끝은 어디인가?

– 톰 스토파드(Tom Stoppard):
희곡 '로젠크란츠와 길덴스턴은 죽었다(Rosenkrantz and Guildenstern Are Dead)' 중에서
(1967년)

참으로 기나긴 여행이었다... 이 책의 2부에서는 1NF, 2NF, 3NF, BCNF(마지막은 좀 길었다.)를 다뤘고, 3부에서는 4NF와 5NF(후자는 매우 길게)를 다뤘으며, 앞의 두 장에서는 네 개의 정규형인 ETNF, RFNF를 추가로 살펴봤다. 하지만 그것조차도 이야기의 끝이 아니다. 이 장에서는 단지 완성을 위해 문헌에 한 번 혹은 그 이상 정의돼 있

는 몇 가지 다른 정규형을 간략히 설명하거나 최소한 언급하고자 한다.

도메인-키 정규형

도메인-키domain-key 정규형(DK/NF)은 FD, MVD, JD 등의 측면에서 전혀 정의되지 않는다는 점에서 이전에 이 책에서 논의한 모든 정규형과 다르다.[1] DK/NF는 사실상 '이상적인' 정규형이다. 정의상 DK/NF의 관계 변수는 특정 업데이트 이상 징후가 없을 것으로 보장되지만, 안타깝게도 항상 보장할 수 있는 것은 아니며 '언제 정확히 그렇게 될 수 있는가?'라는 질문에 아직 답이 없었다. 그래서 알아보기로 한다.

DK/NF는 도메인 제약 조건과 키 제약 조건의 관점에서 정의된다. 키 제약 조건은 물론 이미 익숙하다(제약 조건들은 5장에서 정식으로 정의됐다). 도메인 제약 조건과 관련해, 기억하자면 '도메인'은 본질적으로 '타입'의 다른 말에 불과하다(2장 연습 문제 2.4의 해답 참조). 도메인 제약 조건은 논리적으로 타입 제약 조건과 동일해야 한다. 다시 말하면, 그것은 단순히 해당 유형을 구성하는 가치 집합의 명세여야 한다(이 개념에 대한 자세한 논의는 『SQL and Relational Theory』 참조). 그러나 이 용어는 약간 특수한 의미로 현재의 맥락에서 사용되고 있다. 구체적으로 말하면, 도메인 제약 조건은 주어진 속성의 값이 어떤 규정된 도메인에서뿐만 아니라 오히려 그 도메인의 어떤 규정된 하위 집합에서 취해지는 효과에 대한 제약 조건이다. 예를 들어, STATUS 값(즉, INTEGER 타입 값)이 1에서 100까지의 범위 내에 있어야 한다는 효과에 대해 공급자 관계 변수 S에 대한 제약 조건이 있을 수 있다.

다음은 몇 가지 정의다.

1 음... 앞으로 보게 될 것처럼 그것은 주요 제약 조건의 관점에서 정의돼 있고, 또한 주요 제약 조건은 FD의 특별한 경우이므로 이 언급은 아마도 언급된 바와 같이 정확하지 않을 것이다. 추가: 도메인 키의 정규형은 아마도 이 장에서 논의된 다양한 정규형 중 하나일 것이다. 또는 실제로 이 부분의 어느 곳에서도 여러분이 컴퓨터 관련 문헌, 즉 인기 있는 컴퓨터 관련 문헌에서 어떤 식으로든 언급된 것을 볼 수 있다.

정의(도메인-키 정규형): *R*에서 성립하는 모든 단일 관계 변수 제약 조건이 *R*에서 성립하는 도메인 제약 조건과 키 제약 조건에 의해 내포되는 경우에만 관계 변수 *R*은 도메인-키 정규형(DK/NF)에 있다.

정의(단일 관계 변수 제약 조건): 관련 관계 변수를 분리해 검사함으로써 테스트할 수 있는 무결성 제약 조건(즉, 데이터베이스에서 다른 관계 변수를 검사할 필요 없이).[2]

따라서 DK/NF 관계 변수에 대한 제약 조건을 적용하는 것은 개념적으로 간단하다. 왜냐하면, 그것은 관련된 도메인과 키 제약 조건, 그리고 모든 제약 조건(FD, MVD, JD 뿐만 아니라, 문제의 관계 변수에 적용되는 모든 단일 관계 변수 제약 조건들)을 자동으로 적용하기 때문이다.

DK/NF는 1981년 파긴[3]에 의해 처음 정의됐으며, 삽입 이상insertion anomaly과 삭제 이상deletion anomaly이라는 용어에 대해 처음으로 정확한 정의를 내린 것은 DK/NF 논문이었다. 이러한 개념들은 10장에서 정의했다(그리고 13장에서 다시 언급했다). 그러나 그러한 이전의 정의와 논의는 구체적으로 JD의 관점에서 틀에 박혀 있었다. 여기에 일반적인 정의가 있다(FD, MVD 또는 JD가 아니라 일반적으로 단일 관계 변수 제약 조건을 참조).[4]

정의(삽입 이상): *R*에 *t*를 추가해 얻은 관계가 *R*의 키 제약 조건을 충족하지만 *R*에 대한 일부 다른 단일 관계 변수 제약 조건을 위반하는 *R*과 동일한 제목을 가진 튜플 *t*에 대한 적법한 값 *R*이 존재하는 경우에만 *R*에 대한 삽입 이상 현상이 발생한다.

---

2 예를 들어, 주요 제약 조건은 정의상 항상 단일 관계 변수 제약 조건이다. 이와 대조적으로, 외래 키 제약 조건은 대개 그렇지 않다. 참고: 일반적으로 단일 관계 변수 제약 조건을 단순 간결성을 위한 단순한 관계 변수 제약 조건이라고 한다. 자세한 내용은 『SQL and Relational Theory』를 참조하라.

3 'ACM Transactions on Database Systems 6, No. 3'(September 1981) 저널에서 로날드 파긴(Ronald Fagin)의 글 'A Normal Form for Relational Databases That Is Based on Domains and Keys'를 참조하라.

4 10장의 각주 6도 여기에 적용한다. 즉, (『SQL and Relational Theory』에서 설명한 바와 같이) INSERT와 DELETE는 정말로 개별적인 튜플이 아닌 전체 관계를 '적용'하거나 '제거'하는 것에 대해 이야기하기 때문에 어떤 의미에서는 매우 약간 의심스럽다. 그러나 이 소소한 불만족을 처리하는 정의를 분명히 다듬을 수 있다.

정의(삭제 이상): 관계 변수 *R*은 *r*에서 *t*를 제거해 얻은 관계가 *R*에서 일부 단일 관계 변수 제약 조건을 위반하는 *R*과 *r*의 튜플 *t*에 대한 적법한 값이 존재하는 경우에만 삭제 이상 현상을 겪는다.

DK/NF 논문은 DK/NF의 관계 변수가 방금 정의한 바와 같이 삽입 이상 또는 삭제 이상 현상을 겪을 수 없음을 증명하고 있다(사실 더 강력한 결과를 증명한다. 즉, 관계 변수가 DK/NF에 있는 경우에만 그러한 이상 현상을 겪을 수 없다는 것이다).

마지막으로 다음과 같은 정리를 하게 된다.

정리: 모든 관련 속성이 적어도 두 개의 구별되는 값을 가질 수 있는 한, DK/NF는 5NF를 의미한다.

즉(약간 대략적으로 말하면), 모든 DK/NF 관계 변수는 5NF에 있다(물론 6NF에 반드시 있는 것은 아니지만). 13장에서 언급한 바와 같이, 사실(각주에서) FD와 JD가 유일한 제약 조건이 DK/NF와 5NF인 특별한 경우와 일치한다.

기본 키 정규형

기본 키 정규형(EKNF)은 자니올로Zaniolo가 1982년에 도입했다.[5] 정의는 다음과 같다.

정의(기본 키 정규형): *R*에서 성립하는 모든 자명하지 않은 FD $X \rightarrow Y$에 대해 (a) *X*가 상위 키이거나 (b) *Y*가 일부 기본 키의 하위 키인 경우(FD $K \rightarrow \{A\}$가 자명하지 않고 더 이상 축소 불가능한 *R*의 일부 속성 *A*가 존재하는 경우에만) 관계 변수 *R*은 기본 키 정규형(EKNF)이다.

---

5 'ACM Transactions on Database Systems 7, No. 3'(September 1982) 저널에서 카를로 자니올로(Carlo Zaniolo)의 글 'A Normal Form for the Design of Relational Database Schemata'를 참조하라.

바로 이 정의에서 EKNF는 엄격히 3NF와 BCNF 사이에 속한다는 것이다. 즉 BCNF는 EKNF를, EKNF는 3NF를 의미하며, 역으로는 의미가 성립되지 않는다. 예를 들면 다음과 같다. 자, 이 책의 다른 곳에서도 언급했듯이, 정규형을 사용해 예시보다는 반례를 보여주는 것이 더 유익하다. 따라서 다음과 같이 가정해보자.

a. 선적 관계 변수 SP는 QTY 속성 대신 해당 공급자의 이름을 나타내는 SNAME 속성을 갖고 있다.
b. 공급자 이름은 반드시 고유해야 한다(즉, 두 개의 서로 다른 공급자는 동시에 동일한 이름을 가진 적이 없다).

그러면 SP의 개선된 버전은 {SNO,PNO}와 {SNAME,PNO}라는 두 개의 키를 가진다. 그러나 이러한 키는 기본 키가 아니다. 결정 요인으로 이러한 키 중 하나와 성립하는 유일한 자명하지 않은 FD는 {SNO,PNO} → {SNAME}과 {SNAME,PNO} → {SNO}이며, 이러한 FD는 모두 환원 가능하기 때문이다(두 경우 모두 손실 없이 결정 요인에서 PNO를 버릴 수 있다). 따라서 관계 변수는 두 개의 자명하지 않은 FD, 즉 {SNO} → {SNAME}과 {SNAME} → {SNO}의 영향을 받는데, 여기서 결정 요소는 상위 키가 아니며 종속 요소는 기본 키의 하위 키가 아니다. 그래서 이 버전의 관계 변수 SP는 EKNF에 있지 않다(3NF에 있지만).

EKNF의 표면상 목적은 '3NF와 BCNF 모두의 두드러진 품질을 포착하는 것'이며, 반면에 둘의 문제(즉, 3NF는 '너무 관대하고', BCNF는 '계산 복잡성에 취약하다.')를 회피한다. 그렇기는 하지만, EKNF가 문헌에서 많이 참조되지 않았다고 말해야겠다.

과도한 PJ/NF

5NF는 원래 PJ/NF라고 불렸고, PJ/NF는 모든 JD가 키에 의해 함축돼 있다는 것을 상기하라. 실제로 PJ/NF를 소개한 논문에서 파긴은 '과도한overstrong PJ/NF'라는 것을

소개했는데, 이는 모든 JD가 (다소 대략적으로) 별도로 어떤 특정한 키에 의해 함축돼 있다는 것을 의미했다. 후자는 일반 PJ/NF(즉, 5NF)의 정의가 있을 것으로 직관적으로 예상했을 수 있다는 점에 유의하라. BCNF, 4NF, 5NF의 정의 중 병렬주의에 관한 10장과 12장의 언급을 다시 상기해보자. 여기에 정의가 있다.

정의(과도한 PJ/NF): *R*의 모든 JD가 *R*의 어떤 키에 의해 내포되는 경우에만 관계 변수 *R*은 과도한 PJ/NF에 있다.

과도한 PJ/NF는 분명히 5NF(즉, '정규' PJ/NF)를 내포하고 있지만, 그 반대는 거짓이다. 단 하나의 반례로 이 후자의 사실을 증명할 수 있다.[6] (단지) 속성 *A*, *B*, *C*, *D*와 키 {*A*} 및 {*B*}만 있는 관계 변수 *R*을 고려하라. *R*에서 성립하는 유일한 종속성은 이러한 키에 의해 내포되는 종속성(*R*이 확실히 5NF에 있음)이 되도록 한다. 이제 JD ☼{*AB*,*BC*, *AD*} 멤버십 알고리즘을 적용하면 이 JD가 *R*에서 성립한다는 것을 알 수 있다. 그러나 멤버십 알고리즘을 확인함으로써도 알 수 있듯이, 이 JD는 고립적으로 고려된 키의 결과는 아니다. 따라서 *R*은 5NF(또는 PJ/NF)에 있지만 과도한 PJ/NF에는 있지 않다.

'제한-결합' 정규형

공급자-부품 데이터베이스에서 부품 관계 변수 P를 고려하자. 지금까지 설명한 정규화 이론은 관계 변수 P가 '좋은' 정규형이라는 것을 말해준다. 실제로 그것은 5NF에 있고, 따라서 그것은 투영을 통해 제거될 수 있는 이상 징후가 없다는 것을 보장한다. 그런데 왜 모든 부품을 하나의 관계 변수에 보관하는가? 빨간 부품이 한 관계 변수(말하자면 RP)에 보관되고, 파란색은 다른 관계 변수(말하자면 BP)에 보관되는 디자인은 어떨까? 즉, 투영 대신 제한을 통해 원래 부품 관계 변수를 분해할 가능성은? 최종의

6 이러한 예는 13장 각주 2에서 JD를 강제하는 튜플의 정의와 관련해 사용됐다.

구조가 좋은 디자인이 될 것인가, 나쁜 디자인이 될 것인가? (사실 이 책의 5부에서 보게 될 것처럼, 매우 조심하지 않는 한 거의 확실히 나쁜 디자인이 될 것이다. 그러나 여기서 요점은 그 문제에 대해 이와 같은 고전적 정규화 이론은 말할 것이 전혀 없다는 사실이다.)

따라서 디자인 연구를 위한 또 다른 방향은 투영 이외의 일부 운영자에 의해 관계 변수를 분해하는 것의 의미를 조사하는 것으로 구성된다. 이 예에서 분해 연산자는 이미 언급한 바와 같이 (분해) 제한이며, 해당 재조합 연산자는 (분해) 결합이다. 따라서 이 책의 대부분에서 검토해온 투영-결합 정규화 이론과 유사하지만 직교하는 '투영-결합' 정규화 이론을 구축할 수 있을 것이다. 여기서는 그런 문제에 대해 더 구체적으로 말하고 싶지 않다. 이쯤에서 몇 가지 초기 아이디어를 찾을 수 있다고 말해두면 충분하다.

- **a.** (3,3)NF[7]라고 불리는 정상적인 형태를 논하는 스미스의 논문에서 첫째, (3,3)NF는 BCNF를 내포하고, 둘째, (3,3)NF 관계 변수는 4NF에 있을 필요가 없으며 (3,3)NF에 4NF 관계 변수를 둘 필요가 없다는 것을 보여준다. 따라서 위에서 제시한 바와 같이 (3,3)NF로 감소하는 것은 4NF(그리고 5NF)로 감소하는 것과 직교한다.
- **b.** PJSU/NF('분할'을 위한 S, '결합'을 위한 U)라는 정규형의 사전 논의를 포함하는 파긴의 PJ/NF 논문에서, **잠정적 정의**: 관계 변수 *R*은 PJ/NF(즉, 5NF)에 있는 경우에만 PJSU/NF에 있으며, *R1*과 *R2*의 종속성이 서로 다르도록 관계 변수 *R*을 *R1*과 *R2*로 제한해 분할할 방법이 없다.

7 4차 국제 극대 용량 데이터베이스 콘퍼런스(1978년 9월 독일 베를린)에서 J.M. 스미스(J. M. Smith)가 발표한 'A Normal Form for Abstract Syntax'를 참조하라.

연습 문제

15.1 DK/NF를 정의하라. DK/NF에 없는 6NF의 관계 변수의 예를 들어보자.

15.2 SKNF와 과도한 PJ/NF의 차이점은 무엇인가? 사실, 차이가 있을까?

15.3 관계 연산자의 제한과 결합에 대한 정의를 가능한 한 정확하게 제시하라.

15.4 이 장(6NF)에서 언급한 다양한 정규형을 그림 13-1의 정규형 계층 구조에 어떻게 적합시키겠는가?

해답

15.1 정의는 이 장의 본문을 참조한다. 예를 들어, 관계 변수 SP가 홀수 번호의 공급자와 짝수 번호의 공급자만 홀수 번호의 부품을 공급할 수 있다는 제약 조건의 적용을 받는다고 가정하자(이 예는 물론 매우 인위적이지만, 당면한 목적에는 충분하다). 그렇다면 이 제약 조건은 확실히 관계 변수 SP에 속하는 도메인과 주요 제약 조건에 의해 내포되지 않으며, 따라서 관계 변수는 DK/NF에 있지 않지만 6NF에는 분명히 존재한다.

15.2 과도한 PJ/NF는 5NF를 내포하고 5NF는 SKNF를 내포하고 있으므로 반대 내포는 성립하지 않는다. 확실히 차이가 있다. 그러나 다음의 피상적인 유사한 관찰이 모두 참이기 때문에 두 가지를 혼동하기 쉽다. *R*을 관계 변수로 하고, *J* = ☼{*X1*,...,*Xn*}을 *R*에서 성립하는 불가역 JD로 한다. 그러면 다음과 같다.

- 모든 *J*에 대해 각 *Xi*(*i* = 1, ..., *n*)가 *R*의 일부 키를 포함하는 경우에만 *R*이 SKNF에 있다.
- 모든 *J*에 대해 각 *Xi*(*i* = 1, ..., *n*)가 *R* 키를 포함하는 경우에만 *R*이 과도한 PJ/NF에 있다.

15.3 이러한 정의가 조금 늦게 나온다고 생각한다면 여러분에게 사과한다.

- **정의(제한)**: r을 관계 $<H,h>$로 하고 bx를 모든 속성 참조가 r의 일부 속성을 식별하고 관계 변수 참조가 없는 불린 식으로 한다. 그다음 bx는 제한 조건인 c를 나타내고 c, r WHERE c에 따른 r의 제한은 관계 $<H,x>$이며, 여기서 x는 c가 TRUE로 평가하는 r의 모든 튜플의 집합이다.
- **정의(조합)**: 관계 $r1$, ..., rn($n \geq 0$)이 모두 동일한 제목 H를 갖도록 한다. 그런 다음 $r1$, ..., rn, UNION $\{r1,...,rn\}$의 합집합union은 제목 H와 관련되며 t가 $r1$, $r2$, ..., rn의 하나 이상에 나타나는 모든 튜플 t 집합의 본체(만약 $n = 0$이면, 여기에 표시되지 않은 어떤 통사적 메커니즘이 관련 제목 H를 지정하는 데 필요하며, 그 결과는 제목이 있는 고유한 빈 관계다.)를 갖는 것이다. 여기서 정의한 결합은 단순히 이원dyadic 연산자가 아니라 n진 연산자임을 주의하라.

15.4 이것은 답하기 쉽다! 그림 15-1과 같이 해봤다.

1NF
2NF
3NF
EKNF
BCNF
4NF
ETNF
RFNF / KCNF
SKNF
5NF
6NF

▲ 그림 15-1 정규형 계층(III)

그 수치는 어디까지나 정확하다. 그러나 다음과 같다.

- DK/NF를 추가해야 한다. 아마도 6NF와 동등한 수준일 것이다(DK/NF

또는 6NF는 다른 것을 의미하지 않지만, '대부분' DK/NF 관계 변수는 5NF에 있다).

- 과도한 PJ/NF를 추가해야 한다. 6NF와 동등한 수준으로.
- (3,3)NF를 추가해야 한다. 조금 떨어져 있기는 하지만 EKNF와 동등한 수순이다(왜냐하면 (3,3)NF는 BCNF를 의미하지만 (3,3)NF나 4NF는 모두 서로를 의미하지 않기 때문이다).
- PJSU/NF를 추가해야 한다. 6NF와 동등한 수준으로.

그러나 주류의 정규화(즉, 1NF에서 6NF까지 포함)에 익숙하지만, 11개의 논리적으로 구별되는 정규형이 여전히 존재한다는 점에 유의하라. 다른 형태, 즉 이 장에서 논의된 형태는 특별한 것으로 설명될 수 있다.

5부

직교성

1장에서 한 말을 반복하자면, 데이터베이스 디자인은 내가 좋아하는 과목이 아니다. 디자인 실무는 거의 대부분 진정으로 과학이 아니기 때문이다. 정규화는 물론 과학적이지만 다른 것은 그렇지 않다. 하지만 5부의 주제인 직교성은 또 다른 작은 과학의 한 부분을 대변한다.

16장

직교 디자인의 원리

직교인: 직각인, 독립적인

– 데이비드 달링(David Darling):

『The Universal Book of Mathematics』(2004년)

앞서 정규화가 데이터베이스 디자인의 기초가 되는 과학(또는 과학의 상당 부분)이라고 반복해서 말했다. 따라서 정규화의 원리에 대해 빠르게 복습하고 정규화가 그 목적을 얼마나 잘 충족시키는지에 대한 간략한 분석으로 이 장을 시작하는 것이 적절하다.

정규화를 위한 두 번의 환호

여기서 먼저 정규화의 원리를 간략하게 요약한다.

1. 5NF에 없는 관계 변수는 5NF 투영 집합으로 분해해야 한다.[1]

1 원하면 여기서 5NF를 ETNF(두 번)로 교체할 수 있고, 6NF(?)로 교체할 수도 있다.

2. 원래 관계 변수는 그러한 투영들을 다시 결합해 재구성할 수 있어야 한다. 즉, 분해는 손실 없는 것이어야 한다.
3. 재구성 과정에서 모든 투영이 필요하다.
4. 분해는 제1원칙을 위반하지 않고 가능한 한 종속성(FD, JD)을 보존해야 한다.

그러나 정규화는 만병통치약과 거리가 멀다. 그 목표가 무엇이고, 그 목표에 얼마나 잘 부합하는지 생각해보면 쉽게 알 수 있듯이 말이다. 목표는 다음과 같다.

- 실제를 훌륭하게 표현하는 디자인(즉, 논리적으로 정확하고 직관적으로 이해하기 쉬우며, 미래 성장을 위한 좋은 기초가 되는 디자인) 달성
- 중복성 감소
- 그렇지 않으면 발생할 수 있는 특정 업데이트 이상 징후 방지
- 특정 무결성 제약에 대한 서술 및 수행 단순화

각각을 차례대로 생각해보길 바란다.

- 실제의 좋은 표현: 정규화는 실무에서 잘된다. 나는 이 방법을 비판하지 않는다.
- 중복성 감소: 정규화는 이 문제에 대해서도 좋은 시작이지만, 시작에 불과하다. 한 가지 예로, 이것은 투영 과정이며 모든 중복성이 투영을 통해 제거될 수 있는 것은 아니라는 사실을 확인했다. 사실 정규화가 전혀 다루지 않는 많은 종류의 중복이 있다(17장에서는 이 문제를 다룬다). 또 다른 예로, 6장이나 다른 곳에서 봤듯이 분해가 무손실인 경우에도 투영을 하는 것은 종속성을 잃게 할 수 있다.
- 업데이트 이상 징후 방지: 이것은 부분적으로 이전 명칭에 다른 명칭을 붙였을 뿐이다. 제대로 표준화되지 않은 디자인은 정확히 중복 때문에 특정 업데이트 이상 징후가 발생할 수 있다는 것은 잘 알려져 있다. 예를 들어 관계 변수 STP(1장의 그림 1-2 참조)에서 공급자 S1은 한 튜플에서 상태 20을, 다른 튜플에

서 상태 25를 갖는 것으로 표시될 수 있다.

물론, 이러한 특별한 이상은 무결성 제약 수행에서 완벽하지 않은 작업이 수행되고 있는 경우에만 발생할 수 있다. 업데이트 이상 현상에 대해 생각해볼 더 좋은 방법은 다음과 같다. 이러한 이상 징후를 방지하기 위해 필요한 제약 조건은 디자인이 제대로 표준화되지 않은 경우보다 진술하기가 더 쉽고 수행하기가 더 쉬울 수 있다(아래 글머리 기호 참조). 그러나 이에 대해 생각해볼 다른 방법은 다음과 같다. 디자인이 적절히 정규화되면 그렇지 않은 경우보다 더 많은 단일 튜플 업데이트[2]가 논리적으로 허용될 수 있다(비정규화된 디자인은 중복성(즉, 같은 것을 말하는 여러 가지 튜플)을 의미하며, 중복성은 때때로 동시에 여러 가지를 업데이트해야 한다는 것을 의미하기 때문이다).

- 제약 조건의 서술 및 수행 단순화: 앞 장에서 알 수 있듯이, 어떤 종속성은 다른 것을 내포한다(사실 더 일반적으로 어떤 종류의 제약도 다른 것을 내포할 수 있다. 간단한 예로서, 선적 수량이 5000보다 작거나 같아야 하는 경우 확실히 6000보다 작거나 같아야 한다). 이제 제약 조건 *A*가 제약 조건 *B*를 내포한다면, *A*를 명기하고 수행하는 것은 효과적으로 *B*를 '자동'으로 명시하고 수행할 것이다(사실 *B*는 문서화 방법 외에는 전혀 별도로 명시할 필요가 없을 것이다). 그리고 (적어도) 5NF로 정규화하는 것은 어떤 중요한 제약 조건을 명시하고 집행하는 아주 간단한 방법을 제공한다. 기본적으로, 해야 할 일은 키를 정의하고 그 고유성을 수행하는 것이다. 그리고 모든 해당 JD(그리고 모든 적용 가능한 MVD와 FD도)가 효과적으로 명시되고 자동으로 수행될 것이다. 키에 의해 모두 함축돼 있을 것이기 때문이다. 그래서 정규화는 이 분야에서도 상당히 좋은 기여를 하고 있다(물론 여기서는 정규화 과정이 야기할 것 같은 여러 가지 다면적인 제약을 무시하고 있다).

2 아마도 더 좋고 더 많은 싱글톤 집합(singleton set) 업데이트가 있을 것이다.

반면에 이미 주어진 이유들 외에도 왜 정규화가 만병통치약이 아닌지에 대한 몇 가지 이유가 더 있다.

- 첫째, JD, MVD, FD만이 제약이 아니며, 정규화는 다른 어떤 것에도 도움이 되지 않는다.
- 둘째, 특정 관계 변수를 고려할 때 5NF 투영으로 분해되는 몇 가지 명백한 무손실이 종종 있을 것이며(몇 가지 예는 6장 참조), 그러한 경우 어떤 것을 선택해야 하는지 알려줄 수 있는 공식적인 지침은 거의 없다(하지만 솔직히 말해, 이러한 지침 부재가 실제 큰 문제를 일으킬 가능성이 있는지는 의심스럽다).
- 셋째, 표준화만으로는 해결할 수 없는 디자인 문제가 많다. 예를 들어, 무엇이 우리에게 런던 공급자를 위한 것이고 파리 공급자를 위한 것인지 대신 단지 하나의 공급자가 있어야 한다는 사실을 알려주는 것일까? 그것은 확실히 표준화된 것이 아니다.

분명히 말하지만, 그 모든 말, 앞서 말한 논평이 어떤 종류의 공격으로도 비쳐지는 것은 원치 않는다. 8장에서 말했듯이, 완전 표준화된 디자인이 아닌 것은 분명하게 금지돼 있다고 믿는다. 하지만 사실 정규화는 원하는 만큼 많은 일을 해주지 않는다는 사실은 여전하다. 그래도 이제 이용 가능한 아주 작은 과학이 있다고 말할 수 있게 된 것은 좋은 일이다. 그것이 직교 디자인의 전부다.

참고: 직교성의 개념은 시간이 지남에 따라 발전해왔다. 그 결과, 이 장의 일부분은 이 같은 주제에 대해 이전 글과 어느 정도 상충한다. 더구나 이번 장의 설명에서 더 뻗어나갈 가능성이 있다. 그러므로 이후 그 자료에 대한 더 많은 세밀한 개정이 가능할 것으로 본다.

동기 부여 사례

간단하게 FD {CITY} → {STATUS}가 더 이상 관계 변수 S에서 성립되지 않도록 하라(그리고 이 장 전반에서 수정된 가정을 계속 유지함). 이제 해당 관계 변수를 다음과 같이 분해해보자.

```
SNC { SNO , SNAME , CITY }
    KEY { SNO }

STC { SNO , STATUS , CITY }
    KEY { SNO }
```

샘플 값은 그림 16-1에 나와 있다. 그림에서 분명히 알 수 있듯이, 이 분해는 그다지 합리적이지 않다(특히, 주어진 공급자가 주어진 도시에 있다는 것이 두 번 나온다). 그러나 이는 모든 표준화 원칙을 준수한다. 두 추정치는 모두 5NF이다. 분해는 손실 없는 것이다. 두 투영 모두 재구성 과정에서 필요하다. 그리고 종속성이 유지된다.

SNC

SNO	SNAME	CITY
S1	Smith	London
S2	Jones	Paris
S3	Blake	Paris
S4	Clark	London
S5	Adams	Athens

STC

SNO	STATUS	CITY
S1	20	London
S2	30	Paris
S3	30	Paris
S4	20	London
S5	30	Athens

▲ 그림 16-1 관계 변수 SNC와 STC – 샘플 값

직감적으로 상기 디자인의 문제는 다음과 같다. 튜플 (s,n,c)는 STC에 튜플 (s,t,c)가 나타나는 경우에만 SNC에 나타난다. 마찬가지로 {SNO,CITY}의 STC 투영에 매우 동일한 튜플 (s,c)가 나타나는 경우에만 {SNO,CITY}의 SNC 투영에 튜플 (s,c)가 나

타난다. 그 문제를 좀 더 공식적으로 표현하면, 그 디자인이 다음과 같은 동등 종속(EQD)의 대상이라고 말할 수 있다.

```
CONSTRAINT ... SNC { SNO , CITY } = STC { SNO , CITY }
```

이 EQD는 중복성을 명시적으로 만든다.

그러나 반복하자면, 전술한 디자인은 정규화의 모든 확립된 원리를 준수한다. 그 원리 자체만으로는 충분하지 않다. 디자인에 어떤 문제가 있는지 우리에게 말해줄 다른 것이 필요하다. 즉, 우리는 모두 비공식적으로 디자인에 어떤 문제가 있는지 알고 있다. 이 문제를 다른 방식으로 말하면, 정규화 규율은 중복성을 줄이려는 시도에 우리를 안내하는 일련의 공식적인 원리를 제공하지만 그 원리 그 자체는 그 예에서 분명히 알 수 있듯이 불충분하다. 따라서 다른 원리가 필요하다(다시 말해, 더 많은 과학이 필요하다).

더 간단한 예시

우리에게 필요한 원리가 어떤 것인지 알아보기 위해 또 다른 단순한(?) 예를 들어보자. 이미 알다시피, 특히 이전 절의 SNC/STC 예제에서 사용된 것과 같은 정규화는 관계 변수의 '수직적' 분해(투영을 통한 분해라는 의미)와 관계가 있다. 그러나 '수평적' 분해(즉, 제한을 통한 분해)도 분명히 가능하다.

LP

PNO	PNAME	COLOR	WEIGHT	CITY
P1	Nut	Red	12.0	London
P4	Screw	Red	16.0	London
P5	Cam	Blue	12.0	Paris

HP

PNO	PNAME	COLOR	WEIGHT	CITY
P2	Bolt	Green	17.0	Paris
P3	Screw	Blue	17.0	Paris
P6	Cog	Red	19.0	London

▲ 그림 16-2 관계 변수 LP와 HP – 샘플 값

그림 16-2에 표시된 디자인을 고려해보자. 이 경우, 부품 관계 변수 P는 17.0파운드 미만의 중량을 가진 부품('경량 부품light part', LP)과 17.0파운드 이상의 중량을 가진 부품('중량 부품heavy part', HP)을 포함하는 두 개의 관계 변수에 수평으로 분할돼 있다.[3]

술어는 다음과 같다.

- LP: 부품 PNO는 PNAME으로 명명됐고, 색상 COLOR와 중량 WEIGHT(17.0파운드 미만)를 갖고 있으며, 도시 CITY에 저장돼 있다.
- HP: 부품 PNO는 PNAME으로 명명됐고, 색상 COLOR와 중량 WEIGHT(17.0파운드 이상)를 갖고 있으며, 도시 CITY에 저장돼 있다.

3 여기서는 확실성을 가정하고 있으며(그리고 이 장에서 계속 그렇게 할 것이다.), WEIGHT 값은 사용자에게 파운드 단위를 사용하는 애버더포이즈(avoirdupois, 파운드와 온스를 단위로 사용하는 무게 측정 시스템) 도량형으로 표시된다. 단, 이러한 용어로 표현되지는 않는다. 가중치는 가중치이며 사용자에게 제시되는 단위는 별도의 문제(사실 사용자 관리하에 있어야 하는 문제(예: 사용자가 어떤 상황에서는 파운드 단위로, 다른 상황에서는 그램 단위로 매우 동일한 가중치를 보길 원하며, 이를 허용해야 하는 문제))라는 점에 유의하라. 이러한 문제에 대한 자세한 논의와 그러한 문제가 실제로 어떻게 처리될 수 있는지에 대한 제안은 내 책 『Type Inheritance and Relational Theory: Subtypes, Supertypes, and Substitutability』(O'Reilly, 2016)의 2장('Types without Inheritance')을 참조하라.

원래의 관계 변수 P는 관계 변수 LP와 HP의 (분리) 결합을 취함으로써 복구될 수 있다는 점에 유의한다.

왜 그런 수평 분해를 하고 싶어 할까? 솔직히 어떤 타당한 논리적 이유를 알지 못하지만, 물론 그러한 이유가 없다고 말하는 것은 아니다. 다음과 같이 두 가지 제약 조건을 설명할 수 있고, 또 언급해야 한다.

```
CONSTRAINT LPC AND ( LP , WEIGHT < 17.0 ) ;

CONSTRAINT HPC AND ( HP , WEIGHT ≥ 17.0 ) ;
```

(2장에서 *rx*는 관계식이고 *bx*는 불린 식인 **Tutorial D** 표현식 AND(*rx*,*bx*)는 *rx*로 표시된 조건이 *rx*로 표시된 관계에서 모든 튜플에 대해 TRUE로 평가되는 경우에만 TRUE를 반환한다는 것을 상기하길 바란다.)

그래서 우리는 적어도 논쟁의 여지가 있을 정도로 약간 특이한 상황을 갖고 있다. 구체적으로는 각 관계 변수 LP와 HP에 대해 술어의 일부는 명시적 제약 조건의 형태로 정식으로 포함될 수 있거나 그래야 한다. 실제로 그러한 제약 조건이 명시되고 시행돼야 한다는 바로 그 사실은 그 디자인에 대해 강제적인 것으로 보여질 수 있다. 그러나 비록 수평적 분해가 논리적 수준에서 억제된다 하더라도, 물리적 수준에서 그러한 분해에 대한 실용적 이유(회복, 보안, 성능과 그 외의 관련된 문제)는 여전히 많다. 따라서 오늘날의 DBMS(즉, 그러한 DBMS에는 필요한 만큼의 데이터 독립성이 없다.)에서는 논리적 수준과 물리적 수준이 고정된 수준에 있는 경향이 있으므로 논리적 수준에서도 그러한 분해를 수행하는 데 있어 논리적 수준은 아니더라도 실용적인 이유가 있을 가능성이 높다.

앞에서 말한 주장에 대해 어떻게 생각하든지 간에 적어도 그림 16-2의 디자인에 대해 분명히 나쁜 것은 없다(어쨌든 예시를 위해 그렇다고 하자).[4] 그러나 관계 변수 LP를 조금 다르게 정의한다고 가정하자. 구체적으로는 중량이 17.0파운드 이하인 부분(물론 그에 따라 술어와 제약 LPC를 조정)을 포함하도록 정의한다고 가정한다. 그림 16-3은 그림 16-2의 수정 버전이며, 이 수정된 디자인에 어떤 일이 일어나는지 보여준다.

LP

PNO	PNAME	COLOR	WEIGHT	CITY
P1	Nut	Red	12.0	London
P2	Bolt	Green	17.0	Paris
P3	Screw	Blue	17.0	Paris
P4	Screw	Red	16.0	London
P5	Cam	Blue	12.0	Paris

HP

PNO	PNAME	COLOR	WEIGHT	CITY
P2	Bolt	Green	17.0	Paris
P3	Screw	Blue	17.0	Paris
P6	Cog	Red	19.0	London

▲ 그림 16-3 관계 변수 LP(수정 버전)와 HP – 샘플 값

보다시피 지금 디자인은 확실히 나쁘다. 구체적으로 말하면, 부품 P2와 P3의 튜플은 그림 16-3의 두 관계 변수에 모두 나타난다(즉, 현재 약간의 중복성이 있다). 게다가 그 튜플들은 두 관계 변수에 모두 등장해야 한다! 예를 들어, 반대로 부품 P2의 튜플은 LP가 아닌 HP에서 나타났다고 가정하자. 이어서 LP에 부품 P2에 대한 튜플이 포함돼 있지 않다는 점에 유의해, 부품 P2의 무게가 17.0파운드인 경우가 아니라는 것을 폐쇄 세계 가정(2장 참조)에서 적법하게 결론을 내릴 수 있다. 그러나 HP에서는 부품

4 사실 논리적으로 안 좋은 일이 있을 수 있다. 예를 들어, 부품 P1의 무게가 두 배로 증가하면 어떤 일이 일어나야 하는지를 생각해보라.

P2의 무게가 실제로 17.0파운드나 되고, 따라서 데이터베이스는 일관성이 없다는 것을 알게 된다(그것에 모순이 있다). **참고**: 데이터베이스의 불일치는 물론 매우 바람직하지 않다. 부록 B에서는 일관성 없는 데이터베이스로부터 얻는 결과를 절대 믿을 수 없다는 점을 보여줄 것이다. 사실, 그러한 데이터베이스로부터 효과적으로 어떤 결과(심지어 1 = 0과 같은 불합리한 것들을 내포하는 결과들)도 얻을 수 있다!

이제 그림 16-3의 디자인 문제는 다음과 같이 쉽게 볼 수 있다. LP와 HP의 술어는 매우 동일한 튜플 *t*가 두 가지 모두를 만족시킬 수 있다는 의미에서 '겹침overlap'을 의미한다. 더욱이 앞서 봤듯이 *t*가 그러한 튜플이라면, 그리고 어느 정도 주어진 튜플 *t*가 '진정한 사실'을 나타낸다면, 폐쇄 세계 가정에 따라 튜플 *t*는 반드시 해당 시점의 두 관계 변수에 모두 나타나야 한다(중복성 시기). 사실 우리는 직접 또 다른 EQD를 가진다.

```
CONSTRAINT ... ( LP WHERE WEIGHT = 17.0 ) =
               ( HP WHERE WEIGHT = 17.0 ) ;
```

다시 한 번 말하면, 이 예에서 문제는 두 개의 관계 변수에 겹치는 술어를 허용했다는 것이다. 그렇다면 분명히 우리가 찾고 있는 원칙은 '그러지 마!'라는 말로 무언가를 말하는 것이다. 이 문제를 좀 더 정확하게 진술해보자.

> **정의(직교 디자인의 원리, 첫 번째 시도)**: *R1*과 *R2*가 구별되는 경우, *R2*에 나타나는 경우에만(**if and only if**) *R1*에 나타나는 속성을 가진 튜플이 없어야 한다.[5]

여기서 '직교orthogonal'라는 용어는 원칙상 관계 변수가 서로 독립적이어야 한다는 사

5 'if and only if'의 'if' 부분이 중요하다. (a) 속성 QTY가 관계 변수 SP에서 삭제되고 (b) 제목이 {SNO,PNO}이고 '공급자 SNO가 부품 PNO를 공급할 수 있다.'는 술어가 추가되는 공급자-부품 데이터베이스의 수정된 버전을 고려하라. 그렇다면 특정 튜플이 SAP에도 나타날 경우에만 SP에 나타날 수 있다는 것에 제약이 있을 수 있으며, 이와 같이 합리적인 상황이 직교성 위반에 해당되지 않는다(그리고 분명히 있어서는 안 된다).

실에서 유래한다. 즉, 앞의 의미와 겹친다면 그렇지 않을 것이다. **참고:** 다음부터는 종종 '직교성 원리The Principle of Orthogonality'를 단지 '직교 원리orthogonality principle'로, 때로는 단지 '직교성orthogonality'으로 줄여 말할 것이다.

이 책의 다른 곳과 마찬가지로, 앞의 그림에서 살짝 속임수를 썼다는 비난을 받을 수도 있다. 그림 16-3을 다시 한 번 보라. 특히 부품 P2의 튜플을 보자. LP 술어의 진정한 인스턴스화와 HP 술어의 진정한 인스턴스화를 나타내기 때문에 그 튜플은 LP와 HP에 모두 나온다. 아니라면? 부품 P2에 대한 술어의 인스턴스화는 실제로 다음과 같다.

- LP: 부품 P2는 Bolt라는 이름으로, 색상 Green과 중량 17.0파운드(약 17.0파운드 이하)를 가지며, 도시 Paris에 저장돼 있다.
- HP: 부품 P2는 Bolt라는 이름으로, 색상 Green과 중량 17.0파운드(약 17.0파운드 이상)를 가지며, 도시 Paris에 저장돼 있다.

이 두 가지 명제는 같지 않다! 물론 등가성이라는 것은 확실하지만, 그 동등성을 인정하기 위해서는 '17.0 ≤ 17.0'과 '17.0 ≥ 17.0'이 모두 사실이라는 것을 알고, 그다음에 약간의 논리적인 추론을 적용할 필요가 있다(요점은 다음과 같다. 인간으로서 우리에게 분명한 것은 기계에 있어서 반드시 분명한 것은 아니며, 완전성을 위해서는 정말로 내 주장에서 누락된 단계들을 기술했어야 했다).

이제 '경량 부품 대 중량 부품'의 예에서 직교성 원리를 고수하면 그림 16-3에 설명된 중복성을 확실히 피할 수 있다. 그러나 언급된 원칙은 동일한 제목을 가진 LP와 HP 같은 관계 변수에만 적용된다는 점에 유의하라. 문제의 관계 변수에 다른 제목이 있을 경우, 두 개의 다른 관계 변수에 동일한 튜플이 나타나는 것은 물론 불가능하기 때문이다. 따라서 여러분은 직교성 원리가 그다지 유용하지 않다고 생각할지도 모른다. 같은 제목의 동일한 데이터베이스에 두 개의 관계 변수가 있는 것은 아마도 실제적으로 드문 일이기 때문이다.[6] 그리고 만약 그것이 전부였다면, 나는 아마도 여러분

6 이 장에서는 이 책에서 다루는 다른 대부분의 개념과 달리 제목 개념에 관련 속성 유형이 포함돼 있다는 사실이 중요할 때가 있다. 따라서 제목이라는 용어는 이에 따라 해석돼야 하며, 여기서 차이가 있어야 한다. 예를 들어, 제목 {PNO CHAR, WEIGHT RATIONAL}과 {PNO CHAR, WEIGHT INTEGER}는 동일한 속성 이름을 포함하지만 제목이 동일하지 않은 것은 정확히 두 WEIGHT 속성이 서로 다르기 때문이다. 간단히 말해, 나머지 장 내내 가능한 한 속성 유형은 무시하겠다.

의 의견에 동의할 것이다. 내 말은 그 경우에 삶은 꽤 단순할 것이고 이 장은 바로 여기서 멈출 수 있을 것이란 의미다(그것은 다소 거창한 명칭인 '원리'로 그러한 명백한 규칙을 고상하게 할 가치조차 없을지도 모른다). 하지만 물론 그 문제에 대해 더 말할 것이 꽤 많다. 가능성을 더 탐구하기 위해서는 우선 튜플과 명제의 관계를 자세히 살펴볼 필요가 있다.

튜플과 명제

알다시피 주어진 특정 시간에 주어진 관계 변수 *R*에 나타나는 모든 튜플은 어떤 명제를 나타내며, 문제의 그 명제는 해당 시점에서 참인 것으로 이해된다는 해당 관계 변수 *R*에 대한 관계 변수 술어의 인스턴스화다. 예를 들어, 여기에 다시 관계 변수 HP의 술어가 있다(그림 16-2 및 16-3의 샘플 값).

> 부품 PNO는 PNAME으로 명명되고 색상 COLOR와 중량 WEIGHT(17.0파운드 이상)를 가지며 도시 CITY에 저장된다.

이 관계 변수는 현재 부품 P6의 튜플을 포함하고 있으며, 그 튜플은 전술한 술어의 다음과 같은 인스턴스화를 나타낸다.

> 부품 P6는 Cog로 명명되고 색상 Red와 중량 19.0파운드(17.0파운드 이상)를 가지며 도시 London에 저장돼 있다.

대략적으로는 데이터베이스가 '명제(또는 명제 같은 표현)를 포함하고 있다.'고 말할 수 있다. 이 책의 초반에 데이터베이스가 같은 것을 두 번 하는 경우에만 약간의 중복성을 가진다고 몇 번이나 말하거나 적어도 제시했었다. 이제 이를 좀 더 정확하게 할 수 있다.

정의(중복성): 데이터베이스는 동일한 명제의 두 가지 뚜렷한 표현을 포함하는 경우에만 중복성을 포함한다.

이제 튜플이 명제를 나타낸다는 점을 감안할 때, 동일한 튜플이 분명하게 두 번 나오는 경우에만 데이터베이스가 중복성을 수반한다는 점을 의미하는 것으로 앞에서 설명한 정의를 이해하는 것이 매혹적이다.[7] 그러나 불행하게도 정의의 이러한 (잘못된) 해석은 기껏해야 상당히 지나치게 단순화됐다. 좀 더 자세히 조사해보자.

우선 첫째로, 물론 적어도 같은 튜플이 같은 관계 변수에 두 번 이상 나타나길 원하지 않는 것은 사실이다(동시에, 즉 그와 같은 상태는 분명히 '같은 말을 두 번 하는 것'을 의미하기 때문이다). (예전 코드 박사의 말처럼, 어떤 것이 참이라도 두 번 말한다고 해서 참 이상이 되지는 않는다.) 이제 관계 모델 자체는 이 특정한 요구 사항을 처리한다. 정의에 따르면 관계는 결코 중복된 튜플을 포함하지 않으며, 따라서 관계 모델도 마찬가지이므로 이러한 가능성은 무시할 수 있다.

여기서 두 가지 요점을 살펴보자. 첫째, 전술한 사실들을 감안할 때 중복성을 피하려는 욕구는 확실한 데이터베이스 이론을 찾을 수 있는 올바른 수학적 추상화로서 '주머니(bag)' 대신에 '집합(set)'(중복 요소를 포함할 수 없는)을 선택한 동기 중 하나라고 주장할 수 있다.

둘째, 이제는 '중복 튜플'이라는 개념의 정확한 특성을 갖고 있다는 점에 주목한다(사람들은 항상 이 말을 사용하지만, 그들 중 다수가 그것을 글자 그대로 해석할 경우 정확하게 정의할 수 있을지는 매우 의심스럽다). 엄밀히 말하자면, 두 개의 튜플은 두 개의 정수처럼 매우 동일한 튜플일 경우에만 중복된다. 따라서 논리적인 관점에서 보면 '중복 튜플'은 말이 되지 않는다(두 개의 구분되는 튜플이 중복된다고 하는 것은 용어의 모순이다). 사람들이 그 구절을 사용할 때 정말로 말하는 것은 같은 튜플의 중복된 모습이다. 그러한 이유로, 우리 모두가 알고 있듯이 데이터베이스 맥락에서 종종 마주치는 '중복 제거'라는 문구가 훨씬 더 나을 것이다. 하지만 나는 동의하지 않는다. 다시 본론으로 돌아가자.

---

7 이 책의 한 검토자는 다소 강하게 이 '유도(temptation)'에 대해 전혀 구미가 당기지 않는다고 한다. 아닐지도 모르지만, 그래도 의논할 가치는 있다고 생각한다.

이어서, 때로는 동일한 하위 튜플이 같은 관계 변수(다시 동시에)에 두 번 이상 나타나는 것을 원하지 않는다.[8] 그러나 고전적 정규화는 이 문제를 처리한다. 예를 들어, 이전 장에서 관계 변수 S에서 성립된 FD {CITY} → {STATUS} 쌍(또는 하위 튜플)이 성립하기 때문이다. 관계 변수 S는 동일한 {CITY,STATUS}를 매번 동일한 의미로 반복적으로 발생시키며, {CITY,STATUS}와 {SNO,SNAME,CITY}에 대한 투영으로 해당 관계 변수를 대체하도록 권고받았다.

다음 요점은 바로 똑같은 튜플이 쉽사리 어느 정도 구분되는 명제를 대표할 수 있다는 것이다. 작은 예시로서 SC와 PC를 각각 {CITY}의 관계 변수 S와 {CITY}의 관계 변수 P의 투영이 되도록 한다. 보통의 샘플 값을 고려할 때, 런던이라는 CITY 값을 포함하는 튜플이 SC와 PC 둘 다에 나타나지만, 이 두 가지 모습은 뚜렷한 명제를 나타낸다. 구체적으로 말하면 SC에서의 등장은 '런던에 적어도 한 공급업체가 있다.'는 명제를, PC에서의 등장은 '런던에 적어도 하나의 부품이 있다.'는 명제를 나타낸다(두 경우 모두 예를 위해 약간 단순화했다).

게다가, 그리고 여기서 잠시 더 형식적으로 말하자면, 같은 명제는 수많은 구분되는 튜플로도 표현될 수 있다. 공식적으로 관련 속성 이름은 튜플의 일부분이기 때문이다(이 점에 대한 확인이 필요한 경우, 5장에서 튜플의 정의를 확인한다). 예를 들어 SNO, PNO, QTY 속성과 술어가 있는 선적 관계 변수 SP를 고려하라.

공급자 SNO는 수량 QTY개의 부품 PNO를 공급한다.

이제 SNR, PNR, AMT 속성과 술어를 포함한 관계 변수 PS를 더 갖고 있다고 가정하자.

공급자 SNR은 수량 AMT개의 부품 PNR을 공급한다.

---

8 이 문장 역시 엄청나게(사실 기괴하고도 지나치게) 단순화됐다. 좀 더 나은 것을 살펴보자. 만약 '서로 다른 출현이 동일한 명제를 나타낸다면' 같은 하위 튜플이 두 번 이상 나오지 않길 바라지만, 이 문장 역시 완벽하지는 않다. 그러나 좀 더 정확하게 하려고 노력하면, 이 시점에서는 지금보다 훨씬 더 먼 길을 가야 할 것이다. 자세한 설명은 17장을 참조하라.

그러고 나서 (Tutorial D 구문 사용) 다음과 같은 튜플이 각각 관계 변수 SP와 PS에 잘 나타날 수 있다.

```
TUPLE { SNO 'S1' , PNO 'P1' , QTY 300 }

TUPLE { SNR 'S1' , PNR 'P1' , AMT 300 }
```

이것들은 분명히 다른 튜플이지만 둘 다 같은 명제를 나타낸다. 즉, 다음과 같다.

공급자 S1은 수량 300개의 부품 P1을 공급한다.

실제로, 두 개의 관계 변수 SP와 PS 각각은 다음 제약 조건(실제 EQD들을 다시 한 번)이 모두 보여주듯이 나머지 관점에서 정의될 수 있다.

```
CONSTRAINT ...
   PS = SP RENAME { SNO AS SNR , PNO AS PNR , QTY AS AMT } ;

CONSTRAINT ...
   SP = PS RENAME { SNR AS SNO , PNR AS PNO , AMT AS QTY } ;
```

따라서 두 개의 관계 변수를 모두 포함하는 데이터베이스는 중복성을 명확하게 포함할 것이다.[9]

앞에서 설명한 논의의 목적은 다음과 같다. 튜플과 명제 사이에는 많은 관계가 있다. 어떤 튜플도 동일한 명제를 나타낼 수 있고, 어떤 명제도 동일한 튜플로 나타낼 수 있다. 이런 상황을 고려해볼 때, 여기에는 직교성 원리를 좀 더 정확하게 언급하려는 시

9 따라서 이 사례는 경험의 법칙을 말한다. 디자인 프로세스를 시작할 때(내 생각으로는 술어와 다른 비즈니스 규칙을 기록할 때) 항상 동일한 속성에 동일한 이름을 사용하라. 예를 들어, SNO와 SNR을 모두 사용해 공급자 번호를 참조하고 QTY와 AMT를 모두 사용해 수량을 참조하는 등의 방법으로 '무모한 실행'을 하지 말라. 이 규칙을 따르면 (다른 것들 중) 같은 명제를 나타내는 두 개의 뚜렷한 튜플을 갖게 될 가능성이 훨씬 줄어들 것이다.

도가 있다.

정의(직교 디자인의 원리, 두 번째 시도): 관계 변수 *R*과 *R2*를 대별되도록 하고 제목 {*A1*,...,*An*}과 {*B1*,...,*Bn*}을 갖도록 한다. 관계 변수 *R1*을 다음과 같이 정의하도록 한다.

```
R1 = R RENAME { A1 AS B1′ , ... , An AS Bn′ }
```

여기서 *B1'*, ..., *Bn'*는 *B1*, ..., *Bn*의 순열이다(따라서 *R1*과 *R2*는 동일한 제목을 갖고 있다는 것을 확인한다).[10] 그렇다면 제한 조건 *c1*과 *c2*가 존재하지 않아야 하며, 두 조건 모두 동일한 거짓이 없어야 한다.

```
( R1 WHERC c1 ) = ( R2 WHERC c2 )
```

이 두 번째 시도에서 발생하는 요점은 다음과 같다.

- 이번 원리를 고수하면 그림 16-3의 디자인으로 문제를 해결한다. 구체적으로 R과 R2를 각각 LP와 HP로 하고 R1을 다음과 같이 정의한다.

  ```
  R1 = LP RENAME { PNO AS PNO , ... , CITY AS CITY }
  ```

  (다시 말해, R1이 R과 동일하도록 한다.) 이제 *c1*과 *c2*를 모두 제한 조건인 WEIGHT = 17.0으로 한다. 그러면 동등 종속성 (*R1* WHERE *c1*) = (*R2* WHERE *c2*)가 분명히 성립되며, 따라서 디자인은 직교성을 위반한다.

  참고: 이 예에서 보여주듯이 *c1*과 *c2*가 동일한 거짓이 아닌 한 특정 튜플이 존재해야 하며, 그것이 '진정한 참'을 나타내는 경우에는 반드시 *R1*과 *R2* 모두에

10 물론 R1의 각 속성이 R2의 속성과 동일한 유형이라고 가정할 때다. 그러나 간단히 이 장에서 가능한 한 속성 유형을 무시하려고 노력하고 있음을 기억하라. 이 시점부터는 이 같은 당연한 말을 반복하지 않을 것이다. 그래서 각주 하나가 필요한 것이다.

나타나야 한다. 그리고 본질적으로 그것이 위반으로 처리하고자 하는 상황이 다(대조적으로, *c1*과 *c2* 중 하나가 동일한 거짓일 경우 해당 제한 사항인 *R1* WHERE *c1* 또는 *R2* WHERE *c2*가 비어있으므로 직교성 위반은 없을 것이며 가능하지 않을 것이다).

- *R*과 동일한 *R1*을 만들 수 있으므로 이 원리의 두 번째 버전은 첫 번째 원리를 약화시킨다. 사실상 이전 항목과 같이 명칭을 'no op'로 바꾸면 되기 때문이다 (앞서 지적했듯이, 이전 버전의 원리는 문제의 관계 변수가 동일한 제목을 갖고 있다고 가정했다. 그러나 이 절의 논의에서 보듯이, 그 단순한 사례에만 관심을 둘 수는 없다). 그 두 번째 버전은 또한 SP 대 PS 문제를 해결하는데, 각각의 *c1*과 *c2*를 단순히 TRUE로 취함으로써 해결한다.
- 논리학적으로 동일한 거짓(예: 불린 식 WEIGHT ≥ 17.0 AND WEIGHT < 17.0)을 모순이라고 부른다는 것을 6장으로부터 상기하라. 따라서 *c1*과 *c2*가 동일한 거짓이 아니어야 한다는 조건은 다음과 같이 명시될 수 있다. *c1*도 *c2*도 논리적 의미에서 모순이 아니다.

첫 번째 예제 다시 살펴보기

이제 관계 변수 S가 {SNO,SNAME,CITY}와 {SNO,STATUS,CITY}[11]에 대한 투영 SNC와 STC로 수직으로 분해된 사례로 가보자(물론 수평 분해와 관련된 경량 부품 대 중량 부품의 예). SNC와 STC는 확실히 동일하지만, 어떤 튜플도 모두에 나타날 수 있는 방법은 없다. SNC의 SNAME 속성의 이름을 단순히 STATUS로 변경해 STC와 동일한 제목으로 관계 변수를 생성할 수 있는 방법은 없다. SNC의 SNAME 속성은 CHAR형이고 STC의 STATE는 INTEGER형이기 때문이다(속성을 타입이 아니라 이름으로 변경). 직교성 원리를 정의하려는 두 번째 시도는 여전히 불충분하다.

앞에서 설명한 디자인의 문제가 무엇이었는지 지금 기억해보자. {SNO,CITY}의 STC

11 그리고 다시 말하지만, FD {CITY} → {STATUS}는 더 이상 관계 변수 S에 성립되지 않는다.

투영에 매우 동일한 튜플 (*s*,*c*)가 나타나는 경우에만 튜플 (*s*,*c*)가 {SNO,CITY}의 SNC 투영에 나타난다. 즉, 다음의 EQD는 유효하다.

```
CONSTRAINT ... SNC { SNO , CITY } = STC { SNO , CITY } ;
```

이 예와 관련이 없기 때문에 당분간 속성 이름을 바꾸는 문제는 무시하기로 하자. 앞에서 설명한 EQD에 대한 중요한 점은 EQD가 구별되는 데이터베이스 관계 변수 사이가 아니라 동일한 데이터베이스 관계 변수의 서로 다른 투영 사이에서 성립한다는 것이다(구체적으로는 데이터베이스 관계 변수 S의 수직적 분해에서 발생하는 투영 사이에 있다는 점이다). 그러나 물론 그럴 필요는 없다. 내 말은 SNC와 STC가 완전히 다른 두 개의 관계 변수로 독립적으로 정의됐을지도 모른다는 의미다. (말하자면, 디자이너의 마음속에) 결합과 동등한 관계 변수 S가 존재한 적이 없다. 그것들은 심지어 그들 자신의 오른쪽에 있는 분명한 관계 변수가 아니라, 그렇게 대별되는 두 개의 관계 변수의 투영일 수도 있다. 이 모든 것이 직교성 원리를 정의하기 위한 세 번째 시도다.

정의(직교 디자인의 원리, 세 번째 시도): *R1*과 *R2*는 구별되도록 한다. 그러면 다음과 같다.

a. *R1*[12]과 관련해 더 이상 축소 불가능한 JD ☼{*X1*,...,*Xn*}이 없어야 한다.

b. *Xi*(1 ≤ *i* ≤ *n*)와 비어있을 가능성이 있는 속성이 존재한다. 속성은 *R1X*를 *R1Y*로 매핑하는 *Xi*에 대한 *R1* 투영 이름을 변경한다.

c. *R1Y*는 *R2* 제목의 부분집합 *Y*와 동일한 제목을 갖고 있다.

d. 다음과 같은 동등 종속성은 성립한다.

```
R1Y = R2Y
```

12 관계 변수 *R1*과 관련해 더 이상 축소 불가능한 JD는 JD 축소 불가능성의 정의에 의해 해당 관계 변수 *R1*을 확실히 만족한다는 점에 유의한다(11장 참조).

(여기서 *R2Y*는 *Y*에 *R2*를 투영하는 것이다.)

이 모든 것이 꽤 복잡해 보이지만, 기본적으로 *R1*의 어떤 무손실 분해에서 투영은 *R2*의 투영과 동등한 정보를 주지 못한다는 것이다. 실제로 여러분이 볼 수 있듯이, 정의의 많은 복잡성(어떤 복잡성이 있는지)은 명칭 변경 문제를 다룰 필요성에서 발생한다. 그러한 복잡성을 무시하는 다음과 같은 약간 단순한 정의는 논점을 명확히 하는 데 도움이 될 수 있다.

정의(직교 디자인의 원리, 세 번째 시도, 이름 변경 무시): *R1*과 *R2*가 구별되도록 한다. 그러면 다음과 같다.

a. *R1*과 관련해 축소 불가능한 JD ☼{*X1*,...,*Xn*}이 있으면 안 된다.
b. *R2* 제목의 일부 하위 집합과 동일한 *Xi*(1 ≤ *i* ≤ *n*)가 있다.
c. 다음의 동등 종속성은 다음과 같이 유효하다.

```
R1Y = R2Y
```

(여기서 *R1Y*와 *R2Y*는 각각 *R1*과 *R2*의 *Y*에 대한 투영이다.)

이 원리의 세 번째 버전을 준수하면 관계 변수 S가 각각 {SNO,SNAME,CITY} 및 STC {SNO,STATUS,CITY}의 투영 SNC와 STC로 분해된 예제로 문제를 해결할 수 있음을 지금 확인하길 바란다. 그 분해가 완료됐다고 가정하기 때문이다. 그러면 다음과 같다.

a. 데이터베이스는 이제 SNC와 STC라는 두 개의 구분되는 관계 변수를 포함한다.
b. FD {SNO} → {SNAME}이 관계 변수 SNC에서 성립한다는 사실과 함께 히스의 정리 덕분에 JD ☼{SNO,SNAME},{SNO,CITY}}는 (사실 더 이상 분해가 불가능한) 관계 변수 SNC에서 유효하다.
c. 따라서 {SNO,CITY}에 대한 관계 변수 SNC의 투영은 SNC의 유효한 무손실

분해의 일부다. 그러나 동등 종속성은 동일한 속성에 대한 STC의 투영과 그 투영 사이에 있다. 따라서 이 디자인은 직교 원리를 위반한다('제3의 시도').

이제 세 번째 직교성 원리가 11장에서 미완성된 작업의 한 부분을 마무리할 수 있게 해준다는 것을 알았다. 기억하겠지만, 그 장에서는 다음과 같은 JD가 관계 변수 S에서 성립함을 지적했고, 사실 그 관계 변수에 관해 설명할 수 없었다.

```
☼ { { SNO , SNAME , CITY } , { CITY , STATUS , SNAME } }
```

그러나 또한 이 JD에 기초해 관계 변수 S를 분해하는 것은 좋은 생각이 아니라고 했다(그리고 연습 문제 11.4는 왜 그렇지 않은지를 물었다). 자, 이제 그 분해가 이뤄진다면,

- **a.** 이제 데이터베이스에는 두 개의 뚜렷한 관계 변수가 포함돼 있다. 그것들을 각각 {SNO,SNAME,CITY}와 {CITY,STATUS,SNAME}의 제목으로 SNC와 CTN이라고 부를 것이다.
- **b.** 적어도 FD {CITY} → {STATUS}가 CTN에서 성립한다는 사실과 함께 히스의 정리 덕분에 11장에 관한 한, 즉 JD {{CITY,STATUS}{CITY,SNAME}}이 성립하고 있으며, 사실 그 관계 변수 CTN에 관해 더 이상 축소 불가능하다.
- **c.** 따라서 {CITY,SNAME}에 대한 관계 변수 CTN의 투영은 CTN의 유효한 무손실 분해의 일부다. 그러나 동등 종속성은 동일한 속성에 대한 SNC의 투영과 그 투영 사이에 있다. 즉, 그 디자인이 다시 한 번 직교 원리를 위반하는 것이다.

예시는 다음과 같다. '나쁜' JD에 기초한 무손실 분해는 '직교 디자인의 원리The Principle of Orthogonal Design'에 위배된다(SNAME 속성이 {CITY,STATUS,SNAME} 구성 요소에서 큰 손실 없이 삭제될 수 있으므로 이 예에서 JD는 '나쁨'이다). 더욱이, 직교 원리를 준수한 결과 중 하나는 재구축 과정에서 모든 투영이 필요해야 한다는 정규화의 원리의 세 번째 원리가

자동으로 충족된다는 것이다(그래서 결국 직교성과 정규화 사이에는 일종의 논리적 연관성이 있다).

두 번째 예시 다시 살펴보기

불행히도 앞 절에 제시된 직교 원리의 세 번째 버전은 여전히 무언가를 놓치고 있으며, 경량 부품 대 중량 부품 예를 다시 살펴보면 그것이 무엇인지를 알 수 있다. 제한에 관한 것이 빠져 있다(이 예에서 동등 종속성은 그 데이터베이스 관계 변수 사이에도, 관계 변수에 대한 투영 사이에도 있지 않다). 즉, 그 원리의 세 번째 버전은 두 번째 버전을 살리지 못했다. 반면에 다음의 공식은 제한 문제와 투영 문제를 모두 처리한다.

정의(직교 디자인의 원리, 네 번째 시도): 관계 변수 *R1*과 *R2*는 구별되도록 한다. 그러면 다음과 같다.

a. *R1*과 관련해 수정할 수 없는 JD ☼{*X1*,...,*Xn*}이 있으면 안 된다.

b. 어떤 *Xi*(1 ≤ *i* ≤ *n*)가 존재하고 속성 공집합이 있을 가능성이 있다. 그 속성은 *R1X*를 *R1Y*로 매핑하는 *Xi* 관련 *R1* 투영의 이름을 변경한다.

c. *R1Y*는 다음과 같은 *R2* 제목의 일부 부분집합 *Y*와 동일한 제목을 갖고 있다.

d. 제한 조건 *c1*과 *c2*가 존재하며, 이 두 조건 중 어느 것도 다음과 같이 동일한 거짓이 아니다.

e. 다음의 동등 종속성은 유효하다.

```
( R1Y WHERE c1 ) = ( R2Y WHERE c2 )
```

(여기서 *R2Y*는 *Y*에 대한 *R2*의 투영이다.)

최종 버전(?)

믿거나 말거나, 여전히 문제가 있다... SNO, CITYA, CITYB 속성을 가진 공급자 버전 관계 변수를 생각해보자(SCC라고 부르겠다). SCC는 주어진 공급자에 대해 CITYA와 CITYB 값이 동일하다는 제약 조건을 따르도록 한다. **결과**: 중복! 물론 이것은 미친 디자인이지만 가능한 디자인이고, 그런 디자인을 취급(즉, 금지)하는 직교성 원리를 확장하면 좋을 것이다. 그리고 다음과 같은 최종(?)의 공식은 성공해야 한다(정확한 방법을 알아내는 것은 연습으로 남겨두겠다).

> **정의(직교 디자인의 원리, '최종' 버전)**: *R1*과 *R2*를 관계 변수로 한다(반드시 상호 대별돼야 하는 것은 아님). 그러면 다음과 같다.
>
> **a.** *R1*과 관련해 수정할 수 없는 JD ☼{*X1*,...,*Xn*}이 있으면 안 된다.
>
> **b.** *R1X*에 *R1X*를 *R1Y*로 매핑하는 일부 *Xi*($1 \leq i \leq n$)와 일부 빈 속성 이름이 *Xi*에 존재한다.
>
> **c.** *R1Y*는 *R2* 제목의 부분집합 *Y*와 같은 제목을 갖고 있다(*R1*과 *R2*가 하나이고 동일하다면 *Xi*와 구분된다).
>
> **d.** 제한 조건 *c1*과 *c2*가 존재하며, 이 두 조건 중 어느 것도 다음과 같이 동일한 거짓이 아니다.
>
> **e.** 다음의 동등 종속성은 유효하다.
>
> ```
> ( R1Y WHERE c1 ) = ( R2Y WHERE c2 )
> ```
>
> (여기서 *R2Y*는 *Y*에 대한 *R2*의 투영이다.)

이번 원리는 이전 원리를 포함한다.

명확화

기본적인 아이디어는 간단하지만, 직교성을 둘러싼 문헌에 혼선이 꽤 많다는 것을 알려야 해서 미안하다. 그 혼란이 아마도 내 잘못인 것 같아 더 유감스럽다. 이 주제에 대한 나의 이전 일부 글은 완전히 틀렸다. 그러므로 이번 기회에 바로잡도록 하자. 기본 요점은 다음과 같다.

> 직교성(orthogonality)은 관계 변수가 겹치는 의미를 갖지 않아야 한다고 말하며, 관계 변수가 같은 제목(또는 더 일반적으로 '겹치는' 제목)을 갖지 않아야 한다고 할 수는 없다.

휴 다웬 덕분에 그 차이를 보여주는 간단한 예가 있다. '직원 ENO가 휴가 중이고 직원 ENO가 전화번호 할당 대기 중이다.'라는 술어를 생각해보자. 이러한 상황에 대한 명백한 디자인에는 다음과 같은 두 개의 1급 관계 변수(대략적)가 관여된다.

```
ON_VACATION { ENO }
            KEY { ENO }

NEEDS_PHONE { ENO }
            KEY { ENO }
```

분명히 이 두 관계 변수에서 동시에 똑같은 튜플이 나타날 수 있다. 하지만 그렇다고 해도 그 두 가지 모습은 두 가지 다른 명제를 나타내며, 중복성도 없고 직교성 위반도 없다.[13]

방금 설명한 예와 이 장 앞부분의 그림 16-2와 16-3에서 설명한 경량 부품 대 중량 부품 예(관계 변수 LP 및 HP) 간에 차이가 있다는 것을 살펴보자. 후자의 경우 앞에서 살펴본 바와 같이 해당 WEIGHT 값이 일정한 범위에 있어야 하고, 주어진 튜플이 LP

13 그러나 만약 관계 변수 ON_VACATION과 NEEDS_PHONE이 각각 추가적인 속성을 갖고 있다면 어떨까? 이 장 끝부분에 있는 연습 문제 16.5를 참조하라.

나 HP 또는 둘 모두에 삽입될 수 있도록 허용되기 위해서는 충족돼야 한다는 취지의 공식적인 제약 조건을 작성할 수 있다. 단, 특정 튜플이 ON_VACATION이나 NEEDS_PHONE 또는 둘 모두에 삽입될 수 있도록 허용되기 위해 충족시켜야 하는 공식적인 제약 조건은 없다. 즉, 사용자가 특정 튜플을 ON_VACATION에 삽입해야 한다고 주장하는 경우, 시스템은 사용자를 신뢰해야 한다. 즉, 튜플이 NEEDS_PHONE이 아닌 ON_VACATION에 속하는지 확인하기 위한 점검은 수행할 수 없다.

휴 다웬 덕분에 여기에 또 다른 예가 있다. 이 예는 직교성 위반으로 오해될 수 있지만, 사실 그렇지 않다. 우리에게 다음과 같은 세 개의 관계 변수가 주어졌다.[14]

```
EARNS { ENO , SALARY }
      KEY { ENO }

SALARY_UNK { ENO }
           KEY { ENO }

UNSALARIED { ENO }
           KEY { ENO }
```

그림 16-4에 샘플 값이 나온다.

EARNS

ENO	SALARY
E1	85,000
E3	70,000

SALARY_UNK

ENO
E2

UNSALARIED

ENO
E4

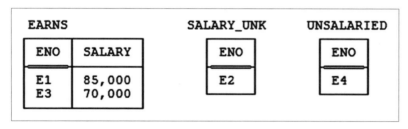

▲ 그림 16-4 관계 변수 EARNS, SALARY_UNK, UNSALARIED – 샘플 값

14 이 사례가 관계적 디자인에서 '정보 누락'을 다루기 위한 권장 접근법(『SQL and Relational Theory』에서 자세히 설명)을 예시하고 있다는 점에 주목하라.

이 세 가지 관계 변수의 술어는 다음과 같다.

- EARNS: 직원 ENO는 급여로서 SALARY를 받는다.
- SALARY_UNK: 직원 ENO는 급여를 받지만 얼마를 받는지는 모른다.
- UNSALARIED: 직원 ENO는 급여를 받지 않는다.

관계 변수 SALARY_UNK와 UNSALARIED는 동일한 제목을 갖고 있지만, 두 가지 모두에 동일한 튜플이 동시에 나타날 수 있다고 해도 드러난 문제는 두 가지 다른 명제를 나타낼 것이기 때문에 중복성이 없을 것이다. 사실, 상황의 의미론들은 어쨌든 두 가지 모두에서 튜플이 동시에 나와서는 안 된다는 것이다(다시 말해 관계 변수는 해체된 것이다). 다음과 같은 제약 조건이 이 요구 조건을 다룬다.

```
CONSTRAINT ... IS_EMPTY ( JOIN { SALARY_UNK , UNSALARIED } ) ;
```

(6장 연습 문제 6.4의 해답에서 설명한 바와 같이, 만일 관계식 *rx*로 표시된 관계 *r*이 비어있고 FALSE이면 **Tutorial D** 표현식 IS_EMPTY (*rx*)는 TRUE를 반환한다.)

참고: 물론 어느 직원도 관계 변수 EARNS, SALARY_UNK, UNSALARIED 중 하나 이상에서 대표되지 않아야 하며, 앞서 언급한 제약 조건은 적절히 연장되거나 수정돼야 한다. 자세한 내용은 연습 문제로 남겨두겠다(연습 문제 16.3의 일부).

끝맺는 말

마지막으로는 일반적인 직교성의 개념에 대해 몇 가지 더(그리고 다소 잡다한) 관찰을 하고 싶다. 무엇보다도, 정규화 디자인과 마찬가지로 직교 디자인의 전반적인 목표는 중복성을 줄이고 그렇지 않을 경우 발생할 수 있는 특정 업데이트 이상을 방지하는 것이다. 사실 직교성은 정규화를 보완하는데, 대강을 말하자면 정규화는 관계 변수 내 중복성을 감소시키는 반면에 직교성은 관계 변수 전체에서 중복성을 감소시킨다.

게다가 직교성은 또한 다른 방법으로 정규화를 보완한다. 그림 16-1과 같이, 관계 변수 S를 해당 투영 SNC와 STC로 (나쁜) 분해하는 것을 다시 한 번 고려해보자. 앞에서 봤듯이 일반적인 정규화의 원리가 그 분해를 지켜줬다. 다시 말해 그것은 정규화가 아닌 직교였으며, 디자인이 나쁘다는 사실을 알게 된 것이다.

나의 다음 요점을 말하면, 정규화의 원리처럼 직교 디자인의 원리는 기본적으로 상식일 뿐이지만 (정규화와 마찬가지로) 형식화된 상식이며, 그러한 형식화와 관련해 1장에서 한 발언도 여기에 적용된다는 것이다. 그 장에서 말했듯이 다음과 같다.

> 디자인 이론이 하는 일은 특정 상식 원리를 [공식화]해 그 원리들을 기계화(즉, 컴퓨터화된 디자인 도구에 통합)할 수 있는 가능성을 열어주는 것이다. 그 이론에 대한 비판자들은 종종 이 점을 놓친다. 그들은 꽤 당연하게 그 생각들이 대부분 상식일 뿐이라고 주장하지만, 그들은 상식이 무엇을 의미하는지 정확하고 형식적인 방법으로 진술하는 것이 중요한 성취라는 점을 깨닫지 못하는 것 같다.

나의 마지막 요점은 다음과 같다. 일반적인 부품 관계 변수 P로 시작하지만, 경량 부품 대 중량 부품 예에서와 같이 해당 관계 변수를 일련의 제한으로 분해하도록 디자인 목적을 위해 결정한다고 가정한다. 그러면 직교성 원리는 문제의 제약이 쌍방향으로 분리돼야 한다는 것을 우리에게 알려준다(물론 그 결합은 사실상 분리된 합집합disjoint union이 될 것이며, 우리를 원래의 관계 변수로 되돌려야 한다는 것도 당연하다).

참고: 이전 글에서는 앞에서 말한 요구 조건을 충족하는 분해를 '직교 분해'라고 언급했다. 그러나 이제 이 용어를 일반화해 직교성 원리를 따르는 분해는 직교 분해를 의미하는 데 사용하는 것이 더 낫다고 생각한다. 이 개정된 정의는 특별히 이전의 정의를 포함한다.

연습 문제

16.1 이 장의 본문을 보지 않고 직교 디자인의 원리의 최종 버전을 서술하라.

16.2 여러분에게 익숙한 데이터베이스를 디자인한다고 하자. 직교 디자인의 원리에 위배되는 사항이 있는가? 특히 겹치는 제약 조건이 선언적으로 명시돼야 하지만 명시되지 않았던 제약 조건이 있는가?

16.3 '명확화' 절의 두 번째 예시(관계 변수 EARNS, SALARY_UNK, UNSALARIED에 관련된)를 고려해보자. 여러분은 그 예제에 설명된 디자인이 중복성이 없다고 생각하는가? 그리고 세 가지 관계 변수 중 하나 이상에서 직원이 존재하지 않도록 공식적인 제약 조건을 이야기해보자.

16.4 공급자 관계 변수 S를 관계 변수 LS, PS, AS, ...로 교체한다고 가정하자(각 개별 공급자 도시마다 하나씩. 예를 들어 LS 관계 변수에는 런던의 공급업체만을 위한 튜플이 포함돼 있음). 이러한 관계 변수는 모두 동일한 속성, 즉 SNO, SNAME, STATUS를 갖고 있다(각각의 관계 변수를 통해 그 값이 상수가 될 것이기 때문에 CITY 속성을 유지할 필요가 없다). 이 디자인이 직교성을 위반하는가? 그것과 관련된 다른 문제들이 생각나는가?

그런데 만약 CITY 속성을 LS, PS, AS 등에 그대로 둔다면, 그 디자인은 사실상 정규화의 원리에 위배될 것이다! 왜 그런가?

16.5 공급업체 관계 변수 S와 부품 관계 변수 P의 속성 CITY가 속성 CITY와 STATE의 한 쌍으로 대체된다고 가정한다(예: 버몬트주 벌링턴 vs. 매사추세츠주 벌링턴). 이 수정된 디자인에 중복성이 있는가? 정규화의 원리에 위배되는가? 직교성 위반인가?

해답

16.1 이 장의 본문을 참조한다.

16.2 해답이 제공되지 않는다.

16.3 아니다. 중복성이 없지는 않다(17장의 이러한 종류의 예에 대한 추가 설명 참조). 제약 조건에 대해서는 다음과 같은 것으로 충분하다.

```
CONSTRAINT ... IS_EMPTY ( JOIN { SALARY_UNK , UNSALARIED } )
           AND IS_EMPTY ( JOIN { EARNS , SALARY_UNK } )
           AND IS_EMPTY ( JOIN { EARNS , UNSALARIED } ) ;
```

참고: 나의 책 『View Updating and Relational Theory: Solving the View Update Problem』(O'Reilly, 2013)에서는 인수 관계 *r1*, ..., *rn* 중 두 개가 튜플에 공통으로 없는 경우에만 TRUE를 반환하는 DISJOINT {*r1*,...,*rn*} 식을 위한 주장을 펼쳤다. 이 DISJOINT 연산자를 사용해 전술한 제약 조건을 다음과 같이 단순화할 수 있다.

```
CONSTRAINT ...
DISJOINT { EARNS { ENO } , SALARY_UNK , UNSALARIED } ;
```

16.4 디자인이 직교성을 위반하는 것은 아니지만 몇 가지 잘못된 점이 있다. 예를 들어 '공급자 S1을 위한 도시를 가져와라.'라는 쿼리를 어떻게 할까? (적어도 어떤 공급 도시가 존재하는지 알고 있는 경우와 그렇지 않은 경우 등 두 가지 사례를 고려해야 한다. 후자의 경우, 이 쿼리에 대해서도 생각해볼 수 있다. '공급자 S1이 데이터베이스에 나오는가?') 그리고 FD {CITY} → {STATUS}(FD가 성립돼야 한다고 가정)는 어떻게 되는가? 그리고 관계 변수 SP에 있는 {SNO} 외부 키는? (두 가지 사례를 고려해야 하며, 사실 이전과 동일한 두 가지 사례가 있다.)

CITY 속성을 관계 변수 LS, PS 등에 유지하는 경우 다음과 같다.

a. FD {CITY} → {STATUS}가 원래 공급자인 관계 변수 S에서 성립된다면, 여전히 관계 변수 LS, PS 등에 성립되므로 해당 관계 변수는 BCNF에 포함되지 않는다.

b. 더구나 FD { } → {CITY}도 그러한 관계 변수 각각에 포함돼 있다. 이 FD는 키에서 출발하는 화살표가 아니므로, BCNF에 관계 변수가 없는 또 다른 이유다(기본적으로 유사한 예가 있는 4장 연습 문제 4.6의 해답을 참조하라).

마지막으로, 원래 공급자에서 성립하는 FD {CITY} → {STATUS}가 관계 변수 S에서 성립된다면 CITY 속성이 관계 변수 LS, PS 등에 성립하든 성립하지 않든 상관없이 FD { } → {STATUS}도 각 관계 변수에서 성립하게 되고, 다시 해당 관계 변수는 BCNF가 아닐 것이다. 따라서 FD {CITY} → {STATUS}가 조금이라도 성립된다면(물론 CITY 속성이 성립되는 경우에만 할 수 있음) FD {CITY} → {STATUS}가 제시된 수평 분해하에서 사실상 복원 가능하다는 점에 유의하자.

16.5 동일한 CITY/STATE 쌍(예: 버몬트주 벌링턴)을 포함하는 S나 P 또는 각 쌍에 모두 두 개의 다른 튜플이 있다면, 분명히 어떤 종류의 중복이 관련돼 있다. 그러나 정규화의 원리에 위배되는 것은 없다. 두 관계 변수는 여전히 5NF에 있다. 그리고 정규화에 대한 위반도 없다! 추가 증명이 필요하다면, 이 분야에서 더 많은 연구가 필요하다는 더 많은 증거가 필요하다.

참고로, 관계 변수 S와 P의 {CITY,STATE}는 다른 관계 변수의 {CITY, STATE} 키를 참조하는 외부 키일 수 있다. 이 가능성이 시사하는 바는 여러분이 생각해볼 만한 것으로 남겨두겠다.

이제 이 장의 본문에서 관계 변수 ON_VACATION과 NEEDS_PHONE의 예를 떠올려보자. 두 가지 관계 변수를 모두 확장해 직원 급여 속성(SALARY)을 포함한다고 가정하자. 그렇다면 ({CITY,STATE}의 예처럼) 이 수정된 디자인은 확실히 중복성을 겪지만, 정규화의 원리나 직교성을 위반하지는 않는다. 그러나 이번에는 최소한 중복성을 분명히 하는 형식적인 제약 조건을 쓸 수 있다. ON_VACATION과 NEEDS_PHONE을 각각 OV와 NP로 축약하겠다. 그러면 다음과 같다.

```
CONSTRAINT ... WITH ( X := JOIN { OV { ENO } , NP { ENO } } ) :
                   JOIN { X , OV } = JOIN { X , NP } ;
```

ENO *e*가 두 관계 변수에 모두 나타나는 경우, *e*의 급여는 두 관계 변수에서 모두 동일해야 한다는 제약 조건이 필요하다.

6부

중복

이 책 전반에 걸쳐 디자인에서 생기는 중복을 걱정해왔다. 그럼 대체 중복이란 무엇인가?

17장

우리에게 더 필요한 것은 과학

내가 세 번 말하면 진실이야.

– 루이스 캐롤(Lewis Carroll)

『스나크 사냥(The Hunting of the Snark)』(1876년)

무언가가 '중복되었다'는 것이 무슨 의미일까? 이전 장들의 개념과 관련해 겪었던 모든 어려움을 고려할 때, 이 질문에 대해 정확한 답을 내놓기란 상당히 어려운 것으로 밝혀진다. 『Chambers Twentieth Century Dictionary』(정의를 매우 훌륭하고 간결하게 다루는 책)는 다음과 같은 것을 생각해낼 수 있게 해준다.

redundant copious: over–copious: superfluous

그러나 『Chambers Twentieth Century Thesaurus』(『Chambers Twentieth Century Dictionary』와 같이 봐야 하는 책)는 다음과 같은 훌륭한 동의어 목록 내지는 동의어에 가까운 목록을 제공한다.

redundant de trop, diffuse, excessive, extra, inessential, inordinate, padded, periphrastic, pleonastical, prolix, repetitious, supererogatory, superfluous, supernumerary, surplus, tautological, unemployed, unnecessary, unneeded, unwanted, verbose, wordy

『Chambers Twentieth Century Thesaurus』는 다음과 같은 훌륭한 반의어 목록도 제공한다.

concise, essential, necessary

대체로 디자인 이론은 중복성을 줄이기 위한 원리와 기법의 집합으로 생각할 수 있다 (따라서 그렇지 않을 경우 발생할 수 있는 불일치와 업데이트 이상 발생 가능성을 줄인다). 다시 반복하지만, 중복성이란 정확히 무엇인가? 이 용어에 대한 정확한 정의가 아직은 없는 것 같다. 용어에 대한 정확한 정의에 관심을 두지 않는다면, 용어 정의 때문에 문제가 일어날 수 있다고 막연히 생각하게 된다. 이 장에서는 그러한 문제를 자세히 살펴본다.

중복성을 구성하는 것이 무엇인지에 관한 문제를 좀 더 잘 다루려면 우선 시스템의 논리적 수준과 물리적 수준을 명확하게 구분할 필요가 있다. 분명히 디자인 목표는 두 수준에서 다르다. 물리적 수준에서 중복성은 거의 확실히 어떤 형태나 형식으로 존재할 것이다. 여기에 다음과 같은 몇 가지 이유가 있다.

- 특정 데이터 값은 보조 구조와 '빠른 액세스'를 제공하는 구조 둘 다에 저장되기 때문에 인덱스와 기타 '빠른 액세스 경로' 구조는 반드시 일부 중복성을 수반한다.
- 스냅샷 또는 요약 테이블, 구체화된 쿼리 또는 실체화 뷰[1] 등 널리 알려진 어떤 방식을 통해 물리적으로 저장된 파생 관계 변수와 파생 관계도 일부 중복성

1 이 마지막 용어는 문제의 구조물이 뷰가 아니기 때문에 더 이상 사용되지 않는다. 뷰는 가상일 뿐 실체화된 것이 아니며 (적어도 관계 모델에 관한 한), 실체화된 뷰는 단순히 용어의 모순일 뿐이다. 스냅샷이 더 나은 용어다.

을 수반하는 것이 분명하다.

물리적인 수준에서 중복되는 이유는 물론 성능 때문이다. 그러나 물리적 중복성은 논리적인 수준에 영향을 미치거나 또는 없어야 한다. 즉 DBMS에 의해 관리되며, 사용자에게 보여줄 수 없다. 이 시점부터는 논리적인 차원에서의 중복성에만 집중하겠다.

논리적인 수준에서 중복성은 항상 나쁘다고 말하기가 쉽다. 그러나 물론 이런 말은 뷰view 메커니즘의 가용성 때문에 너무 단순하다. 이 후자에 대해 좀 더 자세히 설명하겠다. 잘 알려져 있지만, 그럼에도 불구하고 명시적으로 언급할 가치가 있는 것은 (사실상 매우 다른 이유로 정규화와 같은) 뷰는 다소 다른 두 가지 목적에 부합한다는 것이다.

1. 뷰 *V*를 실제로 정의하는 사용자는 분명히 *V*가 정의되는 측면에서 *X*라는 표현식을 알고 있다. 그 사용자는 *X*라는 표현이 의도된 곳이라면 어디에서나 *V*라는 이름을 사용할 수 있지만, 그러한 사용은 기본적으로 단순한 축약일 뿐이다 (프로그래밍 언어에서 매크로를 사용하는 것과 유사하다).
2. 반면에 뷰 *V*가 존재하며 사용이 가능하다는 것을 단지 알고 있는 사용자는 그 정의 표현식 *X*를 알지 못하게 돼 있다. 사실 그 사용자에게 *V*는 기본 관계 변수처럼 보이게 돼 있다.[2]

사례 1의 예로서, 사용자가 데이터베이스를 *R1*과 *R2*라는 두 개의 관계 변수를 포함하는 것으로 인식하고 *R1*과 *R2*의 결합을 뷰로 정의한다고 가정해보자. 분명히 그 뷰는 해당 사용자에 관한 한 중복되며 정보의 손실 없이 삭제될 수 있다. 따라서 명확성을 위해 이 시점부터 (명시적인 문구를 배제하는) 데이터베이스 내 관계 변수는 다른 관점에서 정의돼 있지 않기 때문에 적어도 이런 종류의 중복성은 존재하지 않는다고 가정할 것이다. 이 가능성이 배제된 상황에서 논리적인 수준의 중복성은 항상 바람직하지 않다고 말하기가 쉽다. 그러나 그러려면 용어가 무슨 뜻인지 말할 수 있어야 하는데,

2 추측에 중점을 두고, 여기서는 이상적인 상황을 묘사하고 있다. 오늘의 현실은 여러분이 알고 있는 것처럼 더 지저분하다.

그렇지 않으면 그런 생각을 도저히 납득할 수 없기 때문이다. 그리고 설사 용케 좋은 정의를 내놓는다 하더라도 그런 생각(즉, 논리적인 수준의 중복은 항상 나쁘다는 것)을 정말 참을 수 있을까? 모든 중복성을 제거하는 것이 가능한가? 바람직한가?

물론 이것들은 상당히 실질적이고 중요한 질문들이다. 실제로, 코드 박사가 관계형 모델에 대한 첫 번째(1969년) 논문 제목을 'Derivability, Redundancy, and Consistency of Relations Stored in Large Data Banks'로 붙인 것은 주목할 만하다고 생각한다. 그리고 그의 두 번째(1970년) 논문 'A Relational Model of Data for Large Shared Data Banks'(현장에서 중요한 논문으로 1969년의 논문과 비교해 그 특성화가 다소 부당하지만)는 거의 동일한 분량으로 나뉘어진 두 부분으로 구성돼 있다. 그 두 번째 부분을 'Redundancy and Consistency'라고 한다(첫 번째 부분은 'Relational Model and Normal Form'이라 불리운다). 그래서 코드 박사는 중복성에 대한 자신의 생각이 본인의 관계형 디자인 작업에서 많은 부분을 차지했다고 여겼다. 내 생각에는 그가 최소한 이 문제를 정확하고 체계적으로 다룰 수 있는 틀을 제공했기 때문이다.

이제 이전 장에서 보여준 바와 같이 중복성에 대한 한 가지 정의는 다음과 같다. 데이터베이스가 확실히 구분되는 동일한 두 개의 튜플을 가진 경우에만 중복성을 포함한다. 그러나 다음과 같이 말할 수 있다.[3]

> **정의(데이터베이스의 중복성, 포괄적인 정의)**: 데이터베이스는 동일한 명제의 두 가지 분명한 표현을 직접적으로 또는 간접적으로 포함하는 경우에만 중복성을 가진다.

문제는 이 정의가 분명히 맞지만, 중복성을 줄이는 실질적인 문제에는 별로 도움이 되지 않는다는 점이다. 그러나 적어도 다음과 같은 것을 내포하고 있는데, 이것이 좀 더 낫다.

3 다음에 나오는 정의는 16장에서 살펴본 하나를 의도적으로 약간만 확장한 것이다.

정의(데이터베이스의 중복성, 예비적인 상세한 정의): *D*를 데이터베이스 디자인으로 하고 *p*를 제안이라고 한다. 그러면 다음과 같다.

a. 데이터베이스 값(즉, *D*에 언급된 관계 변수에 대한 값 집합), *DB*는 다음과 같이 *D*를 따른다.

b. 명시적이든 내포적이든 *p*를 나타내는 튜플 또는 튜플 조합은 *DB*에서 특정한 형태로 보여준다.

c. 명시적이든 내포적이든 *p*를 나타내는 튜플 또는 튜플 조합은 *DB* 내에서 어떤 분명한 형태로 나타난다.

d. *DB*는 중복성을 포함하고 *D*는 이를 허용한다.

정규화의 원리와 직교 디자인의 원리는 전술한 의미에서 중복성 감소를 정밀하게 겨냥하고 있다. 그러나 정의에 따르면, 특정 튜플이 나타나면 (꼭 튜플이 나오는 경우에만 그런 것은 아니지만) 중복성이 있다. 다시 말해 완전한 정의가 아니다. 실제로, 동일한 명제를 나타내는 튜플 또는 튜플 조합을 갖지 않더라도 중복성이 있는 디자인의 예를 이 장의 뒷부분에서 확인할 수 있다. 더욱이 문제의 예는 대부분 완전히 정규화돼 있으며 완전히 직교하고 있다. 따라서 정규화와 직교성의 원리는 필요하며 분명히 중요하지만, 충분함과는 거리가 멀다.

작은 역사

어떻게, 그리고 왜 정규화와 직교화가 충분하지 않은지를 논의하기에 앞서 코드 박사가 중복성의 문제를 다루기 위한 자신의 처음 두 개 논문에서 시도했던 것에 대해 좀 더 말하고 싶다. 1969년 논문에서 코드 박사는 이렇게 말했다.

> 적어도 하나 이상의 관계[나머지 집합의 관계에서 파생된]를 포함하는 경우, 관계 집합은 심하게 중복된다.

그리고 그는 1970년 논문에서 이 정의를 좀 더 엄격하게 보강했다.

> 관계 집합은 집합의 다른 관계 투영에서 도출할 수 있는 투영을 가진 최소 하나의 관계를 포함하는 경우 심하게 중복된다.

관계 *r*이 관계의 집합 *S*에서 파생될 수 있다는 코드 박사의 말은 *r*이 *S*의 관계에서 어떤 일련의 관계 연산(결합, 투영 등)을 적용한 결과와 동일하다는 것을 의미한다. 여기서 이를 설명하고자 한다. 하지만 그의 정의에 대한 몇 가지 의견이 있다.

- 첫째, '관계relation'라는 용어는 전체에서 '관계 변수relvar'라는 용어로 대체돼야 한다(물론 관계 변수라는 용어는 수년 후에야 도입됐고, 코드 박사는 전혀 사용하지 않았다). 사실 이 인용문에서 코드 박사가 말한 관계라는 용어는 단순한 관계 변수가 아니라, 더 구체적으로 베이스 관계 변수라 말하는 것이 옳다고 생각한다.
- 둘째, 한정자qualifier는 거의 무시할 수 있다. 코드 박사는 '강한' 중복성과 '약한' 중복성을 구분하고 있었지만, 약한 중복성은 우리가 아는 한 상관없다. 그 이유는 약한 중복성은 단순히 동등 종속성과 관련이 있기 때문이다. 그리고 동등 종속성은 항상 유효한 것은 아니고, 문제의 시점에 존재할 수 있는 관계값이 있는 경우 특정 시점에만 만족된다.

사실 내가 보기에 여기서 벌어진 상황은 분명히 코드 박사가 관계와 관계 변수 간의 논리적인 차이를 두고 고군분투하던 일인 것 같다(이전의 글머리 기호 항목 참조). '강한' 중복성은 관계 변수에 적용된다(데이터베이스 디자인에 대해 이야기할 때 일반적으로 중복성이 의미하는 바다). 이와 대조적으로, '약한' 중복성은 관계 변수가 아닌 관계에 적용된다(관계 변수가 특정한 시기에 갖게 되는 인위적인 가치일 뿐 특별히 흥미롭지는 않다).

- 1969년의 정의는 물론 1970년의 정의로 요약된다. (6장에서 확인한 바와 같이) 모든 관계 변수 R은 R의 특정 투영(즉, 상응하는 동일 투영)과 동일하기 때문이다.

- 더 중요한 것은, 다음의 두 가지 이유로 1970년의 정의는 일반적으로 중복성의 정의로서 여전히 부족하다는 점이다.

  a. 여기에는 일반적으로 중복으로 간주하지 않는 특정 가능성이 포함돼 있다. 예를 들어, 공급자–부품 데이터베이스가 모든 부품을 한 개 이상의 공급자가 공급해야 한다는 제약 조건을 따른다고 가정해보자. 그러면 {PNO}에 대한 관계 변수 SP의 투영은 반드시 {PNO}에 대한 관계 변수 P의 투영과 같을 것이고, 우리는 손에 '강한 중복성'을 갖게 될 것이다.

     참고: 같은 점을 설명하기 위한 더 현실적인 예는 모든 직원이 한 부서에 있어야 하고 모든 부서가 최소한 한 명의 직원을 갖고 있어야 한다는 취지의 인사 데이터베이스에 대한 제약이 될 수 있다.

  b. 동시에, 중복으로 간주할 수 있는 많은 가능성(예: 16장의 경량 부품 대 중량 부품(그림 16-3에 나타낸 두 번째 버전))을 제외한다. 이 장의 뒷부분에는 몇 가지 예가 더 제시돼 있다.

- 더 중요한 점은 1970년의 정의에서 투영에 대한 첫 번째 참조(적어도)는 수정 불가능한 JD의 구성 요소에 해당하는 투영에 대한 참조로 대체돼야 한다는 것이다(이전의 두 가지 항목 중에서 첫 번째 a는 사라진다).

코드 박사의 정의에 대한 마지막 논평을 해보면 다음과 같다. 코드 박사는 적어도 (두 논문 모두에서) '우리는 [데이터베이스]와 관련돼야 한다. 여기서 [데이터베이스]는 데이터베이스의 [모든 중복을 규정하는] 진술의 모음이다.'라고 말했는데, 코드 박사가 여기서 언급하고 있는 **Tutorial D** CONSTRAINT 문(또는 그러한 문장과 논리적으로 동등한 문구)이다. 즉, 코드 박사는 시스템이 중복성을 인식하길 원했고, 그에 따라 중복성이 관리되길 원했다. 그러나 불행하게도 그는 이어서 이렇게 말했다.

> 불일치 생성은 내부적으로 기록될 수 있으므로, 적절한 시간 내에 수정되지 않으면... 그 시스템은 보안 책임자에게 통지할 수 있다. 또는 시스템이 [사용자에게 통지]할 수 있다. [사용

자에게 통지]는 그러한 관계가 이제 일관성을 회복하기 위해 변경될 필요가 있다. 이상적으로는 서로 다른 관계의 하위 집합에 대해 [다른 조정 조치]가 가능해야 한다.

참고: '불일치'(또는 내가 부르고 싶은 대로, 무결성 위반)는 분명히 중복성(더 정확히 말하면, 부적절한 중복성)에 의해 야기될 수 있다. 그러나 모든 무결성 위반이 중복성에 의해 야기되는 것은 아니다. 여기서 한 가지 더 중요한 점이 있다. 적어도 사용자에 관한 한, 데이터베이스는 어떠한 불일치도 포함하도록 허용돼서는 안 된다고 생각한다. 16장에서 말했듯이, 불일치하는 데이터베이스에서 얻는 결과는 결코 신뢰할 수 없다. 즉, '불일치성 수정'은 (트랜잭션 수준에서도) 개별적인 구문의 수준에서 즉시 이뤄져야 한다.[4] 이 장 뒷부분의 '중복성 관리하기' 절을 참조하라.

술어와 제약

비록 이전 장에서 술어와 제약 둘 다에 대해 말할 것이 많았지만, 이 개념들 사이의 논리적 차이를 분명히 주장하지는 않았다. 그래서 지금 그 빠진 부분을 해결해보자. 그러면 첫째, 술어(때로는 명확성을 위해 관계 변수 술어로 더 명시적으로 언급되기도 함)는 주어진 관계 변수 *R*에 대한 의도를 가진 해석 또는 의미인 것이다. 물론 주어진 관계 변수 *R*의 모든 사용자는 해당 술어를 이해하기 위해 추정된(또는 가정된) 것으로 돼 있다. 그러나 최소한 오늘날의 구현에서는 명제가 자연 언어로 명시돼 있으며, 따라서 본질적으로 다소 비공식적이라는 점에 유의하라.

그래서 술어는 비공식적이다. 반면에 제약은 형식적이다. 본질적으로 제약 조건은 불린boolean이고, SQL이나 **Tutorial D**와 같은 공식 언어로 표현되고, 일반적으로 데이터베이스의 관계 변수에 대한 참조를 포함하며, 항상 TRUE로 평가하는 데 필요하다.

---

4 다소 비정형적일 수 있는 입장을 방어하려면 부록 B, 또는 『SQL and Relational Theory』를 참조한다. 자세한 설명은 생략하지만, 그 입장은 시스템이 다중 할당을 지원하도록 하는 요구 조건을 내포하고 있다. 이는 특히 여러 변수, 여러 개의 관계 변수를 '동시에' 업데이트(즉, 단일 문장의 범위 내에서)할 수 있도록 하는 일종의 할당이다.

*R*을 관계 변수라고 하자. 그렇다면 *R*을 *R*의 제약 조건으로 언급하는 모든 제약 조건의 논리적 AND로 생각하면 편리하다. 따라서 *R*에 대한 술어는 사용자만이 이해할 수 있는 반면, *R*에 대한 제약 조건은 사용자와 시스템 둘 다에 의해 '이해된다'는 점에 유의한다. 사실, *R*에 대한 제약 조건은 *R* 술어에 대한 시스템의 근사로 간주될 수 있다. 물론 이상적으로는 *R*이 항상 *R*의 술어를 만족시키길 바란다. 그러나 여기서 기대할 수 있는 최선은 *R*이 항상 *R* 술어의 제약을 만족시키는 것이다.[5]

데이터베이스가 '이해관계의 미시 세계'라 불리는 것의 의미를 충실히 표현해야 한다는 전제하에 술어와 제약 조건은 데이터베이스 디자인 작업과 매우 관련이 있어야 한다. 우리는 술어가 그 의미론의 비공식적이고 형식적인 표현을 제약한다고 말할 수 있다. 따라서 전체적으로 데이터베이스 디자인 프로세스는 다음과 같다.[6]

1. 먼저 가능한 한 신중하게 관계 변수 술어(그리고 기타 비즈니스 규칙)를 정한다.
2. 그러고 나서 그 술어와 규칙들을 관계 변수와 제약 조건으로 매핑한다.

그 결과, 디자인 이론에 대한 다른 사고 방법인 표준화 등은 다음과 같은 것임을 알 수 있다. 술어(따라서 제약)를 정하는 작업을 돕는 원리와 방법이다. 이 관점은 이 장의 많은 부분을 뒷받침한다.

한편 위의 내용은 E/R('엔터티/관계') 모델과 같은 그림을 이용한 방법론을 내가 별로 좋아하지 않는 이유를 설명하는 데 큰 도움이 된다(이전 장에서 E/R 다이어그램이나 그와 유사한 것을 사용하지 않는 사실을 확인했을 것이다). E/R 모델링과 그와 비슷한 것들의 문제점은 공식적인 논리보다 강력하지 못하다는 것이다. 특히 항상 제약 조건의 구성은 최소한 암묵적으로 지원이나 그와 비슷한 것을 필요로 하는데, E/R 모델링은 정량자

5 이와 별도로, 폐쇄 세계 가정은 제약이 아닌 술어에 적용된다. 즉, (a) *T* 시간에 관계 변수 *R*에 튜플 *t*가 나타나면 *t*는 *T* 시간에 *R*에 대한 술어와 제약 조건을 모두 만족한다. (b) 튜플 *t*가 관계 변수 *R*에 그럴듯하게 나타날 수 있지만, 그렇지 않다면 *t*는 확실히 *T* 시간에 *R*에 대한 술어를 만족시키지 못한다. 여전히 *R*에 대한 제약 조건을 만족한다(만일 그렇지 않다면, 처음부터 '그럴 만한 출현'은 없을 것이다).

6 간략한 개요에 대한 자세한 내용은 부록 A를 참조하라.

quantifier(EXIST와 FORALL)[7]에 대한 지원이 충분하지 않다.[8] 결과적으로 그러한 스킴scheme과 다이어그램은 소수의 제약 조건(중요하지만 제한적)을 제외한 모든 제약 조건을 나타낼 수 없다. 따라서 그러한 다이어그램을 사용해 전체적인 디자인을 높은 추상화 수준으로 해석하는 것은 허용될 수 있지만, 그러한 다이어그램을 실제로 전체 디자인으로 생각하는 것은 오해의 소지가 있고 어떤 면에서는 상당히 위험한 일이다. 오히려 디자인은 다이어그램이 보여주는 관계 변수다. 그리고 다이어그램이 보여주지 못하는 제약 조건이다.[9]

사례 1

연구 분야로서의 디자인 이론은 대체로 아직 폭넓게 열려 있다는 것이 나의 주장이다. 이러한 주장을 뒷받침하기 위해 이 절과 다음 몇 개의 절에서 (a) 완전히 정규화되고 (적어도 대부분의 경우) 완전히 직교하지만, (b) 여전히 다양한 중복(대부분의 경우 반대)으로 인해 어려움을 겪고 있는 디자인의 몇 가지 예를 제시하고자 한다.

첫 번째 예에서는 이름 및 주소 집합을 나타내는 다음과 같은 간단한 관계 변수를 생각해보자(술어는 '사람 NAME이 주소 ADDR에 거주한다.'이다).

```
NADDR { NAME , ADDR }
      KEY { NAME }
```

7 1879년 프레지(Frege)가 정량자를 만든 이후, 이런 누락으로 E/R 다이어그램과 (내 친구 한 명이 나에게 말한 바와 같이) '1879년 이전의 논리(a pre 1879 kind of logic)' 같은 것을 만든다. 참고: 데이터베이스 컨텍스트의 정량자와 관련 사항에 대한 설명은 『SQL and Relational Theory』와 기타 문헌에서 찾을 수 있다.

8 Tutorial D는 명시적인 정량화를 지원하지 않지만 정량화 측면에서 표현 가능하다. 즉, Tutorial D에서는 최소한 정량화 지원과 다름없는 것을 지원한다.

9 두 가지 자격 요구 조건: 첫째, 다이어그램은 이미 언급한 바와 같이 일부 제약 조건(기본적으로 키와 외래 키 제약 조건)을 보여준다. 둘째, 그들은 사실 모든 관계 변수를 보여주지 않을 수 있다. 일부 E/R 모델링 체계는 (실행 사례의 SP와 같이) 많은 관계에 해당하는 다이어그램 관계 변수에 포함되지 않는다.

이 관계 변수의 속성 ADDR을 튜플 값으로 가정해보자. 여기서 문제의 튜플에는 STATE, CITY, STATE, ZIP 속성이 있다(값을 가진 관계 속성이나 RVA가 맞는 값인 것처럼(4장 참조), 많은 동일한 이유로 튜플 값 속성 또는 TVA는 맞다). 이 관계 변수의 샘플 값은 그림 17-1에 나와 있다.

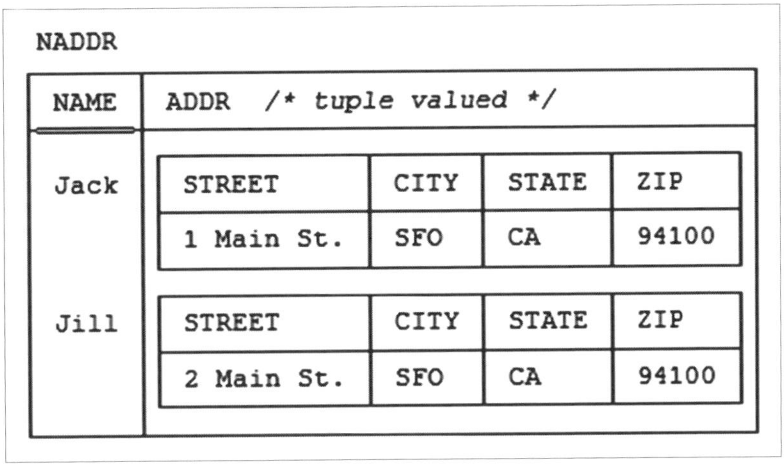

▲ 그림 17-1 관계 변수 NADDR(값을 가진 속성 ADDR 튜플) – 샘플 값

연습 문제 6.2에서 했던 것처럼, 두 ADDR 값이 동일한 ZIP 구성 요소를 가질 때마다 동일한 CITY와 STATE 구성 요소를 갖는다고 가정해보자. 그렇다면 전술한 디자인은 분명히 약간의 중복성을 수반한다. 그러나 여기에는 정규화에 대한 위반이 없다. 특히 함수 종속성은 유효하지 않다.

```
{ ZIP } → { CITY , STATE }
```

(왜 그럴까? **해답**: FD는 속성의 구성 요소가 아닌 속성 간에 유효하도록 정의되기 때문이다.)

그렇기는 하지만, 전술한 FD가 NADDR을 다음 식의 결과로 교체해 유효하다는 것을 지적하고자 한다.

```
NADDR UNWRAP ( ADDR )
```

Tutorial D의 UNWRAP 연산자는 어떤 튜플 값 속성을 해당 TVA의 각 구성 요소, 속성의 집합으로 효과적으로 대체한다. 그래서 전술한 표현식은 NAME, STREET, CITY, STATE, ZIP 속성과 함께 결과를 반환한다. 물론 그 결과는 여전히 BCNF도 아닌 2NF에 불과하며, 여전히 중복성을 겪고 있다.

이 사례에서는 TVA를 푸는 것이 좋은 생각이라고 결론짓고 싶을지도 모른다. 그러나 단순한 권고나 주먹구구식과 달리, 좋은 디자인의 원리로 간직하는 것만으로 충분하지 않을까?[10]

사례 2

코드 박사는 아마도 ADDR 속성의 가치가 '원자적atomic'이 아니라는 이유로 사례 1의 디자인에 반대했을 것이다(그러나 그가 자신의 어떤 저술에서 그와 같이 튜플 값 속성 문제를 명시적으로 다룬 적이 있는지는 알지 못한다). 나는 이 입장에 동의하지 않는데, 그 이유는 이 책의 4장과 그 밖의 다른 곳에서 자세히 설명돼 있다. 하지만 이 요점은 논쟁할 가치가 없다. 분명히 그림 17-2에 나온 것과 같은 타입 CHAR의 속성으로 그 튜플 값 속성을 대체할 수 있기 때문이다. 그리고 코드 박사는 분명히 그러한 수정된 디자인을 허용했을 것이다. 그러나 사례 1의 디자인과 정확히 유사한 중복성을 겪고 있다.

10 휴 다웬(Hugh Darwen)은 그의 저서 『An Introduction to Relational Database Theory』(Ventus, 2010)에서 그것이 그럴 수도 있고, 이와 관련해 일반적인 형태(WRAP와 UNWRAP은 각각 RVA 연산자 GROUP과 UNGROUP의 TVA 유사체가 된다.)를 고려할 수도 있다고 제안한다(4장 연습 문제 4.14). 그는 또한 그 책에서 RVA를 그룹화하지 않는 것도 좋은 생각이며, 따라서 그룹-그룹 해제 정규형(group-ungroup normal form)을 고려할 수도 있다고 제안한다.

NADDR

NAME	ADDR /* type CHAR */
Jack	1 Main St., SFO, CA 94100
Jill	2 Main St., SFO, CA 94100

▲ 그림 17-2 수정된 관계 변수 NADDR(값을 가진 속성 ADDR 텍스트) – 샘플 값

그리고 이 예제가 마음에 들지 않으면, 속성 ADDR이 CHAR이 아닌 일부 사용자 정의 타입(가령 ADDR)인 경우 어떤 일이 발생할 수 있는지 생각해보자.

사례 3

사례 2와 같은 중복성은 타입 DATE 속성과 관련해 생겨날 수 있다. 만일 DATE 같은 속성이 (자주 그러는데) 달력상 날짜뿐만 아니라 요일을 포함한다면 말이다(예: '2019년 1월 18일 금요일').

사례 4

다음 예는 매우 간단한 버전의 익숙한 직원-프로그래머 데이터베이스로, 모든 프로그래머는 직원이지만 일부 직원은 프로그래머가 아니다(5장 연습 문제 5.7 참조). 주목할 점은 어떤 사람들은 이번 예제의 직원과 프로그래머가 각각 엔터티 상위 타입과 엔터티 하위 타입에 해당한다고 말한다는 것이다.[11] 여기에 관습적인 디자인이 있다.

11 그러나 '하위 타입(subtype)'과 '상위 타입(supertype)'이라는 용어가 실제로 이런 식으로 사용된다면, 나의 저서 『Type Inheritance and the Relational Model: Subtypes, Supertypes, and Relational Theory』(O'Reilly, 2016)에서 설명한 상속 모델에서 내가 사용하는 방식으로는 확실히 사용되지 않는다는 점에 유의하라. 사실 그것들은 특히 SQL과 관련해 책 속에서 사용되는 '하위 테이블'과 '상위 테이블'이라는 용어에 가까운 의미로 사용되고 있다.

```
EMP  { ENO }
     KEY { ENO }

PGMR { ENO , LANG }
     KEY { ENO }
```

다음과 같이 단순하게 가정한다.

a. 일반적으로 직원은 ENO와 별개로 관심을 둘 만한 속성이 없다(관심을 둘 속성이 있다 해도 상황에 중요한 영향을 미치지 않기 때문이다).

b. 프로그래머는 단지 하나의 추가 속성인 LANG(예: 프로그래밍 언어 스킬 'Java' 또는 'SQL' 또는 '**Tutorial D**')을 갖고 있다.

이제 우리에게는 선택권이 있다. EMP에 모든 직원을 기록하거나, EMP에 프로그래머가 아닌 직원만 기록할 수 있다. 어느 것이 더 나은가? EMP에 프로그래머가 아닌 직원만 기록한다면, 직원이 프로그래머가 되거나 프로그래머를 그만둘 때 관련된 처리 과정이 그다지 간단치 않다(두 경우 모두 한 관계 변수에서 튜플을 삭제하고 다른 관계 변수에 튜플을 삽입해야 한다). 우리는 또한 다음과 같은 제약 조건을 명시하고 수행할 필요가 있다.

```
CONSTRAINT ... IS_EMPTY ( JOIN { EMP , PGMR } ) ;
```

다른 관계 변수에 직원들에 대한 참조를 포함시키길 원한다면 시사점에도 주목하자. 일반적으로 그러한 참조는 단순한 외래 키일 수 있지만, 위와 같이 직원이 두 개의 관계 변수로 나뉘어 있는 경우(적어도 관례적으로 이해되는 외래 키의 경우에는 그렇지 않음) 단순한 외래 키일 수 없다.[12]

12 Tutorial D처럼 외래 키가 뷰를 참조하도록 허용하면 될 수 있지만, EMP{ENO}와 PGMR{ENO}의 (분리) 조합을 뷰로 정의했다.

그러한 고려 사항은 이 특정 디자인이 권장되지 않을 수 있다는 것이다. 그 대신 EMP에 모든 직원을 기록하길 원할 것이다.[13] 그러나 어느 쪽이든 이 예에서는 중복성이 보이지 않는다.[14]

사례 5

이제 한 가지 더 알리고자 사례 4를 약간 수정하고 싶다. 관계 변수 EMP가 적어도 하나의 추가 속성인 JOB을 포함한다고 가정하고, EMP에서 해당 직원의 튜플에 있는 JOB 값이 `Programmer` 값(예: JOB의 다른 값들 – `Janitor`)을 갖는 경우에만 해당 직원이 관계 변수 PGMR로 표시된다고 가정한다. 그런데 이런 상황은 실제로도 전혀 드문 일이 아니다. 이제 확실히 중복성이 있는데, 주어진 직원 *e*가 프로그래머라는 사실이 두 번 나타나기 때문이다. 한 번은 *e*에 대한 튜플이 PGMR에 나타난다는 사실, 그리고 한 번은 EMP에 *e*의 튜플이 JOB 값 `Programmer`를 갖고 있다는 사실에 의해 *e*가 JOB 값 `Programmer`를 갖고 있기 때문이다. 사실 디자인은 다음과 같은 동등 종속성(가능한 한 많은 유사한 것뿐만 아니라)의 대상이 된다.

```
CONSTRAINT ...
   PGMR { ENO } = ( EMP WHERE JOB = 'Programmer' ) { ENO } ;
```

그러나 이 예에서는 모든 직원(프로그래머 포함)이 EMP에 표시됨에도 불구하고, {ENO}에 대한 PGMR의 투영이 특정 부분집합과 동일하다는 것은 확실하며, 이는 {ENO}에

13 SQL의 '하위 테이블 및 상위 테이블' 지원이 이 입장과 일치한다는 점에 유의한다.

14 이 책의 첫 판에서는 추천된 디자인이 약간의 중복성을 수반하는 것으로 생각한다고 말했지만, 그것은 실수였다. 사실 나는 이 장에서 논의된 몇 가지 예에 대해 생각을 바꿨다. 그리고 이에 따라 그 이전 판에 의해 잘못 이해된 모든 사람에게 사과한다. 그러나 내가 보기에 바로 이 사실, 즉 내가 이런 식으로 내 생각을 바꿀 수 있다는 사실 자체는 개념으로서의 중복성이 여전히 제대로 이해되지 않고 있기 때문에 이 분야에서 더 많은 과학이 필요하다는 나의 거듭된 주장을 뒷받침하는 증거인 것 같다.

대한 EMP의 투영의 제한이 아니다.[15] 그러나 이러한 투영 중 어느 것도 관련 관계 변수에서 성립하는 수정 불가능한 JD의 구성 요소에 해당하지 않는다.[16] (이 시점에서 기억을 새로 고쳐야 할 경우에는 16장에서 다룬 직교 디자인의 원리 최종 버전을 확인하자.) 따라서 데이터베이스는 완전히 직교할 수 있지만 여전히 일부 중복성을 나타낸다.

사례 6

코드 박사는 1979년 논문 'Extending the Database Relational Model to Capture More Meaning'(ACM Transactions on Database Systems 4, No. 4, 1979년 12월)에서 다음과 같이 약간 단순화하는 특정 디자인 분야를 제안했다.

- *E*를 '엔터티 타입'으로 하고, *E* 타입의 모든 엔터티에 정확히 하나의 기본 식별자(코드 박사가 아닌 내가 사용하는 용어임)가 있는 데이터 타입이 되도록 한다. 예를 들어 *E*와 *ID*는 각각 엔터티 타입 '공급자supplier'와 데이터 타입 '문자 문자열character string'일 수 있다.
- 타입 *E*의 모든 엔터티가 *P1*, ..., *Pn*의 각 타입별로 최대 하나의 속성을 가질 수 있도록 *P1*, ..., *Pn*을 '속성 타입'의 집합으로 한다. 예를 들어 공급자의 경우 *P1*, *P2*, *P3*는 타입 '이름name', '상태status', '도시city'(그러므로 이 예에서 $n = 3$)가 될 수 있다.

  참고: 현재의 논의를 위해 특정 공급자는 특히 빈 하위 집합을 포함해 세 가지 속성 중 어떤 하위 집합을 가질 수 있다고 가정한다.
- 각 엔터티 타입 *E*에 대응되는 데이터베이스는 다음을 포함해야 한다.

  a. 정확히 하나의 E-관계 변수E-relvar로, 어느 시점에 존재하는 *E* 타입의 엔터

15 왜 그런 제약이 아닌가? 해답: 그것은 투영의 제한과 반대로 제한의 투영이고, 제한과 제한의 투영은 다른 것이기 때문에 후자는 실제로 제한이지만 전자는 일반적으로 제한이 아니다.

16 사실 EMP와 PGMR은 둘 다 6NF에 있으며, 성립하는 유일한 불분명한 JD는 사소한 것이다.

티에 대한 *ID* 값이 있고,

b. 각 *Pi*(i = 1, ..., n)에 대해 정확히 하나의 P–관계 변수P-relvar로, 특정 시점에 존재하고 타입 *Pi*의 속성을 갖는 타입 *E*의 각 엔터티에 대해 {*ID* 값, *Pi* 값} 쌍을 가진다.

1979년 논문에서 코드 박사가 언급한 '확장 관계형 모델 RM/T'(코드 박사가 확장형 모델에 대한 자신의 아이디어를 처음 제안한 장소인 태즈메이니아Tasmania의 첫 글자를 딴 T)의 일부였기 때문에 이 분야를 RM/T 분야라고 할 것이다. 공급자의 사례에 이 규율을 구체적으로 적용해 다음과 같은 디자인을 얻는다(이 책의 대부분에 걸쳐 FD {CITY} → {STATUS}가 관계 변수 S에 성립돼야 한다는 사실을 단순화하기 위해 여기서는 무시한다).

```
S  { SNO }
   KEY { SNO } ;

SN { SNO , SNAME }
   KEY { SNO }
   FOREIGN KEY { SNO } REFERENCES S ;

ST { SNO , STATUS }
   KEY { SNO }
   FOREIGN KEY { SNO } REFERENCES S ;

SC { SNO , CITY }
   KEY { SNO }
   FOREIGN KEY { SNO } REFERENCES S ;
```

이들 관계 변수는 각각 6NF에 있다.[17] 그림 17–3은 샘플 값 집합을 보여준다. **참고:** 표시된 값은 비록 샘플 값에 가깝지만 일반적인 샘플 값과 정확히 일치하도록 의도된

17 역사적 정확성을 위해서는 코드 박사가 RM/T 논문에 기술한 P–관계 변수가 반드시 6NF에 있었던 것은 아니라는 점에 주목한다. 왜냐하면 코드 박사는 각 P–관계 변수가 단지 하나의 '속성'만을 포함한다고 주장하지 않았기 때문이다.

것은 아니다. 특히 (a) 공급자 S3는 상태가 없고, (b) 공급자 S4는 상태와 도시가 없으며, (c) 공급자 S5는 이름, 상태, 도시가 없음을 확인하자.

S

SNO
S1
S2
S3
S4
S5

SN

SNO	SNAME
S1	Smith
S2	Jones
S3	Blake
S4	Clark

ST

SNO	STATUS
S1	20
S2	30

SC

SNO	CITY
S1	London
S2	Paris
S3	Paris

▲ 그림 17-3 공급자 RM/T 디자인 – 샘플 값

사실 이런 종류의 디자인은 실제로 추천할 만한 것이 꽤 많다(적어도, 잘 디자인된 DBMS 라면 그럴 것이다). 그러나 현재 목적을 위해 내가 원하는 것은 다음 사항에 주목하게 만드는 것뿐이다. *E* 타입의 모든 엔터티가 *n*개 속성 중 적어도 하나를 갖고 있는 한, 그러한 디자인은 확실히 어떤 중복성(사실상 코드 박사가 자신의 1970년 논문에서 정의한 강력한 중복성)을 수반한다. E–관계 변수의 값은 식별자에 대한 P–관계 변수 투영의 결합과 동일할 것이기 때문이다. 예를 들어 공급자의 경우 다음과 같이 보이는 제약(물론 EQD)이 있을 것이다.

```
CONSTRAINT ... S { SNO } = UNION { SN { SNO } ,
                                   ST { SNO } ,
                                   SC{ SNO } } ;
```

참고: 그러나 이러한 특정한 중복성은 그림 17–3에는 적용되지 않는다. 즉, 해당 그림에 표시된 값을 고려할 때, 세 가지 속성인 이름, 상태, 도시 중 어느 것도 성립하지 않는 공급자(공급자 S5)가 하나 있기 때문이다.

앞에서 설명한 종류의 디자인이 실제로 *E* 타입의 모든 엔터티가 *n*개의 속성을 모두 갖는 특별한 경우에서와 마찬가지로 '더 중복되는' 상태가 된다는 것을 지금 확인해보

자. 그림 17-4는 이러한 상황을 보여주는 그림 17-3의 수정 버전이다.

S

SNO
S1
S2
S3
S4
S5

SN

SNO	SNAME
S1	Smith
S2	Jones
S3	Blake
S4	Clark
S5	Adams

ST

SNO	STATUS
S1	20
S2	30
S3	30
S4	20
S5	30

SC

SNO	CITY
S1	London
S2	Paris
S3	Paris
S4	London
S5	Athens

▲ 그림 17-4 그림 17-3의 수정 버전

{SNO}는 이제 각 관계 변수에서 외래 키가 돼 다른 관계 변수에서 유일한 키 {SNO}를 참조한다. 마찬가지로 관계 변수 중 {SNO}에 대한 투영은 다른 관계 변수 중 {SNO}에 대한 투영과 동일하다. 좀 더 정확히 말하자면, 네 개 관계 변수의 모든 쌍과 관련된 두 개의 동등 종속성이 존재한다.

```
CONSTRAINT ...
   IDENTICAL { S { SNO } , SN { SNO } , ST { SNO } , SC { SNO } } ;
```

IDENTICAL은 휴 다웬과 내가 쓴 책 『Database Explorations: Essays on The Third Manifesto and Related Topics』(trafford, 2010) 등에서 제안한 연산자인데, **Tutorial D**에 추가됐다. 일종의 *n*진 '=' 연산자로 생각할 수 있으며, 그 의미는 다음과 같다.

```
IDENTICAL { rx1 , ... , rxn }
```

위 표현식은 관계 *r1*, ..., *rn*이 표현 *rx1*, ..., *rxn*으로 대변된 관계가 모두 같을 경우 TRUE를 반환하고, 그렇지 않을 경우 FALSE를 반환한다.

그러나 그림 17-4와 같은 극단적인 경우에도 디자인은 직교성을 위반하지 않는다. 더욱이 잘 디자인된 DBMS로 볼 때 이러한 종류의 디자인은 그것을 추천할 만한 점

이 꽤 많을 것이라고 다시 한 번 밝혀둔다. 특히 동등 종속성과 그에 따른 중복성은 그러한 시스템에서 '자동적으로' 관리되고 유지될 것이다(이후 '중복성 관리하기' 절 참조).

사례 7

모든 직원이 정확히 한 부서에 있어야 하고 모든 부서에 적어도 한 명의 직원이 있어야 하는 회사를 생각해보라. 그림 17-5는 이 상황에 대한 RM/T 디자인의 표본값(개략도)을 보여준다.

EMP

ENO
E1
E2
E3
E4
E5

DEPT

DNO
D1
D2
D3

EMPDEPT

ENO	DNO
E1	D1
E2	D2
E3	D2
E4	D3
E5	D3

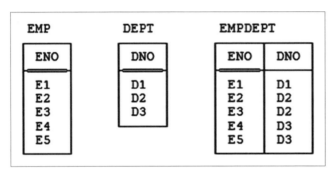

▲ 그림 17-5 직원과 부서 - 샘플 값

그런데 여기서 관계 변수 EMPDEPT가 직원용 P-관계 변수라고 생각하는가? 아니면 부서용이거나 두 가지 모두를 위한 것이라고 생각하는가? 자신의 답을 합리화해보자! (사실 그 점을 잠시 더 좇기 위해 EMP와 EMPDEPT 사이에는 반드시 일대일 일치성이 존재하며, 그 두 개의 관계 변수를 하나로 줄일 이유가 거의 없어 보이기 때문에 RM/T 디자인이 이 예에서는 최선의 선택이 아닐 수도 있다.)

어쨌든, 그림의 샘플 값을 보면 정확히 다섯 명의 직원이 있고 정확히 세 개의 부서가 있는 것을 알 수 있다. 모든 직원은 정확히 한 부서에 있어야 하고 모든 부서, 즉 D3는 적어도 한 명의 직원이 있어야 하므로 한 부서를 '기본default' 부서로 정의하고 EMPDEPT에 언급된 직원이 해당 기본 부서에 있다고 규정하는 규칙을 채택하는 것은 어떨까? 그림 17-4의 관점에서 이 규칙은 EMPDEPT의 튜플 (E4,D3)와 (E5,D3)를 생략할 수 있게 한다. 이러한 규칙을 채택하지 않으면 디자인에 다시 한 번 중복성이 수반된다는 점에 유의하자. 구체적으로는 다음과 같은 동등 종속성이 수반된다.

```
CONSTRAINT EVERY_EMP_HAS_A_DEPT EMP { ENO } = EMPDEPT { ENO } ;

CONSTRAINT EVERY_DEPT_HAS_AN_EMP DEPT { DNO } = EMPDEPT { DNO } ;
```

그러나 나로서는 그러한 '기본 부서default department' 디자인을 채택하는 데 방해가 되는 요소가 적어도 두 가지 있는 것 같다. 첫 번째는 기본으로 삼을 부서의 선택이 자의적일 가능성이 높다는 점이다. 두 번째는 이제 관계 변수 EMPDEPT의 의미에 대해 극도로 조심해야 한다는 것이다! 명백한 술어인 '직원 ENO가 부서 DNO에 있다.'는 것은 효과가 없다. 왜 안 될까? 그 술어(그리고 부서 D3가 기본이라고 가정하는 것)하에, 예를 들어 폐쇄 세계 가정 때문에 튜플 (E5,D3)를 생략하는 것은 직원 E5가 부서 D3에 없다는 것을 의미하기 때문이다. 따라서 그 술어는 다음과 같은 것이어야 한다.

> 직원 ENO는 부서 DNO(기본 부서번호 D3가 아님)에 있다.

이제 이 술어는 효과가 있지만(내 생각에는!) 꽤 까다롭다. 그림 17-5와 같이 튜플 (E1,D1)이 관계 변수에 나타난다고 가정하자. 이에 상응하는 명제는 다음과 같다.

> 직원 E1은 부서 D1(기본 부서번호 D3가 아님)에 있다.

그리고 물론 이 명제는 TRUE로 평가된다. 지금까지는 괜찮다. 그러나 이제 직원 E5에 대한 관계 변수에 튜플이 없다고 가정하자. 자의적인 해석을 하자면, 직원 E5가 부서 D3에 있다는 것이다. 그러나 폐쇄 세계 가정은 실제로 무엇을 말하는가? 우선, 예를 들어 특정 튜플 (E5,D1)이 나타나지 않는 점에 주목하자. 폐쇄 세계 가정에 따르면, 다음과 같은 것이 진정한 명제여야 한다.

직원 E5가 부서 D1(기본 부서번호 D3)에 있는 경우는 아니다.

또는 좀 더 공식적으로 하자면 다음과 같다.

```
NOT ( E5 is in D1 AND D1 ≠ D3 )
```

드 모건의 법칙De Morgan's laws에 따르면 이 표현은 다음과 같다.

```
E5 is not in D1 OR D1 = D3
```

D1 = D3가 거짓이기 때문에 이 표현은 'E5 is not in D1'으로 줄인다. 이는 우리가 원하는 바다(즉, 참된 명제라는 뜻이다).

비슷한 분석은 E5가 기본이 아닌 어떤 부서에도 없다는 점을 유추할 수 있다는 것을 보여준다. 하지만 기본은 어떨까? 튜플 (E5,D3)는 나타나지 않으므로, 다음과 같은 것이 참된 명제임에 틀림없다.

```
NOT ( E5 is in D3 AND D3 ≠ D3 )
```

또한 동일하게 다음과 같다.

```
E5 is not in D3 OR D3 = D3
```

그리고 D3 = D3가 참이기 때문에 이 표현은 단지 TRUE로 요약된다. 그러나 이 명제가 참이라는 사실이 우리에게 확실히 말해주지 않는 것은 E5가 D3에 있다는 점이다! 이제 E5가 존재하며 확실히 D3(?)와 동일하지 않은 어떤 부서에도 없다는 것을 감안할 때, 아마도 이 후자의 사실을 추론할 수 있을 것이다. 그러나 과연 사용자들이 실무에서 그러한 복잡하고 논리 정연한 주장을 갖고 일을 다루길 원하는지가 매우 의심스럽다.

사례 8

그림 17-6(앞 장에서 살펴본 그림 16-4의 약간 수정된 RM/T와 같은 버전)의 예시된 디자인을 생각해보자.

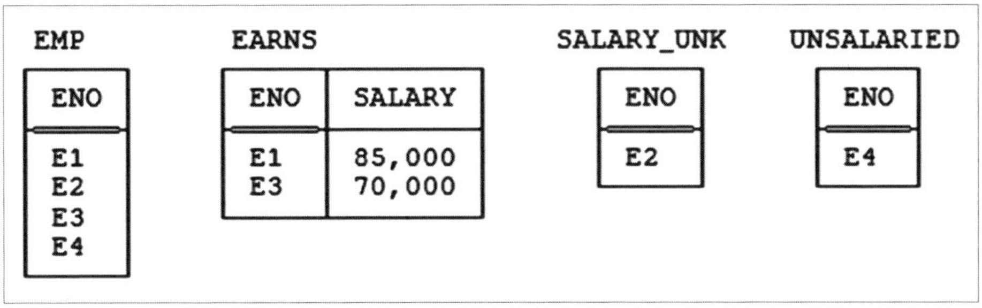

▲ 그림 17-6 직원과 급여 RM/T 디자인 – 샘플 값

이들 관계 변수의 술어는 다음과 같다.

- EMP: 직원 ENO는 회사가 고용한다.
- EARNS: 직원 ENO는 급여 SALARY를 받는다.
- SALARY_UNK: 직원 ENO는 급여를 받지만 얼마를 받는지는 모른다.
- UNSALARIED: 직원 ENO는 급여를 받지 않는다.

이제 관계 변수 SALARY_UNK 또는 관계 변수 UNSALARIED가 중복된다는 것을 확인할 수 있다. 관계 변수 EMP에 나오고 관계 변수 EARNS에 보이질 않는 직원은 정확히 다른 두 명의 직원 중 한 명이어야 한다. 그래야 정보 손실 없이 관계 변수 SALARY_UNK를 줄일 수 있다.[18] 그러나 SALARY_UNK와 UNSALARIED 중 하나

---

18 그리고 그 중복성을 표현하기 위한 제약 조건도 쓸 수 있다. 즉, 다음과 같다.

```
CONSTRAINT ...SALARY_UNK = (EMP MINUS EARNS{ENO}) MINUS UNSALARIED
```

또는 더 나은 다음과 같은 방법도 있다.

```
CONSTRAINT ... EMP = D_UNION {EARNS{ENO}, SALARY_UNK, UNSALARIED}
```

(여기서 D_UNION은 분리 결합 합집합을 의미한다. 『SQL and Relational Theory』를 참조하라.)

를 삭제 대상으로 선택하는 데는 타당한 이유가 없어 보이며, 대칭성을 고려하는 것은 SALARY_UNK와 UNSALARIED 둘 다 유지하는 것에 찬성하고 중복성(?)을 용인하는 것을 찬성하는 것이다.

대칭은 보통 또 다른 좋은 디자인 원리다. 폴리아(polya)를 인용하면[19] 다음과 같다. '대칭적인 것을 대칭적으로 다루고, 어떤 자연적인 대칭을 망치지 말라.' 그러나 사례 8과 그와 유사한 다른 것(사례 7)은 대칭성과 비중복성이 때때로 엇갈린 목표가 될 수 있다는 사실을 보여준다.

사례 9

이 예는 휴 다웬이 구성했으며, 영국의 오픈 유니버시티Open University와 관련해 발생하는 실제 상황에 근거한 것이다. 여기서는 다음과 같은 관계 변수를 받게 된다.

```
SCT { SNO , CNO , TNO }
    KEY { SNO , CNO , TNO }
```

술어는 '학생 SNO는 과정 CNO에 등록돼 있고 교사 TNO가 과정을 지도한다(또는 좀 더 간략하게, 과정 CNO에서 교사 TNO가 학생 SNO를 지도한다).'이다. 그림 17-7은 이 관계 변수의 표본값을 보여준다. 중복되는 부분은 명백하다. 예를 들어 학생 S1이 과정 C1에 등록돼 있고, 과정 C1이 교사 T1에 의해 교습되고, 교사 T1이 과외 학생 S1을 지도한다는 사실이 모두 그림의 샘플 값에 두 번 이상 나온다.[20]

---

19 폴야(G. Polya): 『How To Solve It』(2판, Princeton University Press, 1971)

20 그러한 반복이 중복성을 구성한다는 것에 동의하지 않을 수 있다. 하지만 만약 그렇지 않다면, 일단 반대 의견을 보류해 주길 바란다. 이 예는 이 장 뒷부분에서 자세히 살펴보겠다.

SCT

SNO	CNO	TNO
S1	C1	T1
S1	C1	T2
S2	C1	T1
S2	C1	T2
S1	C2	T1
S2	C2	T1

▲ 그림 17-7 관계 변수 SCT - 샘플 값

이와 같은 예에서 중복성을 줄이기 위해 고려할 수 있는 한 가지 전술은 대리 키 surrogate key(줄여서 '대리 식별자surrogate'라고 함)를 사용하는 것이다.[21] 예를 들어, 그림 17-8에서와 같이 (SNO,CNO) 쌍의 대리 역할을 하는 속성 XNO를 도입할 수 있다(그림에서 관계 변수 XSC의 기본 키 {XNO}를 만들었다. 그러나 {SNO,CNO} 조합도 물론 키다).

XSC

XNO	SNO	CNO
x1	S1	C1
x2	S2	C1
x3	S1	C2
x4	S2	C2

XT

XNO	TNO
x1	T1
x1	T2
x2	T1
x2	T2
x3	T1
x4	T1

▲ 그림 17-8 {SNO,CNO} 조합 대리 식별자 사용하기

이 접근 방식의 어려움 중 하나는 다음과 같다. {CNO,TNO} 조합 또는 {TNO,SNO} 조합이 아닌 {SNO,CNO} 조합에 대해 대리 식별자를 사용하기로 결정한 근거는 무

21 사실, 코드 박사는 모든 엔터티 타입과 관련해 RM/T에서 대리 식별자의 사용을 주장했다. 그는 이 권고안에서 니센(G. M. Nijssen(ed.)), 'Modelling in Data Base Management Systems'(North-Holland/Elsevier Science, 1975)에 있는 '관계와 엔터티(Relations and Entities)'라는 논문에서 패트릭 홀(Patrick Hall), 존 오울렛(John Owlett), 스티븐 토드(Stephen Todd)의 선구적인 업적을 따르고 있었다.

엇인가? 어떤 선택을 하든 비대칭이며, 여기에 몇 가지가 있다.[22]

- 대리 식별자는 업데이트를 더욱 복잡하게 만들 수 있다(본질적으로 사용자는 자신의 외래 키 검사를 수행해야 한다).
- 설상가상으로 확실하게 해야 하는 시스템의 외래 키 점검은 (a) 실패하지 않을 것이고, 따라서 (b) 완전 오버헤드가 될 것이다.
- 쿼리 및 업데이트 시간이 길어지고, 쓰기가 오래 걸리고, 오류가 자주 발생하고, 디버깅이 더 어려워지고, 유지 관리가 더 어려워진다.
- 더 많은 무결성 제약이 필요하게 된다.

그러나 현재의 목적을 위해 진짜 질문은 다음과 같다. 대리 식별자를 도입하는 것이 정말 중복성을 줄이는 데 도움이 되는가? 여기서는 이 문제를 다루고 싶지 않다. 나중에 '정의 가다듬기' 절에서 다시 이야기하겠다.

사례 10

그림 17-7과 같은 예에서 중복성을 줄이기 위해 고려할 수 있는 또 다른 전술은 관계값 속성 RVA를 도입하는 것이다. 그림 17-9는 그 예를 보여준다.

22 이러한 문제들은 내 책 『Relational Database Writings 1989–1991』(Addison-Wesley, 1992)의 'Composite Keys'에 자세히 설명돼 있다.

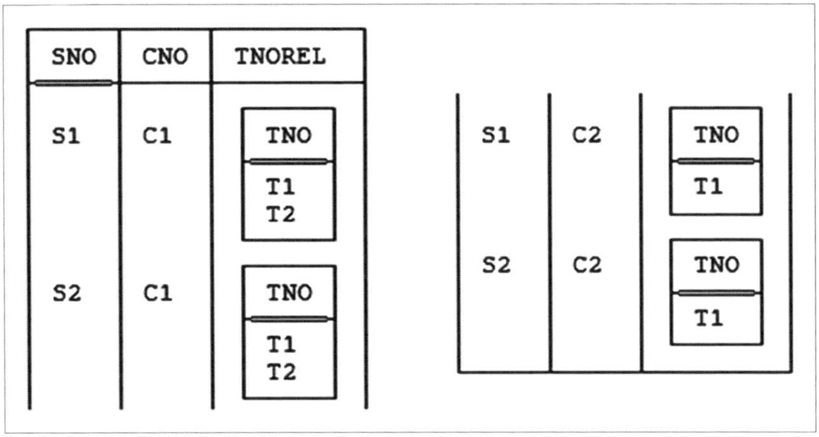

▲ 그림 17-9 교사 RVA

물론 4장에서 설명한 것처럼, RVA의 사용에 항상 수반되는 모든 일반적인 문제와 별개로 이러한 접근 방식의 분명한 한 가지 문제는 다시 비대칭이다. 어떤 근거로 학생이나 과정이 아닌 교사에게 RVA를 사용하기로 결정했는가? 그리고 어떤 경우든, 이 전술이 정말로 중복성을 감소시키는가? 나중에 다시 이 질문으로 돌아와서 '정의 가다듬기' 절에서 말하겠다.

사례 11

이 사례는 단지 일종의 북마크다. 책 『Time and Relational Theory: Temporal Databases in the Relational Model and SQL』(Morgan Kaufmann, 2014)에서 휴 다웬, 니코스 로렌초스와 나는 시간적 데이터^temporal data^와 관련해 특정한 '새로운' 종류의 중복성이 발생할 수 있음을 보여주며, 그것들을 다루기 위한 많은 새로운 디자인 원리와 기법을 제안한다.[23]

23 그 책(14장에서 '템포럴 북'이라고 한 것처럼)은 물론 '새로운' 정규형 6NF(14장 참조)의 출처지만, 단지 모든 관계 변수가 6NF에 있는지 확인하는 것 이상의 시간적 맥락에서 데이터베이스 디자인에는 훨씬 더 많은 것이 있다. 특히 중복성을 줄이는 데는 훨씬 더 많은 것이 있다. 그리고 그 문제에 대한 철저한 토론을 위해 그 책을 참조하라.

사례 12

마지막 예는 일반적인 실제 상황의 전형적인 모습을 보여준다. 그것은 대략 파비앙 파스칼Fabian Pascal의 책 『Practical Issues in Database Management: A Reference for the Thinking Practitioner』(Addison-Wesley, 2000)의 예에 기초하고 있다. 다음과 같이 두 개의 관계 변수를 가정하자(특별히 베이스 관계 변수라는 것을 밝히기 전까지).

```
PAYMENTS { CUSTNO , DATE , AMOUNT }
         KEY { CUSTNO , DATE }

TOTALS { CUSTNO , TOTAL }
       KEY { CUSTNO }
```

관계 변수 TOTALS의 속성 TOTAL은 흔히 '파생 데이터'라고 부르는 것의 예다. 고객에 대한 가치는 문제의 고객에 대한 모든 지급액을 합산해 도출된다. 사실 다음의 동등 종속성[24]을 갖고 있다(그리고 나중에 참조하고자 일단 제약 조건에 이름, 즉 C12를 부여했다는 것에 주목하자).

```
CONSTRAINT C12 TOTALS = SUMMARIZE PAYMENTS BY { CUSTNO } :
                                  { TOTAL := SUM ( AMOUNT ) } ;
```

참고: SUMMARIZE는 **Tutorial D**에서 GROUP BY를 사용한 SQL의 SELECT에 해당하는 것이다.[25] 단, **Tutorial D**보다 SQL이 더 편할 경우 전술한 SQL 버전도 보여줄 것이다.

---

24 실제로 또 다른 EQD도 이 예에 포함되지만, 현재 목적을 위해 이 예(즉, PAYMENTS {CUSTNO} = TOTALS {CUSTNO})는 무시할 수 있다.

25 사실 SUMMARIZE는 다음 버전의 **Tutorial D**에서 삭제될 수 있는데, 이는 관계형 EXTEND 연산자와 이미지 관계라는 측면에서 SUMMARIZE를 포함하는 표현은 항상 더 단순하고 더 이해하기 쉽게 공식화될 수 있기 때문이다. 예를 들어, 예시에서의 SUMMARIZE 식을 EXTEND PAYMENTS{CUSTNO}: {TOTAL := SUM (IMAGE_IN (PAYMENTS), AMOUNT) 로 대체할 수 있다. SUMMARIZE, EXTEND와 이미지 관계에 대한 자세한 내용은 『SQL and Relational Theory』를 참조하라.

```
CREATE ASSERTION C12 CHECK
     ( NOT EXISTS
         ( SELECT *
           FROM   TOTALS
           WHERE  NOT EXISTS
                ( SELECT *
                  FROM ( SELECT CUSTNO , SUM ( AMT ) AS TOTAL
                         FROM   PAYMENTS
                         GROUP  BY CUSTNO ) AS TEMP1
                  WHERE  TOTALS.CUSTNO = TEMP1.CUSTNO ) )
       AND
       NOT EXISTS
         ( SELECT *
           FROM ( SELECT CUSTNO , SUM ( AMT ) AS TOTAL
                  FROM   PAYMENTS
                  GROUP  BY CUSTNO ) AS TEMP2
           WHERE  NOT EXISTS
                ( SELECT *
                  FROM   TOTALS
                  WHERE  TOTALS.CUSTNO = TEMP2.CUSTNO ) ) ) ;
```

이제 파생 데이터는 정의에 따라 중복된다. 단, 다시 한 번 예시에서는 정규화 또는 직교성에 대한 위반이 없다(특히 관계 변수 PAYMENTS와 TOTALS는 모두 6NF에 있다). 이 예는 이어지는 절에서 좀 더 자세히 분석하겠다.

중복성 관리하기

앞 절에서 다룬 사례 12의 디자인이 중복된다는 사실은 명시된 동등 종속성이 유효하다는 사실(제약 조건Constraint C12)에 의해 명확하게 나타난다. 그리고 적어도 원칙적으로는 그 예에 의해 예시된 종류의 중복성을 다루는 네 가지 기본 접근법이 있다.

1. 순수 디자인

2. 제약 조건 선언
3. 뷰 사용
4. 스냅샷 사용

좀 더 자세히 알아보자.

1. 순수 디자인

오늘날 대부분의 DBMS가 제공하는 제한된 기능성을 감안할 때, 이는 아마도 실무에서 가장 많이 접하게 될 접근 방식일 것이다. 그 아이디어는 단순히 다음과 같다.

a. 관계 변수 PAYMENTS와 TOTALS는 앞의 절과 같이 정확히 정의된다.
b. 제약 조건 C12는 DBMS에 선언되지 않는다.
c. 파생 데이터 관리는 100% 사용자의 책임이다(또는 어떤 사용자의 책임이며, 어쨌든 관리는 트리거 프로시저를 통해 수행될 수 있지만 여전히 그 프로시저 코드를 작성해야 한다).[26]

실제로 이 접근 방식은 (a) 특정 쿼리 실행으로 향상된 성능에 대해 (b) 특정 업데이트(관련 성능 적중performance hit을 포함해)를 실행할 때 사용자 또는 일부 사용자에 관련된 추가 작업과 상충 관계다. 그러나 사용자가 일부 업데이트 중 (실제로) 제약 조건 C12를 위반하는 실수를 한다면 보장할 수 없다.

2. 제약 조건 선언

이 접근법에서 제약 조건 C12는 DBMS에 명시적으로 선언되고 DBMS는 이를 수행

26 관계 변수 TOTALS는 두 관계 변수를 '동기화' 상태로 유지하는 데 필요한 업데이트를 제외하고는 전혀 업데이트돼서는 안 된다는 점에 유의하라. 따라서 이상적으로는 이 규칙을 수행하기 위해 어떤 종류의 통제가 마련돼야 한다(다른 세 가지 접근법에도 유사한 접근이 적용된다).

하는 책임을 진다. 그러나 이전 접근법에서 그랬던 것처럼, 파생 데이터를 관리하는 것은 여전히 사용자의 책임이다. 더욱이 사용자가 이 작업을 신뢰성 있고 정확하게 수행한다면 제약 조건 점검은 결코 실패하지 않을 것이며, 따라서 사실상 사용자 업데이트에 대한 순수한 오버헤드만 있을 것이다. 그러나 사용자가 유지 보수 작업을 안정적이고 정확하게 수행하고 있는지 확인하기 위한 시스템이 필요하므로 제약 조건은 무시할 수 없다.

3. 뷰 사용

단순히 제약 조건을 선언하는 대신, 파생 데이터를 정의하는 규칙 체계를 알리고 시스템이 자동으로 파생 프로세스를 수행하도록 할 수 있다면 분명 더 좋을 것이다. 그리고 우리는 할 수 있다. 그것이 바로 뷰 메커니즘이 하는 것이다. 구체적으로 말하면, 기본 관계 변수 TOTALS를 동일한 이름의 뷰(또는 '가상 관계 변수')로 다음과 같이 교체할 수 있다.

```
VAR TOTALS VIRTUAL
  ( SUMMARIZE PAYMENTS BY { CUSTNO } :
           { TOTAL := SUM ( AMOUNT ) } ) ;
```

이제 사용자는 더 이상 파생 데이터 관리에 대해 걱정할 필요가 없다. 더욱이 이제는 제약 조건 C12가 위반될 가능성이 있는 방법이 없으며, 비공식적인 것(아마도 사용자에게 관점의 의미론을 알려주는 수단으로서)을 빼고는 더 이상 언급할 필요가 없다. 그러나 TOTALS를 유지하지 않도록 사용자가 명시적으로 알아야 하는지를 주목하라! 그러나 이는 사용자가 관계 변수 TOTALS가 뷰라는 사실을 알아야 한다는 것을 의미하지 않는다. 단지 사용자가 유지 관리 작업이 시스템에 의해 효과적으로 수행될 것이며 사용자가 개입해서는 안 된다는 점을 알아야 한다는 것을 의미한다.

4. 스냅샷 사용

그러나 뷰의 단점은 뷰를 참조할 때마다 파생 프로세스가 수행된다는 것이다(마지막 참조 이후 업데이트가 수행되지 않았더라도). 따라서 연습의 전체 목적이 후속 쿼리 성능을 개선하기 위해 업데이트 시간에 파생 작업을 수행하는 것이라면 뷰는 분명히 불충분하다. 이 경우 다음과 같이 뷰 대신 스냅샷을 사용해야 한다.

```
VAR TOTALS SNAPSHOT ... /* 가설적 구문 */
  ( SUMMARIZE PAYMENTS BY { CUSTNO } :
           { TOTAL := SUM ( AMOUNT ) } )
    REFRESH ON EVERY UPDATE ;
```

스냅샷 개념은 아디바Adiba의 논문에 그 기원을 두고 있다.[27] 기본적으로 스냅샷은 뷰와 마찬가지로 파생된 관계 변수다. 그러나 뷰와 달리 가상이 아니라 실제적이다. 즉, 다른 관계 변수의 관점에서만 정의한 것이 아니라 (적어도 개념적으로) 데이터 자체의 별도의 구체적 복사본으로도 표현된다. 즉, 스냅샷을 정의하는 것은 다음과 같은 경우를 제외하고 쿼리를 실행하는 것과 거의 유사하다.

a. 쿼리 결과는 읽기 전용 관계 변수(읽기 전용, 즉 주기적 새로 고침과는 별도로, 바로 다음에 나오는 요점 b 참조)로 지정된 이름(예: TOTALS)으로 데이터베이스에 저장된다.

b. 주기적으로(ON EVERY UPDATE) 스냅샷이 새로 갱신된다. 즉, 스냅샷의 현재 값은 버려지고 쿼리는 다시 실행되며, 새로운 실행의 결과는 새로운 스냅샷 값이 된다.

REFRESH 절의 일반적인 형태는 다음과 같다.

27 마이클 아디바(Michel Adiba): 'Derived Relations: A Unified Mechanism for Views, Snapshots, and Distributed Data', Proc. 1981 International Conference on Very Large Data Bases, Cannes, France (September 1981).

```
REFRESH [ ON ] EVERY <now and then>
```

> 여기서 <*now and then*>은 예를 들어 MONTH, WEEK, DAY, HOUR, *n* MINUTES, MONDAY 또는 WEEKDAY 등이 될 수 있다. 특히 REFRESH ON EVERY UPDATE는 스냅샷이 파생 관계 변수와 영구적으로 동기화되는 것을 의미하며, 이는 사례 12의 경우 원하는 것일 수 있다.

지금까지 이 절에서는 사례 12와 그 예에서 설명한 특정 종류의 '파생 데이터'에 초점을 맞췄다. 그러나 사실은 모든 형태의 중복성을 파생 데이터로 생각할 수 있다. 만일 *x*가 중복된 경우, 정의에 따라 *x*는 데이터베이스의 다른 어떤 것에서 파생될 수 있다(사례 12에서 나오는 상황에 따라 파생 데이터라는 용어를 제한하는 것은 잘못될 소지가 있으며 권장하지 않는다). 앞서 언급한 분석(특히 네 가지 접근 방식)은 최소한 원칙적으로는 모든 종류의 중복성에 적용하도록 일반화할 수 있다. 특히 이러한 접근 방식 중 세 번째와 네 번째는 모두 각각 뷰와 스냅샷을 사용하며, 때로는 '통제된 중복성controlled redundancy' 이라고 불리는 것을 만드는 점에 주목하자. 중복성이 존재하는 경우(그리고 사용자가 알고 있는 경우) 중복성이 통제된다고 하지만, 그것이 어떠한 불일치로 이어지지 않도록 '업데이트 제안propagating updates'은 사용자가 아닌 시스템이 관리한다. 통제되지 않은 중복성은 문제가 될 수 있지만, 통제된 중복성은 문제가 되지 않아야 한다. 중복성을 완전히 제거하기는 아마도 불가능할 것이고 심지어 바람직하지 않을 수도 있지만, 제거되지 않은 중복성은 최소한 통제돼야 한다고 말하고 싶다. 특히 스냅샷에 대한 지원이 필요하다.[28]

28 다행히도, 비록 실체화 뷰(각주 1 참조)가 자주 사용되는 이름은 아니지만 지금은 많은 상업용 제품이 스냅샷을 지원한다.

정의 가다듬기

참고: 이 다소 긴 부분은 이 장의 맨 끝부분(대부분)에 뒀다.

선적 관계 변수 SP와 함께 그 술어 '공급자 SNO는 부품 PNO를 수량 QTY만큼 공급한다.'를 생각해보자. 또한 1장의 그림 1-1에서 해당 관계 변수의 값으로 표시된 관계를 고려하자.

a. 그러한 관계에 있는 튜플 중 두 개는 (S1,P5,100)과 (S1,P6,100)이다.
b. 두 개의 튜플 모두 하위 튜플로서 (S1,100)을 포함한다.

그 두 개의 하위 튜플이 나온 것은 무슨 의미인가? (S1,P5,100)의 출현은 다음을 의미한다(나중에 참고하고자 이 명제에 번호를 매겼다).

1. 공급자 S1은 일부 부품을 수량 100개로 공급한다.

그리고 (S1,P6,100)에서의 출현은 정확히 같은 것을 의미한다! 데이터베이스에 동일한 명제를 나타내는 어떤 (하위) 튜플 둘이 분명히 출현하는 상황이 있지 않은가? 즉, 이 장의 서론에서 내가 내린 정의에 따라 데이터베이스에는 약간의 중복성이 포함돼 있지 않은가?

이 질문에 답하기 전에 간단한 예시를 하나 더 제시하고자 한다. 그림 1-1을 다시 참조해 공급자 S1에 대한 그림에 표시된 여섯 개의 선적(SP) 튜플을 고려해보자. 분명히 이 튜플들은 모두 하위 튜플(S1)을 포함하고 있다. 그리고 그 하위 튜플 여섯 개의 출현은 모두 같은 것을 의미한다.

2. 공급자 S1은 일정량의 부품을 공급한다.

한 걸음 더 나아가 모든 SP 튜플(사실, 어떤 속성을 갖고 있든 간에 모든 가능한 튜플)이 항상 하위 튜플로서 0-튜플을 갖고 있다는 사실을 고려할 수도 있다. 따라서 그림 1-1의 선적 관계에서 12개의 '출고'(내 말의 뜻을 알 수 있다면!)가 있으며, 그것들은 모두 다음과 같은 명제를 나타낸다.

3. 어떤 공급자는 어느 정도 부품을 공급한다.

그럼 우리 손에는 중복이 있는가, 혹은 그렇지 않은가? 1~3의 명제는 모두 실존적 계량이 관련된다는 것을 주목하라. 다음은 명시적이고 강조된 계량화와 동일한 명제의 좀 더 공식적인 버전이다.

1. 공급자 S1이 부품 PNO를 수량 100으로 공급하는 일부 부품 PNO가 있다.
2. 공급자 S1이 부품 PNO를 수량 QTY로 공급할 수 있는 수량 QTY가 존재하는 일부 부품 PNO가 있다.
3. 일부 공급자의 SNO는 일부 부품 PNO가 존재해 공급자의 SNO가 부품 QTY를 공급하고 일부 수량 QTY가 존재한다.

이러한 명제들에서 세 번째의 SNO, 두 번째와 세 번째의 QTY, 그리고 세 가지 모두의 PNO는 매개변수가 아니다. 물론 명제에는 매개변수가 포함되지 않기 때문이다! 그러나 오히려 논리학자들이 종속변수bound variable라고 부르는 것은 종속변수들이 실제적으로 '몇몇 ...가 있다.'[29]라는 문구에 의해 '계량화'돼 있기 때문이다. **참고**: 이러한 개념(즉, 종속변수와 실제 계량화)에 익숙하지 않으면 『SQL and Relational Theory』에서 문제 해결을 할 수 있다. 그러나 현재의 토론은 그런 문제에 대한 사전 지식이 없어도 충분히 따라갈 수 있을 만큼 쉬워야 한다고 생각한다.

전술한 것과 대조적으로, 기초적인 관계 변수 SP에서 튜플로 대표되는 명제는 실존적

---

29 앞의 '술어와 제약' 절에서는 EXISTS와 FORALL(각각 더 공식적으로는 실존적, 보편적 정량자로 알려진)이라는 두 가지 정량자가 있다고 말했다. 그러나 현재 목적과 관련이 있는 것은 EXISTS가 유일하다. 더욱이 일반성을 잃지 않고 이미 본 예들이 강하게 시사하듯이, 계량화가 항상 문제의 명제의 시작 부분으로서 나타난다고 가정할 수 있다. 다시 말해, 이 시점에서 앞으로 언급할 점은 정량화된 명제는 항상 '프레넥스 정규형(prenex normal form)'이라는 형태로 가정될 수 있다는 것이다. 즉, 정량화된 명제는 형태를 취한다는 뜻이다. 뒤에 p가 뒤따르는 경우 p는 계량자가 없는 (하위) 계량자가 된다.

인 정량자를 포함하지 않는다. 그 이유는 이 모든 것이 단지 관계 변수 술어의 인스턴스화일 뿐(즉, 그것들은 모두 그 술어의 매개변수에 인수를 대체하는 것만으로 얻어지는 것)이며, 차례로 다음과 같은 그 술어 역시 그러한 정량자를 포함하지 않기 때문이다.

공급자 SNO는 부품 PNO를 수량 QTY로 공급한다.

요약하면, 다음과 같은 것이 관찰되는 것처럼 보인다.

a. 주어진 명제라고 불릴 수 있는 것, 즉 주어진 관계 변수에서 튜플로 대표되는 명제들은 정량화되지 않는다.

그러한 '주어진 명제'는 항상 정량화되지 않는다. 예를 들어, WEIGHT와 HEIGHT 속성이 있는 관계 변수와 같은 속성을 가진 관계 변수를 고려하라. 어떤 사람은 체중 WEIGHT와 키 HEIGHT를 갖고 있다. 그러나 (논리학자 스콜렘(Skolem)의 이름을 따서) 스콜렘 표준형(skolemization)이라고 알려진 과정을 통해 그러한 상황에서 정량자를 효과적으로 제거할 수 있다. 이 예에서 그 과정은 원래 술어를 '사람 p가 체중 WEIGHT과 키 HEIGHT를 갖는다.'는 형태의 술어로 대체하는 것을 포함한다(여기서 p는 어떤 사람이나 알려지지 않은 사람을 의미한다). 이 후자의 술어는 정량자가 없다.

---

b. 반면에 파생된 명제들(적어도 주어진 관계 변수에서 튜플의 투영을 취함으로써 얻은 튜플에 해당하는 파생 명제들)은 적어도 하나의 실존적 정량자를 포함하며, 아마도 한 개 이상의 실존적 정량자를 포함한다.

이제 우리의 통상적인 선적 관계 변수 SP가 본질적으로 중복된 것이라고 생각하고 싶지는 않다. 그래서 우리가 말하고 싶은 것은 다음과 같다.

(**경고:** 잠정적인 것임!) 동일한 명제가 두 번 표현되지만, 그 명제가 실존적으로 수량화된다면 그 반복은 중복으로 간주되지 않는다.

하지만 잠시 FD {CITY} → {STATUS}가 있는 공급자 관계 변수 S는 어떨까? 전술한 것과 정확히 유사한 주장은 예를 들어 그림 1-1에 나타낸 공급자 튜플 중 두 개에서 하위 튜플로 나타나는 튜플 (London,20)이 다음과 같은 명제를 나타내는 것으로 보인다.

> 공급자 SNO가 SNAME으로 명명되고, 상태 20을 가지며, 런던시에 위치하는 등 일부 명칭의 SNO가 존재할 수 있는 공급자도 있다.

분명히 이 명제는 존재 양화existential quantification[30]됐다. 하지만 그것은 두 번 출현됐으며, 우리는 반복적으로 중복 계산되길 원한다(이미 알고 있듯이, 관계 변수 S는 그것의 FD {CITY} → {STATUS}가 BCNF에 있지 않다). 그렇다면 무슨 일이 벌어지고 있는 것일까?

흔히 그렇듯이 술어를 자세히 살펴보면 이 질문에 대한 답을 찾을 수 있다고 믿는다. 먼저, 14장에서 술어는 연결체가 없는 경우에만 단순하고, AND로 연결된 다른 술어 집합으로 구성되는 경우(그리고 현재 목적상 그 다른 술어들은 모두 단순한 술어라고 가정할 것이다.)라는 것을 상기하라.[31] 이제 '공급자 SNO가 부품 PNO를 수량 QTY로 공급한다.'는 술어는 앞에서 말한 의미에서 간단하다. 이와 대조적으로, 관계 변수 S의 술어는 결합형이다. 그것은 단순한 술어 집합으로 분해될 수 있다. 술어를 다음과 같이 약간 격식적이지만 실제로는 더 논리적인 형태로 진술함으로써 이 후자의 사실을 좀 더 분명하게 할 수 있다.

> SNO 공급자는 SNAME으로 명명되고
> SNO 공급자는 도시 CITY에 위치하며
> 도시 CITY는 상태 STATUS를 갖고 있다.

---

30 '양화(量化, quantification)'란 자유변항을 가진 논리식이 적용되는 논의 영역(domain of discourse)에 있는 개체의 '양(量)'을 지정하는 것을 이르는 말이다. 또한 이러한 역할을 하는 요소를 양화사(量化詞, quantifier), 정량자(定量子)라고 한다. 술어 논리에서 존재 양화는 양화의 일종으로, 주어진 술어를 만족시키는 객체가 논의 영역에 적어도 하나 존재함을 나타낸다. 이는 논리 연산 기호 ∃로 표현되며, 이 기호를 존재 양화사 또는 존재 기호라 한다. – 옮긴이

31 명제는 일반적으로 술어의 특별한 경우(2장의 2.14절의 해답 참조)이므로, 명제 역시 연결 고리가 없는 경우에만(즉, 단순한 술어의 인스턴스화인 경우에만) 단순하다고 말할 수 있다.

이번 술어에서 다음 사항을 명확히 해야 한다.

a. 관계 변수 S는 자명하지 않고 더 이상 축소 불가능한 JD ☼{SN,SC,CT}의 적용을 받으며, 여기서 SN, SC, CT라는 이름은 각각 제목 {SNO,SNAME}, {SNO, CITY}, {CITY,STATUS}를 나타낸다(반면에 관계 변수에 있는 유일한 JD는 자명하고, SP는 6NF에 존재한다. 반복하자면 관계 변수 S는 BCNF에도 없다).

b. 따라서 관계 변수 S는 해당 JD에 따라 분해되는 무손실일 수 있다. 해당 투영의 술어는 다음과 같다.

   SN: 공급자 SNO는 SNAME이라는 이름을 가진다.
   SC: 공급자 SNO는 도시 CITY에 위치하고 있다.
   CT: 도시 CITY는 상태 STATUS를 가진다.

   이 술어들은 존재 양화를 수반하지 않으므로 그에 상응하는 명제들도 역시 그렇지 않다.[32]

c. 관계 변수 S는 확실히 SN, SC, CT에 해당하는 하위 튜플을 포함하고 있지만, {SNO}가 키이기 때문에 SN과 SC에 해당하는 하위 튜플은 절대 반복되지 않는다. 대조적으로 CT에 해당하는 것들은 최소한 잠재적으로(그림 1-1에서 알 수 있듯이) 반복되며, 그러한 반복은 중복성을 만들게 한다.

동기 부여로서 앞서 언급한 모든 것을 갖고, 데이터베이스가 중복성을 보여주는 것이 무엇을 의미하는지에 대해 다음과 같이 '최종' 정의를 제시한다.

정의(데이터베이스의 중복성, '마지막' 상세 버전): *D*를 데이터베이스 디자인이라 하고 명제 *p*를 단순하고 양화하지 않은 것으로 가정해보자. 그러면 다음과 같다.

a. 데이터베이스 값(즉, *D*에 언급된 관계 변수에 대한 값 집합), *DB*는 다음과 같은 *D*와

32 특히 CT에 대한 술어의 정량화가 부족한 것과 관련해, 3장의 '두 가지 목적을 수행하는 정규화' 절을 다시 한 번 살펴보길 바란다.

일치한다.

b. 명시적이든 내포적이든 *p*를 나타내는 일부 튜플 또는 튜플 조합의 몇몇 특정한 출현이 *DB* 내에 존재한다.

c. 명시적이든 내포적이든 *p*를 나타내는 일부 튜플 또는 튜플 조합의 몇몇 분명한 출현이 *DB* 내에 존재한다.

d. *DB*는 중복성을 포함하고 *D*는 중복성을 허용한다.

물론 앞에서 설명한 정의보다 다음과 같이 간결하게 표현할 수 있다.

정의(데이터베이스의 중복성, '마지막' 간결한 버전): *D*를 데이터베이스 디자인으로 하고, *DB*를 *D*를 따르는 데이터베이스 값(즉, *D*에서 언급된 관계 변수에 대한 값의 집합)으로 하며, *p*를 단순 미양화 명제로 한다. *DB*가 (암묵적으로) *p*의 둘 이상의 구별되는 출현을 포함하는 경우, *DB*는 중복성을 포함하고 *D*는 허용한다.

특히 데이터베이스가 '직교 디자인의 원리'와 모든 정규화의 원리를 완전히 준수하더라도 이 정의에 의해 중복성을 보일 수 있다는 점을 유념하자. 그러나 그 정의에 따르면, 만약 어떤 조건이 성립될 경우 중복이 있을 수 있다고 한다.

가능하다면, 이 장의 앞 절에서 다룬 1~12의 사례를 고려해 전술한 정의가 그러한 사례에 어떤 영향을 미치는지 구체적으로 살펴보자. 주의 깊게 보자. 다음 분석에서 문맥이 달리 요구하지 않는 한, 부적격 용어 명제는 존재 양화되지 않은 단순한 명제를 의미하도록 받아들여야 한다(다만, 어쨌든 강조를 위해 더 노골적인 용어를 종종 사용한다).

사례 1과 2

캘리포니아주 샌프란시스코는 우편번호 94100에 해당하는 도시이기 때문에 이 두 가지 예는 모두 중복성을 나타낸다.

사례 3

두 개의 고유한 튜플이 모두 DATE 값 'Friday, January 18th, 2019'를 포함하고 있다고 하면, 단순 미양화된 명제 'Friday, January 18th, 2019'가 두 번 출현하기 때문에 데이터베이스는 중복성을 명확하게 나타낸다. 사실 DATE 값이 단 한 번만 나타나도 중복성이 있다! 그런 경우에도 'Friday, January 18th, 2019'라는 명제는 명시적으로나 암묵적으로 표현되기 때문이다. 명시적 출현은 명백하다. 암묵적 출현은 나머지 값의 한 부분인, 즉 요일(예: 금요일)이 나머지 값으로부터 계산될 수 있다는 사실(예: January 18th, 2019)의 결과물이다.[33]

사례 4

이 예에는 중복성이 없다.

사례 5

직원 *e*를 관계 변수 EMP로 표시하고 *e*에 대한 JOB 값을 `Programmer`로 하자(따라서 직원 *e*는 관계 변수 PGMR에도 표시됨). 그렇다면 앞에서 지적한 바와 같이 간단하게 계량화되지 않는 명제인 '직원 *e*는 프로그래머다.'는 두 가지 다른 방식으로 분명하게 표현된다.

사례 6

세 가지 속성(예: 이름, 상태, 도시)을 모두 갖고 있지 않은 공급자에게 이번 예는 사례 4와 유사하다. 세 가지 속성을 모두 가진 공급자의 경우, S에 대한 E-관계 변수 튜플은 중복적이라고 말할 수 있다. E-관계 변수 술어가 'SNO는 공급자다.'라는 형식을

33 만약 요일과 나머지 날짜를 두 개의 별도 속성, 즉 DAY와 DATE로 나타낸다면 FD {DATE} → {DAY}는 성립할 것이다.

취하고 P-관계 변수의 술어는 'SNO는 공급자이고... (등등)'이라는 형식을 받아들인다. 즉, 두 번 이상 출현하는 미양화 명제는 'S1 공급자, S2 공급자'임을 의미한다. 논쟁의 여지가 있지 않은가, 어떻게 생각하는가?

사례 7

앞서 '기본 부서' 디자인을 채택하는 것에 대해 훌륭한 논쟁이 있는 것 같다고 했다. 그러나 그 디자인을 채택한다면, '직원 *E4*가 *D3* 부서에 있다'는 명제가 두 번 출현할 것이다. 한 번은 명시적인 튜플에 의해 출현하고, 다른 한 번은 '*D3*와 같지 않은 어느 *Dj* 부서에 대해 직원 *E4*가 부서 *Dj*에 있다.'는 명제에 해당하는 튜플이 부족하기 때문이다. 하지만 그것은 꽤 고달픈 논쟁이다! 더욱이 '*Dj*가 *D3*와 같지 않은 몇몇 부서에 대해 *E4*는 *Dj* 부서에 있다.'는 명제는 사실 양화되지 않은 것이 아니다. 다음은 약칭이다.

> 직원 E4가 Dj와 Dj ≠ D3 부서에 존재한다는 Dj 부서는 존재하지 않는다.[34]

그래서 어떻게 생각하는가?

사례 8

'직원 E4는 무급이다.'라는 명제는 UNSALARIED 튜플에 의해 명시적으로 출현되며, EARNS 또는 SALARY_UNK의 직원 E4에 대한 튜플 부족이 암묵적으로 출현된다(이 예는 사례 6과 사례 7 모두와 유사하다).

34 또는 다음과 같이 동일하다. '**모든 부서 Dj에 대해** 직원 *E4*는 *Dj* 또는 *Dj* ≠ *D3*에 있지 않다.' 이 명제는 계량화됐을 뿐만 아니라, 지금까지 논의된 다른 모든 계량화 명제와 달리 보편적으로 계량화됐다는 점에 유의하라.

사례 9와 10

앞서 사례 9의 논의에서는 다음과 같이 말했다.

> 중복성은 ... 분명하다. 예를 들어 '학생 S1이 과정 C1에 등록돼 있다.', '교사 T1이 과정 C1을 맡는다.', '교사 T1은 학생 S1을 가르친다.'는 그림 17-7의 샘플에 두 번 이상 나온다.

또한 그 술어가 '과정 CNO의 교사 TNO는 학생 SNO를 가르친다.'라고 말했다. 그러나 중복되는 부분이 실제로 언급된 바와 같이 간단할 수는 없다. 대신 다음과 같아야 한다.

> 학생 SNO는 과정 CNO에 등록하고(AND)
> 과정 CNO는 교사 TNO가 수업하고(AND)
> 교사 TNO는 학생 SNO를 가르치고(AND)
> 교사 TNO는 학생 SNO에게 과정 CNO를 가르친다.

좀 더 완전한 디자인에는 다음과 같은 관계 변수가 포함될 수 있다.

- S {SNO,...}, C {CNO,...}, T {TNO,...}는 학생, 과정, 교사를 의미한다
- SC {SNO,CNO,...}, CT {CNO,TNO,...}, TS {TNO,SNO,...}는 어느 학생이 어느 과정에 등록돼 있는지, 어느 과정은 어느 교사가 맡는지, 어느 교사가 어느 과정을 어떤 학생에게 교습하는지를 각각 보여준다.
- 원래의 예시와 같은 SCT {SNO,CNO,TNO}

다음을 보자.

1. 관계 변수 SC는 S{SNO}와 C{CNO} 결합의 일부 부분집합(카티시언 곱)과 같으며, CT와 TS의 경우도 유사하다.
2. 더욱 중요한 것은 관계 변수 SC는 {SNO, CNO}에 대한 SCT 투영과 동일하다는 점이다(또한 CT와 TS의 경우에도 유사하다). 적어도 SC는 다음과 같은 가정이 유

효한 한 {SNO,CNO}에 대한 투영된 SCT와 동일하다. 어떤 학생도 그 과목의 지도 교사를 배정받지 않고 등록할 수 없다(정확성을 위해 SC만 다루지만, CT와 TS에도 같은 말이 적용된다.) 그러나 다음과 같다.

a. 그러한 가정이 유효하다면 SC는 삭제될 수 있다(CT와 TS의 경우 유사).

b. 또는 그러한 가정이 유효하지 않다면 SC를 삭제해서는 안 된다. 즉, SCT로만 구성된 디자인은 무효다.[35] (다시 한 번 CT와 TS에도 비슷한 말이 적용된다.)

3. 관계 변수 SCT도 SC, CT, TS 결합의 일부 부분집합과 같으며, 차례로 결합하는 것은 S{SNO}, C{CNO}, T{TNO} 결합(카티시언 곱)의 일부 부분집합이다.

이제 SC, CT, TS를 버리지 않는다면, 분명히 중복성이 있을 것이다. 예를 들어 그림 17-7의 샘플 값을 고려할 때, 단순 미양화 명제 '과정 *C1*에 등록한 학생 *S1*은 (a) 관계 변수 SC의 명시적 튜플에 의해 표현되며, 또한 (b) 관계 변수 SCT의 명시적 튜플로 표현하는 다음과 같은 (단순하지는 않지만) 명제의 결합 중 하나로 출현한다.

학생 S1은 과정 C1에 등록하고(AND)
과정 C1은 교사 T1이 수업하고(AND)
교사 T1은 학생 S1을 가르치고(AND)
교사 T1은 학생 S1에게 과정 C1을 가르친다.

그러나 SC나 CT나 TS를 버려도 여전히 중복성이 있다. 예를 들어, 학생 *S1*이 과정 *C1*에 등록한 것과 동일한 명제는 앞의 (복합) 명제에서의 결합 중 하나와 다음 (복합) 명제에서의 결합 중 하나로 표현된다.

학생 S1은 과정 C1에 등록하고(AND)
과정 C1은 교사 T2가 수업하고(AND)

35 3장의 '두 가지 목적을 수행하는 정규화' 절을 다시 참고한다.

교사 T2는 학생 S1을 가르치고(AND)

교사 T2는 학생 S1에게 과정 C1을 가르친다.

이 두 가지 복합 명제는 모두 SCT에서 명시적 튜플로 표현된다. 따라서 이 사례에서 내가 초기에 중복성을 특징짓는 것은 다소 오해를 불러일으켰을 수도 있지만, 내게 어떤 종류의 중복성은 실제로 존재하는 것처럼 보인다. 더욱이 여러분이 이 입장에 동의한다면, 대리 식별자를 사용하는 것(이 장 앞부분에서 다룬 사례 9의 토론 참조)이나 더 분명히 관계값 속성(이 장 앞부분에서 다룬 사례 10의 토론 참조)이 본질적인 차이를 만들지 않는다는 것에 동의해야 한다고 생각한다! 즉, 대리 식별자와 RVA 모두 어떤 명제가 일반적으로 두 번 이상 표현되는 것은 여전히 사실이다. 다시 말해, 이 사례의 중복성이 본질적이라고 생각한다.

이제 내 쪽의 이러한 주장들이 논쟁의 여지가 있다는 점은 인정한다. 하지만 만약 그들의 의견에 동의하지 않는다면, 여러분의 입장을 다소 신중하게 정당화할 필요가 있다고 생각한다. 특히 내가 제안한 '최종적' 중복성의 정의에 대한 대안을 생각해낼 필요가 있을 것이다.

위의 모든 것에 대한 일종의 부록으로서, 유사한 분석이 이 책 앞부분의 다른 특정한 예들에도 적용된다고 생각한다. 예를 들어 CNO, TNO, XNO, DAYS 속성과 함께 9장과 12장의 관계 변수 CTXD를 고려하라. 처음 그 예를 소개했을 때는 '교사 TNO가 과정 CNO에서 교과서 XNO와 함께 요일 DAYS를 보낸다.'고 말했다. 그러나 다음과 같이 말하면 더 정확할 것이다.

과정 CNO는 교사 TNO가 교습하고(**AND**)

과정 CNO에는 교재 XNO가 사용되고(**AND**)

교사 TNO는 수업 일수 DAYS 동안 교재 XNO를 갖고 과정 CNO를 가르친다.

마찬가지로 SNO, PNO, JNO 속성과 함께 9장과 10장의 관계 변수 SPJ를 고려해보자. 처음 그 예를 소개했을 때는 그 술어가 '공급자 SNO가 프로젝트 JNO에 부품 PNO를 공급한다.'라고 말했다. 다만, 다음과 같이 말하면 더 정확할 것이다.

공급자 SNO는 부품 PNO를 공급하고(**AND**)

부품 PNO는 프로젝트 JNO에 조달되고(**AND**)

프로젝트 JNO는 공급자 SNO가 공급하고(**AND**)
공급자 SNO는 부품 PNO를 프로젝트 JNO에 공급한다.

사례 11

시간적 데이터에 의해 제기된 몇 가지 문제는 14장에서 논의됐다. 그러한 문제에 대한 추가적인 논의는 이 책의 범위를 벗어난다.

사례 12

*c*를 고객이 되게 하고, *c*에 대한 지불 금액을 10,000달러로 한다. 그럼 바로 그 명제(고객 *c*의 결제 합계는 10,000달러다.)는 명시적으로 관계 변수 TOTALS에서 고객 *c*에 대한 튜플의 출현으로 표현되거나 관계 변수 PAYMENTS에서 동일한 고객에 대한 튜플 집합의 출현으로 내포적으로 표현된다.

끝맺는 말

나는 데이터베이스가 동일한 단순 미양화된 명제의 두 가지 구분되는 표현을 포함한다면 확실히 중복성을 수반한다고 주장해왔다. 특히 두 개의 출현이 동일한 명제를 나타낸다면, 동일한 튜플이 두 곳에 나타나는 것은 원하지 않는다(확실히 그와 같은 중복 명제는 금지하고 싶다. 그러나 불행하게도 DBMS는 그러한 명제를 이해하지 못한다). 그러나 만약 그 두 개의 출현이 같은 명제를 나타내지 않는다면 동일한 튜플이 두 군데 다른 장소에 나타나는 것은 괜찮다. 그리고 어떤 경우에도 앞서 본 것처럼 튜플이 전혀 두 번 나타나지 않고 중복성을 가질 수 있다.

현재 중복성 문제에 대한 합리적인 공격을 통해 정규화와 직교화만이 우리가 가진 전부인 것 같다. 불행히도, 정규화와 직교화가 문제를 해결하는 데 크게 도움이 되지 않는다는 것을 지켜봐왔다. 정규화와 직교화는 확실히 중복성을 줄일 수 있지만, 그것을 완전히 제거하지는 못한다. 구체적으로 정규화와 직교성의 원리에 완전히 부합하면서도 약간의 중복성을 보여주는 디자인의 몇 가지 예를 살펴봤으며, 그러한 논의는 확실히 철저한 것과는 거리가 멀었다. 우리는 더 많은 과학이 필요하다! (이제 적어도 세 번은 말했고, 내가 세 번 말하는 것은 진실이다.)

전술한 상황을 감안할 때, 대부분의 데이터베이스에는 중복성이 분명히 존재할 것으로 보인다. 그렇다면 다음 사항을 참조하자.

- DBMS는 불일치가 되지 않도록 보장하는 것을 책임져야 한다는 의미에서 최소한 통제돼야 한다.
- 통제할 수 없는 경우, 최소한 적절한 제약 조건을 선언하고 시스템에 의해 수행함으로써 불일치로 이어지지 않도록 보장해야 한다.
- 통제할 수 없고 제약이 시스템에 의해 수행될 수 없는 경우(또는 공식적으로 선언할 수 없는 경우) 여러분은 스스로 책임져야 하며, 여러분의 실수가 있다면 여러분 스스로에게 화가 날 것이다.

슬프게도, 이 마지막 시나리오는 오늘날의 상용 제품들을 감안할 때 실제로 일어날 가능성이 가장 높은 것이다.

연습 문제

17.1 이 장의 본문에서는 데이터베이스 *DB*가 (명시적이든 내포적이든) 어떤 단순 미양화 명제 *p*에 대해 둘 이상의 구별되는 표현을 포함하고 있다면 *DB*는 약간의 중복성을 포함하고 있다고 주장했다. 그러한 명제에 대한 두 개 이상의 표현이 들어있지 않지만 여러분의 의견으로는 여전히 약간의 중복성을 보여주는 데이터베이스를 생각할 수 있는가?

해답

17.1 이 연습 문제에 대한 좋은 해답이 있다면 PO Box 1000, Healdsburg, CA 95448, USA로 편지를 보내주길 바란다.

7부

부록

부록 A

어쨌든 데이터베이스 디자인이란 무엇인가?

공식적인 디자인은 공격적으로 중립적이다. 눈이 없는 컴퓨터의 청교도적인 작품이다.

– 존 베처먼(John Betjeman):

『The Newest Bath Guide』(1974년)

이 부록의 초벌은 헬리 헬스카호(Heli Helskyaho)가 쓴 『Oracle SQL Developer Data Modeler for Database Design Mastery』(Orace Press, 2015)의 서문이며, 그 서문을 수정하고 많이 확장한 버전이 나중에 오라일리(O'Reilly) 웹 사이트(http://www.oreilly.com/data/free/what-is-database-design-anyway.csp)에 게재됐다. 그러나 데이터베이스 디자인이 무엇에 관한 것인지 설명하는 일종의 개론으로서 이 책에서 아주 유용할 것이라는 생각이 들었다. 그러나 이 책의 전반과 비교할 때 어조가 훨씬 덜 형식적이기 때문에 부록으로 구성하기로 했다. 이 자료를 지금처럼 재게재할 수 있게 해준 헬리(Heli)와 오라클 프레스(Oracle Press), 오라일리에 감사한다.

참고: 이 책의 본문에는 당연히 뒤따르는 것과 글감 사이에 몇 가지 겹치는 부분이 있지만, 그 겹치는 부분을 최소화하고자 최선을 다했다.

데이터베이스는 IT 세계에서 이뤄지는 많은 일의 핵심에 위치하며, 분명히 데이터베이스는 적절하게 디자인돼야 한다. 그러나 디자인 이론(물론 데이터베이스 디자인 이론을 의미)은 업계 전반에서 잘 이해되지 않는 것 같고, 디자인 모범 사례design best practice도 마찬가지다. 이러한 주장이 맞는지 확인하기 위해서는 데이터베이스 디자인에 대한 위키피디아 항목만 찾아보면 된다! 더 나아가기 전에, 이러한 주장을 뒷받침하는 증거로 그 위키피디아의 몇 가지 인용구를 제시하고자 한다.[1] 첫 번째는 다음과 같다.

- **데이터베이스 디자인**은 *데이터베이스*의 상세한 *데이터 모델*을 만드는 과정이다. 이 *논리 데이터 모델*에는 디자인을 생성하는 데 필요한 모든 논리적 및 물리적 디자인 선택 사항과 물리적 스토리지 매개변수가 포함돼 있으며...

논평: 그렇다면 '논리적 데이터 모델'은 '물리적 디자인 선택'과 '물리적 스토리지 매개변수'를 포함하고 있는가? 분명히 누군가는 여기서 혼란스러워하고 있다. 그리고 나는 그렇지 않은 것 같다. 앞서 언급한 '정의'의 순환적 특성도 참고하라(데이터베이스 디자인은 데이터베이스 디자인 수행에 필요한 것들을 생산하는 것으로 구성됨). 전술한 인용으로 시작한 위키피디아의 내용은 앞으로 다가올 일에 대한 좋은 징조는 아니지만, 적어도 상당한 경고를 얻었다고 볼 수도 있을 것 같다.

- 데이터베이스 디자인이라는 용어는 전체 *데이터베이스 시스템* 디자인의 많은 다른 부분을 설명하는 데 사용될 수 있다. 기본적으로, 가장 정확하게는 데이터를 저장하는 데 사용되는 기본 데이터 구조의 논리적 디자인이라고 생각할 수 있다. *관계 모델*에서 이것들은 *테이블*과 *뷰*다.

논평: 데이터베이스 디자인이 '기본 데이터 구조의 논리적 디자인'에 대해 '원칙적으로 그리고 정확하게는' 디자인이 아니라는 점을 이 부록의 뒷부분에서 주장하고자 한다.

---

1 위키피디아의 항목 링크는 (예를 들어) '*데이터 모델*과 *데이터베이스*'처럼 기울임 글꼴 단어와 구문으로 표기했다. 그외에는 그대로 인용된다.

그리고 당분간 그 특정 문제는 더 이상 언급하지 않겠다. 나 또한 나중에 '테이블과 뷰'가 '데이터를 저장하는 데 사용된다.'는 생각에 대해 한마디할 예정이므로 이 시점에서도 그 문제는 더 이상 언급하지 않을 것이다. 그러나 여기서는 '테이블과 뷰'라는 문구에 대해 말하고 싶다.

슬프게도 데이터베이스 서적에서는 '테이블과 뷰' 또는 이와 매우 유사한 문구가 여기저기서 나타난다.[2] 특히 SQL 서적, SQL 저널, SQL 제품 문서 등에서 볼 수 있다(심지어 SQL 표준에서 짧지만 여전히 볼 수 있다). 그러나 분명히, 이런 식으로 말하는 사람은 테이블과 뷰가 서로 다르고, '테이블'은 항상 기본 테이블을 의미하며, 또한 기본 테이블은 물리적으로 저장되고 뷰는 그렇지 않다는 인상을 받는다(아래 인용문에 대한 내 의견 참조). 그러나 어떤 관점에 대한 요점은 그것이 하나의 표라는 것이다. 수학에서 말하자면, 두 집합의 결합에 관한 요점은 그것이 하나의 집합이라는 것이다. 따라서 수학에서는 합이 정규 집합이기 때문에 두 집합의 합에 대해 우리가 할 수 있는 것과 같은 종류의 연산을 할 수 있다. 그리고 정확히 같은 방식으로 관계형 모델에서는 일반 테이블에서 볼 수 있는 것과 같은 종류의 작업을 수행할 수 있다. 뷰는 '정규 테이블'이기 때문이다. 따라서 테이블이라는 용어가 항상 구체적으로 기본 테이블을 의미한다는 일반적인 생각의 함정에 빠지지 않는 것이 매우 중요하다. 그러한 함정에 빠진 사람들은 관계적으로 생각하지 않고, 그에 따라 실수를 저지르기 쉽다(즉, 데이터베이스 디자인의 실수, 애플리케이션의 실수, 그리고 심지어 어느 정도까지는 SQL 언어의 디자인 자체의 실수).

잠시 이를 좀 더 파고들면, 실제로 SQL 연산자 `CREATE TABLE`과 `CREATE VIEW`의 바로 그 이름은 (a) 용어인 테이블이 구체적으로 기본 테이블을 의미한다는 생각과 (b) 뷰와 테이블이 다른 것으로 생각하도록 몰아가는 경향이 있다는 점에서 최소한 심리적 실수라고 주장할 수 있다.

---

2 이 부록이 상당히 비공식적이라고 말했듯이 관계, 튜플, 속성의 관계 용어 대신 테이블, 행, 열의 SQL 용어를 사용하기로 결정했다.

- 일단 다양한 정보 조각들 간의 관계와 종속성이 정해지면 데이터를 논리적인 구조로 배열할 수 있고, 이 구조는 *데이터베이스 관리 시스템*에서 지원하는 스토리지 객체에 매핑될 수 있다. *관계형 데이터베이스*의 경우 스토리지 개체는 데이터를 행과 열에 저장하는 *테이블*이다.

논평: 관계형 모델의 테이블(기본 테이블)은 대부분 '스토리지 개체'가 아니다![3] 관계형 모델은 물리적인 저장에 대해 구태여 관여하지 않는다. 사실 물리적 스토리지 문제에 대해서는 전혀 언급할 말이 없다. 특히, 관계형 모델은 기본 테이블은 물리적으로 저장되고 뷰는 저장되지 않는다고 하지 않는다. 유일한 요구 조건은 물리적으로 저장된 것과 기본 테이블 사이에 매핑이 있어야만 하기 때문에 그러한 기본 테이블이 필요할 때(개념적으로, 어떤 식으로든) 얻을 수 있어야 한다는 것이다. 기본 테이블이 물리적인 저장으로부터 얻을 수 있다면 다른 모든 것도 마찬가지일 것이다. 예를 들어, 직원과 부서 기본 테이블의 결합을 별도로 저장하는 대신 물리적으로 저장할 수 있다. 그런 다음, 개념적으로 해당 결합을 적절히 투영해 기본 테이블을 얻을 수 있다.

반복하자면 관계 모델은 물리적 스토리지 문제에 대해 관여하지 않으며, 물론 이는 의도하는 바다. 이 아이디어는 물리적 데이터 독립성을 훼손하지 않고, 특히 어떤 방식으로든 좋은 성능을 낼 수 있는 방법으로 모델을 구현하는 자유를 제공하는 것이었다. 불행하게도 대부분의 SQL 제품 공급업체는 이 점을 이해하지 못한 것 같다(또는 어떤 식으로든 도전으로 승화되지 않은 것이다). 대신 그들은 기본 테이블을 물리적 스토리지에 직접 매핑한다. 그래서 제품의 물리적 데이터 독립성은 관계형 시스템보다 훨씬 못하다.[4] 그러나 이러한 상황은 그것이 무엇인지, 즉 문제의 제품에 (주요) 결함이 있

---

3 문맥상 (a) 스토리지에서 물리적 스토리지를 의미하며 (b) 테이블로는 기본 테이블을 구체적으로 의미한다고 가정하는 것이 타당하다. 이 용어들이 이런 의미를 가져야 하는지는 전혀 다른 문제다!

4 오늘날의 SQL 제품이 해싱(hashing), 파티셔닝(partitioning), 인덱싱(indexing), 클러스터링(clustering)과 기타 물리 스토리지에 표현된 데이터 구성에 대한 다양한 옵션을 제공한다는 것은 잘 알고 있다. 그럼에도 여전히 그 제품들의 기본 테이블에서 물리적 스토리지로의 매핑이 상당히 직접적인 것이라고 생각한다. 바로 그 이유로 다른 곳에서는 그 제품들을 '직접 이미지 시스템'이라고 분류했다. 이 용어에 대한 자세한 설명과 이러한 문제에 대한 자세한 내용을 보고 싶다면 내 책 『Go Faster! The TransRelationalTM Approach to DBMS Implementation』(Ventus, 2002, 2011. http://bookboon.com에서 무료로 다운로드 가능)을 참조하라.

음을 인식할 필요가 있다. 그것은 관계형 모델 때문이 아니며, 그렇게 돼서는 안 된다.

- 각 테이블은 하나 이상의 논리적 객체의 인스턴스instance를 결합하는 논리적 객체 또는 관계의 구현을 나타낼 수 있다. 그런 다음, 테이블 간의 관계는 하위 테이블을 부모 테이블과의 연결로 저장할 수 있다. 복잡한 논리적 관계는 그 자체로 테이블이기 때문에 그들은 아마도 둘 이상의 부모에 대한 링크를 가질 것이다.

논평: 이번 건에 대해 할 말이 꽤 많다. 구체적으로 말하면 다음과 같다.

- 무엇보다도, 나는 확실히 언어를 상당히 빠르고 느슨하게 사용하고 있다. 예를 들어 종업원은 아마도 '논리적 객체'로 간주될 수 있지만, 그렇다면 종업원 테이블은 '구현을 표현할 것'이며, 그러한 '논리적 객체'가 아니라 기업에 현재 존재하는 모든 '논리적 객체'(인스턴스?)의 집합으로 간주될 것이다. 그리고 첫 번째 문장에서 사용된 '결합'이라는 용어는 부적절하다('연결'이 나을지도).
- 둘째, '논리적 객체 또는 관계'라는 문구와 관련해서 한 사람(또는 한 애플리케이션)에 의해 '관계'로 보일 수 있는 것이 다른 사람에게 '논리적 객체'로 보여지고, 그 반대의 경우도 마찬가지라는 점이 인식되는 것은 관계 모델의 매우 큰 장점 중 하나다. 다시 말해 관계 모델에서 '관계'는 '논리적 객체'이며, 그것들은 다른 모든 '논리적 객체'와 정확히 같은 방식으로 표현된다. 즉, 테이블의 행과 같다.
- 셋째, '테이블 간의 관계'를 '링크로 저장'한다고 말하는 것은 극단적으로 오해의 소지가 있으며, 사실 완전히 잘못된 생각이다. 내 말은 관계형 모델에는 '링크' 같은 것이 없다는 의미다. 테이블만 있을 뿐이다.
- 넷째, 내가 시작하려는 그 이상의 이유로 인해 '자식 및 부모 테이블'의 (설명되지 않은) 용어는 상당히 사용되지 않는다.

- 다섯 번째, '복잡한 논리적 관계'란 무엇인가? 좀 더 구체적으로, '복잡하지 않은' 관계나 '논리적' 관계가 아닌 관계의 예는 무엇일까? 내가 다른 곳에서 글을 쓸 기회가 있던 것처럼, 다른 무엇보다도 사고가 아닌 표현의 정밀함이 중요한 목표인 관계적 맥락에서 그러한 끔찍하고 엉성한 표현을 찾는 것은 참으로 괴로운 일이다.

참고: 이 특정 인용구에 대한 앞에서 언급된 비판은 마무리될 것 같지 않다. 예를 들어 마지막 문장이 그러하듯이, '복잡한 논리적 관계는 테이블이다.'라고 말하는 것은 정확히 무엇을 의미하는가? 그러나 여기서는 그 문장을 잘게 쪼개 나눌 필요가 없다고 생각한다. 내 주장을 충분히 이야기한 것 같다.

- 데이터베이스의 물리적 디자인은 저장 매체에서 데이터베이스의 물리적 구성을 명시한다. 여기에는 ... 데이터 타입 ...과 기타 파라미터 ...의 상세한 사양이 포함된다.

논평: 미안한 말이지만, 데이터 타입은 물리적 고려 사항이 아니라 확실히 논리적 고려 사항이다! 만약 그렇지 않다면(그리고 이 생각이 방금 내 머릿속을 스쳤을 뿐인데, 누군가가 그렇게 깊이 혼란에 빠질 수 있다는 것은 거의 믿을 수 없기 때문이다.), 여기에 있는 '데이터 타입'이 정말로 표현을 의미한다는 말인가? (글쎄, 그렇게 놀랄 필요가 없다고 생각한다. 사실, 지금 어떤 다른 관계자들의 초기 글에서 타입 대 표현에 대한 혼란은 정확히 알려지지 않았다는 것을 기억한다. 그들 중 몇몇은 매우 존경받는 이름들이다. 그러나 그때도 그랬고 지금도 그랬으며, 그 이후에도 그런 문제에 대한 우리의 이해가 향상됐으면 하는 바람이었다.)

논리적 디자인 vs. 물리적 디자인

위키피디아는 충분하다. 나는 디자인 이론과 디자인 모범 사례가 업계 전반에서 제대로 이해되지 못하고 있다는 불평이 당연하다는 점을 보여준 것 같다. 따라서 이 부록의 나머지 부분에서 하고 싶은 일은 토론에 명확성을 주입하는 것이다. 더 구체적으로는 데이터베이스 디자인이 실제로 무엇인지, 아니면 적어도 어떻게 돼야 하는지를 명확히 하고 싶다. 몇 가지 정의로 시작한다.

> **정의(데이터베이스 디자인)**: 맥락상 필요한 논리적 데이터베이스 디자인이나 물리적 데이터베이스 디자인 중 하나는 비록 부적합한 용어인 *데이터베이스 디자인* 또는 (간단히) *디자인*을 통해 맥락에서 달리 요구되지 않는 한, 일반적으로 논리 데이터베이스 디자인을 구체적으로 의미하는 것으로 간주된다.

> **정의(논리적 데이터베이스 디자인 또는 줄여서 논리 디자인)**: 데이터베이스에 어떤 테이블, 테이블에 어떤 컬럼, 테이블과 컬럼에 어떤 무결성 제약이 있어야 하는지를 정하는 단계나 그 결과를 말한다.

논리적 디자인 프로세스의 목표는 물리적 구현이나 특정 애플리케이션에 관련된 모든 고려 사항과 무관한 디자인을 생성하는 것이다(이 후자의 목표는 일반적으로 데이터베이스의 모든 용도를 디자인하는 동안에 알 수 있는 것이 아니라는 이유 때문에 바람직하다). 그리고 그 과정은 전체적으로 다음 중 하나로 귀결될 수 있다는 점은 앞에서 설명한 정의에서 나온 것이다.

1. 테이블 술어와 기타 비즈니스 규칙을 어느 정도 비공식적으로라도 가능한 한 주의 깊게 확정한 다음,
2. 이러한 비공식적인 술어와 규칙을 공식적으로 정의된 테이블, 컬럼, 무결성 제약 조건에 매핑하는 것이다(프로세스 결과가 통제되지 않은 중복성을 포함하지 않도록 하는 것이 바람직하다).

이 부록의 뒷부분에서는 테이블 술어, 비즈니스 규칙, 그리고 통제되지 않은 중복성이라는 용어가 의미하는 바를 설명하겠다. 한편 여기에 한 가지 정의가 더 있다.

정의(물리적 데이터베이스 디자인 또는 줄여서 물리적 디자인): 어떤 논리적 디자인이 주어진다면, 그 디자인이 대상 DBMS가 지원하는 어떤 물리적 구조에 어떻게 매핑돼야 하는지를 결정하는 과정 또는 프로세스의 결과를 말한다.

(앞서 설명한 정의에서 알 수 있듯이) 물리적 디자인은 논리적 디자인에서 파생돼야 하며, 반대가 돼서는 안 된다는 점을 주의하라. 비록 이것이 오늘날 대부분의 상용 제품에서 약간의 문제가 될 수 있다는 것을 알고 있지만, 사실 그것은 자동으로 파생되는 것이 이상적이다.[5]

이 부록의 나머지 부분에서는 구체적으로 논리적 디자인에 집중할 것이다(이 시점부터는 단순히 '디자인'으로 줄여 말하겠다).

이론의 역할

여기서 가장 말하고 싶은 것은 논리적 디자인 프로세스에 도움이 될 수 있는 과학, 즉 이론이 존재한다는 것이다. 물론 추가적인 정규화의 원리와 직교 디자인의 원리 같은 문제들을 언급한다. 다시 말해 만약 여러분이 디자이너라면, 여러분은 자신뿐만 아니라 여러분이 디자인한 데이터베이스로 살아가야 할 사람들에게도 그 원리를 철저히 숙지하고, 그것들을 어떻게 그리고 언제 적용해야 할지를 알리는 것은 여러분에게 달려 있다(많은 사람이 아는 것 이상으로 이론이 꽤 많다는 사실을 유념한다. 테이블 모두 특정한 정규적인 형태인지 확인하는 것만이 문제가 아니다. 그러나 여기서는 세부 사항을 다루지 않는다[6]).

두 번째로 말하고 싶은 것은 과학이 중요하지만 슬프게도 디자인에는 과학이 전혀 다루지 않는 수많은 측면이 있다는 점이다. 그리고 실무 경험이 필요한 부분이다. 만약

---

5 자동 파생이 일어나는 시스템에 대한 설명을 위해 각주 4에서 언급한 책 『Go Faster! The TransRelationalTM Approach to DBMS Implementation』을 참조하라.

6 물론 이 책의 본문이 그곳이다!

여러분이 디자인 분야에서 경험이 많다면 여러분에게 좋은 것이다. 여러분은 무엇이 효과가 있고 무엇이 효과가 없는지를 배울 것이다. 그러나 만약 경험이 많지 않다면 여러분이 따를 수 있는 건전한 조언, 그러한 경험을 가진 누군가의 조언이 필요할 것이다. 적절한 자격을 갖춘 전문가가 쓴 디자인에 관한 좋은 책은 그러한 필요를 충족시키는 데 도움을 줄 수 있다. 하지만 한 가지 주의할 사항은 특별히 디자인을 다룬 책과 달리 데이터베이스 기술에 관한 책들은 여러분이 여기서 필요로 하는 것이 아닐 수도 있다는 점이다. 그러한 책들은 종종 이론적인 디자인 개념(예: 다양한 정규형)을 기술하지만, 대개 그러한 개념을 디자인 실무에 적용하는 방법에 대한 지침을 주지 않는다.

술어

이제 약속한 대로 테이블 술어table predicate, 비즈니스 규칙business rule, 통제되지 않은 중복성uncontrolled redundancy을 자세히 설명하겠다. 이번 절에서는 술어를 다루고, 다음 두 절에서는 규칙과 중복성을 다룰 것이다.

우선 술어부터 살펴본다. 주어진 테이블 술어는 합리적이고 정확하지만 문제의 테이블이 의미하는 바를 자연어로 표현한 것이다. 즉, 테이블 술어는 사용자가 어떻게 이해해야 하는지에 대한 문장이다. 예를 들어 EMP('직원')라는 테이블에 ENO, ENAME, DNO, SALARY라는 컬럼이 있다고 가정해보자. 그러면 그 테이블 EMP의 술어는 다음과 같이 보일지도 모른다.

> 종업원 번호 ENO를 가진 사람은 회사의 종업원이며, 이름이 ENAME이고 부서번호가 DNO인 부서에서 일하고, 급여 SALARY를 받는다.

ENO, ENAME, DNO, SALARY는 이 술어에 대한 매개변수이며, 물론 그것들은 같은 이름을 가진 테이블의 컬럼에 해당한다.

이 테이블 술어의 용어가 어디에서 유래됐는지 잠시 설명하겠다.[7] 논리학에서 술어는 기본적으로 참값 함수truth valued function일 뿐이다. 모든 함수와 마찬가지로 매개변수 집합이 있고, 호출될 때 결과를 반환하며, (진실이 평가되기 때문에) 그 결과는 TRUE 또는 FALSE이다. 여기에 작은 예가 있다.

```
x > y
```

이 술어의 경우, 매개변수는 x와 y이다. 그리고 매개변수들은 INTEGER 타입 값을 나타낸다. 이 함수를 호출할 때는 매개변수를 적절한 타입의 매개변수로 대신한다. 8과 5는 각각 정수를 대체한다고 가정해보자. 다음과 같은 문장을 얻게 된다.

```
8 > 5
```

이 문장은 사실 하나의 명제인데, 논리적으로 그것은 분명히 진실 또는 거짓이다. 만약 8과 5 대신에 3과 7을 관련 매개변수로 대체한다면, 결과적으로 명제는 거짓이 될 것이다.

이제 테이블 EMP의 술어로 돌아가보자. 앞서 설명한 바와 같이 매개변수는 ENO, ENAME, DNO, SALARY이며 각각 CHAR, CHAR, CHAR, MONEY 값을 나타낸다(데이터 유형에 대한 자세한 내용은 다음 절 참조). 이제 이 함수를 호출한다고 가정하자(즉, 논리학자들의 말대로 이 술어를 인스턴스화하고 각각 변수 E4, Evans, D8, 70K로 대체한다고 가정한다). 다음과 같은 명제를 얻는다.

> 종업원 번호 E4인 사람은 회사의 종업원이며, 이름이 Evans이고, 부서번호 D8인 부서에서 일하고, 급여 70K를 받는다.

7 좀 더 자세한 설명은 2장에서 확인할 수 있다.

그리고 이러한 특정 명제가 사실인 경우에만 해당 행(E4, Evans, D8, 70K)이 EMP 테이블에 나타난다. 논리적인 관점에서 사실 '테이블'은 정확히 다음과 같다. 이 행 집합은 해당 행의 집합으로, 여기서 컬럼 값이 매개변수를 이루고 특정 술어의 진정한 인스턴스화를 이루는 모든 행으로 구성된다. 그리고 그 지정된 술어는 정확히 해당 테이블의 '테이블 술어'다.

같은 말을 달리 하자면, 다음과 같다(다음은 폐쇄 세계 가정으로 알려진 것을 구성한다).

- 행 *r*이 테이블 *T*에 나타난다면, *r*에 해당하는 명제는 참이다.
- 행 *r*이 *T*에 나타날 수 있지만 나타나지 않는 경우, *r*에 해당하는 명제는 거짓이다.

참고: 앞의 '*r*에 해당하는 명제'에 따라 *r*의 컬럼 값을 그 술어의 매개변수로 대체함으로써 얻은 *T*에 대한 테이블 술어의 인스턴스화를 의미한다.

규칙

이제 두 번째 조건인 비즈니스 규칙을 살펴본다. 테이블 술어처럼, 비즈니스 규칙 역시 합리적이고 정확하지만 자연어로는 비공식적인 표현이다. 그러나 데이터베이스 데이터를 제약할 방법의 일부를 파악하기 위한 목적상 테이블 술어와는 다르다.[8]

- 우선 이러한 테이블 술어에 대한 매개변수로 표시되는 정보의 유형을 지정하는 규칙이 분명히 있을 것이다. 예를 들어 직원의 경우, SALARY 파라미터('급여')가 유로화 또는 미국 달러로 표현되는 금전적 가치를 나타내는 규칙이 있을

8 나는 일부 저자가 술어를 단지 비즈니스 규칙의 특별한 사례로 여긴다는 점에 주목한다. 하지만 일반적으로 비즈니스 규칙에는 그런 술어보다 훨씬 더 많은 것이 있다.

것이다.[9]

- 둘째, 이러한 매개변수가 별도로 예외적인 직원에게 적용할 수 있는 값을 제한하는 규칙이 있을 것이다. 예를 들어, 급여가 음수 값이면 안 되며 특정 상한보다 작아야 한다는 규칙이 있을 수 있다.
- 셋째, 동일한 데이터베이스에 표시될 수 있는 부서 같은 다른 '엔터티'와 별개로 전체로서 다루는 직원 집합을 제한하는 규칙이 있을 것이다. 예를 들어, 직원번호는 고유해야 한다는 규칙이 있을 수 있다.
- 마지막으로, 데이터베이스에 표시된 다른 엔터티와 함께 고려된 직원을 제약하는 규칙이 있을 것이다. 예를 들어, 모든 직원이 어떤 알려진 부서에 배치돼야 한다는 취지의 규칙이나 어떤 직원도 해당 직원이 배정된 부서장의 급여보다 더 큰 급여를 받을 수 없다는 취지의 규칙이 있을 수 있다.

이 비즈니스 규칙의 이슈에 대해 좀 더 말하고 싶다. 그것은 중요하기 때문이며, 또한 실제로 다소 간과되는 경향이 있기 때문이다. 앞서 언급한 논의만으로도 충분히 보여주듯이, 비즈니스 규칙은 상당히 복잡해질 수 있다(사실 여러분이 원하는 만큼 복잡해질 수 있다). 하지만 앞서 말했듯이 비즈니스 규칙은 다소 비공식적이다. 즉, 비즈니스 규칙이 논리 디자인에서 매핑하는 공식적인 상대는 무결성 제약(즉, 그들이 논리 디자인에서 매핑하는 것)이며, 따라서 어떤 공식 언어로 명시돼 DBMS에 의해 수행돼야 한다. 즉, 데이터베이스 디자인이 데이터 구조를 선택하는 것만이 아니라는 사실을 분명히 말한다는 점에서 다른 저자들과 출발점이 다르다. 무결성 제약 역시 중요하다(물론 다른 저자들이 적어도 키와 외래 키 제약들(때로는 서수적 제약들)을 이야기하는 것은 사실이지만, 이러한 특정한 제약들은 사실 훨씬 더 일반적인 현상의 특이한 사례에 지나지 않는다). 이와 관련해 론 로스Ron Ross의 『The Business Rule Book』(2판)에 나오는 다음과 같은 발언(여기서는 내용

9 사실 일반적으로 금액은 특정 통화(어느 한 사용자의 입장에서)로 표현돼야 한다고 생각하지 않는다. 그보다는 사용자가 어떤 통화를 선택하든 그런 가치를 다룰 수 있어야 한다고 생각한다(16장, 각주 3). 반면에 환율은 변동할 수 있고, 한 통화의 가치는 다른 시점에서 다른 통화에 대해 다를 수 있다. 많은 연구가 필요하다.

을 약간 바꿔 적는다.)에 주목하고자 한다(Business Rule Solutions Inc., 1997).

> (데이터 그 자체와 같은) 비즈니스 규칙이 '공유'되고 보편적임에도 불구하고, 전통적으로 데이터베이스 디자인에는 들어가지 않았다. 대신 비즈니스 규칙은 분석 및 디자인 문서에 모호하게 (적어도) 언급돼 있다가 응용프로그램의 논리에 깊이 파묻혀왔다. 응용프로그램은 그러한 규칙의 일관되고 정확한 적용 측면에서 신뢰할 수 없기 때문에 이것은 상당한 좌절과 오류의 원인이 됐다.

전적으로 동의한다. 더욱이 무결성 제약에 대해 적절한 지원을 하지 못하는 DBMS 제품에 대한 무언의 강한 비판에 주목하라! (흥미롭게도, 이 부분에 대한 SQL 표준의 지원은 사실 그리 나쁘지 않다. 그러나 불행히도 SQL 제품은 이러한 표준을 구현하는 데 있어 다소 느렸다.)

중복

설명하기로 약속한 세 번째 용어는 통제되지 않은 중복성이다. 종종 '같은 것을 두 번 하는 경우에만' 데이터베이스는 중복된다고 말한다. 이런 의미에서 또한 데이터베이스가 어떤 중복성도 포함시키지 않는 것을 원한다고 말한다. 하지만 통제되지 않은 중복성이 수반되는 것을 원하지 않는다고 말하는 편이 더 정확할 것이다. 통제되지 않은 중복성은 문제가 될 수 있지만, 통제된 중복성은 문제가 되지 않아야 한다. 추가 설명에 앞서 몇 가지 정의가 더 있다.

> **정의(통제된 중복성)**: 데이터베이스의 중복성은 사용자가 알고 있는 경우 제어되지만, 어떠한 불일치도 초래하지 않도록 보장된다.

> **정의(통제되지 않은 중복성)**: 데이터베이스의 중복성은 불일치로 이어질 가능성이 있어도 통제되지 않는다.

정의(불일관성): 준수해야 하지만 준수하지 않는 무결성 제약이 있는 경우에만 데이터베이스는 (적어도 형식적인 관점에서) 일관성이 없다.

그러므로 통제된 중복성이 불일치를 의미하지 않는다면, 그것은 또한 어떠한 제약 조건도 위반되지 않는다는 것을 의미해야 한다. 또는 최소한, 더 정확히 말하자면, 데이터 중복과 관련된 제약 조건이 없다는 것을 의미해야 한다. 물론 모든 제약 조건이 데이터 중복과 관련이 있는 것은 아니다. 예를 들어 급여가 음수이면 안 된다는 취지의 제약 조건은 그렇지 않다. 따라서 데이터베이스가 일부 직원에게 마이너스 급여를 갖는 것으로 보인다면 분명히 일관성이 없겠지만, 그러한 특정한 불일치가 중복에서 발생하는 것은 아닐 것이다.[10] (그러나 그것은 실제의 상황을 충실히 반영하지 못했다는 점에서 데이터베이스가 부정확하다는 사실을 의미할 것이다. 일관성이 없다는 것은 그 반대가 거짓이지만 부정확하다는 것을 내포한다. 데이터베이스가 일관성이 없으면 부정확할 수 있다. 예를 들어 만약 데이터베이스가 일부 종업원이 그 종업원의 실제 급여와 다른 급여를 받는 것을 보여준다면, 그것은 부정확할 수 있지만 아마도 일관성도 없을 것이다.)

다시 말해, 제약 조건이 항상 중복성과 관련이 있는 것은 아니다. 그러나 중복성은 항상 제약과 관련이 있다.[11] 예를 들어, (아주 비현실적으로!) 동일한 부서의 모든 직원이 동일한 급여를 받아야 한다는 취지의 제약이 있다는 것을 가정하자. 더 나아가 그 데이터베이스가 헬리Heli와 크리스Chris가 같은 부서에 있는 것을 보여준다고 가정하자. 그러고 나서 또한 헬리와 크리스가 같은 급여를 받는 것을 따로따로 보여준다면 그것은 중복될 것이고, 반대로 헬리와 크리스가 다른 급여를 받는 것을 보여준다면 일관성이 없을 것이다(그리고 부정확할 것이다).

그래서 데이터베이스에 중복성이 있다고 말하는 것은 어떤 제약이 적용돼야 한다고 말하는 것이다. '동일한 급여' 예제의 경우, 문제의 제약 조건은 다음과 같이 SQL에서

10 오히려 그 단어의 정상적인 영어 문맥에서 데이터베이스 내 데이터와 관련 제약 조건 사이의 불일치가 될 것이다.

11 여기서 중복성은 좀 더 구체적으로 말하면 시스템이 이해하는 중복성을 의미한다.

구문화될 수 있다.[12]

```
CREATE ASSERTION AX1 CHECK
   ( ( SELECT COUNT ( DISTINCT DNO ) FROM EMP ) =
     ( SELECT COUNT ( * ) FROM
           ( SELECT DISTINCT DNO , SALARY FROM EMP ) AS POINTLESS ) ) ;
```

이 제약 조건을 명시하는 것은 중복성이 존재한다는 사실을 사용자에게 알리는 역할을 한다. 중복성을 강제하는 것은 중복성이 어떠한 불일치로 이어지지 않도록 하는 것이며, 따라서 문제의 중복성이 통제된다는 것을 보증하는 역할을 한다. 따라서 제약 조건을 공식적으로 서술할 수 있는 것이 얼마나 중요한지, 그리고 DBMS가 제약 조건을 집행할 수 있는 것이 얼마나 중요한지를 다시 한 번 알게 된다.

'궁극적 일관성'

이 부록에서 다루고 싶은 주제가 하나 더 있다. 특히 최근 궁극적 일관성eventual consistency(특히 'NoSQL' 시스템이라는 맥락에서)이라는 것에 대한 관심에 비춰, 이전 절의 일관성과 중복성에 관한 언급이 다소 어리둥절하게 느껴질 것이다. 그래서 그 발언들을 분명히 정리해보자.

무엇보다 반복하자면, 데이터베이스가 일관적이라고 말하는 것은 단지 (공식적으로 말해) 데이터베이스가 모든 명시된 제약 조건을 준수한다는 점을 의미한다. 이제 데이터베이스는 항상 이러한 형식적인 의미에서 일관성이 있어야 한다는 것이 결정적으로 중요하다. 실제로 이런 의미에서 일관성 없는 데이터베이스는 어떤 특정한 시기에 모

12 보다시피 SQL의 CREATE ASSERTION을 갖고 문제의 제약 조건이 정의된다. 어떤 이유에서인지 SQL은 제약 조건 주장(assertion)을 부르기도 한다(하지만 항상은 아니다!). 그 AS POINTLESS에 대해서는 무의미하지만, SQL 표준 규칙이 요구하고 있다. 추가: '동일한 부서의 모든 직원이 동일한 급여를 받는다.'는 것은 테이블 EMP가 부서번호에서 급여까지 함수 종속성(FD)의 적용을 받는다는 것을 의미한다는 점이 도움이 될 수 있다.

순을 포함하는 논리적인 시스템과 같다. 사실 그것이 바로 모순이 있는 논리적인 시스템이다. 그리고 모순이 있는 논리 체계에서는 무엇이든 증명할 수 있다. 예를 들어 1 = 0이다.[13] 이것이 데이터베이스 용어로 의미하는 바는 앞에서 언급한 형식적인 의미에서 데이터베이스가 일관되지 않는다면 쿼리에 대한 답변을 신뢰할 수 없다는 점이다. 쿼리가 거짓일 수도 있고 진실일 수도 있으며, 일반적으로 어떤 답변인지 알 수 있는 방법이 없다. 즉, 모든 게 미궁에 빠진 것이다. 형식적인 의미에서의 일관성이 그만큼 중요한 이유다. 또한 이는 일반 의견과 달리 무결성 검사가 항상 즉시 이뤄져야 하는 이유이기도 하다. 즉, 문제의 무결성 제약 조건을 위반할 가능성이 있는 업데이트 작업을 종료할 때 수행돼야 한다(달리 말하면, 해당 트랜잭션 종료 시까지 지연되는 무결성 검사를 의미하는 '지연 검사[deferred checking]'는 관계 모델의 원리를 위반하는 것이다. 사실 그것은 논리적 오류다).

그러나 형식적인 의미에서의 일관성이 반드시 관습적으로 이해되는 일관성과 동일하지는 않으며, 이는 그 용어가 특히 데이터베이스 세계 밖에서 일반적으로 사용되는 것과 같은 일관성을 의미한다. 데이터베이스의 항목 *X*와 *Y*가 실제 세계의 수량 *x*와 *y*를 나타내기 위한 것이라 가정하고, 더 나아가 *x*와 *y*는 항상 같아야 한다고 가정하자. (예를 들어, 가용성을 위해 복제가 사용되기 때문에 *X*와 *Y*는 데이터베이스에 두 번 나오는 어떤 상품의 판매 가격일지도 모른다.) 만약 *X*와 *Y*가 실제로 주어진 시간에 다른 값을 갖는다면, 비공식적으로 그 시간에 저장된 데이터에 불일치가 있다고 말할 수 있다. 그러나 그 '불일관성'은 시스템에서 '*X*와 *Y*가 같아야 한다.' 즉, '$X = Y$'가 형식적인 무결성 제약 조건으로 선언된 경우에만 시스템에 관한 한 모순이다. 만일 그렇지 않다면, (a) 어느 시점에 $X \neq Y$가 그 자체로 시스템에 관한 한 일관성 위반을 구성하며, (b) 시스템은 결코 *X*와 *Y*가 동등하다는 가정에 종속되지 않을 것이다.

따라서 *X*와 *Y*가 '결국' 동일하길 원하는 경우(즉, 애플리케이션 계층에서 처리되는 요구 조건

13 사실, 부록 B를 참고해 1 = 0을 증명할 수 있다는 것을 증명할 수 있다.

에 만족한다면), 데이터베이스 시스템에 관한 한 '$X = Y$'의 선언을 공식적인 제약 조건으로 생략하기만 하면 된다. 문제는 없고, 특히 관계 모델을 위반하지 않는다.

부록 B

일관성에 대한 자세한 정보

일관성이 있거나 일관성이 없을 수 있지만, 둘 사이를 항상 바꿔서는 안 된다.

– 에츠허르 데이크스트라(Edsger W. Dijkstra):

『Selected Writings on Computing: A Personal Perspective』(1982년)

다음은 부록 A에서 가볍게 편집한 인용문이다.

'데이터베이스가 일관된다.'고 말하는 것은 그것이 명시된 모든 제약 조건에 부합한다는 것을 의미한다. 결정적으로 데이터베이스는 항상 이러한 형식적인 의미에서 일관성이 있어야 한다는 것이 중요하다. 실제로, 이런 의미에서 일관성이 없는 데이터베이스는 어떤 특정한 시기에 모순을 포함하는 논리적인 시스템과 같다. 사실 그것이 바로 모순이 있는 논리적인 시스템이다. 그리고 모순이 있는 논리 체계에서는 무엇이든 증명할 수 있다. 예를 들면 1 = 0임을 증명할 수 있다(사실, 1 = 0을 증명할 수 있다는 것을 증명할 수 있다). 데이터베이스 용어로서 이것이 의미하는 바는 앞에서 언급한 형식적인 의미에서 데이터베이스가 일관되지 않는다면 쿼리(query) 결과를 신뢰할 수 없다는 것이다. 쿼리가 거짓일 수도 있고 진실일 수도 있으며, 일반적으로 어떤 답변인지 알 수 있는 방법이 없다. 즉, 모든 것이 안갯속이다. 형식적인 의미에서의 일관성이 그만큼 중요한 이유다. 또한 일반적인 의견과 달리 무결성 검사는 항상 즉시 수행돼야 한다. 즉 문제의 무결성 제약 조건을 위반할 가능성이 있는 업데이트 작업이 끝날 때 수행해야 한다. 다시 말해, 관련 트랜잭션(transaction)의 마지막까지 무결성 검사가 지연되는 것을 의미하는 '지연 검사'는 관계 모델의 원리를 위반하는 것이다. 사실 그것은 논리적 오류다.

앞서 언급한 본문의 메시지를 상술한 이전의 부록을 검토하면서 떠올렸다. 앞으로의 내용은 중요한 질문이라기보다는 유능한 데이터베이스 전문가가 정말로 대답할 수 있어야만 하는 다양한 질문을 제기한다. 이들은 문헌에서는 그다지 많은 관심을 받지 못하는 것 같다.[1] 그러한 이유로, 이 부록에서는 그러한 질문들을 다루고자 한다(따라서 이전 부록에 대한 일종의 덧붙임으로 볼 수 있다).

데이터베이스는 논리 시스템이다

*D*를 데이터베이스 2020 디자인이라 하고, *DB*를 해당 데이터베이스 값(즉, *D*에 언급된 관계 변수에 대한 값 집합)으로 한다. 알다시피 *DB*에서 관계[2]의 튜플은 어떤 명제, 즉 관습적으로 참인 명제라고 가정하는 명제를 대표하는 것으로 간주될 수 있다. 예를 들어, *D*가 공급자-부품에 대한 일반적인 디자인이며 이에 따라 *DB*가 일반적인 샘플 값이라고 나중에 알 때까지 가정해보자(그림 B-1의 편의를 위해 다시 표시됨). 그렇다면 다음의 모든 것이 '참인 사실'이다.

공급자 S1의 이름은 'Smith'인데, 상태 20을 갖고 도시 London에 있다.

1 대부분의 질문에 대해서는 여러 책과 논문에서 직접 글을 작성해왔지만, 한곳에 모아 놓고 한 번쯤 알릴 만한 가치가 있다고 생각한다.

2 이 부록 전체에서 '관계'라는 용어는 특별히 기본 관계를 의미하기 위해 무난하게 사용될 수 있다.

부품 P1은 Nut이라는 이름을 가지며, 색상은 Red, 무게는 12.0이고 도시 London에 보관돼 있다.

공급자 S1은 부품 P1을 수량 300개로 공급한다.

등등

S

SNO	SNAME	STATUS	CITY
S1	Smith	20	London
S2	Jones	30	Paris
S3	Blake	30	Paris
S4	Clark	20	London
S5	Adams	30	Athens

P

PNO	PNAME	COLOR	WEIGHT	CITY
P1	Nut	Red	12.0	London
P2	Bolt	Green	17.0	Paris
P3	Screw	Blue	17.0	Paris
P4	Screw	Red	14.0	London
P5	Cam	Blue	12.0	Paris
P6	Cog	Red	19.0	London

SP

SNO	PNO	QTY
S1	P1	300
S1	P2	200
S1	P3	400
S1	P4	200
S1	P5	100
S1	P6	100
S2	P1	300
S2	P2	400
S3	P2	200
S4	P2	200
S4	P4	300
S4	P5	400

▲ 그림 B-1 공급자-부품 데이터베이스 – 샘플 값

그러나 앞에서 언급하지 않은 것은 주어진 데이터베이스 값을 충족시켜야 하는 무결성 제약이 명제로서도 이해될 수 있다는 점이다(다시 참으로 가정하는 명제). 예를 들어 다음과 같은 표현을 고려하자. 이 표현은 선적(SP)과 공급자(S) 사이에 외래 키 제약이 있다는 사실을 나타내는 데 사용될 수 있다.

```
SP { SNO } ⊆ S { SNO }
```

('SNO에 대한 SP 투영은 SNO에 대한 S 투영의 부분집합(반드시 딱맞는 부분집합은 아님)이다.') 기

호 SP와 S는 물론 관계 변수 이름이지만 논리적인 용어로서 지정자designator로 이해할 수 있는데, 여기서 지정자는 단순히 특정 대상을 가리키거나 지정하는 것이다. 물론 데이터베이스 값 *DB*에 관한 한 그러한 특정 지정자는 공급자 각각의 현재 값과 출하량 관계 변수의 현재 가치를 나타내며, 제약 조건은 다음과 같이 바꿔 말할 수 있다.

> 선적 관계의 모든 공급자 번호는 공급자 관계에도 나온다.

그리고 이 후자의 진술은 실로 명제다. 따라서 *DB* 전체(데이터 + 제약)는 명제, 즉 다시 말하면 참이라는 명제, 명제의 집합으로 (약간 대략적으로) 간주할 수 있다.

사실은 *DB*와 같은 데이터베이스 값과 그 데이터베이스의 명제에 적용될 수 있는 연산자들이 논리적인 시스템으로 간주될 수 있다는 것이다. 즉, 그것은 예를 들어 유클리드 기하학처럼 공리와 공리로부터 이론들을 증명할 수 있는 추론 규칙들을 갖고 있는 형식적인 시스템이다. 사실 코드 박사가 1969년에 처음으로 관계 모델을 발명했을 때, 데이터베이스는 데이터의 집합이 아니라 논리학자들이 참인 명제라고 부르는 사실의 집합이라는 그의 대단한 통찰력이 발휘됐다. 그러한 명제는 관계에서의 튜플과 관련 제약으로 대표되며, 그것들은 논의 중인 논리 시스템의 공리를 구성한다. 그리고 추론 규칙은 본질적으로 주어진 것들로부터 새로운 명제를 도출할 수 있는 규칙이다. 다시 말해, 그것들은 관계대수의 연산자를 어떻게 적용하는지를 말해주는 규칙들이다. 그래서 시스템이 어떤 관계적 표현(특히 어떤 쿼리에 응답할 때)을 평가할 때, 시스템이 정말로 하고 있는 일은 주어진 쿼리로부터 새로운 진실을 도출하는 것이다. 사실상 그것은 정리를 증명하는 것이다!

전술한 내용의 진리를 일단 알게 되면, 형식 논리의 전체 기구가 '데이터베이스 문제'를 공격하는 데 이용 가능하게 되는 것을 알 수 있다. 다시 말하면 질문은 다음과 같다.

- 사용자에게 데이터는 어떤 모습이어야 하는가?
- 제약 요구 조건은 어떤 모습이어야 하는가?

- 쿼리 언어는 어떤 모습이어야 하는가?
- 사용자에게 어떤 결과가 나와야 하는가?
- 어떻게 하면 최고의 쿼리(일반적인 데이터베이스 표현)를 수행할 수 있는가?
- 우선 데이터베이스를 어떻게 디자인할 것인가?

사실상 모두가 논리적인 질문(즉, 논리적으로 다루기 힘들지만 논리적인 답변을 줄 수 있는 질문)이 된다.

물론, 관계형 모델은 데이터베이스가 무엇에 관한 것인지에 대한 앞서 말한 인식을 매우 직접적으로 지지한다는 것은 두말할 나위도 없다. 그래서 내 생각에 관계형 모델은 확고하고 '옳다.'

1 = 0 증명하기

부록 첫머리에 인용된 본문에서는 대략 이렇게 말했다.

> 모순이 있는 논리 체계에서는 무엇이든 증명할 수 있다. 예를 들어 1 = 0을 증명할 수 있다. 사실 여러분은 1 = 0임을 증명할 수 있다는 것을 증명할 수 있다!

여기에 증명이 있다.

- 문제의 시스템이 내포적이든 명시적이든[3] *p*와 NOT *p*가 모두 참이라고(모순이다.) 명시적으로 진술하는 시스템이라고 가정하자. 여기서 *p*는 어떤 명제다.
- *q*를 임의의 명제로 삼자.
- *p*의 진위로부터 *p* OR *q*의 진위를 유추할 수 있다.

3 데이터베이스에 관한 한, 명제는 '기본 튜플'(즉, 일부 기본 관계 변수의 현재 값의 튜플) 또는 명시된 제약 조건에 해당하는 경우 명시적으로 진술된다. 명시적으로 명제가 진술되지 않았지만 명제가 논리적 결과인 경우 암묵적으로 진술된다.

- p OR q의 진위와 NOT p의 진위에서 q의 진위를 추론할 수 있다.
- 그러나 q는 무작위하다! (예를 들어 명제 1 = 0일 수 있다.)

대체로 어떤 명제든 일관되지 않은 시스템에서는 '참'으로 보일 수 있다.

틀린 답

앞서 언급한 주장은 무결성 제약의 중요성을 보여주기에 충분해야 한다. 구체적으로 말해, 데이터베이스가 어떤 제약을 위반하는 경우 데이터베이스이기도 한 논리 시스템이 일관되지 않으며, (지금 우리가 알고 있는 바와 같이) 일관되지 않은 시스템으로부터 아무런 대답도 얻을 수 없다.[4]

그러나 회의론자들은 여전히 "정말? 난 납득이 안 가. 추상적인 p와 q에 대한 여러분의 주장 말고 현실적인 예를 보여줘."라고 말할 것이다. 그래서 내가 이 도전에 대해 이겨낼 수 있는지 확인해보자.

우선 정말 간단한 예부터 들어보자. 공급자-부품 데이터베이스의 현재 값이 (a) 공급자가 하나 이상 있다고 가정하고, (b) 항상 한 개 이상의 부품이 있어야 한다는 취지의 제약이 있지만, 사실 (c) 현재 어떤 부품도 존재하지 않는다(비일관성). 이제 관계식을 고려하자.[5]

```
S WHERE EXISTS P ( TRUE )
```

4 아마도 이 문장의 첫 부분을 고쳐 써야 할 것 같다. 부록의 시작 부분에 인용된 본문에서 분명히 밝혀져야 하듯이, 여기서는 형식적인 의미에서의 일관성에만 관심이 있다(공식적인 일관성과 비공식적인 일관성의 차이에 대한 간략한 설명은 부록 A를 참조한다). 또한 데이터베이스는 만약 그것이 어떤 명시된 제약 조건을 위반한다면(그리고 그것이 중요한 경우에만), 그러한 형식적인 의미에서 일관성이 없다.

5 나는 관계 변수 이름을 허용하는 일종의 관계 해석을 사용하고 있다. 그 관계 변수 이름은 관계의 튜플을 다루는 범위 변수를 표시하는 데 사용되며, 그 관계는 같은 이름을 가진 관계 변수의 현재 값이다(SQL이 실제로 그러하듯이).

또는 SQL을 선호한다면 다음과 같다.

```
SELECT *
FROM   S
WHERE  EXISTS
     ( SELECT *
       FROM   P )
```

이제 WHERE 절의 식이 FALSE로 평가되기 때문에 이 두 식 중 하나를 직접 평가하면 결과는 없을 것이다. 또는 시스템(또는 사용자)이 EXISTS P(TRUE)가 TRUE로 평가해야 한다는 제약 조건이나 SQL에서 SELECT * FROM P가 어떤 결과를 반환해야 한다는 제약 조건이 있다고 할 경우, WHERE 조항은 단순히 WHERE TRUE라는 말로 대체될 수 있으며 그 결과는 모든 공급자가 될 것이다.[6] 적어도 이 답들 중 하나는 분명히 틀렸다! 어떤 면에서는 사실 둘 다 틀렸다. 일관되지 않은 데이터베이스로 볼 때, 정확성에 대한 어떤 잘 정의된 개념도 있을 수 없고, 어떤 대답도 다른 어떤 것만큼 좋을 수 있다(또는 나쁠 수도 있다). 사실 이 상황은 분명해야 한다. 내가 어떤 명제 *p*는 진실이고 거짓이라고 말한다면, 그리고 어떤 식으로든 *p*에 의존하는 어떤 명제가 사실인지 물어본다면, 여러분이 내게 줄 수 있는 정답은 없다.

여전히 확신할 수 없는 경우, 다음과 같이 좀 더 현실적인 SQL 예를 고려해보자.

```
SELECT CASE
          WHEN EXISTS ( SELECT * FROM P )
             THEN ( x )
             ELSE ( y )
       END AS Z
FROM   S
```

6 일부 식의 평가에서 이러한 방식으로 무결성 제약 조건을 사용하는 것을 의미 변환(semantic transformation)이라고 한다. 본문에서 알 수 있듯이, 이러한 변환은 사용자나 DBMS 또는 둘 다에 의해 항상 수행될 수 있다.

이전과 동일한 가정(즉, 부품이 있어야 한다는 제약 조건에도 불구하고 최소한 한 개 이상의 공급자가 없음)에서, 이 표현은 실제로 EXISTS가 단지 TRUE로 대체되는지 여부에 따라 *x* 또는 *y*(더 정확히 말하면, *x* 또는 *y*를 포함하는 행이 있는 테이블을 반환) 중 하나를 반환한다. 이제 *x*와 *y*는 각각 본질적으로 무엇이든 될 수 있다고 생각해보자... 예를 들어 *x*는 SQL 표현식 SELECT SUM (WEIGHT) FROM P일 수 있고, *y*는 리터럴literal로서 0.0일 수 있다. 이 경우 쿼리를 실행하면 총 부품 중량이 0이 아니라 널null이라는 잘못된 결론을 쉽게 내릴 수 있다(물론 부품이 없는 경우 총 부품 중량은 0이어야 한다. 특히 이번 예를 화나게 만드는 것은 논리적으로 정답인 0을 얻는 방식으로 쿼리를 만드는 과정에서 사용자가 분명히 벗어난다는 점이다).

주장을 일반화하기

이 부록의 초고에 대해 아직 확신하지 못했던 한 검토자는 다른 질문을 했다. 그 검토자는 어떤 불일치 데이터베이스에서 특정 오답(예: 5000)이 나오는 상황에서 '모든 선적을 취해서 총 선적량을 구하라.'라는 쿼리를 어떻게 표현할 수 있는지 물었다. 자, 그 질문에 대답하기 전에 이전 절에서 제시된 바와 같이 그 주장을 일반화해보겠다.

무엇보다도, 데이터베이스 값이 추상적으로 명제의 집합이라는 것은 알고 있다. *DBP*가 데이터베이스 값 *DB*를 구성하는 명제의 집합이라 하자. *LA*를 *DBP*의 모든 명제의 논리 AND(즉, 접속사)가 되게 하라. 또한 *DB*에 대한 일부 쿼리가 결과 *R*을 반환하게 하자. 여기서 *R*은 주어진 쿼리를 나타내는 관계 표현을 평가해 *DB*의 관계에서 파생된 관계다. 물론 *R*은 또 다른 명제 *RP*의 모음으로 볼 수 있기 때문에 '*LA*는 *RP*를 내포한다.'고 말할 수 있으며, 다시 말해 *RP*의 명제는 *LA*의 명제들의 논리적 귀결이라고 말할 수 있다. 그러나 *DB*가 일관성이 없는 경우(즉, *DBP*가 모순을 수반하는 경우) *LA*는 FALSE로 평가하며, 'FALSE는 *p*를 내포한다.'는 명제 *p*가 사실인지 거짓인지에 관계없이 가능한 모든 명제 *p*[7]에 대해 TRUE로 평가한다. 따라서 *DB*가 일관성이 없다면, *RP*의 개별 명제가 사실인지 거짓인지를 (일반적으로) 알 방법이 없다.

이제 검토자의 질문으로 돌아간다. 일정하지 않은 특정 데이터베이스에서 5000을 얻을 수 있도록 '모든 선적을 취해서 총 선적량을 구하라.'라는 쿼리를 어떻게 표현해야 하는가? 사실 이 질문의 표현 방식은 그다지 이치에 맞지 않는다고 생각한다. **Tutorial D**에서 쿼리를 표현하는 분명한 방법(즉, 일관성 없는 데이터베이스에 대해 값 5000을 반환해야 한다는 요구 사항을 순간적으로 무시하는 것)은 다음과 같다.

```
EXTEND TABLE_DEE : { TOTQ := SUM ( SP , QTY ) }
```

또는 SQL을 선호한다면 다음과 같다.

```
SELECT SUM ( QTY ) AS TOTQ
FROM   SP
```

다음 표현식 중 하나를 평가하면 다음과 같은 결과가 나온다.

TOTQ
x

해당 명제는 '모든 화물을 인수하는 총 선적 수량 TOTQ는 *x*'이다. 자, *x*의 실제 값이 얼마인지는 중요하지 않다(그것은 5000이 될 수도 있고 그렇지 않을 수도 있다). 중요한 것은 데이터베이스가 일관되지 않으면 그에 상응하는 명제가 참인지 거짓인지(즉, *x*가 참 총량인지)를 알 길이 없다는 것이다. 다시 말해, 문제가 되는 것은 '쿼리를 어떻게 쓰는

7 때때로 '거짓말을 믿을 요량이면 아무것이나 믿을 것'이라는 형식으로 진술하기도 한다.

지'가 아니라 '결과를 어떻게 해석하는지'다. 더 구체적으로 말하면, 결과가 옳다고 가정할 수는 없다. 앞에서 말했듯이, 데이터베이스가 일관성이 없다면 모든 것은 알 방법이 없다.[8]

왜 무결성 검사는 바로 수행돼야 하는가?

부록 첫머리에 인용된 본문에서는 대충 이렇게 말했다.

> 일반적인 의견과 달리 무결성 검사는 항상 즉시 수행돼야 한다. 즉, '구문 범위 내'에서 수행돼야 한다. 이는 문제의 무결성 제약 조건을 위반할 가능성이 있는 업데이트 작업의 종료를 의미한다. 즉, 해당 트랜잭션의 종료까지 지연되는 것을 의미하는 이른바 '지연 검사'는 관계 모델의 원리를 위반하는 것이다. 사실 그것은 논리적 오류다.

데이터베이스 제약 조건이 구문 범위 내에서 확인돼야 한다고 주장하는 최소한 다섯 가지 이유가 있지만, 첫 번째 가장 큰 이유는 단순히 (이전 절에서 보여주려고 했던 것처럼) 단일 트랜잭션의 범위 안에서조차 데이터베이스의 어떠한 불일치도 결코 용납할 수 없다는 것이다. 즉, 이른바 트랜잭션의 격리 속성 덕분에 둘 이상의 거래에서 특정 비일관성이 발견되지 않는 것은 사실일 수 있지만, 문제의 특정 트랜잭션에서 비일관성이 발견돼 결과적으로 오답이 나올 수 있다는 사실이 남아있다. **참고:** 『SQL and Relational Theory』에는 앞서 언급한 문제뿐만 아니라 다른 네 가지 이유, 즉 데이터베이스 제약이 항상 문장의 범위 내에서 확인돼야 한다고 주장하는 다른 네 가지 이유에 대한 자세한 논의가 포함돼 있다.

---

8 그러나 여러분이 여전히 확신하지 못할 경우에 대비해, 물론 분명히 '총 발송물 수량을 구하라. 모든 발송물을 인수하라.'라는 쿼리를 나타내는 표현을 쓸 수 있지만, 실제로 데이터베이스가 불일치할 경우 5000(적어도 잠재적으로) 값을 반환한다. 자세한 것은 연습 문제로 남겨두겠다.

부록 C

기본 키는 훌륭하지만, 필수는 아니다

인생은 오히려 정어리 통조림과 같다. 우리 모두는 열쇠를 찾고 있다.

– 앨런 베넷(Alan Bennett):

『Beyond the Fringe』(1960년)

1장의 다음 문장을 상기하자.

> 기본 키를 선택하는 것이 일반적이라고 말했다. 정말로 그것은 일반적이다. 하지만 100% 필요하지는 않다. 후보 키가 하나뿐이라면 선택의 여지가 없고 문제가 될 것도 없지만, 둘 이상이 있다면 하나를 골라 기본 키로 만들어야 하는 것은 적어도 내게는 다소 임의성의 문제가 있다(확실히 그런 선택을 하는 데는 별로 타당한 이유가 없어 보이는 상황들이 있다. 심지어 그렇게 하지 않는 좋은 이유들도 있을 수 있다. 부록 C에서는 이러한 문제를 상세히 설명한다).

자, 이 발췌문에서 상세하게 이야기한 입장은 분명히 통념적 지혜와 역행한다. 사실 그것은 심지어 일반적으로 널리 받아들여지는 관계 모델이나 관계 이론의 어떤 규범을 위반한다고도 말할 수 있다. 구체적으로 말하면 다음과 같다.

- 주어진 관계 변수에 의해 소유되는 필수적으로 비어있지 않은 키 집합 중에서, 원래 정의된 관계 모델은 기본 키primary key라고 불리는 임의로 선택된 집합의 멤버에게 주요 역할을 부여한다.
- 관계 디자인 방법론(그 자체가 관계 모델은 아니지만)은 데이터베이스 전체에서 주어진 '엔터티'가 그것이 나타나는 모든 곳에서 동일한 (기본) 키 값으로 식별되고 참조돼야 한다는 것을 다시 한 번 임의적으로 제안한다.

그러나 표시된 바와 같이, 이러한 권고 사항(일부에서는 '처방전prescription'이라고 부르기도 한다.)은 둘 다 어느 정도의 임의성을 수반한다. 특히 첫 번째는 항상 관계형 옹호자들에게 약간의 당혹감을 주는 원천이었다. 관계형 모델을 지지하는 가장 강력한 주장 중 하나는 확고한 논리적 토대를 주장하는 것이다. 그러나 이러한 주장은 대부분 명백하게 정당화되지만, 기본 키와 대체 키의 구별[1](즉, 동등한 집합에서 한 멤버를 선택해 어떻게든 '다른 멤버보다 더 평등하게' 만들어야 한다는 생각)은 언제나 같은 정도의 이론적 존중을 누리지 못하는 이유로 잠잠했던 것 같다. 확실히 그 구분에 대한 어떠한 공식적인 정당성도 없어 보인다. 그것은 논리보다는 독단적인 면을 더 때리는 것 같다. 이것이 그 상황이 난처하다고 말한 이유다. 이 부록은 이러한 문제들을 둘러싼 정통적인 관계적 입장에 대해 확고한 정당성이 결여돼 보이는 것과 관련해 나 자신의 불만이 증가하는 것에서 비롯됐다. (내 친구들 중 한 명이 내게 말한 바와 같이, 라이브 프레젠테이션에서 '여러분이 매우 빨리 말해 아무도 눈치채지 못할 것'을 희망하는 분야다.')

더욱이 기본 키와 대체 키의 구분에 대한 공식적인 정당화도 없을 뿐 아니라, 선택할 수 있는 어떠한 공식적인 방법도 없어 보인다. 실제로, 코드 박사 자신은 '[선택을 위한] 정상적인 기초는 단순하지만, *이러한 측면은 관계형 모델의 범위를 벗어난다.*'(내

1 대체 키라는 용어는 1장에서 정의됐지만, 편의상 여기서 정의를 반복한다. 관계 변수 *R*에 두 개 이상의 키를 가지도록 하고 하나를 기본 키로 선택한 다음 다른 키를 '대체 키'로 설정하라(이 용어는 실제로 많이 쓰이지 않지만, 이 부록에서 사용해야 한다).

가 다듬은 표현은 기울임 글꼴로 표현)고 말한 것으로 기록돼 있다.[2] 그러나 왜 애당초 선택을 해야 하는가? 즉, 진정한 선택이 존재하는 경우에 왜 그러한 임의적 요소를 도입하는 것이 필요하거나 바람직한 것인가?

또한 원래 정의한 관계형 모델은 데이터베이스의 어느 곳에서든, 주어진 관계 변수(내부 튜플)에 대한 외부 키를 통한 모든 참조가 항상 해당 관계 변수의 기본 키를 통해 이뤄져야 하며 어떤 대체 키를 통해서는 절대 안 된다고 주장한다. 그러므로 본질적으로는 처음부터 임의적인 결정(어떤 키가 기본인가 하는 선택)은 후속 결정에도 임의적인 제약으로 이어질 수 있다고 본다. 즉, 그것은 합법적인 외래 키가 될 수 있는 것과 될 수 없는 것에 관한 일련의 결정들을 제약할 수 있는데, 그 첫 번째 결정(즉, 기본 키 결정) 시점에서는 예측할 수 없었을 것이다.

그렇다면, 관계 모델에서 기본 키와 대체 키 사이에 구분이 이뤄져야 한다(이하 'PK:AK 구분'이라 한다.)는 아이디어는 공식적으로 다르게 정의됐을 시스템(즉, 관계형 모델)에 임의성, 인위성, 어색함, 비대칭성의 불쾌한 주석들을 도입한다. 나는 또한 그것이 데이터베이스 자체에 불쾌한 정도의 임의성, 인위성, 어색함, 비대칭성을 도입하는 역할도 할 수 있다고 주장한다. 그리고 더 나아가 그것이 또한 내가 보여주겠지만, 기저 관계 변수와 파생된 관계 변수의 바람직하지 않고 불필요한 구분을 초래할 수 있다고 주장한다.

결국 이 모든 것은 PK:AK 구분이 정말로 정당화될 수 있는지를 가리키는가? 이 부록은 내가 생각하기에 이 질문에 '아니오'라고 대답하는 입장을 지지하는 강력한 논지를 제공한다.

2 코드 박사의 논문 'Domains, Keys, and Referential Integrity in Relational Databases', InfoDB 3, No. 1(Spring 1988)에서 인용한 것이다.

PK:AK 구분을 방어하는 논지

PK:AK 구분의 결과를 고려하기 전에 먼저 그 주장을 변호하는 논지를 검토해야 한다. 나는 그 구분을 지지하는 사람으로 기록돼 있기 때문에[3] 아마도 내 자신의 주장을 요약하고 나중에 대응하면서 시작해야 할 것이다! 주요 내용은 다음과 같다.

1. PK:AK 구분의 제거는 무엇보다도 '엔터티 무결성 규칙entity integrity rule'을 모든 후보 키(어쨌든 기본 관계 변수의 모든 후보 키)에 확장 적용해야 한다는 것을 의미할 것이다. **참고:** 후보 키 용어에 대한 기억을 새로이 해야 하는 경우 1장을 참조하라.

알다시피 엔터티 무결성 규칙은 기본 관계 변수의 기본 키에 참여하는 속성이 널null을 허용하지 않는다는 취지의 규칙이다. 자, 나는 이 규칙이 어쨌든 삭제돼야 한다고 오랫동안 주장해왔다. 부분적으로는 널(내가 범주상 거부하는 개념)과 관련이 있고, 부분적으로는 이것이 기저 관계 변수와 다른 관계 변수의 구분을 끌어내어 결과적으로 상호 호환성의 원리The Principle of Interchangeability(즉, 기저 관계 변수와 뷰 간의 상호 호환성)를 위반하기 때문이다. 그래서 이제 PK:AK 구분을 선호하는 이 첫 번째 논지는 무관하다는 것을 발견하게 됐다.

참고: 상호 호환성의 원리에 익숙하지 않다면, 이것은 기저 관계 변수와 뷰 간의 불필요한 구분이 있어서는 안 된다. 즉, 뷰는 기저 관계 변수와 정확하게 똑같이 사용자에게 보이고 느껴져야 한다는 것을 말한다고 설명할 수 있다.

2. 참조되는 모든 곳에서 동일한 기호를 사용해 주어진 엔터티를 식별하는 규율은 그러한 참조가 모두 동일한 것을 참조한다는 사실을 시스템이 인식할 수 있도록 한다.

---

3 『Relational Database: Selected Writings』(Addison-Wesley, 1986)의 'Why Every Relation [sic] Should Have Exactly One Primary Key', 『Relational Database Writings 1985–1989』(Addison-Wesley, 1990)의 'Referential Integrity and Foreign Keys' 등에서

이 주장은 어디까지나 분명히 타당하지만, 이제는 언급된 규율을 엄격하고 빠른 요구 사항이라기보다는 비공식적인 지침으로 다뤄야 한다고 생각한다. 실무에서 이러한 지침을 따르지 않는 것이 바람직할 수 있는 상황의 예를 들면, 이 부록의 뒷부분(특히 신청인과 직원)을 참조하라. 어쨌든, 문제의 지침은 실제로 디자인(다시 말해, 어떤 특정한 상황에서 관계 모델을 적용하는 방법)과 관련이 있다. 따라서 특히 그와 같은 관계형 모델이 기본 키를 고수해야 하는 것과 전혀 관계가 없다. 내가 원래 이 주장을 발표했을 때, 나는 조금 혼동했을 것이다.

3. '메타쿼리metaquery', 즉 카탈로그에 대한 쿼리는 엔터티가 다른 장소에서 다른 방식으로 식별되는 경우 공식화하기가 더 어려울 수 있다. 예를 들어 직원을 직원번호로, 때로는 사회 보장 번호로 참조하는 경우 '어떤 관계 변수가 직원을 참조하는가?'라는 메타쿼리를 공식화하는 데 무엇이 연관되는지 생각해 보라.

여기서의 아이디어는 기본적으로 위의 두 번째 요점에서 언급된 규율이 시스템뿐만 아니라 사용자에게도 유익할 수 있다는 것이다. 그러나 다시 한 번 말하지만, 내게는 실제로 절대적 요구 조건이 아니라 비공식적 가이드라인에 대해 이야기하고 있는 것처럼 보인다.

4. 나의 다음 요점은 PK:AK 구분에 대한 논의가 아니었다. 오히려 그것에 반대하는 주장에 대한 비판이었다. 이 후자의 주장은 다음과 같이 진행됐다. 보안상의 이유로 일부 사용자가 일부 기본 키를 볼 수 없는 경우 해당 사용자가 대신 다른 키를 사용해 데이터에 액세스하는 경우를 가정해보라. 그러면, PK:AK 구분을 처음부터 왜 만들었는가?

여전히 '이 후자의 주장'이 매우 설득력 있다고 생각하지는 않지만, 물론 어떤 입장에 반대하는 주장을 비판하는 것은 반대 입장이 옳다는 것을 증명하지 못한다!

5. 나의 마지막 요점은 '오컴의 면도날'[4]을 기반으로 하는 것이었다('개념은 필요 이상으로 확장되면 안 된다'). 사실상, 나는 모든 후보 키를 동등하게 취급하는 것은 관계형 모델의 튜플 레벨 어드레싱 체계addressing schema를 불필요하게 복잡하게 만드는 것이라고 주장하고 있었다. 그러나 오컴의 면도날이 실제로 그 반대 방향으로 적용되고, 그것이 불필요한 기본 키와 대체 키의 개념이라고 주장할 수도 있다! 즉, 우리에게 정말 필요한 것은 후보 키뿐이거나, 다른 말로 하면 단지 키만 있으면 되는 것이다.

간단히 말해, 앞서 말한 주장들은 더 이상 내게 그다지 설득력이 없어 보인다. 즉, 여전히 타당성이 있는 것으로 보이는 유일한 것은 위의 2번과 3번에 요약된 것뿐인데, 이것은 (내가 말했듯이) 어쨌든 관계형 모델에서 PK:AK 구분을 만들기 위한 주장이 아니다. 내가 또한 말했듯이, 이제 그 특정한 주장에 의해 뒷받침되는 입장이 불가침의 규칙이라기보다 지침으로 인식돼야 한다고 느낀다(다시 한 번, 이 입장을 정당화하기 위한 예를 나중에 참조하라).

그러나 이야기하면서, 내가 이 이슈에 대해 처음 토론했을 때 이렇게 주장하는 것을 어느 정도 회피했다는 점에 주목한다. 관련 논문에서 나온 또 다른 발췌물이 있다(여기서 살짝 수정했다).

> PK:AK 구분의 유지에 동의할 수 있는 경우는 미래의 어느 시점에서 바람직하다면 그러한 구분을 없앨 가능성이 항상 있다. 그리고 더욱이 이 주장은 반대 방향으로는 적용되지 않는다는 것을 주목하라. 일단 모든 후보 키를 동등하게 다루는 데 전념하게 되면, 구별되는 기본 키가 필요한 시스템은 영원히 비표준이 될 것이다.

4 오컴의 면도날(Occam's Razor 또는 Ockham's Razor)은 흔히 경제성의 원리(Principle of economy), 검약의 원리(lex parsimoniae), 또는 단순성의 원리라고도 한다. 14세기 영국의 논리학자이며 프란체스코회 수사였던 '오컴의 윌리엄(William of Ockham)'에서 이름을 따왔다. 원문은 라틴어로 된 오컴의 저서에 등장하는 말이다. – 옮긴이

비록 그 당시에는 그렇게 많이 말하지 않았지만, 이 인용문은 내가 여전히 강하게 믿는 원리인 '신중한 디자인의 원리'에 대한 호소를 효과적으로 구성한다.[5] 실제로 내가 지금 PK:AK 구분에 대한 입장을 바꿀 수 있다면, (사실 내가 하고 있는 것) 그것은 이 원리의 정당성을 입증하는 것으로 볼 수 있다.

이 절을 마치기 전에, 기록상 코드 박사 자신도 같은 논문에서 PK:AK 구분의 옹호자로서 기본 키를 선택할 수 있는 공식적인 근거가 없다고 말했다는 것을 언급한다(그가 이를 만들어냈기 때문에 놀랄 일은 아니다).

> 어떤 관계 변수든 간에 둘 이상의 기본 키[sic]를 가질 수 있도록 허용될 경우 심각한 문제가 발생할 수 있다. 단일 기저 관계 변수에 대해 둘 이상의 기본 키를 허용할 경우 발생하는 결과는 심각한 재앙이 될 것이다.

(나는 자유로이 이 발췌물에서 코드 박사의 용어인 '관계'를 '관계 변수'라는 용어로 두 번 바꾼다.) 그는 계속해서 프로젝트 관리, 부서 관리, 재고 관리 등 '여러 가지 뚜렷한 책임'을 가진 직원들과 관련된 예를 제시한다. 그러고 나서 다음과 같이 말한다.

> 식별자의 동등성을 비교하는 것은 동일 직원과 한 사람이 관련돼 있음을 입증하기 위한 것이다. 이 목표는 비교를 위해 어떤 직원 식별[속성] 쌍을 선택하는지에 따라 직원에게 사용되는 식별자의 유형이 다를 수 있는 경우 심각한 타격을 입힌다.

이 주장은 본질적으로 위의 2번과 3번 요점 아래에 제시된 주장과 같다는 점을 알 수 있을 것이다. (a) 이미 지적한 바와 같이 약간 혼란스럽기도 하고, (b) 이 부록의 뒷부분에서 보게 되겠지만, 어쨌든 면밀한 정밀 조사하에 완전히 성립되지는 않는다.

---

5 '조심스러운 디자인 원리(The Principle of Cautious Design)'에 따르면 다음과 같다. *A*가 *B*와 상향 호환되고 *B*의 전체 함의를 아직 알 수 없을 때, 옵션 *A*와 *B* 중에서 디자인을 선택해야 할 경우 신중한 결정은 *A*를 선택하는 것이다.

두 개 이상의 키가 있는 관계 변수

이제 두 개 이상의 키가 있는 관계 변수의 합리적으로 현실적인 몇 가지 예를 생각해 보자. 첫 번째는 S(학생), J(과목), P(순위)의 속성들을 포함한 관계 변수 EXAM과 관련된 것으로, 학생 S는 과목 J를 시험 보고 학급 리스트에서 P 순위를 달성했다. 예를 위해, 동률은 없다고 가정해보자(즉, 같은 과목에서 같은 순위를 얻은 두 학생은 없다). 그럼 분명히 학생과 과목을 부여하면 그에 상응하는 순위가 정확히 한 가지 있다. 똑같이, 과목과 순위를 부여하면 그에 상응하는 학생이 정확히 한 명이다. 따라서 FD {S,J} → {P}와 {J,P} → {S}가 모두 성립되고 {S,J}와 {J,P}가 모두 키(또는 여러분이 선호한다면, 모두 후보 키)가 된다.

```
EXAM { S , J , P }
     KEY { S , J }
     KEY { J , P }
```

연습 문제: 이 관계 변수는 어떤 정규형인가?

여기에 다른 예가 있다(기본적으로 14장 연습 문제 14.3). A, B, C 속성과 술어 '사람 A가 일자 C에 사람 B와 결혼했다.'를 가진 결혼을 대표하는 관계 변수를 가정했다. 일부다처제를 하지 않는다고 가정하고, 또한 두 사람이 한 번 이상 결혼하지 않는다고 가정한다면, 여기에 있는 모든 한 쌍의 속성이 키다.

```
MARRIAGE { A , B , C }
         KEY { A , B }
         KEY { B , C }
         KEY { C , A }
```

그리고 여기에 간단한 항공사 애플리케이션을 기반으로 한 또 다른 예가 있다(술어는 'DAY 일 HOUR 시에 비행사 PILOT이 게이트 GATE에서 비행을 한다.'이다).

```
ROSTER { DAY , HOUR , GATE , PILOT }
       KEY { DAY , HOUR , GATE }
       KEY { DAY , HOUR , PILOT }
```

전술한 것과 같은 경우에는 어떻게 기본 키를 선택할 것인가? 다른 키에 대해 한 키를 선택하는 데 어떤 근거가 있는가? 코드 박사의 '단순성' 기준은 도움이 되지 않는 것 같다. 또한 어느 쪽을 선택하든 불쾌한 비대칭으로 끝나게 된다. 예를 들어, 결혼 예에서는 한 배우자를 '다른 배우자보다 더 동등하다.'고 취급하는 것을 발견할 수 있다(그러므로 확실히 누군가를 불쾌하게 할 수도 있다). 왜 그런 비대칭성을 도입해야 하는가? 비대칭은 보통 좋은 생각이 아니다. 여기서는 17장에서 다룬 폴리아Polya의 인용을 다시 한 번 언급한다. 즉, '대칭적인 것을 대칭적으로 다루려고 노력하고, 어떤 자연적인 대칭을 파괴하려고 하지 말라.'

자, 앞서 언급한 모든 예에서 그 키들은 복합적일 뿐만 아니라 모두 서로 중첩됐다(즉, 공통의 속성을 갖고 있었다). 키가 중첩될 때만 기본 키를 선택하는 데 어려움이 있을 수 있다고 생각되지 않도록 예를 들어보자. 주기율표(즉, 화학원소표)를 나타내는 관계 변수 ELEMENT가 있다고 가정하자.[6] 그러면 모든 원소에는 고유한 이름(예: 납), 고유 기호(예: 납은 Pb), 고유 원자 번호(예: 납의 원자 번호는 82)가 있다. 따라서 관계 변수는 분명히 세 개의 뚜렷한 키를 갖고 있는데, 모두 단순하며(즉, 각각은 하나의 속성만을 포함한다.) 중복되는 것은 전혀 없다. 이 세 가지 키 중 하나를 기본 키로 선택하는 이유는 무엇인가? 내가 보기에는 상황에 따라 그들 중 어느 것이라도 좋은 사례가 될 수 있을 것 같다.

여기에 몇 개의 키를 가진 관계 변수의 또 다른 친숙한(아마도 너무 친숙한) 예가 있는데, 이 모든 것은 간단하다.

6 사실 ELEMENT는 관계 변수가 아닌 관계 상수일 수 있지만, 여전히 특정 키 제약 조건을 충족해야 한다(우연히 16장의 PLUS 예제에서도 마찬가지다).

```
TAX_BRACKET { LOW , HIGH , RATE }
            KEY { LOW }
            KEY { HIGH }
            KEY { RATE }
```

물론, 여기서는 두 가지 과세 대상 소득 범위(LOW에서 HIGH)가 동일한 세율을 적용받지 않는다고 가정하고 있다. **참고**: 14장에서는 세금 과표 구간을 별도의 LOW 및 HIGH 속성 대신 단일 구간값 속성(즉, RANGE)으로 표현하는 것이 더 나을 수 있다고 제안했다. 그러나 그렇다고 해도 여전히 RANGE와 RATE라는 두 개의 중첩되지 않는 키가 있을 것이다.

더 많은 예를 들 수도 있지만, 지금쯤 내 요점은 아마도 명백할 것이다. 선택이 있는 경우, 다른 키보다 하나의 키를 선택하는 공식적인 기준이 없을 뿐만 아니라, 때로는 비공식적인 기준조차 없는 것으로 보일 때도 있다. 따라서 어떤 경우에는 (아마도 대부분의 경우라도) 그러한 선택이 반드시 이뤄져야 한다고 주장하는 것은 정말로 적절해 보이지 않는다.

언급해야 할 또 다른 중요한 요점이 있는데, 지금까지 내가 했던 대부분의 요점보다 더 격식을 갖춘 요점이다. 지난 50년 동안 종속성 이론과 추가적인 정규화, 뷰 업데이트, 최적화(특히 의미 최적화 포함), 기타 많은 문제에 대한 꽤 많은 연구가 수행됐다. 그리고 이 모든 연구에서 결정적인 역할을 하는 것은 기본 키가 아닌 후보 키일 것이다(실제로 문제의 연구가 공식적이기 때문에 정확히 그러해야 한다. 후보 키 개념이 공식적으로 정의된다. 기본 키 개념은 그렇지 않다). 이것이 그렇기에 PK:AK 구분을 공식적으로 주장하는 것은 정말 적절치 않아 보인다. 그러나 반복해서 말하면, 비공식적으로 그것을 추천하는 것이 적절할 수 있다.

그러나 말하고 싶은 또 다른 요점은 PK:AK 구분은 기저 관계 변수와 다른 관계 변수 간의 바람직하지 않고 불필요한 차별화를 초래하는 것으로 보인다는 점이다(최소한 코드 박사에 따르면). 코드 박사에 따르면 관계형 모델은 다음과 같기 때문이다.

- 기본 관계 변수를 위한 기본 키가 필요하다.
- 허용하지만 뷰와 스냅샷에 대해서는 기본 키가 필요하지 않다.
- 다른 모든 관계 변수에 대해 '기본 키가 선언되거나 추론되는 것이 *완전히 불필요하다.*'고 간주한다(원본은 기울임 글꼴로 표현).

이 진술들은 코드 박사가 기본 키를 선택할 수 있는 공식적인 근거가 없다고 말한 논문에서 (그러나 약간만) 인용한 것이다.[7] 사실 그 논문은 기저 관계 변수가 아닌 다른 관계 변수는 기본 키조차 보유하지 않을 수도 있다는 제안까지 하고 있는데, 만약 사실이라면 애당초 그 개념에 대해 심각한 의문을 제기한다는 제안이다(상호 호환성의 원리를 기억하라). 그렇기는 하지만, 이 문제에 대한 나의 입장은 좀 다르다. 구체적으로 말하자면 다음과 같이 말하고 싶다.

- 첫째, 기본이든 파생이든 모든 관계 변수는 적어도 하나의 키를 갖고 있다(물론 어떠한 관계, 더 강하게는 어떠한 관계 변수도 중복 튜플을 허용하지 않기 때문이다).
- 둘째, 모든 기본 관계 변수에는 명시적으로 선언된 키가 하나 이상 있어야 한다. 물론 그러한 모든 키는 명시적으로 선언돼야 한다(사실, 명시적으로 선언되지 않은 기저 관계 변수 키는 시스템이나 관계형 모델 자체에 관한 한 키가 아니다).
- 기저 관계 변수는 특별히 명시적으로 선언된 기본 키를 갖고 있는 경우가 흔하지만, 이러한 상황을 어려운 요구 사항으로 주장하지는 않는다.
- 『SQL and Relational Theory』에 자세히 설명돼 있는 이유로, 시스템은 파생된 관계 변수에 대한 키를 추론할 수 있어야 한다고 생각한다.
- 앞의 요점에도 불구하고 파생된 관계 변수(특히 뷰와 스냅샷용)에 대한 키를 명시적으로 선언하는 것도 가능해야 한다고 생각한다. 다시 『SQL and Relational Theory』를 참조해 자세한 내용을 알아보라.

7 즉, 각주 2에 언급된 논문이다.

송장 및 발송 예제

이제 좀 더 정교한 예시에 주목해본다. (실제 적용에 근거한) 예제는 송장과 발송에 관한 것이며, 이 두 엔터티 유형 사이에는 일대일 관계가 있다. 각 발송에는 정확히 하나의 송장이 있고, 각 발송에는 정확히 하나의 발송물이 있다. 다음은 '확실한' 데이터베이스 디자인(예를 들어, 기본 키와 대체 키를 명시적으로 구분하는 가상 구문을 사용)이다.[8]

```
INVOICE  { INVNO , SHIPNO , INV_DETAILS }
         PRIMARY KEY { INVNO }
         ALTERNATE KEY { SHIPNO }
         FOREIGN KEY { SHIPNO } REFERENCES SHIPMENT

SHIPMENT { SHIPNO , INVNO , SHIP_DETAILS }
         PRIMARY KEY { SHIPNO }
         ALTERNATE KEY { INVNO }
         FOREIGN KEY { INVNO } REFERENCES INVOICE
```

따라서 데이터베이스 구조는 그림 C-1에 나타낸 것과 같다(이 책에 나오는 다른 그림의 화살표는 함수 종속성이 아닌 외부 키 참조를 나타낸다).

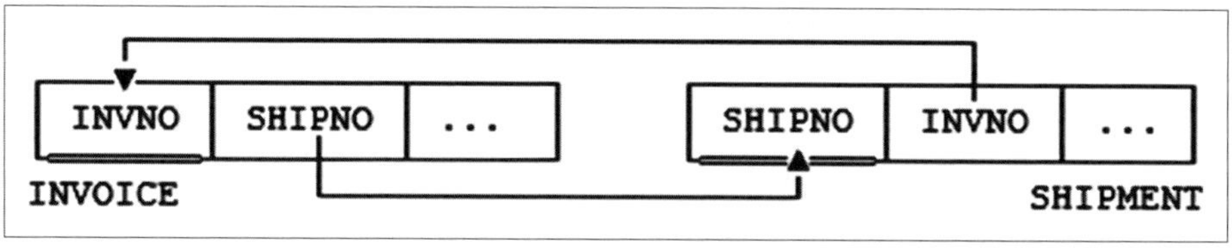

▲ 그림 C-1 송장과 발송 데이터베이스

이 예제의 각 관계 변수에는 실제로 {INVNO}와 {SHIPNO}라는 두 개의 키가 있다.

8 한 검토자는 세 개의 관계 변수(송장 및 발송 각 한 개, 그들 사이의 연관성 한 개)로 구성된 디자인이 왜 '확실한' 디자인이 아니었는지 물었다. 글쎄, 아마 더 좋은 디자인일 수 있다. 그리고 당연한 디자인일 수 있다. 그러나 그 연관성 관계 변수는 여전히 두 개의 키(INVNO와 SHIPNO)를 갖고 있으며, 그 두 개의 키는 동등하게 취급돼야 한다는 주장의 주요 결론은 여전히 유효하다.

그러나 INVOICE에 대한 '자연' 기본 키가 {INVNO}이고, SHIPMENT에 대한 '자연' 기본 키가 {SHIPNO}라고 가정한다. 그러면 INVOICE의 {SHIPNO}와 SHIPMENT의 {INVNO}가 대체 키라는 주장에 동의할 수 있다고 생각한다. 더욱이, 물론 그러한 각각의 대체 키도 다른 관계 변수의 기본 키를 가리키는 외래 키(그림 C-1이 나타내듯이)이기도 하다.

전술한 디자인의 한 가지 문제는 다음과 같다. 분명히 데이터베이스는 제약 조건(실제로 동등 종속성이며, 그것을 제약 조건 CIS라고 부르겠다.)의 적용을 받는다. 만약 INVOICE 관계 변수가 발송 s에 해당하는 송장 i를 보여야 한다면, SHIPMENT 관계 변수는 송장 i에 해당하는 발송 s를 보여야 한다(그 반대의 경우도 마찬가지여야 한다).[9]

```
CONSTRAINT CIS
   INVOICE { INVNO , SHIPNO } = SHIPMENT { INVNO , SHIPNO } ;
```

즉, 튜플 $(i,s,\ldots)$은 튜플 $(s,i,\ldots)$이 SHIPMENT에 나타나는 경우에만 INVOICE에 나타난다. 그러나 그림 C-1에 나타낸 디자인은 이 제약 조건을 포착하거나 강제하지 않는다(예를 들어, 그림 C-2에 나타낸 값의 구성은 그 디자인에 의해 허용되지만 제약 조건을 위반한다). 따라서 제약 조건은 (위와 같이) 별도로 명시하고 별도로 강제할 필요가 있다.

INVOICE

INVNO	SHIPNO	...
i1	*s1*	...
i2	*s2*	...

SHIPMENT

SHIPNO	INVNO	...
s1	*i2*	
s2	*i1*	

▲ 그림 C-2 제약 조건 CIS를 위배하는 '합법적인' INVOICE와 SHIPMENT 값

9 그러므로 디자인이 직교성을 위반한다는 것을 관찰하라. 정확히 왜 그럴까? (16장 참조)

각 관계 변수의 기본 키를 {INVNO,SHIPNO}의 조합으로 가정하고, 그 각각의 가짜 '기본 키'를 다른 것을 참조하는 외래 키로 추가 정의한다면 제약 조건 CIS가 자동으로 처리될 것이라고 생각할 수 있다(사실, 정말로 더 잘 알아야 할 사람들이 명시적으로 그런 속임수를 추천하는 것을 본 적이 있다). 그러나 관계형 모델은 기본 키(일반적으로 키)가 축소 불가능이 되도록 요구하는데, 이는 그들이 고유한 식별 목적과 무관한 속성을 포함해서는 안 된다는 것을 의미한다(그리고 4장에서 이미 살펴본 바와 같이 그러한 요구 사항에 대한 좋은 이유가 있다). 즉, {INVNO,SHIPNO}는 어느 관계 변수에게나 키가 아니며(그러므로 확실히 기본 키가 될 수 없다.), 만약 시스템에 다르게 말한다면 거짓말을 하고 있는 것이다. 실제로 {INVNO, SHIPNO}가 진정한 키라면 송장과 발송 사이의 관계는 다대다(many to many)여야 하지만, 그렇지 않다.

정확하게 제약 조건 CIS가 성립되기 때문에 그림 C-1의 디자인은 다음과 같은 중복을 명확하게 포함한다. 두 관계 변수에 나타나는 모든 쌍의 {INVNO,SHIPNO} 값 역시 다른 관계 변수에도 반드시 나타난다. 이제 다음과 같이 두 개의 관계 변수를 하나(INV_SHIP)로 결합함으로써 그러한 중복을 피할 수 있다.

```
INV_SHIP { INVNO , SHIPNO , INV_DETAILS , SHIP_DETAILS }
         PRIMARY KEY { INVNO }
         ALTERNATE KEY { SHIPNO }
```

이런 식으로 중복성을 제거함으로써 제약 조건 CIS를 명시하고 강제할 필요성도 없앴다. 게다가 이제 원래의 INVOICE와 SHIPMENT 관계 변수를 INV_SHIP의 뷰(특히 투영 뷰)로 정의할 수 있으므로, 사용자는 송장과 발송을 여전히 구별되는 엔터티로 간주할 수 있다.[10] 따라서 이 개정된 디자인은 '명백한' 버전에 비해 특정한 장점을 누린다.

반면에 몇 가지 단점도 있다. 먼저 비대칭 결정을 다시 한 번 내려야만 하므로, 관계

10 물론 오늘날의 상업용 제품의 상태를 감안할 때 이러한 견해를 갱신하는 데 다소 어려움이 있을 수 있지만, 그에 대한 내용은 별도의 문제로서 이 부록(그리고 이 책)의 범위를 벗어난다. 자세한 내용은 내 책 『View Updating and Relational Theory: Solving the View Update Problem』(O'Reilly, 2013)을 참조하라.

변수 INV_SHIP에 대한 기본 키로 임의로 {SHIPNO}보다 {INVNO}를 선택해야 함을 관찰하라.[11] 둘째, 발송에는 송장이 없는 특정한 부차적인 정보가 있다고 가정하라. 예를 들어 각 발송은 컨테이너화됐다고 가정하라. 그런 다음 새 CONTAINER 관계 변수가 필요하다.

```
CONTAINER { CONTNO , SHIPNO , ... }
          PRIMARY KEY { CONTNO }
          FOREIGN KEY { SHIPNO } REFERENCES INV_SHIP { SHIPNO }
```

그리고 이제 대체 키를 참조하는 외부 키가 생겼다! 알다시피 원래 정의한 관계형 모델은 명시적으로 금지한다.

이제 원래 모델의 처방에 대한 명백한 위반을 피할 수 있을까? 음, 물론 대답은 '그렇다'이다. 이 작업을 수행하는 방법은 다음과 같다.

1. 2-관계 변수 디자인으로 돌아갈 수 있다(따라서 데이터 중복성과 추가 제약 조건의 필요성을 다시 도입한다).
2. CONTAINER 관계 변수에서 SHIPNO를 INVO로 대체할 수 있다. 그러나 이러한 접근 방식은 매우 인위적으로 보이며(컨테이너는 송장과 무관), 더욱이 디자인에 불쾌한 수준의 간접성(해당 컨테이너의 발송은 해당 송장을 통해서만 접근할 수 있다.)을 도입한다.
3. CONTAINER 관계 변수는 그대로 둘 수 있지만 CONTAINER의 모든 SHIPNO 값이 INV_SHIP에도 나타나야 한다는 명시적 선언으로 외래 키 사양을 대체한다(임의적으로 복잡한 제약 조건의 정의를 허용하는 SQL이나 **Tutorial D**와 같은 언어를 사용한다). 그러나 '진정한' 외래 키 제약 조건과 매우 유사한 제약을 이처럼 우회

---

11 사실, 어떤 키를 기본 키로 선택하는지는 사용자의 관점에 따라 달라질 수 있다! 즉, 주로 송장에 관심이 있는 사용자는 {INVNO}가 기본 키가 되길 원하는 반면, 발송에 주로 관심이 있는 사용자는 {SHIPNO}가 기본 키가 되길 원할 수 있다.

적으로 다뤄야 하는 것은 유감스러운 일인 듯하다. 실제로 그 효과는 바람직하지 않은 비대칭성, 즉 기본 키를 참조하는 외래 키를 한 방식으로 취급하고 대체 키를 참조하는 '외래 키'를 전혀 다른 방식으로 취급하는 것을 도입하는 것이라고 주장할 수 있다.

4. INV_SHIP에 대한 대리 기본 키(즉, {ISNO})를 도입하고, 이를 CONTAINER 테이블의 외부 키로 사용할 수 있다. 이 키에는 위의 두 번째 문장과 같이 여전히 간접성이 연관되지만 INV_SHIP에 대한 기본 키로 {INVNO}를 임의로 선택했을 때 손실된 대칭성이 다시 도입될 수 있다.

요약하면, 다음과 같다. 이 네 가지 '해결책' 접근법 중 어느 것도 완전히 만족스러운 것 같지 않다. 따라서 이 예는 (만약 중복성, 임의성, 인위성, 비대칭성과 간접성을 피하려면) 기본 키와 대체 키를 동등하게 취급할 수 있어야 하며 대체 키를 참조하는 외래 키를 가질 수 있어야 한다는 것을 보여준다. 즉, 기본 키와 대체 키의 차이를 무시하고, 단순히 모두 키로만 간주할 필요가 있다. 그러나 이 예제에서 원래 관계형 모델의 특정 원리를 위반할 명백한 필요성을 말하는 것이 아니라는 점을 주의 깊게 기억하라. 내가 말하는 것은 피할 수 있는 좋은 방법이나 나쁜 방법을 채택하는 좋은 이유가 없다는 점이다. 그러므로 문제의 교훈을 강력한(?) 지침으로 취급하되 불가침 규칙으로 취급하지 말 것을 제안하고 싶다.

엔터티 유형당 하나의 기본 키?

이제 이 부록의 서론에서 언급된 두 가지 문제 중 두 번째 문제로 넘어가자. 즉, 특정 유형의 엔터티는 데이터베이스의 모든 곳에서 정확히 동일한 방식으로 식별돼야 한다. 대략적으로 말해, 이는 일반적으로 다음과 같은 것이 있다는 의미다.

- 관련 엔터티 유형에 대한 단일 '앵커anchor' 관계 변수는 다음의 종속 관계 변수와 함께 특정 기본 키를 포함한다.

- 0개 이상의 종속 관계 변수는 그러한 유형의 엔터티에 대한 추가 정보를 제공하며, 각각은 앵커 관계 변수의 기본 키를 참조하는 외부 키를 갖고 있다.

(이 상황이 17장에서 논의된 RM/T 디자인 규율을 상기시키는가?) 그러나 다음과 같은 몇 가지 분명한 의문이 생긴다.

- 주어진 엔터티 유형에 대해 둘 이상의 앵커 관계 변수를 보유해야 하는 정당한 이유가 없을 수 있는가? (아마도 그 엔터티 유형에 대한 다른 '역할'에 해당하는 앵커 관계 변수로 다음 절에서 신청자와 직원에 관한 논의를 참조하라.)
- 그러한 앵커 관계 변수가 여러 개 있는 경우, 상이한 앵커 관계 변수에 상이한 기본 키를 둘 만한 타당한 이유가 없을 수 있는가? 따라서 동일한 엔터티가 다른 맥락에서 다른 방식으로 식별될 수 있음을 내포할 수 있는가?
- 따라서 서로 다른 맥락에서 동일한 엔터티를 다른 방식으로 식별하는 상이한 외부 키를 상이한 관계 변수에 보유해야 하는 타당한 이유가 없을 수 있는가?
- 마지막으로, 동일한 관계 변수 안의 동일한 엔터티에 대해 동일한 가중치를 가진 여러 개의 구별되는 식별자를 보유해야 하는 정당한 이유가 없을 수 있는가?

신청자 및 직원 사례

이 예시(송장 및 발송 예시와 마찬가지로, 실제 신청 사례에 기초함)는 특정 기업의 구직 신청자에 관한 것이다. 관계 변수 APPLICANT는 다음과 같은 신청자의 기록을 보관하는 데 사용된다.

```
APPLICANT { ANO , NAME , ADDR , ... }
          PRIMARY KEY { ANO }
```

신청자 번호(ANO)는 신청자가 구직 신청을 할 때 배정된다. 이는 신청자에게 고유한 것이며, 따라서 {ANO}는 명백한 기본 키(사실상 유일한 키)를 구성한다.

다음으로 보조 신청자 정보(이전 직업, 참고인 목록, 부양가족 목록 등)를 보관하기 위해 몇 개의 추가 관계 변수를 사용한다. 여기서는 '이전 직업' 관계 변수(APPLICANT_JOBS)를 고려하자.

```
APPLICANT_JOBS { ANO , EMPLOYER , JOB , START , END , ... }
               PRIMARY KEY { ANO , START }
               ALTERNATE KEY { ANO , END }
               FOREIGN KEY { ANO } REFERENCES APPLICANT
```

우연히도 다시 한 번 임의의 기본 키 선택에 직면해 있는 것처럼 보이지만, 여기서 검토하고 싶은 것은 그것이 아니라는 점을 관찰하라.[12]

이제 입사 지원자가 합격해 직원이 되면 사원번호(ENO, 직원 고유의)가 배정되고, 신입 사원 관련 정보(직함, 부서번호, 전화번호 등)가 EMP 관계 변수에 다음과 같이 기록된다.

```
EMP { ENO , JOB , DNO , PHONENO , ... }
    PRIMARY KEY { ENO }
```

이제 매우 동일한 엔터티(즉, 성공적인 신청자)가 두 개 중 하나의 ANO 값과 다른 하나의 ENO 값으로 식별되도록 두 개의 서로 다른 앵커 관계 변수를 갖고 있다. 물론 두 관계 변수가 서로 다른 역할을 나타내는 것은 사실이다. 즉, 신청자 역할의 튜플은 신청자 역할의 한 사람을 나타내고 EMP(하나 있는 경우)의 해당 튜플은 직원 역할의 동일한 사람을 나타낸다. 하지만 그 사실은 단지 한 개의 엔터티만 관련돼 있다.

12 다시 한 번, 과세표준 예시와 마찬가지로 현재의 경우 START와 END 속성 쌍을 대체하는 구간값 속성을 사용하는 것이 바람직할 수 있으며, 이 경우 결국 하나의 키만 존재하게 되고 선택 문제는 사라진다. 하지만 앞서 말했듯이, 기본 키를 선택하는 것은 여기서 검토하고 싶은 문제가 아니다.

앞서 말한 것이 이야기의 끝이 아니다. 분명히 관계 변수 EMP는 어떻게든 관계 변수 APPLICANT에 다시 언급할 필요가 있다(그 예를 위해 비록 가정이 다소 비현실적일 수 있지만, 모든 직원이 한때 신청자였다고 가정한다). 따라서 EMP 관계 변수에 ANO 속성을 추가하고 그에 따라 외래 키를 정의해야 한다.

```
EMP { ENO , ANO , JOB , DNO , PHONENO , ... }
    PRIMARY KEY { ENO }
    ALTERNATE KEY { ANO }
    FOREIGN KEY { ANO } REFERENCES APPLICANT
```

이제 다시 두 개의 후보 키가 생겼다! 즉, {ENO}와 {ANO}이다. 이 점은 곧 관련이 있게 될 것이다. 하지만 지금은 무시하겠다.

다음으로, 물론 직원들에 대한 부차적인 정보(급여 이력, 복지 내역 등)를 담을 수 있는 관계 변수가 추가로 필요할 것이다. 여기에 급여 이력 관계 변수가 있다. 즉, 다음과 같다.

```
SAL_HIST { ENO , DATE , SALARY , ... }
         PRIMARY KEY { ENO , DATE }
         FOREIGN KEY { ENO } REFERENCES EMP
```

이제는 하나의 관계 변수(SAL_HIST)의 ENO 값과 다른 관계 변수(APPANT_JOBS, EMP)의 ANO 값으로 식별될 뿐만 아니라 참조될 수도 있는 바로 같은 엔터티를 갖고 있다. 즉, 데이터베이스 구조는 그림 C-3과 같다.

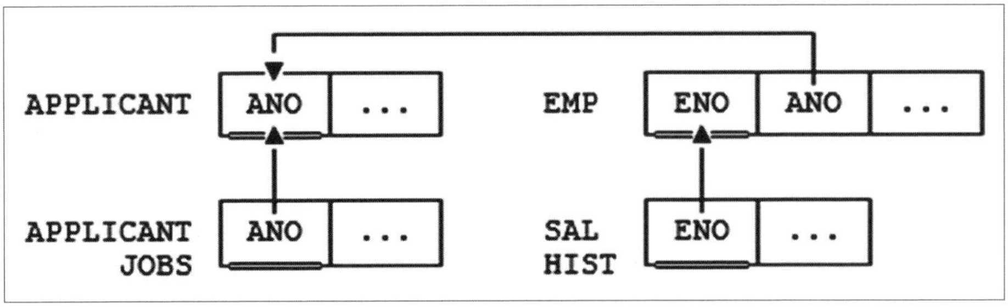

▲ 그림 C-3 신청자와 직원 데이터베이스

이제 EMP를 APPLICANT의 하위 유형으로 간주해 동일한 엔터티 유형에 대해 두 개의 서로 다른 식별자(ANO와 ENO)가 필요하지 않을 수 있다.[13] 결국 모든 직원은 지원자이거나 한때 지원자였지만(풀어서 말하자면), 그 반대는 사실이 아니다. 이러한 방식으로 {ANO}를 EMP의 기본 키로 사용해 {ENO}를 대체 키로 처리(또는 아예 삭제)하고, ENO를 SAL_HIST 관계 변수에서 ANO로 대체할 수 있다. 데이터베이스 구조는 이제 그림 C-4와 같다.

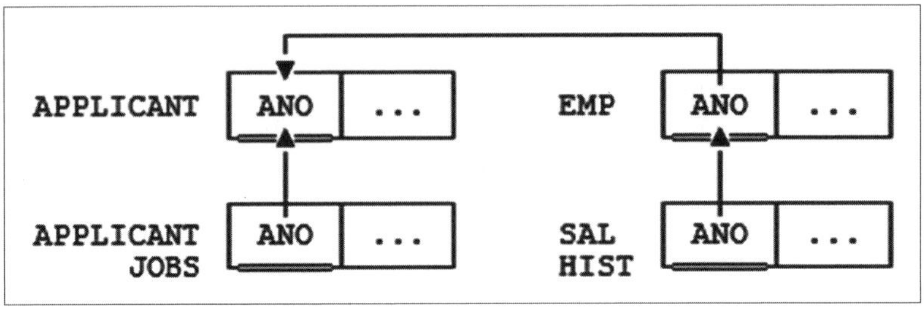

▲ 그림 C-4 {ANO}를 EMP의 기본 키로 사용한다.

그러나 이러한 상황의 영향을 주목하라. 변하는 것은 데이터베이스의 디자인이 아니라 기업 운영 방식이다(우선 지금은 사원번호 대신 신청번호로 직원을 식별해야 한다). 관계형 원리('기업 유형당 기본 키') 때문에 기업이 사업 방식을 변경해야 하는 이유는 무엇인가?

13 그러나 이와 관련해 17장 각주 11을 참조하라.

구체적으로 말하면, 지원자와 직원이 모두 개인이고 실제로 모든 직원이 지원자(또는 한때는 지원자였음)임에도 불구하고 지원자 번호와 직원번호로 지원자를 식별하는 것이 왜 허용되면 안 되는가?

또 다른 가능성은 PERSON 관계 변수를 도입하고 나서 APPLICANT와 EMPLOYEE 모두를 PERSON의 하위 유형으로 간주하는 것이다. 연습을 위해 세부 사항은 독자들에게 남겨둔다. 단순히 '사람 번호(pno)'를 만들어내고 {pno}를 사람의 기본 키로 삼더라도 이 접근 방식은 기본적으로 아무것도 해결하지 못한다고 말할 수 있다.

요약하면, 다음과 같다. 앞의 예에서는 (a) 동일한 엔터티 유형에 대해 여러 개의 다른 앵커 관계 변수를 갖는 것이 정말로 바람직한 경우, (b) 각 앵커 관계 변수에 다른 기본 키를 갖는 경우, (c) 다른 종속 관계 변수에 있는 다른 기본 키를 참조하는 다른 외부 키를 갖는 경우가 있을 수 있다는 것을 강력히 시사한다. 다시 한 번 말하지만, 여기서 '엔터티 유형당 하나의 기본 키'를 위반할 명백한 필요성을 말하는 것은 아니다. 내가 말하는 것은 그것을 피할 수 있는 좋은 방법이 보이지 않지만 나쁜 방법을 채택해야 하는 좋은 이유도 보이지 않는다는 점이다. 따라서 다시 한 번 '한 엔터티 유형에 대한 하나의 기본 키' 교훈은 강력한(?) 지침으로 취급하되, 불가침 규칙으로 취급해서는 안 된다고 제안하고 싶다.

끝맺는 말

이 부록에서는 다음과 같은 실용적 논거를 제시했다.

- 모든 기본 관계 변수에는 기본 키라는 고유 키가 있다는 일반적으로 허용되는 규칙 완화
- 모든 외래 키가 대체 키가 아닌 기본 키를 특별히 참조한다는 (아마도 덜 일반적

으로 받아들여지는) 규칙 완화[14]

- 각 엔터티 유형에 대해 정확히 하나의 앵커 관계 변수가 있다는 일반적인 규칙 완화

물론 이 규칙들을 완화한다면, 나쁜 디자인의 가능성을 열어놓게 된다는 것을 잘 알고 있다. 그렇기 때문에 경험법칙이나 좋은 디자인 가이드라인으로 '엔터티 유형당 하나의 기본 키'와 같은 권장 사항을 유지할 것을 추천한다. 다시 말해, 문제의 규칙들은 그렇게 하는 데 정말 합당한 이유가 있을 때만 위반돼야 한다. 하지만 이 부록에서 보여주려고 했던 것은 때때로 그런 좋은 이유가 존재한다는 사실이다.

14 여기서 이야기한 이유가 일반적으로 덜 받아들여진 것은 SQL 표준은 적어도 외부 키가 후보 키를 참조할 수 있도록 허용하기 때문이다.

부록 D

역사적 기록

역사는 여러분이 생각했던 것과 다르다.

그것은 여러분이 기억할 수 있는 것이다.

– W.C. 셀러(W. C. Sellar)와 R.J. 이트먼(R. J. Yeatman)

『1066 and All That』(1930년)

이 부록은 디자인 이론 분야에서 역사적인 업적을 보여준 일부 연구 간행물에 대한 간략하고 편향되지 않은 분석을 제공한다. 여기서 언급하는 출판물은 다소 연대순으로 나열돼 있다.

관계형 모델은 코드 박사에 의한 두 개의 기념비적인 논문에서 그 근원을 찾을 수 있다.

- E. F. Codd: "Derivability, Redundancy, and Consistency of Relations Stored in Large Data Banks," IBM Research Report RJ599 (August 19th, 1969) 등
- E. F. Codd: "A Relational Model of Data for Large Shared Data Banks," *Communications of the ACM 13*, No. 6 (June 1970) 등

이 논문 중 첫 번째는 디자인 그 자체에 대해 말하는 것이 없다. 그러나 두 번째는 다음과 같은 감질나는 말을 포함하는 '정규형'이라는 제목의 절을 갖고 있다.

> 정규화 부류의 추가 연산이 가능하다. 그 내용은 이 논문에서 논하지 않는다.

이러한 발언은 관계값을 가진 속성들이나 RVA를 제거하는 방법을 보여주는 예에 따라 나타난다(12장 연습 문제 12.8의 해답 참조). **참고**: 문제가 되는 '추가 연산'은 **Tutorial D**가 UNGROUP이라고 부르는 연산이다. 4장 연습 문제 4.14의 해답을 참조하라.

디자인 이론은 코드 박사의 다음 논문에서 FD, 2N, 3NF를 소개하는 것으로 시작한다.

- E.F. Codd: "Further Normalization of the Data Base Relational Model," in Randall J. Rustin, ed., *Data Base System: Courant Computer Science Symposia Series 6* (Prentice Hall, 1972)

여기서 두 가지 간단한 논평을 해본다. 첫째, 논문의 제목은 오해의 소지가 있다. 더 나아가 정규화는 관계형 모델에 행해지는 것이 아니라, 관계 변수에 행해지는 것이거나 오히려 디자인을 다시 전개하기 위해 행해지는 것이다(1장 연습 문제 1.1의 해답에서 말한 것을 다시 풀어보면, 이와 같은 관계형 모델은 이들 관계 변수가 다른 것이 아닌 실제로 관계 변수인 한, 관계 변수가 어떤 정규형이든 상관없다). 둘째, 이 논문에서 일부 자료의 예비 버전은 코드 박사의 이전 두 개 논문에서 찾을 수 있다. 첫 번째는 다음과 같다.

- E.F. Codd: "The Second and Third Normal Forms for the Relational Model," internal IBM memo (October 6th, 1970)

두 번째는 다음과 같다.

- E.F. Codd: "Normalized Data Base Structure: A Brief Tutorial," Proc. 1971 ACM SIGFIDET Workshop on Data Description, Access, and

Control, San Diego, Calif., (November 11th-12th, 1971)[1]

히스의 정리는 후자의 논문[2]과 동일한 워크숍에서 제시된다(비록 같은 이름은 아니더라도).

- I. J. Heath: "Unacceptable File Operations in a Relational Data Base," Proc. 1971 ACM SIGFIDET Workshop on Data Description, Access and Control, San Diego, Calif. (November 11th-12th, 1971)

BCNF는 다음 논문에 정의된다(비록 3차 정규형의 '개선된 버전'으로 언급되고 있을지라도).

- E. F. Codd: "Recent Investigations into Relational Data Base Systems," Proc. IFIP Congress, Stockholm, Sweden (North-Holland, 1974) 등

동일한 IFIP 회의에서 FD에 대한 암스트롱의 공리가 처음으로 발표됐다.

- W. W. Armstrong: "Dependency Structures of Data Base Relationships," Proc. IFIP Congress, Stockholm, Sweden (North- Holland, 1974)

MVD, 4NF와 12장에서 파긴의 정리라고 언급한 것은 모두 아래의 논문에서 정의된다.

- Ronald Fagin: "Multivalued Dependencies and a New Normal Form for Relational Databases," *ACM Transactions on Database Systems 2*, No. 3 (September 1977)

1 그러나 이 논문은 다른 데이터 구조(계층, 네트워크 등)가 나타낼 수 있는 모든 것을 관계에서 나타낸다는 생각만큼 2NF와 3NF에 대해서는 그다지 관심이 없다. 그것은 2NF와 3NF를 매우 간략하게 논의하지만, 그러한 주제에 대한 적용 범위는 기본적으로 각 사례에서 상당히 비공식적인 하나의 예를 제시하는 것으로 제한된다.

2 사실 코드 박사가 워크숍에서 히스(Heath)의 연구를 참조하는 반면, 히스는 오히려 아직 발표되지 않은 코드 박사의 2NF와 3NF에 대한 1972년 논문을 참조한다. 그러나 히스의 논문이 현재 BCNF라고 불리는 것을 정의한 1974년 코드 박사의 논문 앞에 확실히 나타났다는 사실을 지적하는 것은 적절하다(이 점에 대한 자세한 설명은 5장을 참조하라).

MVD의 공리화는 다음에서 정의됐다.

- Catriel Beeri, Ronald Fagin, and John H. Howard: "A Complete Axiomatization for Functional and Multivalued Dependencies," Proc. 1977 ACM SIGMOD International Conference on Management of Data, Toronto, Canada (August 1977)

종속성 보존 이론은 다음에서 그 근원을 찾을 수 있다.

- Jorma Rissanen: "Independent Components of Relations," *ACM Transactions on Database Systems 2*, No. 4 (December 1977)

다음 논문은 일반적으로 관계 변수가 두 개의 투영 중 어느 하나의 결합과 같지는 않지만 세 개 이상의 결합과 같은 관계 변수가 존재할 수 있다는 점을 지적한 최초의 논문으로 인정된다(사실 9장에서 언급한 바와 같이, 코드 박사는 1969년 자신의 원래 논문에서 실제적으로 같은 관찰을 했다).

- A. V. Aho, C. Beeri, and J. D. Ullman: "The Theory of Joins in Relational Databases," Proc. 19th IEEE Symposium on Foundations of Computer Science (October 1977) (이후 *ACM Transactions on Database Systems 4*, No. 3 (September 1979)에서 재출판됨)

앞서 언급한 논문은 추적 알고리즘의 근원이기도 하다. 일반적으로 JD가 아직 정의되지 않았기 때문에 일반적으로 JD에 대해서는 아니지만, 적어도 FD와 MVD의 경우에 대해서는 사실이다. 사실 그것들은 다음 논문에서 처음으로 정의됐다.

- Jorma Rissanen: "Theory of Relations for Databases – A Tutorial Survey," Proc. 7th Symposium on Mathematical Foundations of Computer Science, Springer–Verlag Lecture Notes in Computer Science 64 (Springer–Verlag, 1979)

다음 논문에서는 5NF라고도 불리는 투영-결합 정규형(PJ/NF)의 개념을 도입했다(이는 '고전적인' 정규화 이론, 즉 분해 연산자로서의 투영에 기초한 무손실 분해 이론과 그에 상응하는 재구성 연산자로서의 자연 결합 이론, 그리고 정규형 BCNF, 4NF, 5NF로 불리는 것의 명확한 명제로 간주될 수 있다).

- Ronald Fagin: "Normal Forms and Relational Database Operators," Proc. 1979 ACM SIGMOD International Conference on Management of Data, Boston, Mass. (May/June 1979)

다음 논문에서는 포함 종속성(IND)에 대한 정확하고 완전한 추론 규칙 집합(즉, 공리화)을 제시한다.[3]

- Marco A. Casanova, Ronald Fagin, and Christos H. Papadimitriou: "Inclusion Dependencies and Their Interaction with Functional Dependencies," Proc. 1st ACM SIGACT-SIGMOD Symposium on Principles of Database Systems, Los Angeles, Calif. (March 1982)

다음 세 논문은 각각 ETNF, RFNF, SKNF를 정의한다.

- Hugh Darwen, C. J. Date, and Ronald Fagin: "A Normal Form for Preventing Redundant Tuples in Relational Databases," Proc. 15th International onference on Database Theory, Berlin, Germany (March 26th-29th, 2012)
- Millist W. Vincent: "Redundancy Elimination and a New Normal Form

3 문제의 규칙 IND 'X가 Y에 포함된다.'를 표현하기 위해 'X ⊆ Y'를 사용하는 것은 다음과 같이 기술될 수 있다.

1. X ⊆ X이다.
2. XY ⊆ ZW이면 X ⊆ Z이고 Y ⊆ W이다.
3. X ⊆ Y이고 Y ⊆ Z이면 X ⊆ Z이다.

이 규칙들은 '⊆'이 '='로 대체돼도(즉, IND가 실제로 EQD라면) 명백히 유효하다는 점에 주목하라.

for Relational Database Design," in B. Thalheim and L. Libkin (eds.), *Semantics in Databases*, Vol. 1358 of Lecture Notes in Computer Science (Springer, 1998)

- Ragnar Normann: "Minimal Lossless Decompositions and Some Normal Forms between 4NF and PJ/NF," *Information Systems* 23, No. 7 (1998)

6NF는 원래 다음에서 정의됐다.

- C. J. Date, Hugh Darwen, and Nikos A. Lorentzos: *Temporal Data and the Relational Model: A Detailed Investigation into the Application of Interval and Relation Theory to the Problem of Temporal Database Management* (Morgan Kaufmann, 2003)

그러나 다음 책이 앞의 책을 대신하게 되었다.

- C. J. Date, Hugh Darwen, and Nikos A. Lorentzos: *Time and Relational Theory: Temporal Databases in the Relational Model and SQL* (Morgan Kaufmann, 2014)

도메인-키 정규형은 다음에서 정의됐다.

- Ronald Fagin: "A Normal Form for Relational Databases That Is Based on Domains and Keys," *ACM Transactions on Database Systems 6*, No. 3 (September 1981)

직교성에 대한 개념은 (비록 그 이름으로 다뤄지지는 않았지만) 다음에서 처음 논의됐다.

- C. J. Date and David McGoveran: "A New Database Design Principle," *Database Programming & Design 7*, No. 7 (July 1994); republished in C. J. Date, *Relational Database Writings 1991-1994* (Addison-Wesley, 1995)

그러나 이 책에 기술된 것과 같은 직교성은 앞의 논문에서 논한 버전과는 현저하게 다르다(나는 이 상황에 대한 모든 책임을 인정한다. 비록 개념은 본래 데이비드 맥거번David McGoveran으로부터 나오기는 하지만, 나는 인용된 바와 같이 많은 논문을 썼으며 저술할 때 혼동이 있었던 점을 충분히 인지하고 있다).

찾아보기

ㄱ

ㄴ

ㄷ

ㄹ

ㅎ

A

B

C

D

E

F

S

T

U

숫자

데이터베이스 설계와 관계형 이론 2/e
정규화와 탈정규화를 중심으로

발　행 | 2021년 8월 31일

지은이 | C. J. 데이트
옮긴이 | 이 기 홍 · 곽 승 주

펴낸이 | 권 성 준
편집장 | 황 영 주
편　집 | 조 유 나
디자인 | 송 서 연

에이콘출판주식회사
서울특별시 양천구 국회대로 287 (목동)
전화 02-2653-7600, 팩스 02-2653-0433
www.acornpub.co.kr / editor@acornpub.co.kr

ISBN 979-11-6175-558-8
http://www.acornpub.co.kr/book/database-design-theory

책값은 뒤표지에 있습니다.